国内外经典教材辅导系列·传播类

《网络传播概论》

笔记和课后习题(含考研真题)详解

【适用彭兰第5版教材】

主编：圣才考研网

www.100xuexi.com

中国石化出版社

内 容 提 要

国内外经典教材辅导系列是一套全面解析当前国内外各大院校权威教科书的辅导资料。彭兰著的《网络传播概论》是我国高校采用较多的传播学权威教材之一。本书遵循该教材第5版的章目编排，共分为10章，每章由四部分组成：第一部分为考情分析，提示考查重点及常考题型；第二部分为复习笔记，把握本章核心考点，并进行拓展延伸；第三部分为课后习题详解，对该教材的课后习题进行了详细的分析和解答；第四部分为考研真题与典型题详解，精选了部分名校近年的考研真题，补充典型题，并提供了详细的解答。

圣才考研网(www.100xuexi.com)提供彭兰《网络传播概论》网授精讲班【教材精讲＋考研真题串讲】、电子书、题库。购书即可享受大礼包增值服务【本书电子书(手机版、电脑版)＋考研专业课咨询服务】。手机扫码(本书封底)领取本书大礼包。

图书在版编目(CIP)数据

《网络传播概论》笔记和课后习题(含考研真题)详解/圣才考研网主编.—北京:中国石化出版社，2023.10

国内外经典教材辅导系列·传播类

ISBN 978－7－5114－7329－5

Ⅰ.①网… Ⅱ.①圣… Ⅲ.①网络传播－中国－研究生－入学考试－自学参考资料 Ⅳ.①G206.2

中国国家版本馆CIP数据核字(2023)第194566号

中国石化出版社出版发行

地址:北京市东城区安定门外大街58号

邮编:100011　电话:(010)57512500

发行部电话:(010)57512575

http://www.sinopec-press.com

E-mail:press@sinopec.com

武汉市盛宏源印务有限公司印刷

全国各地新华书店经销

*

787×1092毫米 16开本 22.25印张 563千字

2024年3月第1版　2024年3月第1次印刷

定价:68.00元

序　言

我国各大院校一般都把国内外通用的权威教科书作为本科生和研究生学习专业课程的参考教材，这些教材甚至被很多考试（特别是硕士和博士研究生入学考试）和培训项目作为指定参考书。为了帮助读者更好地学习专业课，我们有针对性地编写了一套与国内外教材配套的复习资料，并提供配套的名师讲堂和题库。

彭兰著的《网络传播概论》是我国高校采用较多的传播学权威教材之一。作为该教材第5版的学习辅导书，本书具有以下几个方面的特点：

1. 框架图表体系，通俗易懂易记

本书在全方位把握重要考点的同时，提纲挈领地以知识框架思维导图形式，呈现重要的考点、难点，脉络清晰，一目了然，更容易记忆。

2. 下划线＋星级标记，透彻剖析核心考点

本书每章的复习笔记均对该章的考点难点进行了整理，全书考点均按重要程度分为一星（一般了解）至五星（熟练掌握），并对关键词进行了标记，方便考生更有针对性地复习。

3. 解析课后习题，提供详尽答案

本书参考大量传播学相关资料对彭兰《网络传播概论》（第5版）的课后习题进行了详细的分析和解答。

4. 精选考研真题，补充典型习题

本书精选了部分名校近年的网络传播考研真题，并补充了典型习题。所选习题涵盖的知识点全面，特别注重理论联系实际，凸显当前热点。

要深深牢记：考研不同一般考试，概念题（名词解释）要当作简答题来回答，简答题要当作论述题来解答，而论述题的答案要像是论文，多答不扣分。有的论述题的答案简直就是一份优秀的论文（其实很多考研真题就是选自一篇专题论文，完全需要当作论文来回答）！

购书即可享受大礼包增值服务！手机扫码（本书封底）领取本书大礼包。具体包括：①本书电子书（手机版、电脑版）；②考研专业课咨询服务。

圣才考研网（www.100xuexi.com）是圣才学习网旗下的考研考博专业网站，提供考研公共课和全国各高校新闻传播类专业考研考博辅导班【一对一辅导（面授/网授）、网授精讲班等】、电子书、题库、全套资料（历年真题及答案、笔记讲义等）、国内外经典教材名师讲堂、考研教辅图书等。

考研辅导： kaoyan.100xuexi.com（圣才考研网）

资格考试： www.100xuexi.com（圣才学习网）

圣才考研网编辑部

目录

第一章　网络媒介的演化

1.1　考情分析

本章涵盖了各大院校的热门考点，主要介绍了互联网技术发展的几个阶段及其内在技术逻辑，传播渠道的变迁及其引发的变革、多元媒介观和媒介的新兴视角；考生应重点掌握 Web2.0、5G 时代的特征、智能时代的算法分发，了解智能传播时代的人机关系和元宇宙设想，从多个角度观察媒介观的发展。

5G、人机协同、人机传播、人机共生、元宇宙、云计算、赛博格是近年学界和考试的热点，不仅容易单独考查名词解释，也可以和其他考点结合以论述题的形式出现，需要重点掌握。同时，智能传播、Web1.0、Web2.0、智能时代的算法分发模式，多以简答题的形式考查。个性化推荐算法、媒介新形态部分的类型出现论述题的频率较高，需要重点理解记忆。

1.2　复习笔记

【知识框架(庖丁解牛)】

- 网络媒介的演化
  - 连接的进化及其驱动的网络媒介升级
    - 互联网诞生时期：机器与机器连接的实现
    - Web1.0：内容与内容连接的实现与互联网的媒体化
    - Web2.0：人与人连接的发展与社会化媒体的兴盛
    - 移动互联网时代
      - 从 1G 到 5G：手机通信技术的发展
      - 从功能手机到智能手机：手机终端的发展
      - 从平板电脑到可穿戴设备：移动终端的多元发展
      - 从通信工具到综合平台：移动应用的发展
      - 从二维到三维：移动体验的发展
    - 智能传播时代
      - 万物互连、人与物互连
      - 人工智能、人机协同、人机传播与人机共生
      - 虚实交互、虚实融合的“元宇宙”设想
  - 传播渠道的变迁及其引发的模式变革
    - 网络公共信息传播渠道的变迁与扩展
    - 渠道变迁中的传播模式变革
      - Web1.0 时代的“大众门户”模式
      - Web2.0 时代的“个人门户”模式
      - 智能时代的“算法分发”模式

- 网络媒介的演化
  - 网络时代媒介观的多元化与媒介的新体现
    - 万物皆媒：媒介观的多元化
    - 新“中介者”与新“建构者”：新媒体时代媒介的新形态
      - 作为媒介的硬件
      - 作为媒介的软件
      - 作为媒介的“链接”
      - 作为媒介的“码”
      - 作为媒介的数据与算法
      - 作为媒介的智能交通工具
      - 作为媒介的人

【考点难点归纳(厚积薄发)】

考点一：连接的进化及其驱动的网络媒介升级 ★★

1. 互联网诞生时期：机器与机器连接的实现(见表1－1)

表1－1　互联网诞生时期：机器与机器连接的实现

要点	具体内容
诞生	①雏形：阿帕网(ARPAnet)。 ②时间地点：1969年，美国。 ③用途：应对潜在战争
结构	“分布式”的结构[“集中型”和“分散型”网络结构的升级]
特点	①为“去中心化”、分散传统媒体权力的新兴媒体打下基础。 ②安全系数高、可靠。 ③信息传播的多样化，控制更加复杂
第一次飞跃	①1974年，文顿·瑟夫和鲍勃·坎提出了TCP协议和IP协议。 ②1983年，TCP/IP协议被指定为互联网的标准协议，是互联网技术史上的第一次飞跃，是全球互联网正式诞生的标志

2. Web1.0：内容与内容连接的实现与互联网的媒体化(见表1－2)

表1－2　Web1.0：内容与内容连接的实现与互联网的媒体化

要点	具体内容
WWW	①1989年，蒂姆·伯纳斯·李提出了WWW(World Wide Web，即万维网，也可简称为Web)的技术构想，这被称为互联网技术史上的第二次飞跃。 ②它是一种应用方式，可以通过互联网传输超文本信息(Hypertext)，用于描述如文本、图形、视频、音频等的超媒体(Hypermedia)。 ③WWW的出现使得互联网技术变得平民化，不再是技术人员的专有工具
搜索引擎	①搜索引擎就是根据用户需求和一定的算法，运用特定策略从互联网检索出指定信息，再反馈给用户的一种检索技术。有网络蜘蛛型搜索引擎(如：Google、百度)和人工分类目录搜索引擎(如：雅虎)两种基本形式。 ②搜索引擎向着多元媒体、专业细分、社区化方向发展，内容和服务综合化。 ③搜索引擎的目标是智能化搜索与智能化整合

3. Web2.0：人与人连接的发展与社会化媒体的兴盛（见表1－3）

表1－3　Web2.0：人与人连接的发展与社会化媒体的兴盛

要点		具体内容
Web2.0		①Web2.0让用户可以广泛参与网站内容建设和交互技术，由用户主导内容的生成。 ②以人为中心，具有个性化和交互性的特点。 ③通过Web2.0应用，个体可以不断扩张自身社交网络，将个体的声音散布到网络空间，甚至将个人行为变成社会性行为
相关概念	自媒体	指非专业媒体组织或个人通过各种网络手段进行信息传播
	UGC	User Generated Content，指用户生成的内容
	公民新闻	这一概念强调公民在新闻报道活动中的参与，以及新技术对于公民新闻发展的意义
社会化媒体	概念	是一种基于用户社会关系的内容生产
	主要特征	①内容生产与社交属性融合。人们对社会关系的需求促进了平台的内容生产，而平台上的内容也反之加强了人们的联系。 ②用户成为社会化媒体平台的主角
Web3.0	早期	将语义网技术作为Web3.0特征，其核心为让网络“可思考”“智能化”
	2021年以来	与“元宇宙”这一概念相关联，主要特征界定为“进一步去中心化”“为用户所有”

4. 移动互联网时代

（1）从1G到5G：手机通信技术的发展（见表1－4）

表1－4　从1G到5G：手机通信技术的发展

要点		具体内容
1G时代（模拟手机时代）	技术	模拟技术和频分多址（FDMA）技术
	特点	①主要提供模拟语音业务，容量有限，无增值服务。 ②价格高昂、网络覆盖面小、漫游功能受限、机体尺寸大且重
2G时代（GSM数字网络时代）	技术	全球移动通信系统（GSM）
	特点	高保密、抗干扰、音质佳、通话稳、容量大、效率高、业务扩展、手机应用变多等
3G时代（宽带移动网络时代）	技术	无线通信与国际互联网等多媒体通信相结合，支持高速数据传输的蜂窝移动通讯技术
	特点	①支持多媒体：图文、音视频。 ②多元信息服务：网页、电话会议和电子商务
4G时代（高速移动网络时代）	技术	“高级国际移动通信”（IMT－Advanced）
	特点	拥有更高速的数据传输速度（理想峰值高于100Mbps）
5G时代（大连接时代）	技术	第五代移动通信技术，支持人机物互联
	特点	高速率、低时延、大连接

（2）从功能手机到智能手机：手机终端的发展（见表1－5）

表1-5 从功能手机到智能手机：手机终端的发展

要点	具体内容
功能手机	①功能单一：电话、短信等基本功能，无操作系统。 ②受限制：无法自主安装或卸载程序
智能手机	①功能开放：有开放式的操作系统，可以接入无线网络。 ②限制较少：自行安装、卸载App，扩充手机功能
意义	实现了手机终端发展中一个质的提升

(3)从平板电脑到可穿戴设备：移动终端的多元发展(见表1-6)

表1-6 从平板电脑到可穿戴设备：移动终端的多元发展

要点		具体内容
平板电脑		轻便、功能相对较少的电脑，如iPad
电子书		体积更小、重量更轻，功能单一(以阅读为主)，护眼节能，如Kindle阅读器
电子纸		①轻便、展示效果好。 ②发展方向：柔性、可弯折
可穿戴终端	定义	类似于人们日常穿戴物且具有特定功能的智能移动终端，常见的如头戴式眼镜、智能手表等
	特点	①融合计算机技术、多媒体技术及无线传输技术。 ②方便携带，检测身体、行为和位置，提供与手机等终端相似的信息服务。 ③是移动终端发展的另一个方向，促进"人机共生"
	对新闻工作者的影响	①眼镜式或头戴式终端：突破固定视角、功能多元、解放双手，辅助记者识别对象，查询信息。 ②智能手表、智能手环：移动化信息采集，第一人称拍摄，沉浸式在场的报道

(4)从通信工具到综合平台：移动应用的发展(见表1-7)

表1-7 从通信工具到综合平台：移动应用的发展

要点		具体内容
语音通信		从人际传播中产生
短信		①技术基础为SMS(短信息服务)或MMS(彩信服务)技术。 ②是手机用户的常见应用，为手机业务在我国推广的重要增长点。 ③具有传播公共信息、社会动员的作用，也会助长谣言等负面影响
WAP		①无线应用协议网站，即手机上的网站。 ②相比短信、彩信，它提供的内容与服务更加多元
App		顺应移动互联网发展的产物
移动互联网	基本特征	①终端可随身携带、私人专属； ②信息传播与服务的流动性； ③个性化与场景化
	分类	手机游戏、社交功能、手机支付、手机交易
	影响	衣食住行、个人发展、社会交往、生活质量，影响生活的方方面面

(5)从二维到三维：移动体验的发展(见表1－8)

表1－8　从二维到三维：移动体验的发展

要点	具体内容
VR、AR	①真实模拟现实环境，获得在场感的沉浸式体验。 ②影响人与人的关系：虚拟互动，自由扮演，游戏化交互体验。 ③影响了人与内容的关系："在现场"的新闻阅读、观看，获得沉浸的体验
3D	能够记录三维视觉信息或创建图像的深度错觉，于虚拟世界中重构现实的技术

5. 智能传播时代

(1)万物互连、人与物互连(见表1－9)

表1－9　万物互连、人与物互连

要点		具体内容
物联网		物物相连的互联网(the Internet of Things)，通过射频识别、传感器、GPS等技术将物接入互联网，实现物物之间的信息交换与通信
IPv6		下一代互联网协议，解决了网络地址资源数量有限的问题
云计算	技术层面	任务拆分并分配，多部网络服务器组成的系统处理完毕后返还用户
	商业层面	①网络服务器资源共享，用户自主取用。 ②终端多元化、任务云端化，实现万物互联。 ③依托物联网进行数据和任务处理
影响		这些网络技术的发展，使万物互连成为可能，还会使得各种智能物体实现"媒介化"，"万物皆媒"将成为未来新媒介发展趋势
人与物的新连接		①智能家居设备搭建新的传播系统[智能电视与音箱等]。 ②智能汽车与车联网形成新的移动传播格局[车与人、车与车、车与环境及关联系统]。 ③人和物互连形成新的用户系统。未来的人与互连的物品，将实现"共生"。 ④人与物互动开创新的传播和认知方式

【考点拓展】云计算在新闻方面的运用

(1)数据存储：海量新闻资料云端保存。

媒介融合发展丰富了新闻的表现形式，拓展了新闻采集的内涵，新闻采集、生成的数据量也大大上升，对数据存储提出了更高的要求。采用云服务，新闻工作者便可随时随地将数据传往云端，云中的计算机群进行海量数据存储，读取下载便利，保证数据存储。

(2)信息传输：安全快捷，保证时效。

信息内容云端共享，突破空间限制，新闻工作者可以按需下载、编辑，保证新闻的时效性。云端传输数据也可以避免线路拥堵导致的延时，将时效发挥到极致。云计算服务体系为信息传输保驾护航，能够防止病毒入侵。

(3)数据处理：效率提高，省时省力。

媒体的云服务系统能根据记者的指令，在短时间内将数据处理完毕并传送，省时省力，辅助记者深度挖掘内容。

(4)筛选信息：过滤碎片化内容，挖掘优质素材。

新媒体时代，用户一方面是信息的消费者，一方面本身也生产碎片化的信息，云计算辅助收集此类信息，在海量信息中进行过滤和整合，辨别信息的真假、来源，从中甄选出符合新闻作品的主题的内容。

(2)人工智能、人机协同、人机传播与人机共生(见表1-10)

表1-10 人工智能、人机协同、人机传播与人机共生

要点	具体内容	
人工智能	起源	1956年的达特茅斯会议，标志着人工智能成为独立学科
	目标	深入理解人类智能的本质，模拟、延展人本身的智能
	发展阶段	①弱人工智能(初级人工智能)指具备人类的部分智能的机器，目前我们可以说正处于此阶段； ②强人工智能(高级人工智能)指拥有除人类的自我意识外的全部智能的机器； ③超级人工智能(类人类人工智能)指拥有灵魂、情感、受伦理道德限制的类人类生命的智能机器
人机协同	①2015年，传媒行业开始“智媒”化实践。 ②目前，AIGC技术发展，实现从行业性使用走入日常生活	
人机传播	机器成为传播主体	
人机共生	双向的“人肉终端”	①为个性化服务提供数据支撑。 ②成为人的延伸，优化感知能力、认识能力和交互能力，但需辩证看待
	人的“外化”	意识、情绪、身体状态外化，外化扩散自我传播，与其他传播交融
	跟踪监测	①设备对人的监控无处不在，存在侵犯隐私的可能性。 ②“隐身权”：从虚拟世界脱离，获得清净

【考点拓展】人机传播的未来发展趋势

(1)技术升级：从融合到共生。

实现机器的类人化和人的类机器化，人机深度融合后最终走向共生。如在AR/VR技术加成下，人机交互实现从界面应答到多模态互动。机器的智能化嵌入，实现人类的身体改造，最终实现人机嵌生。

(2)关系融合：媒体等同和情感计算。

机器智能在发展进化下能够对人的情感进行感知、追踪与同化，这意味着机器不仅起到了类似媒体传播的告知、引导作用，也能够实时跟进反馈，以交互的形式进行人机传播。智能机器在人类生活中的角色越发重要，能够实现对人类的情感补偿与陪伴。

(3)人机共生：传播模式与渠道的结构性变革。

以“人”为中心的传播关系已不再满足传播现状的描述，“人机共生”概念逐渐普及。人与计算机界限的日益模糊，实现传播的结构性变革。

(3)虚实交互、虚实融合的“元宇宙”设想(见表1-11)

表1-11 虚实交互、虚实融合的“元宇宙”设想

要点	具体内容	
元宇宙(Metaverse)	出处	1992年尼尔·斯蒂芬森的《雪崩》
	定义	平行于现实世界并始终在线的虚拟世界
	重新界定	人类运用数字技术构建的、由现实世界映射或超越现实世界、可与现实世界交互的虚拟世界
相关技术	AR、VR、3D、AI、区块链技术、网络技术等	
前景	①目前，元宇宙还只是一种设想，仍有许多未知。 ②反思：未来技术的发展趋势、互联网的本质、虚实关系等	

考点二：传播渠道的变迁及其引发的模式变革 ★★★

1. 网络公共信息传播渠道的变迁与扩展（见表1－12）

表1－12　网络公共信息传播渠道的变迁与扩展

要点		具体内容
门户网站、资讯客户端		①门户网站和资讯客户端：聚合内容，编辑把关、筛选，无差别大规模分发，人工筛选占主导地位。 ②拓宽渠道，但内容趋于同质化，用户能动性弱
搜索引擎		作为信息分发渠道，本身不生产内容，但影响结构排序，进行权重衡量和内容调度，影响N级传播效果，用户自主性有所提升
社会化媒体		①社会化媒体是社交场域、内容集聚与分散和公共信息传播的基础设施。 ②人际传播的回归：复刻通过社交网络传播消息的模式，但规模较大。 ③把关机制变迁：从编辑把关到全民投票的信息筛选
个性化推荐平台	个性化算法	①算法匹配：算法作为"媒介"匹配内容与其特定的接收者。 ②个性化：个性为算法中的核心变量，强调个人偏好
	影响	满足更低成本的信息消费，方便、迎合受众，但同质化内容也可能使人们产生疲惫和厌倦
	措施	平衡个性化、定制化信息服务和大众化、公共化信息服务十分必要
视频和VR/AR平台	优势	视觉体验极为直观，拥有临场化感受
	新闻呈现	网络视频直播和VR/AR技术，突破视角限制，带来自给自足的沉浸式在场体验
	内容分发	依托社交关系网络传播信息
服务类平台		①生活服务平台媒体化，能够整合资讯，通过添加场景化的特定入口，垂直细分地精准分发，有时甚至能转化为公共传播或交流。 ②不同平台可能融合交织，形成混合型平台
智能助理		能够跨越平台，适配场景，多方采集整合，场景化推送，终端也从手机拓展到智能家居或智能汽车等

2. 渠道变迁中的传播模式变革

（1）Web1.0时代的"大众门户"模式（见表1－13）

表1－13　Web1.0时代的"大众门户"模式

要点	具体内容
"大众门户"模式	以WWW网站为主，网站上的内容为传播核心
特性	继承了大众传播的"点对面"模式，凭借内容聚集用户，获得流量，成为中心
局限	①网站主导传播，控制权力大，用户信息获取极为被动，两者地位不对等。 ②网站对不同网民提供无差别的信息。 ③网站传播效果无法精密衡量和评析。 ④强势网站数量有限

（2）Web2.0时代的"个人门户"模式（见表1－14）

表1－14 Web2.0时代的“个人门户”模式

要点	具体内容
“个人门户”模式	①Web2.0的发展继承了P2P技术(peer to peer)的去中心化、个人用户作为基础节点的思维。 ②“个人门户”是由单一的网络节点(用户)和多元连接构成的关系网络
特点	①每一个节点都是一个传播中心。 ②传播渠道由社交关系组成。 ③传播动力是社交和分享心理。 ④社交关系网络起到信息个性化筛选和过滤的作用。 ⑤信息经过多层传播，且传播路径易追踪
影响	①每一次信息传播，都可能随之出现信息的变形、增减和再生产。 ②传播格局从“去中心化”到“再中心化”。 ③大众传播模式和网络传播模式的双重变革，人际关系网络参与传播，冲击传统的大众传播

(3)智能时代的“算法分发”模式(见表1－15)

表1－15 智能时代的“算法分发”模式

要点		具体内容
算法		用计算机程序实现的、基于数据分析、面向特定目标群体的指令或方案
个性化推荐分类	协同过滤	根据相似内容和相似用户意见推荐
	标签	通过标签偏好和特征推荐
	社会化推荐	根据社会关系建构网络推荐
	深度学习	通过建模历史序列、深挖背景进行预测推荐
其他推荐		①优先推荐，突出重点。 ②“流量普惠”，兼顾更多内容
影响		①在一定程度上替代了人在内容筛选等部分的决断，主要是基于内容与用户之间的匹配程度或基于相应指标测算下内容生产者的权重而实现的。 ②新思路层出不穷，算法推荐内容质量有待考察

考点三：网络时代媒介观的多元化与媒介的新体现 ★★★★

1. 万物皆媒：媒介观的多元化(见表1－16)

表1－16 万物皆媒：媒介观的多元化

要点		具体内容
彼得斯		媒介即世界本身，提出“元素型媒介哲学”
传统研究		认知较为狭窄，聚焦在符号学层面，国内传统研究关注传播而非媒介
“物质性”转向	万物皆媒	强调“物”的本身属性，研究指向物理性，与基础设施、空间、技术、身体等问题紧密联系
	学术动力	①物为中心、以物为基础的哲学研究； ②以物为中心的心理分析； ③美学理论； ④“具身”视角； ⑤辩证唯物主义和历史唯物主义

续表

要点		具体内容
“物质性”转向	身体	①身体作为“物”被重视，具身性传播得到关注。 ②核心：身体的地位、意义。 ③揭示以何种身体姿态应对物质性转向，物质性如何影响人
	空间	也能被看作特殊的“物”，从这个角度看空间具有媒介与传播的丰富内涵，成为连接、沟通的媒介，本身也具有符号性，与该研究方向有关的还有对交通工具媒介意义的关注
“物质性”研究的意义		①冲破以往研究的聚焦于内容、意义生产的传统思维，开始关注媒介的物质属性，回归人的主体意识。 ②不能只关注“物”的维度，应当系统考察人、媒介和信息，避免走向物质内容的二元对立

2. 新“中介者”与新“建构者”：新媒体时代媒介的新形态

(1)作为媒介的硬件(见表1-17)

表1-17　作为媒介的硬件

要点		具体内容
连接		作为媒介和信息载体，起到连接的作用，成为互联网的核心基础设施
塑造场景和行为		硬件影响空间固定与否、使用者的身体姿态、视线规律和阅读习惯
常见设备	输入、输出设备	将人的思维、身体与机器连接，会对思维和行为产生影响，形塑用户的使用习惯
	存储设备	人与内容的媒介，但对设备依赖性强
	智能家居	家庭内部信息系统，成为人与物品、信息、环境的中介，提供多元对话、万物互连的可能性

(2)作为媒介的软件(见表1-18)

表1-18　作为媒介的软件

要点	具体内容
连接	充当传播媒介，同时连接人与硬件、人与终端的各项功能
影响	①连接相似群体，加深群体内部互动。 ②软件的互动设计，影响人与人的连接模式。 ③起到媒介作用，成为用户圈层划分的依据
案例	①输入法的编码模式改变思维惯性和话语传达； ②网页风格布局影响用户使用路径； ③客户端简化信息获取，降低用户负担
问题	①人们的思维和使用习惯固化，接受新应用存在困难。 ②转移操作系统成为挑战。 ③服务获得取决于协议

(3)作为媒介的“链接”(见表1-19)

表1－19　作为媒介的“链接”

要点	具体内容
链接	①超链接是网络内容与内容之间的中介。 ②人与内容之间以链接为中介
影响	①实现了内容关联、跳转和逻辑重构，更新了内容呈现方式[从线性到分层结构、叙事模式层级化]。 ②构建网状信息和知识结构，阅读者主体性不断增强。 ③成为记忆的外部存储，降低大脑负担；链接也成为信息获取的渠道
问题	①过度依赖外存导致断连。 ②链接过多对信息搜索施加更多干扰，负担加重、管理成本更高。 ③个体能力、记忆力训练减少，逐步衰退，对个体信息和历史的记忆也逐渐模糊

(4)作为媒介的“码”(见表1－20)

表1－20　作为媒介的“码”

要点	具体内容
连接中介	连接现实世界和虚拟世界、连接不同对象
功能	推动了货币的数字化
扫码过程	兼顾信息提取和信息聚集
“码思维”	既是“通行证”，也根据赋值会起到阻隔作用，不同值的群体之间出现“沟”
阶段性的码	①动态变化，反映社会管理思维的改变。 ②是管理者了解社会和个人的媒介。 ③个性化、精准化定位个人，反映社会，但可能带来机械性、误导性；被简化的个体导致其复杂情况被忽视

(5)作为媒介的数据与算法(见表1－21)

表1－21　作为媒介的数据与算法

要点		具体内容
数据	连接类型	实体与它的虚拟映射对象
	影响	①实体虚拟化、数字化，反映实体与虚拟对象的具体映射维度或模式。 ②“数字孪生”：实体数据化到极致的产物。数据作为媒介，通过模拟、分析虚拟孪生体，反映、控制、优化实体。 ③分类不同属性的对象，区分“同类”，同时也对不同属性的对象进行区隔划分。 ④连接并外化各种关系，简化关系原有的内涵
算法	连接类型	①在社交媒体，连接人与人。 ②在信息平台，连接人与信息。 ③在电商平台，连接人与商品。 ④于数字劳动者，促成供需和劳动关系。 ⑤在商业和社会管理等方面，也连接着多重关系
	影响	①匹配与连接，调节与控制；在媒介关系建构中具有主动权，甚至可能操纵连接。 ②深挖隐藏关系，延伸原有关系。 ③作为认识世界的窗口，连接人与客观世界和外部环境，但也会抹去客观世界的复杂性，走向单一、扁平

(6)作为媒介的智能交通工具(见表1－22)

表1－22 作为媒介的智能交通工具

<table>
<tr><th>要点</th><th colspan="2">具体内容</th></tr>
<tr><td>“传播作为观念运输组织”
[查尔斯·库利]</td><td colspan="2">①1894年他在《运输理论》中首次提出这一观点。
②从时间—空间和物质—精神两个维度将传播划分为四种机制：物质空间传播、物质时间传播、精神空间传播、精神时间传播</td></tr>
<tr><td>研究转向</td><td colspan="2">转向关注交通与传播的关系：作为连接人与人、人与空间的媒介，如何形塑人的时空意识和日常生活</td></tr>
<tr><td rowspan="4">智能交通工具的媒介意义</td><td>外卖骑手的电动车</td><td>①作为平台经济下的媒介，将骑手、平台和用户捆绑，连接物流、信息流和关系网。
②抽象和具体的矛盾：平台与其关联的信息流是理想化的、数据控制的；但实际上面对具体场景时有诸多客观环境因素的限制。
③物流与信息流融合的媒介需要兼顾现实和虚拟</td></tr>
<tr><td>网约车</td><td>①作为媒介，是信息流和物流的载体。
②网约车内空间产生人际互动，也带来新的问题</td></tr>
<tr><td>共享单车</td><td>灵活连接人与地点</td></tr>
<tr><td>智能汽车</td><td>延续手机功能，又添加汽车场景适配的定制化的新功能，达成车与人、车、环境及相关系统的互动</td></tr>
</table>

(7)作为媒介的人(见表1－23)

表1－23 作为媒介的人

要点	具体内容
媒介意义的两个层面	①物理身体。 ②由物理身体、思想、行动等组合而成的人的整体
身体作为媒介	①彼得斯提出，身体是最基础的媒介，其丰富意义深入血脉，不局限于语言或者符号意义。 ②人的身体可以看作一种媒介，或一种界面，是支撑其他媒介的“元媒介”
赛博格化的身体	①人与可穿戴设备、移动设备甚至交通工具共同构成的人机共生、耦合的赛博身体。 ②身体的媒介意义更加凸显，既在外部网络传递信息，也将人体数据外化成数字资源。 ③赛博格化的身体成为数字网络的节点，既影响信息传播，也能根据人体掌控决定连接或是断连
软性媒介 [人的整体]	①“以人为媒”的传播模式成为主流，人际关系网络成为大众传播网络的基础设施。 ②人发挥媒介作用，构建社会关系

1.3 课后习题详解

1.“连接”技术的发展是如何推动互联网的发展的？

答：网络连接技术是指将互联网中的各节点连接起来，从而使用户能访问其他网络的资源，不同网络上的用户也能够互相通信与交换信息。“连接”技术的发展对互联网的推动作用体现在以下几点：

(1)互联网的诞生：机器互连。

从起源来看，互联网的雏形——阿帕网在1969年诞生于美国，作为美国国防部高级计划研究署的一个实验性网络，它采用“分布式”结构，提高了网络的可靠性和安全性，也使信息传播渠道和类型更加丰富多元，对网络的控制更加复杂。

(2)互联网的媒体化：内容互连。

万维网的出现使互联网技术实现平民化，即使用主体不仅局限在技术人员。内容互联也为之后各种应用的开发奠定了基础。万维网的普及，使得Web网站成为互联网主要的信息获取渠道。

(3)社会化媒体时代的到来：用户互连。

Web2.0方便用户广泛参与网站内容建设与交互，用户在内容的生成方面享有主导权。Web2.0具有极强的个性化和交互性，强调以人而不是内容为中心。通过Web2.0应用，个体可以不断扩大自身的社交圈子，个体声音会扩散到网络空间中，个人行为甚至被放大为社会性行为。自媒体、UGC(用户生产内容)等概念也逐渐被人们理解和应用。

(4)终端及其连接的升级：移动互联网时代到来。

从功能手机到智能手机，平板电脑、电子书、电子纸，以及各种可穿戴设备出现，终端设备不断升级。

(5)物与物、物与人的连接：物联网与互联网融合。

物联网是指通过信息传感设备，按约定的协议，将任何物体与网络相连接，物体通过信息传播媒介进行信息交换和通信。未来任何物体都有可能成为智能终端，从而实现自主连接和互动。

2. 社会化媒体对新闻传播产生哪些影响?

答：近年来，社会化媒体迅猛发展，其对于新闻传播的影响体现在以下几个方面：

(1)社会化媒体对新闻传播的积极影响。

①对主流媒体的有益补充。传统媒体对新闻的报道几乎处于垄断状态，其报道什么样的信息、什么样的内容，大众没有发言权。但在新媒体时代，社会化媒体的崛起使得传统媒体不再享有信息传播的独控权，新闻成为了全社会共同的声音，人人都有机会面向社会发表言论、提出看法。从报道时效上来看，社会化媒体的报道者多数是新闻现场的目击者或参与者，可以第一时间将新闻信息传递出去，这些内容是对主流媒体的有益补充，也是传统媒体时代的新闻所缺乏的要素。

②重构媒体话语权。由于新媒体具有匿名、自由、便捷的特点，公众可以自由发表自己的观点与言论。社会化媒体打破了传统媒体对话语权的独揽，将话语权交给了公众，公众不再局限于小群体议论，而是转而使用新媒体发布言论。传统媒体“你传我受”的大众传播模式转变成“你说我评，一个话题大家论”的新传播模式。公众能够平等自由地参与到传播中，公众的话语权得到了尊重。

③加强舆论监督。舆论监督是公民行使民主权利的重要形式，在社会化媒体出现之前，传统媒体承担了社会的舆论监督职责。社会化媒体兴起后，由于其代表着普通大众的广泛利益，且多角度、全方位、多层次的监督格局使得社会化媒体的舆论监督作用比传统媒体

更加有效，范围更加广泛。

(2)社会化媒体对新闻传播的消极影响。

①把关不严导致新闻失真。传统媒体在新闻制作和生产的流程中进行了严格把关，从核对新闻来源，到采访制作直至播出都要接受层层审查。而新媒体时代的开放性弱化了其中的把关环节，人人都可以是传播者，但并不是所有人都具备较高的新闻素质，难免会出现一些不适宜的言论，所以在保证公民自由言论的同时，社会化媒体也变成了虚假新闻传播泛滥的“自由地”。

②内容泛娱乐化现象严重。社交平台上的传播者多是没有经过专业训练的普通大众，加上新媒体对新闻的把关不严，导致有些人为了博得点击率，将一些道听途说、捕风捉影的事件夸大，甚至有意识地制造一些耸人听闻、低级趣味的泛娱乐化新闻吸引大众的眼球。这类新闻的典型代表就是一些名人“被离婚”“被去世”之类的八卦。

③侵犯他人合法权益。社会化媒体拥有海量的信息和参与者，信息搜集、反馈速度快，导致了一些侵犯他人合法权益的现象。“人肉搜索”是社会化媒体中的一种现象，它是指“网民用提问、跟帖的方式来获取搜索结果的网络搜索方式”。“人肉搜索”的后果就是通过广大网民的信息搜集，当事人的姓名、年龄、家庭住址、社会背景和关系等与事件有关的情况被公之于众，严重影响了当事人的现实生活，侵犯了其合法权益。

3. VR/AR 技术会改变未来的新闻报道吗?

答：VR(Virtual Reality)，虚拟现实技术，是20世纪发展起来的一项全新的实用技术。虚拟现实技术囊括计算机、电子信息、仿真技术，其基本实现方式是计算机模拟虚拟环境，从而给人以环境沉浸感。

AR(Augmented Reality)，增强现实技术，是一种将虚拟信息与真实世界巧妙融合的技术，广泛运用于多媒体、三维建模、实时跟踪及注册、智能交互、传感等多种技术手段，将计算机生成的文字、图像、三维模型、音乐、视频等虚拟信息模拟仿真后，应用到真实世界中，使两种信息互为补充，从而实现对真实世界的“增强”。

无论是 VR 还是 AR，它们的出现都为人类发展打开新的大门，为传媒生产行业提供了更多可能性。因此，VR/AR 技术一定会改变未来的新闻报道，具体表现为以下几个方面：

(1)提升新闻真实性。VR 和 AR 技术特点在于能真实构造场景，给体验者身临其境的体验。在没有摄像头在场的情况下，新闻受众接收到以文字为主的新闻报道，导致受众产生主观想象，VR 和 AR 技术有很大的可能性为新闻构造现实场景，并结合外部设备增强用户在场感。

(2)全景视角为广告创新注入活力。传统广告往往只能刺激消费者的一种感官，即通过视频内容描述产品与定位品牌，在视觉方面给消费者一定的冲击。而 VR 和 AR 技术则可以全景化、全方位地刺激受众，受众也能够全方位体验，更好地沉浸在广告的情境之中。

(3)传播模式的无限化。由于 VR 和 AR 技术的出现，人们突破了时空限制，在接触信息时可以不再通过电脑、手机等终端。VR 和 AR 技术不受媒介传播方式的限制，可以带给受众全息的感受。

当然，尽管技术发展为传媒的发展带来更多可能性，但目前实际应用中依然存在技术和资金方面的壁垒。总体而言，创新技术是未来发展的必然方向，我们还需要在进一步发展中不断解决问题。

4. 智能化机器与算法对未来新闻生产将产生哪些影响?

答:智能化机器是以人工智能技术为核心的一系列计算机系统的总称，它是人工智能技术在实际应用中的具体体现。算法是指对解题方案的准确而完整的描述，是一系列解决问题的清晰指令。算法代表着用系统的方法描述和解决问题的策略机制。智能化机器与算法对未来新闻生产的影响有以下几个方面:

(1)数据收集。当人工智能应用于新闻生产领域，新闻素材的来源会更加广泛。在信源捕获方面，大量的数据收集可以成为新闻生产的原始材料。但是信息来源广泛同样可能导致假新闻泛滥、侵犯隐私等问题。当前，脸书、谷歌、推特等互联网巨头正在使用人工智能技术来识别网络虚假消息并及时遏制其大范围传播。

(2)个性化新闻生产与分发。在人工智能技术的协助下，新闻机构能为用户打造个性化的阅读产品。人工智能技术能够通过对不同语料库语言风格的学习，生产出适应不同群体表达习惯的稿件。基于算法的智能化分发平台能够促进信息与用户需求的匹配。但这也会导致"信息茧房"等问题，使用户被困在能够取悦自己的事物中，此外也加剧了不同人群之间的信息鸿沟。

(3)机器人新闻写作。新闻机器人能做的只是在现有数据库的支持下搜集大量数据，对文章的词汇和语句进行抓取，然后排列组合，其对文章的深度理解能力还远不能与人类相提并论。机器人新闻当前的应用还停留在以使用数据为主的新闻领域，具体来说是在财经和体育方面，很少能"身兼数职""一机多能"。这一方面是初始写作模块的设置导致其功能较为单一，设计者也未能考虑到深度学习功能；另一方面，数据壁垒也导致其不能获取并学习更多的数据资料，从而"知之甚少"。此外，与人相比，机器人新闻写作缺乏一定的温度和创造力，期待未来机器写作能在这些方面有所突破。

【真题链接】论述数据和算法在新闻生产流程中的作用。[华科2022年研]

5. 你如何理解作为媒介的智能交通工具?

答:"交通"与"传播"之间一直存在着复杂的关系。早在1894年，查尔斯·库利就在自己的论文《运输理论》中提出"传播作为观念运输组织"的观点。交通工具将人与空间连接，使人与人能够相遇，从这一角度考量，交通工具即是媒介。而依托技术发展，交通工具的智能化水平不断提高，常见的智能交通工具有外卖电动车、网约车、共享单车以及某些智能汽车等，它们拥有独特的媒介意义，以下将具体分析作为媒介的智能交通工具。

(1)作为媒介的外卖电动车。

外卖电动车与骑手本身、骑手的手机绑定，成为受平台桎梏的媒介，构成了现代平台经济的物流网和关系网。作为媒介的外卖电动车受平台算法控制，平台通过算法规划路线、限制时间，但实践中，也受外部环境(如天气、交通状况等)的影响，抽象的信息流和难以把控、意外状况频发的物流之间存在一定的矛盾，骑手也因此陷入对速度的追求，甚至不惜与死神赛跑。

(2)作为媒介的网约车。

网约车和数字平台结合，通过算法进行分配，承载着信息流和物流。网约车构建了司机与乘客同在的空间，成为连接人与人之间的媒介，不可避免地产生人际互动，但也容易发生一定的纠纷。二者的连接还需要通过中介平台，平台的算法、价值偏向也会影响连接。而司机与车本身也会呈现出物、人、技术一体的耦合状态，将人和物进行连接，紧密缠绕，形成新的劳动主体。

(3)作为媒介的共享单车。

移动互联网和物联网为共享单车提供技术支撑，数字平台与共享单车进行实时连接，共享单车具有流动性、场景性和用户自主性的媒介属性，连接人和地点，解决“最后一公里”的痛点，使连接更加自主、便捷、可控。同时也加强了人与城市的连接和互动，借助共享单车更和谐地融入城市空间，重塑城市空间的体验感。共享单车也改变了人与人之间的连接关系，成为交往的新媒介，带来情景化的线下交往互动，除独自使用共享单车之外，共享平台也会搭建出群体性的共享单车使用场景，让注意力和身体一并从虚拟世界回归到现实世界。

(4)作为媒介的智能汽车。

未来的智能汽车不会局限在交通工具，而是集合娱乐、通讯、办公、购物为一体的，更贴合用户需求、提供优质服务的场景化的智能座舱，甚至能成为元宇宙的接口，以智能汽车为中心，构建出人与人、人与汽车、汽车与汽车、汽车与虚拟空间、汽车与现实环境、汽车与公共信息系统的新连接。届时，人们更加自主地选择服务体验，以“在场”的方式具身参与到任意实践中，实现媒介作为“人的关系连接”在现实世界的最高形式。

将交通工具看成媒介，是基于泛媒介和“万物皆媒”的观点，同时也是传播物质性的一种深化，在当下智能化时代，各种媒介都可以看作是人体的延伸，改变我们认识世界和理解世界的方式，而现在发展火热的智能交通工具很好地融入了社会，并给人们带来了新的体验。

6. 在你看来，未来的互联网将变成什么样？

答：互联网技术一日千里，正在全面融入经济、社会、消费和生活各个范畴，它引领了社会消费新革新，探索了人类生活新空间，带来了国家治理新挑战，并深入地改变着全球产业、利益、经济、安全等格局。互联网正在成为21世纪影响和加速人类历史发展进程的重要因素，成为影响全球创新与革新、合作与共享、战争与和平的重要议题，未来的互联网也必将继续朝着这个方向迈进。

(1)互联网将成为全球产业转型升级的重要助推器。

互联网正在为全球产业发展构建起全新的运转形式，它在推进产业组织形式、服务形式和商业形式全面创新，在加速产业转型升级等方面也发挥着重要作用。互联网构建的网络空间，使产业能够更好地汇集创新要素，更好地应对资源和环境等外部风险，推进全球产业发展迈入创新、协调、绿色、开放、共享的数字经济新时期。

(2)互联网将成为世界创新发展的重要新引擎。

互联网企业正在成为将来全球创新驱动发展中最为耀眼、最为普遍、最为强劲的创新动能源泉，成为全球技术创新、业态创新、产业创新、产品创新、市场创新和管理创新的引领者。人口、资源、市场等驱动国家发展的传统红利要素，正在全面让位于互联网创新发展的红利，互联网创新将成为推进世界持续发展的重要新动能，引领人类全面跨入创新发展的快车道，创新、智能、革新的社会正由于互联网创新而加速到来。

(3)互联网将成为造福人类的重要新渠道。

互联网促进了开放共享发展，泛在化的网络信息接入设备、便利化的“互联网+”出行信息服务、全天候的指尖网络批发形式、“一站式”旅游在途体验、数字化网络空间学习环境、普惠化在线医疗服务、智能化在线养老体验、无时空限制的网络社交文娱环境将全面点亮智慧地球，开启人类智慧生活新时期，将极大地促进国家、城乡、区域、人群等的和谐、开放和共享发展，促进世界发展成果更好地惠及全人类。

(4)互联网将成为各国治国理政的新平台。

“指尖治国”将成为新常态，“互联网+”政务服务、移动政务、大数据决策、微信、微博等将深入改变政府传统运转形式，并构建起网络化、在线化、数据化和智能化的全天在线政府。精准服务、在线监管、预测预判、事中事后处置、网络民意调查的全面提升，不仅创新了宏观调控、社会管理、公共服务和市场监管形式，更提高了国家管理能力和管理体系现代化水平。

1.4 考研真题与典型题详解

一、概念题

1. 阿帕网[清华大学2019年研]

答：阿帕网(ARPAnet)是美国国防部高级研究计划署开发的世界上第一个运营的封包交换网络，它是全球互联网的始祖，于1969年问世。阿帕网的主要特点包括：①可以共享硬件、软件和数据库资源；②利用分散控制结构；应用分组交换技术(包交换技术)；③运用高功能的通信处理机；④采用分层的网络协议。1986年，美国国家科学基金会利用ARPAnet发展出TCP/IP通信协议，出资建立名为NSFNET的广域网。至此，互联网基本摆脱军方控制，并且逐渐成为一种便捷的“民用”媒介。20世纪90年代开始，商业机构开始大举介入互联网，从而进一步推动其民用化趋势，充分挖掘了因特网通讯、资料检索、客户服务等方面的巨大潜力。至此，互联网的基本平台已经搭建完成，接下来万维网(即World Wide Web——WWW，又称Web)和网络“浏览器”的普遍使用使它的发展又踏上一个新的台阶，网络成为真正意义上的传播媒介，深刻地改变着社会生态、传播生态和新闻媒介。

2. Web2.0[清华大学2021年研]

答：Web2.0最早出现于1999年，代表人物是奥莱利。它是指允许用户广泛参与网站内容建设和交互的技术，网络不仅是“可读”的，也变得“可写”，因此Web2.0整体指由用户主导生成内容的互联网应用模式。人们对于Web2.0的共识是，Web2.0以“人”为中心，而不是以内容为中心；它是一种用户参与的架构，这既指网站内容建设，也指网站的整体“生态系统”的建设。Web2.0具有强烈的交互性、个性化等特征；Web2.0试图把人与内容的关系深化为人与人的关系。Web2.0的应用是一种社会纽带，是个体吸纳与整合社会能量的接收器，同时也是个体能量放大为社会能量的转换器。

3. 社会化媒体［四川省社科院 2024 年研；西北政法 2023 年研］

答：社会化媒体，是指允许人们撰写、分享、评价、讨论、相互沟通的网站和技术的总称。它是人们彼此之间用来分享意见、见解、经验和观点的工具和平台，现阶段主要包括社交网站、微博、微信、博客、论坛、播客等。其特点有两个：一是人数众多，二是自发的传播。如果缺乏这两点因素中的任何一点就不会构成社会化媒体的范畴。社会化媒体在互联网的沃土上蓬勃发展，爆发出令人惊讶的能量，其传播的信息已成为人们浏览互联网的重要内容，不仅制造了人们社交生活中争相讨论的一个又一个热门话题，而且吸引了传统媒体争相跟进。

4. 分布式新闻［四川省社科院 2023 年研］

答：分布式新闻是借助计算机的分布式计算进行具体的分布式处理的一种有效技术，通过此类技术在社交媒体中实现多主体的自组织模式的话题报道，通过对新闻信源资源的发现和整合，实现多主体、多角度的协同报道。社会化媒体的应用，使得新闻生产逐步趋向分布式，即多种主体在自我协同下共同参与某一个话题的信息生产，完成对事实全貌的构建。维基百科便是分布式知识生产方面的一个典范，而在新闻领域，借助一些开放平台，人的“认知盈余”与机器、智能物体的智能资源结合在一起，将有助于为某个特定的新闻主题建立起丰富的认知框架，也有助于推动人们在某些角度下的深入挖掘。在分布式新闻这样的模式中，各种主体的资源发现和整合，报道任务的分配与报道过程的协同，是发展的核心。分布式新闻意味着新闻生产进一步去中心化。

5. UGC［南京大学 2017 年研］

答：UGC，即 User-Generated Content，用户生成内容。UGC 的概念最早起源于互联网领域，即用户将自己原创的内容通过互联网平台进行展示或者提供给其他用户。UGC 是伴随着以提倡个性化为主要特点的 Web2.0 概念而兴起的，它并不是某一种具体的业务，而是一种用户使用互联网的新方式，即由原来的以下载为主变成下载和上传并重。依托具有强大信息资源的互联网平台，UGC 因其主体多元性、信息广泛性、成本低廉等特征，对新闻生产产生较大的影响。

6. 公民新闻［川外 2023 年研；清华大学 2018 年研；南京大学 2018 年研］

答：公民新闻（Citizen Journalism）是 20 世纪 90 年代美国新闻界提出的新闻观念，是指积极地让受众参与报道重要事件的新闻实践。公民新闻是对社会责任理论呼吁组成“大共同体”的直接反应。公民新闻是一种交互式新闻形式，打破了现有的专业媒体组织垄断新闻内容的格局，使新闻生产的权力由媒体中心向受众中心转变；同时，它通过多渠道的新闻信息报道满足了日益多元化发展趋势下公民的知情权需求。“公民新闻”还使传统媒体的信源结构发生变化，传统媒体对新闻信息的议程设置功能受到影响。

7. 5G

答：5G（Fifth-generation）技术即第五代移动通信技术，是 4G 之后的延伸，5G 网络的理论传输速度超过 10Gbps（相当于下载速度 1.25GB/s）。5G 具有高速率、低时延、高可靠、大连接等特点。5G 突破了 4G 的空间局限，实现连续性广域覆盖，数据收集和生产时刻进行，构造出一个全移动和全连接的智能社会。5G 的一个显著影响即“泛视频化”，5G 技术能够支持人们以最快的速度获得信息，参与传播。新一轮智能化 5G 浪潮不仅能进一步实现人与人之间的无缝连接，还将实现人与物、物与物的高速连接，形成“物联网”。个性资源也从内容和渠道转变为数据。5G 将会冲破时空场景的限制，重构传播体系，将会为内容传播和信息带来重大变革，从而影响用户的使用行为。

8. 可穿戴设备

答：可穿戴设备(Wearable Device)是指电脑科技结合多媒体和无线传播以不凸显异物感的输入或输出仪器，如首饰、眼镜或衣服进行连接个人局域网络功能、侦测特定情境或成为私人智慧助理，进而成为使用者在行进动作中处理信息的工具。可穿戴设备通常以人体为载体、通过便携式穿戴，实现对应的业务功能。可穿戴设备与人体的交互形态主要基于人体能力和设备内置能力配合实现，是继承“以人为本、人机合一”理念的产物。

9. VR[北外 2022 年研]

答：VR 即虚拟现实技术(Virtual Reality)，是一种可以创建和体验虚拟世界的计算机仿真系统，是一种多源信息融合的、交互式的三维动态视景和实体行为的系统仿真，它利用计算机生成一种模拟环境，使用户沉浸到该环境中。虚拟现实技术具有多感知性、存在感、交互性和自主性的特点。多感知性指除一般计算机所具有的视觉感知外，还有听觉感知、触觉感知、嗅觉感知等。理想的虚拟现实应该具有一切人所具有的感知功能。存在感指用户感到作为主角存在于模拟环境中的真实程度。理想的模拟环境应该达到使用户难辨真假的程度。交互性指用户对模拟环境内物体的可操作程度和从环境得到反馈的自然程度。自主性指虚拟环境中的物体依据现实世界物理运动定律动作的程度。

10. 3D 打印[北京大学 2016 年研]

答：3D 打印(3D Printing)是指将计算机设计出的三维数字模型分解成若干层平面切片，然后由 3D 打印机把粉末状、液状或丝状塑料、金属、陶瓷或砂等可黏合材料按切片图形逐层叠加，最终堆积成完整物体的一种快速成型技术，学术上称之为快速成型技术。该技术综合了数字建模技术、信息技术、机电控制技术、材料科学与化学等诸多前沿技术知识，是一种具有高科技含量的综合性应用技术。3D 打印可以实现大规模的个性化生产，可以制造出传统生产技术无法制造出的外形；可以实现首件的净型成形，大大减小后期的辅助加工量，避免委外加工的数据泄密和时间跨度。由于其制造准备和数据转换的时间大幅减少，单件试制、小批量生产的周期和成本随之降低，特别适合新产品的开发和单件小批量零件的生产，这些优势使 3D 打印成为一种潮流。目前，3D 打印技术已在建筑、工业设计、珠宝、鞋类、模型制造、汽车、航空航天、医疗、教育、地理信息系统等诸多领域得到广泛应用。

11. 物联网[湖南师大 2020 年研]

答：物联网(IoT，Internet of Things)是指将各种信息传感设备，如射频识别装置、红外感应器、全球定位系统、激光扫描器等装置与互联网结合起来而形成的一个巨大网络。其目的是让所有的物品都与网络连接在一起，方便识别和管理。物联网是新一代信息技术的重要组成部分，也是“信息化”时代的重要发展阶段。物联网是物物相连的互联网，主要包括两层意思：①物联网的核心和基础仍然是互联网，是在互联网基础上延伸和扩展的网络；②其用户端可以延伸和扩展到任何物品与物品之间，进行信息交换和通信，即“物物相息”。物联网通过智能感知、识别技术与普适计算等通信感知技术，广泛应用于网络的融合中，也因此被称为继计算机、互联网之后世界信息产业发展的第三次浪潮。物联网是互联网的应用拓展，与其说物联网是网络，不如说是一种业务和应用。因此，应用创新是物联网发展的核心，以用户体验为核心的创新2.0是物联网发展的灵魂。

12. IPv6

答： IPv6是最新版本的互联网协议(Internet Protocol)，它可以跨互联网识别设备，从而确定它们的位置。IPv6是IETF(互联网工程任务组，Internet Engineering Task Force)设计的用于替代IPv4的下一代IP协议。IPv6具有丰富的地址资源，号称“可以为全世界的每一粒沙子编上一个网址”。换成IPv6之后，每台设备都可以有独立的IP地址。如果配合5G网络，每台汽车、路灯、摄像机、手机、垃圾桶、消防栓都可以有独立的IP地址。所有的设备都能分到独一无二属于自己的IP地址，让“物联网”成为可能。基于IPv6协议的多地址性，地址能有效分配给每一个物联网设备，从而实现专网连接。除此之外，IPv6还更安全，响应更快。IPv6拥有加密选项，用户和服务器之间的通信很难被破解。除此之外，IPv6能大大降低网络延迟，可以从现在普遍100M/s左右降低到个位数。低网络延迟不光对打游戏有帮助，还让远程无人机、无人汽车变得可行。

13. 云计算[华中师大2021年研；人大2015年研]

答： 云计算(Cloud Computing)属于分布式计算的一种，指的是通过网络“云”将巨大的数据计算处理程序分解成无数个小程序，并通过多部服务器组成的系统进行处理和分析这些小程序得到结果并返回给用户。“云”即服务器所提供的服务。云计算的核心是将大量基于网络连接的数字资源进行统一管理和调控并形成资源池，根据客户需求提供服务，本质是一种基于网络的服务提供技术。通过云计算也可以处理、分析物联网中的海量数据资源，发挥物联网的最大效用。

14. 智能家居

答： 智能家居(Smart Home)是依托于住宅这个平台，依赖于计算机技术、网络技术、通信技术和综合布线技术等关键技术，科学统筹家居生活的管理系统。智能家居的智慧几乎体现在家居生活的各个方面，如家居安防、灯光调节、家用电器智能控制、全宅背景音乐、多媒体资源共享、厨房和卫生间的智能化管理等。目前，国内智能家居行业结构较为复杂，主流智能家居厂家主要由对讲安防类、传统家电类和网络通信类厂家发展而来，也有专业从事智能家居生产的厂家。各类厂家结合自家特色，推出的智能家居产品在功能上各有侧重点。专业智能家居生产厂家对控制功能单一的智能家居产品进行功能组合，把发展的主要目标放在智能控制系统的研发上。作为智能家居系统中最常见的组件，智能家电不仅包含传统家电的几乎所有功能，还具有网络化、智能化、节能化，以及开放性、兼容性、易用性等特点。

15. 车联网

答: 车联网(Internet of Vehicle),简称为IoV,是物联网在交通领域的应用,也是新一代网络通信技术与汽车、电子、道路交通运输等方面深度融合的新兴的产业形态,其基础是汽车的智能化,目前在实践中呈现良好的发展态势。车联网意味着将车辆与各种元素连接起来,形成一个四通八达的网络,小到车辆内部的空调、音响和发动机,大到车辆与车辆,车辆与行人、路况、基础设施,乃至网络云端,都互连互通,并最终有望实现智能交通、智能汽车、智能驾驶等功能。

16. 人机协同

答: 人机协同,是指基于人工智能的辅助和协作,人与机器之间形成的协同工作的关系,能够有效提升内容生产的质量和分发效率。当下AIGC技术不断发展,人机协同的门槛不断降低,一般人也能有和机器协同创作的机会,人机协同的壁垒消解,逐渐走向常态化。人机协同,应该是人与机器相互学习、相互精进的过程,理想化的结果应为两者的共同进步,但人在其中仍应占据主导地位,人的价值和能力不能被削弱。

17. 人机传播[社科院2024年研]

答: 人机传播的概念强调在人机双向的传播中,机器开始扮演传统意义上人类的角色,并且人机传播也会影响社会关系,机器从工具成为中介,再到传播主体。人机传播具有以下特点:①场景性;②可控性;③补偿性;④投射性。人机传播依然是以服务人类为主,我们需要注意在人机传播过程中不能被机器控制,产生过度依赖。

18. 人机共生[四川大学2023年研]

答: 人机共生,是指电子设备与人本身的紧密结合或者说耦合,是人机关系的一种发展方向。约瑟夫·利克莱德在1960年提出“人机共生”的概念。从“人机共生”的视角来看,人体成为双向的“人肉终端”。人的数据能更加方便地被获取,带来人的“外化”,可穿戴设备作为媒介,成为人的延伸,提升人的能力维度,但相应地,人也会对其产生依赖,削弱一部分的能力,需要让渡一部分隐私换取便利。德国学者安东·德巴里对“共生”的解释也认为,共生意味着双方之间既相互依存,又相互争夺生存养料。在智能媒体时代,人与人工智能创造物之间既依存又竞争的人机共生关系正在悄然形成。

19. 个人门户

答: 个人门户是指以个人为中心的上网入口,还可以进一步延伸为个人信息中心。当下互联网Web2.0模式日趋完善,随着社交网络的普及和移动互联网的异军突起,互联网用户的网络话语权不断膨胀,呈现出“去中心化”的网络信息处理特征。随着P2P、RSS、widget、App、API以及SNS、微博等社会化媒体应用的进一步普及和优化,网络传播模式也从“大众门户”时代传播模式向“个人门户”时代传播模式转变。在“个人门户”时代,特别是面临内容同质化严重的难题,视频网站的发展重心也从“内容为王”转向“关系为王”,集中培养用户忠诚度,与用户建立独一无二的联系,获得持久用户。

20. 智能化媒体

相关试题:智能媒体[社科院2023年研;华东师大2022年研]

答： 智能化媒体是指基于移动互联、大数据、虚拟现实、人机交互等新技术产生的一种新的媒体发展形态，其立足于共享经济，充分发挥了个人的认知盈余，形成了多元化、可持续的商业模式和盈利模式，实现信息与用户需求的智能匹配。智能化媒体主要包含三个特征：万物皆媒、人机合一和自我进化。智能化媒体的影响有：①用户分析与匹配的场景化、智能化与精准化；②新闻生产的机器化、智能化与分布式；③新闻传播的泛在化、智能化与新闻体验的临场化；④互动反馈的传感化。

21. 机器人写作［北京师大 2019 年研］

相关试题：机器人新闻［云南大学 2023 年研；南京师大 2015 年研］

答： 机器人写作是指利用算法程序，通过采集大量的题材及高质量的数据，建立庞大数据库，从中寻找模型、趋势以及相互的关系，最后由机器自动化生产新闻的新闻报道方式。近年来随着媒介技术的不断发展，人工智能越来越发达，表现在新闻传播业便是机器人新闻生产方式的出现。其优点在于：①新闻生产复杂流程简单化、生产高效化；②速度快，增强新闻时效性；③信息收集精准化、信息源甄别精准化。其不足包括：①深广性不够；②灵活性欠缺；③文章较为枯燥，多为数据罗列，不符合受众阅读习惯；④缺乏温度、深度、人文主义等。目前，机器人新闻局限于强调数据的财经、体育新闻方面，在其他领域运用不多。

22. 元宇宙［华中师大 2024 年研；云南大学 2023 年研；郑州大学 2023 年研；华中农大 2023 年研；社科院 2023 年研；清华大学 2022 年研；南京大学 2022 年研；华东政法 2022 年研；内蒙古大学 2022 年研］

答： 元宇宙是整合多种新技术而产生的新型虚实相融的互联网应用和社会形态，它基于扩展现实技术提供沉浸式体验，依托数字孪生技术生成现实世界的镜像，通过区块链技术搭建经济体系，将虚拟世界与现实世界在经济系统、社交系统、身份系统中密切融合，并且允许每个用户进行内容生产和编辑。从时空性来看，元宇宙是一个空间维度上虚拟而时间维度上真实的数字世界；从真实性来看，元宇宙中既有现实世界的数字化复制物，也有虚拟世界的创造物；从独立性来看，元宇宙是一个与外部真实世界既紧密相连，又高度独立的平行空间；从连接性来看，元宇宙是一个把网络、硬件终端和用户囊括进来的一个永续的、广覆盖的虚拟现实系统。准确地说，元宇宙不是一个新的概念，它更像是一个经典概念的重生，是在扩展现实（XR）、区块链、云计算、数字孪生等新技术下的概念具化。

23. 二维码

答： 二维码又称二维条码，常见的二维码为 QR Code，QR 全称 Quick Response。二维码是一种包含数据的图像，能够被扫描并解读，常用于存储网址、文本、链接等信息，相较条形码能储存更多信息。二维码是连接现实世界和虚拟世界的媒介，交汇聚集信息。二维码的意义包括：①货币数字化，作为货币发挥媒介意义；②“码思维”，信息被提取成码；③二维码成为通信证明和区隔因素。

二、简答题

1. VR、AR、MR的特点。[北京师大2019年研]

答:(1)VR。

VR,即虚拟现实技术(Virtual Reality),是一种可以创建和体验虚拟世界的计算机仿真系统。具体来说,是指用户可以沉浸在计算机生成的三维虚拟环境中,从自己的主观视角出发与其进行互动,并产生一种"身临其境"的代入感。其"复制世界"的核心特征可以归纳为"3I",即沉浸感(Immersion)、交互性(Interaction)和想象性(Imagination)。

VR的特点有:

①沉浸感(Immersion),是指让人沉浸到虚拟的空间之中,脱离现有的真实环境,获得与真实世界相同或相似的感知,并产生"身临其境"的感受。

②交互性(Interaction),是通过硬件和软件设备进行人机交互。VR用眼球识别、语音、手势乃至脑电波等多种传感器,与多维信息的环境交互,逐渐趋同于同真实世界的交互。

③想象性(Imagination),是指在虚拟世界中,用户根据所获取的多种信息和自身在系统中的行为,通过逻辑判断、推理和联想等思维过程,对其未来进展进行想象的能力。

(2)AR。

AR,即增强现实技术(Augmented Reality),指在真实环境中增添或者移除由计算机实时生成的可以交互的虚拟物体或信息。戴上AR眼镜后,看到的全是真实的场景,它把这些智能计算机设备所产生的"增强"的虚拟数字层套在真实世界之上。AR技术的突出特点为构建在三维世界基础上的虚拟场景,从而达到交互性和沉浸式的双重体验。

AR的特点有:

①真实世界和虚拟的信息集成;

②具有实时交互性;

③是在三维尺度空间中增添定位虚拟物体。

(3)MR。

MR即混合现实(Merged/Mixed Reality),是虚拟现实技术的进一步发展,该技术通过在虚拟环境中引入现实场景信息,在虚拟世界、现实世界和用户之间搭起一个交互反馈的信息回路,以增强用户体验的真实感。MR是合并现实和虚拟世界而产生的新的可视化环境,是数字化现实与虚拟数字画面的结合。

MR的特点有:

①它结合了虚拟和现实;

②在虚拟的三维(3D注册);

③实时运行。

混合现实(MR)的实现需要在一个能与现实世界各事物相互交互的环境中。如果一切事物都是虚拟的即为VR的领域。如果展现出来的虚拟信息只能简单叠加在现实事物上,那就是AR。MR的关键点就是与现实世界进行交互和信息的及时获取。

2. 简述新媒体尤其是社会化媒体给新闻生产方式带来的变化。

答:随着技术的发展,新媒体给新闻生产方式带来了巨大的变化。其中,社会化媒体更是颠覆了传统意义上的新闻生产流程，给普通大众更多参与新闻生产的机会。从新闻生产的角度来看，互联网与新媒体技术的发展模糊了原来传受双方截然分明的角色，改变了新闻传播媒介的传统格局和新闻的采制方式。

(1)公民记者和公民新闻兴起。

传统的新闻生产方式多为记者通过通信员或热线来发现新闻线索并展开报道。而随着互联网、手机等新媒体的发展，微博等社交媒体平台和众多社会化网络发展壮大，出现了越来越多的公民记者。由于公民记者往往身处新闻现场，他们能够将新闻第一线的真实情况及时地通过网络传播出去，因而在传播新闻的过程中具有明显的优势。公民新闻打破了传统的新闻生产流程，通过多渠道的新闻信息报道满足公民日益多元化的知情权需求。

(2)职业新闻工作者需要提高新媒体适应能力。

在新媒体发展背景下，面对公民记者崛起、新闻生产泛化的挑战，职业新闻工作者必须提高自己适应新媒体工作环境的能力，在媒介融合的背景下，不断提高自身素养，成为精通文字、图片、视频、新媒体技术等各方面新闻工作的全能型、复合型新闻记者。同时职业新闻记者也应该继承和发扬自身的一贯优势，即对新闻的真实、准确、深度的报道，以便应对新媒体时代良莠不齐的公民记者新闻的挑战。

(3)专业新闻产品的参与性、互动性提高。

随着各种移动终端的普及以及信息制作门槛的降低，人人都可能成为记者、编辑、评论员，他们既是信息的接收者，也是信息的发布者。新闻受众能够按照自己的需求和意愿，以自己喜爱的方式发布、浏览、评论、回复和转发信息，自由地表达意见、宣泄情感、获取认同，不需要任何外在角色的约束。新闻信息的共享自由度提高，传播者和关注者能够就某一话题进行快速讨论、充分交流。

(4)新闻传播泛化和非专业化。

新媒体培养出“自媒体”，以微博、微信为平台的自媒体传播不受制于传统媒体对新闻价值“重要性、接近性、异常性、显著性、及时性、冲突性、趣味性”的要求，随时随地想说什么就可以通过网络平台发布出来。自媒体的特征是平民个性化、低门槛易操作、互动性强、信息传播速度快。但也存在内容良莠不齐、信息可信度低、法律规范不健全的问题。

3. 结合具体案例，简述机器新闻写作的特点与应用领域。[暨南大学2019年研]

答：机器人新闻写作是指运用算法对输入或搜集的数据自动进行加工处理，从而自动生成完整新闻报道的一整套计算机程序，是人工智能在新闻领域的最新应用。新闻生产完全自动化，生产主体由人变为机器。应用领域为高数据密度、高信息透明度和低语境的财经、体育、民意调查和天气等领域。

(1)机器人新闻写作的特点。

①提升发稿速度，全天候新闻热点监测，提高新闻的时效性。

时间对于新闻的意义非同小可，尤其是在当前网络新闻环境之下，可谓是分秒必争。新闻机器人通过之前学习相似稿件的写作模式，凭借其快速的信息处理能力，可以在极短的时间内就写出一篇符合该媒体风格的作品。如在四川九寨沟地震中，机器人仅用25秒就完成了全球第一条关于这次地震的速报，并通过中国地震台网官方微信平台推送，成为全球首发。

②新闻更加全面，新闻报道的长尾效应突出，满足个性化需求。

在互联网平台上新闻报道的长尾效应十分突出，即由于受众基数巨大，即使是小众用户，其数量也十分可观。同时基于互联网平台的新闻传播对个性化新闻需求的满足也有利于用户黏性的增长。这也符合未来定制新闻、分众化新闻的大趋势。如今，今日头条、腾讯新闻、一点资讯等市场化新闻客户端都在不同程度上利用机器人算法为公众提供个性化新闻，满足公众的个性化需求。

③使记者从快新闻中解脱出来，着力对深度新闻的打造。

当前，新闻消息的生成和传播速度越来越快，新闻的时效性也要求越来越高，但与之相对，一则新闻消息的影响力却大不如前。一方面，新闻的半衰期越来越短，另一方面快餐式的新闻充斥网络。媒体行业的激烈竞争使得记者疲于应付千篇一律的消息，即便如此，漏题现象也时有发生。在这些消息上使用机器人写作，使得记者可以从疲于奔命式的抢新闻中解脱出来，对事件背后的新闻线索进行深入挖掘和批判性的思考。从长远看来，深度报道对新闻界是有百利而无一害，甚至可以让快新闻逐渐慢下来，也给予读者思考与品读的时间。

④处理巨大数据量时减少出错量。

对于经济、体育类的新闻，常常有许多数字、数据需要整理汇总。人类记者在处理这些数字、图表时，常常因为数据量大而忙中出错。但是，机器人凭借其超强的运算能力，可以处理海量数据，且不容易出错。早在里约奥运会期间，《华盛顿邮报》就打破传统，使用“机器人记者”和人类记者一起来报道体育赛事，极大提升了报道效率。

⑤不带有个人情感，文章更加客观。

机器人新闻不带有任何人类情感，文章的生成完全依赖于数据。比如在赛事汇总上，不会因为喜爱某支球队而厚此薄彼。而是严格按照数据，客观地陈述事实。在某种程度上，机器人新闻更接近新闻上对客观性的要求。

(2)机器人新闻写作的应用。

①跨领域的多面手。

目前来看，新闻机器人的写作能力还仅仅停留在某一领域。一方面，现有的机器人写手的处理器能力还很单一，交叉数据的处理能力很弱。其次，数据库的开源也是制约新闻机器人跨领域工作的一个障碍，不同数据库之间的开源以及数据的整合使得机器人的跨领域写作有一定阻力。因此，如新华网的快笔小新，它其实是有3个分身，每个分身各处理一个领域的新闻消息。但是，随着其数据处理能力的增强，以及数据开源成为可能，跨领域的机器人新闻写作将会实现。这样一来，不仅大大节约了成本，而且写出的稿件将更加全面，不同数据库的资料可以相互补充，取长补短。写作的类型也将不仅仅局限于短消息，使得人物通讯，甚至时事评论成为可能。

②人类记者、编辑的助手。

将来的新闻编辑部很可能出现二加一的局面，即机器人记者同人类记者一起撰稿，机器人编辑同人类编辑共同审核把关。机器人记者可以对大量文本、音视频数据进行处理，形成报道提纲或数据图表，这一轮对数据的加工，使得记者省去了查阅资料、整理汇总的不便，对报道重心做到心中有数，下笔有神。同时，机器人可以协助编辑校对文稿，并快速发布到各媒体终端。例如，新华社、人民日报等媒体稿件在刊发之前都会首先采用机器审稿，人类编辑进行二审，这样，机器人就成为了人类编辑的得力助手。

③平等的交流者。

目前为止，写作机器人还停留在单向度地接受指令并进行运算的层面。也就是说机器人还只能停留在辅助记者工作的阶段。但相信在不久的将来，随着数据量的增多，机器的运算能力的增加，以及机器对于自然语言理解能力的增强，机器人可以平等地同人类进行交流，对人类的意见进行反馈建议。

④多平台终端、数据库资源的连通者。

未来随着各机构数据库、不同平台之间的不断开源，新闻机器人可以实现“推”与“拉”的多平台终端、数据库资源连通。它一方面可以将写好的稿件快速同时上传到多个媒体平台，例如目前机器人写作可以将所写今日头条的稿件自动共享到微博平台；另一方面，将不同的数据库连通起来，使得数据交叉整合，发挥更大的效能。

⑤媒介融合的推动者。

在今后的发展中，机器人可以将视频、音频甚至虚拟现实技术整合起来，实现真正的媒介融合。新闻机器人可能是今后媒介融合的一个具体产物，它出现在新闻现场，根据新闻对象需要，安装相应的新闻模块，装配虚拟现实摄像头，可以快速写稿、现场直播、制作 VR 作品等，未来的新闻机器人发展的可能性是无限的。

4. 简述 Web2.0 和参与式文化。［清华大学 2023 年研］

答：参与式文化是以 Web2.0 网络为平台发展起来的，具有自由、平等、公开、包容、共享等特征的文化，以下将分别从概念和二者的关系进行分析。

(1) Web2.0。

Web2.0，是互联网第二代服务，相对 Web1.0 的新一代互联网应用的统称。Web2.0 时代具有以下特征：信息内容的创造性、信息传播的共享性、信息媒介的多样性、信息互动的大众性。

(2) 参与式文化。

参与式文化(participatory culture)这一概念最早是由美国传播学学者亨利·詹金斯在 1992 年于《文本盗猎者：电视粉丝与参与式文化》中提出的，用于描述媒介文化中的互动现象，指“一种邀请粉丝和其他消费者积极参与新内容创作和传播的文化形式”。

(3) 二者的关系。

随着新媒体技术的发展和普及，博客、维基百科、视频网站、社交网站等带有社会化平台性质的新型网络服务和应用纷纷进入大众生活，引领了 Web2.0 纪元的来临。从此，网络世界向人们开放了互动的大门，网民可以更自发自愿地表达观点、自我展示、与他人讨论乃至结识。网络由“读”时代进入了“写”时代，网民不再是被动的信息受众，也不再是传统意义上的信息消费者，而成为了主动的信息分享者、传播者和创造者。整个传播环境的巨变也使得新媒体环境下的媒介文化整体体现出参与、分享、互动的特征，参与式文化因而被众多学者认为是互联网，尤其是 Web2.0 的一大文化特征。因此，其含义也在 Web2.0 时代得到了更为广泛的讨论与丰富。

5. 人工智能对内容生产与传播的影响。[中传 2019 年研；北京大学 2019 年研；暨南大学 2019 年研；北京师大 2019 年研]

相关试题：论述人工智能对传媒业的影响。[北邮 2019 年研]

答：人工智能是指基于大数据、算法和云计算三项技术基础，开发用于模拟、延伸和扩展人的智能理论和方法的新技术，是制造智能机器、可学习计算程序和需要人类智慧解决问题的科学和工程。近年来，“人工智能 + 媒体”是引起热议的话题之一。人工智能对传媒业的整个传播流程都在产生影响，包括组织机构、内容生产、传播方式、效果测定、经营模式等。其中，内容生产与传播是人工智能技术应用较多的环节。

(1)人工智能对内容生产和传播的积极影响。

①改变了单一向度的新闻生产流程。传统媒体的新闻生产以记者调研和寻找线索为起点，然后记者采访写稿或者拍片与剪辑，成稿后经由编辑加工，最终形成产品并由媒体发布。这个过程是单向度的线性流程。而人工智能技术使得内容生产变为交互多向。新兴的新闻生产包括由用户兴趣主导的话题选择、依靠受众网络分析、不同渠道发布内容、对传播效果事实评估等。内容生产者和用户之间是交互关系，而非线性关系。

②压缩了内容生产流程的环节，提高了单位时间内的生产数量。机器的自动化带来环节合并，如 Veo 公司的产品能全景追踪体育赛事，在无人监管模式下，自动追踪体育场上的动向，并将素材自动组合成片，将拍摄、剪辑、后期等多个环节进行整合。同时，通过实时追踪，省略反复核查带来的环节冗余。如英国的一家体育媒体 GiveMeSport，实时自动收集新闻线索，并排除垃圾信息与虚假内容，确定信息来源的可靠性，人工智能对真实性的全面把关就省略了记者自查、编辑审核等多个环节。

③算法成为内容生产流程运行的一个规则。传统新闻生产的价值判断主要依赖记者个人敏感度、编辑经验水平来判断，而人工智能技术下的内容生产则是以算法及其依托的数据作为判断依据。如路透社的 News Tracer 像一个“社交噪音过滤器”，它每天会识别来自 1200 万个推文的对话，选择那些类似新闻的内容，给每个故事添加总结或主题，评估每个故事的新闻趣味性、准确性、新颖性和范围，并打上地理标签。

④智能推荐将成为主流分发方式。在大众媒体时期，内容分发主要依靠职业编辑人员的手工操作来完成。互联网的产生打破了内容供给的时空限制，使得网上内容走向海量化。因此，基于用户内容消费数据，以“今日头条”为代表的智能推荐集合了网络编辑分发、搜索引擎分发、社交分发等分发方式的优点，可以更好地满足用户的个性化需求，从而增强用户对智能推荐平台的黏性，使得智能推荐成为主流的内容分发方式。

(2)人工智能对内容生产和传播的消极影响。

①数据收集可能侵犯隐私。当人工智能应用于新闻生产领域，新闻素材的来源更加广泛。比如，在信源捕获方面，大量的用户数据可以成为新闻生产的原始材料。人工智能的应用大大增加了新闻素材，但可能存在侵犯用户隐私的问题。人工智能的数据捕捉是基于云计算和大数据技术的，但是大数据的抓取行为本身就存在可能侵犯用户隐私的问题。在网络信息技术高度发达的今天，用户的一切网上行为都处于一种被“监视”的状态，在网上留下自己的信息，导致个人隐私泄露的案例频发。

②个性化定制易形成“信息茧房”。人工智能依托用户个人兴趣爱好偏向，通过对信息

的收集、整合与加工，为用户提供个性化的新闻内容。但是根据用户个人的兴趣爱好进行信息推送容易形成“信息茧房”，导致用户对感兴趣的信息无限制地获取，而对此领域之外的信息一无所知。这种热衷于某一事物，而对其他事物一无所知的现象将会导致人们习惯顺从地接受媒体提供的各类信息，并且认为媒介提供的信息真实可靠，慢慢丧失了批判能力，对于媒介提供的信息不加思考、全盘接受。

③模式化现象严重。人工智能通过算法的优选，摒弃了冗余信息的干扰，让用户能够直接接收最有用的内容。机器人在写稿件时，首先从数据库中依据挖掘到的数据找出符合新闻需求的信息，然后进行结构化处理，把数据进行排列组合，最后用设定好的模板形成新闻报道。在这种情况下产生的新闻报道就存在模式化严重的问题。

(3)人工智能对传媒业的挑战。

①人工智能技术使新闻机构和记者的工作面临被取代的危机。当算法实现逐步优化，人工智能通过用户浏览行为数据能准确将个性化、聚类化、标签化的新闻信息投送给不同的新闻受众群体，大量的传统新闻机构依托人工编辑的内容生产模式将受到前所未有的强烈冲击。

②对新闻专业主义价值观产生冲击。人工智能的技术运作逻辑是“一切皆可量化”，在“算法”逻辑思维下，其得出的数据结果造成了“主体建构被抹杀”和“生活意义被取消”；同样，当下的人工智能只会根据新闻的阅读点击率去判断该新闻的热点价值，而不会像传统新闻记者那样，秉承新闻作为“社会公器”的专业主义视角，去进行社会新闻的选取与生产。

③对新闻时效性产生冲击。时效性是新闻报道的生命线，是新闻存活及构成新闻价值的重要条件，但媒介技术一日千里的发展使人们的时间观念产生根本性的变革，“机器人写稿”的出现，则使得人类记者在新闻报道的“时效性”上更是望尘莫及。

④对新闻客观性产生冲击与“后真相”时代的来临。客观性新闻原则是新闻工作的准则与依据，由此衍生出“新新闻主义”、调查性报道、精确新闻学、公民新闻学等系列学说，更代表了业界、学界对新闻客观真实性的不懈探索与追求。然而，“后真相”一词近年来的不断闪现，无疑对新闻报道客观性的基本原则产生动摇。技术促进了人的延伸与连接，通过网络聚合相同兴趣、观点、情感、价值观的个体，并以此形成网络社群。人工智能技术“个人定制”的推荐系统的出现，更是利用算法机制精准地生产和推送信息，不仅满足用户个性化、社群化的信息兴趣和需求，而且还加固了社群，使成员生活在“信息茧房”之中，不断强化其各种认识偏见，最终进一步加强了“后真相”的时代特征。

6. 简述互联网发展的内在逻辑。[贵州大学2022年研]

答：互联网发展的内在逻辑如下：

(1)互联网的诞生——机器互连。

①阿帕网。

a. 1969年于美国诞生，是美国国防部高级计划研究署的一个实验性网络。

b. 采用“分布式”结构，提高网络的可靠性和安全性，以及信息传播的多样化和控制的复杂化。

②TCP/IP。

1983年，TCP/IP被指定为互联网的标准协议，被所有网络采纳。这被认为是全球互联网正式诞生的标志，也是互联网技术史上的第一次飞跃。

(2)互联网的媒体化——内容互连。

①WWW。

a. 1989年，蒂姆·伯纳斯·李提出了WWW(World Wide Web，即万维网，简称为Web)的技术构想。

b. 它是一种应用方式，可以通过互联网传输超文本信息(Hypertext)，用于描述如文本、图形、视频、音频等的超媒体(Hypermedia)。

c. WWW的出现使得互联网技术变得平民化，不再是技术人员的专有工具。

②搜索引擎。

a. 指根据用户需求和一定的算法，运用特定策略从互联网检索出指定信息，再反馈给用户的一种检索技术。有网络蜘蛛型搜索引擎(如Google、百度)和人工分类目录搜索引擎(如雅虎)两种基本形式。

b. 搜索引擎向着数据全面、更新及时、分类细致等方向发展，这种搜索引擎采用的是特征提取和文本智能化等策略。

c. 搜索引擎的目标是为用户提供检索服务，将检索的相关信息展示给用户。

(3)社会化媒体时代的到来——用户互连。

①Web2.0。

a. Web2.0让用户可以广泛参与网站内容建设和交互技术，由用户主导内容的生成。

b. 具有个性化和交互性特征，强调以人为中心。

c. 通过Web2.0应用，个体可以不断扩大自身的社交网络，将个体的声音散布到网络空间，甚至将个人行为变成社会性行为。

②相关概念。

a. 自媒体，指非专业媒体组织或个人通过各种网络手段进行信息传播。

b. UGC，User-Generated Content，指用户生成的内容。网民逐渐成为互联网内容的重要生产力量，这一概念强调公民在新闻报道活动中的参与，以及新技术对于公民新闻发展的意义，对专业网站生产的内容产生冲击。

c. 公民新闻，指来自公民的非专业新闻报道，近年来，随着技术发展，以网民为中坚力量的公民新闻随着时间的演变迅速发展，公民新闻在社会中产生的影响越来越大。

③社会化媒体。

它是一种基于用户社会关系的内容生产。其主要特征如下：

a. 内容生产与社交的结合。人们对社会关系的需求促进了平台的内容生产，而平台上的内容也反之加强了人们的联系。

b. 用户成为社会化媒体平台的主角，而非单纯的运营者。

(4)终端及其连接的升级。

包括：①从功能手机到智能手机；②平板电脑、电子书与电子纸；③可穿戴设备。

(5)物与物、物与人的连接。

①物联网技术。

a. 物联网是指通过信息传感设备，按约定的协议，将任何物体与网络相连接，使物体能够进行信息交换和通信。

b. 未来任何物体都有可能成为智能终端，自主收发信息，实现智能连接和互动。

c. 由于各种可穿戴设备的不断升级，人也可能被终端化。

d. 物联网技术掌握了人体很多方面的信息，隐私一旦泄露会危及个人安全。

②相关技术。

a. IPv6 是英文“Internet Protocol Version 6”(互联网协议第 6 版)的缩写，能够提高互联网的地址容量，解决 IP 地址资源不足的问题。

b. 云计算(Cloud Computing)是分布式计算的一种，指通过网络“云”将巨大的数据计算处理程序分解成无数个小程序，然后通过多部服务器组成的系统进行处理和分析，这些小程序得到结果后会返回给用户。

7. 结合数字媒体时代，谈谈你对万物皆媒的理解。[兰州大学 2023 年研]

答：万物皆媒，即万事万物皆可成为媒介。正如彭兰教授所言：“在物联网、人工智能、云技术等新技术的推动下，一个万物皆媒的泛媒时代，正在到来。”新一轮技术浪潮，将使得“媒介”与“非媒介”之间的界限淡化、模糊，甚至走向消失。以下将从数字媒体时代我对万物皆媒的理解展开论述。

(1)万物皆媒的重要层面：物体媒介化。

万物皆媒，意味着物体媒介化、智能化。物体依靠传感器、大数据等技术手段，成为数据的收集者，部分物体甚至拥有信息加工和信息传递的能力。物体与物体连接形成物联网，能够通过射频识别(RFID)、红外感应器、全球定位系统、激光扫描器等传感设备与互联网连接起来，进行信息交换和通信，实现智能化识别、定位、跟踪、监控和管理，做到万物互联、动态监测。

(2)媒介化的另一个方向：人体终端化。

通过可穿戴设备等传感装置，能够直接获取人体的相关数据，从这种意义上看，人体已经成为一种“人肉终端”。对人体数据的获取已经常态化、深层化。传感设备对人体数据的采集包括地理位置、运动数据、身体状态等。而这些数据成为重要的资源，向外界发送的同时也意味着人能更好地获取信息，了解、管理自我，获取更契合的个性化定制服务。

(3)人与物的新关系：人机共生。

人和物的关系在未来将走向“共生”。新媒体的内容和服务建立在人与物二维体系的数据资源的基础上，今天的平台也充当着人与物对话的作用，如网约车平台。人们通过这类平台将身体和物体关联，进行对话和互动，获取相关的信息和服务。未来的人和物，也将在共生的基础上，形成更多的互动与协作。

(4)未来趋势：人机合一。

人机共生的未来发展方向是人机合一。人和机器能够从系统形式上合为一体，从传感器、可穿戴的外接设备到可植入人体的芯片，“人”将被机器覆写定义。而独立的机器也正在试图模拟人类智慧，作为人类智慧的补充和延伸，合成一个完整的服务系统。

8. 简述媒介物质性。[武汉大学 2023 年研]

答：物质性是近年来人文社科领域频繁出现的关键概念，它描述的是特定的“物”在

“人类介入后体现出来的、超出物质实体之外的力量”。而传播学对媒介研究的物质转向，将重点从以人为中心的符号、意义、文化的讨论，转移到物创造的连接与行动问题上。“媒介物质性”的转向有其内在逻辑，在当今智媒技术深入渗透社会的背景下，新闻与传播研究不仅应该关注媒介本身的静态特征，还应该着眼于媒介与其技术在社会中所引发的一系列动态实践。

(1)概念溯源。

媒介物质性的研究传统一直可以追溯到海德格尔，他将物看成是一个虚空的空间，将“天地神人”汇集在一处。媒介的物质性研究本身又关涉诸多理论源流，它不仅纵向串联了伊尼斯、麦克卢汉的媒介环境学，基特勒的信息物质主义以及如今的媒介基础设施研究，同时还横向覆盖了现象学、技术哲学、自然主义、实践哲学等丰厚的理论资源。2010 年以来，我国研究者也逐渐将注意力转向了传播学和媒介研究中的物质性，强调实体物质和基础设施，超越了数字技术的“非物质性隐喻”。

(2)五大研究议题。

华中科技大学袁艳教授认为国内学术界在实证研究方面，现有的物质性研究主要聚焦在技术与技术物、传播政治经济、空间与流动性、身体与情感以及媒介生态等五大议题上。数字技术、平台治理、平台资本主义、数字劳动、具身实践、媒介地理学以及基础设施研究等都是主要的研究方向。

(3)研究意义。

①身体回归：提供具身传播的可能性。

媒介物质性的研究中，身体本身也是媒介，赛博格、元宇宙的概念强调了数字技术和身体的融合、互动，具身传播取代传统的“身心分离”取向，将拓展更多关于身体实践的新命题。从身份角色走向物质身体，回归身体、探究身体的意义。

②聚焦平台：从传播政治经济学视角批判。

平台渗透进日常生活，即“平台社会”。也因此带来一系列平台资本主义、异化劳动者等问题。算法、人工智能等新技术成为平台设置规则、掌控流量的武器，需要我们审慎看待，肯定平台带来的便利，警惕其对平台使用者的利用、对劳动者的异化，以及利益的攫取、分配问题。

③顺应技术变迁：大数据、云计算等技术发展的必然转向。

媒介物质性研究发展的内在逻辑即为技术的发展。延续媒介环境学派的视角，将技术本身视为重要因素。媒介环境学派将媒介自身，而非媒介的具体、微观的内容作为考察社会变迁的主要因素。重媒介物质性的思考有助于突破传统的效果思维，从更纵深的历史社会进程考察媒介对社会系统的影响。

④空间转向：弥合虚拟世界和现实世界。

元宇宙、城市传播等研究方向，都聚焦于虚拟世界、文化意义和物质世界、现实存在意义之间的弥合与连接。如元宇宙技术的发展，就推动了虚拟空间、现实空间、城市与乡村的研究发展。城市传播研究，就是重新将城市物质性的公共空间拉回视野，研究人、物质和符号意义的流动。

⑤物的传播主体性。

在现有的媒介物质性研究中，更多仍然关注的是媒介的物质性，但从传播的角度来看，物作为传播主体的视角也逐渐被重视起来，人机之间的关系、机器作为传播主体的辩证思考也推动新的传播形态的诞生。

随着媒介物质性研究的深入发展，其为新闻传播领域带来的全新视角也启发着研究者，为该领域带来新鲜的养分，但也存在一些隐忧。数据采集和隐私风险、不断演进的理论框架、跨学科、跨领域合作的挑战、道德伦理，以及风险管理等方面的考量都需要引起研究者的高度重视。我们需要不断平衡理论探索和实际应用，以确保研究的质量，坚守伦理底线。

三、论述题

1．公民新闻的生产特点和对社会的影响。［河北大学 2023 年研］

答：(1)公民新闻的内涵。

公民新闻是一种在新媒体语境下产生的新闻种类，其传播机制与专业新闻的传播机制自然有显著不同。学界目前对于公民新闻的阐释尚未统一，但公民新闻往往与话语权、言论自由和民主紧密联系。

但是总的来看，公民新闻具有一些共性：

①生产主体包括普通公民、组织机构等非专业记者与媒体。

②生产过程中会借助一些专门网站、自媒体等渠道自主发布新闻，在生产与发布过程中未受到专业媒体与记者的任何编辑。

③生产目的是普通公民为摆脱大众媒体的操控，借助日益普及且便捷的新闻采集工具与新媒体技术手段进行的自发性新闻传播活动。

④在内容上虽然是由公众自由传播见闻、表达意见，具有较大的开放性、随意性，但在报道形式上却具有强烈的公共性。

(2)公民新闻的特点。

①丰富、多样化的传播形态。由于人类长期的阅读习惯，文字是必不可少的一种信息交流工具。除文字外，新闻传播为了达到更加鲜明、直白的效果，同时也为了保证新闻的真实性、准确性，有时还会加上图片。同样，视频可以很好地将声音、画面、文字等多种元素组合在一起，形成视听结合的影像存储格式，更直观、清晰地将信息传播出去。

②平凡、大众化的传播视角。传统的新闻从话题选取、采集，到新闻制作，再到最后传播，整个过程都受到多方面的限制。与此相反的是，公民新闻在话题的选择上，以分享、发布一些发生在自己身边的新闻为主。对于业余记者来说，虽然没有专业的新闻编辑与采访能力，仅是将信息发布出去，但对于传统媒体来说，仍然意味着其在新闻传播中的垄断地位和“把关人”的角色受到挑战。

③开放、个性化的传播主体。公民新闻需在符合国家法律法规的情况下进行公开的信息传播与交流。借助相对开放的信息传播交流平台，有利于思想解放。人们不仅能够利用自己手中的多媒体设备进行新闻的编辑、发布，还可以对他人发布的信息进行补充和评论。此时，人们扮演了双重角色。一方面，他们是新闻的主动传播者；另一方面，他们也是新闻的被动接收者。公民新闻的传播主体已经不再泾渭分明，而是呈现一种开放与个性化的

形态。

④议程设置转向公众议程。从议程设置的理论来看，在传统的新闻传播结构中媒体机构是议程设置主体，媒体机构按照新闻的标准工作流程来筛选出具有新闻价值的信息并进行加工制作，然后通过大众传播媒介呈现给受众。大众从接受到的新闻信息中选择设置议程，而没有被媒体报道的新闻事件自然不会成为大众的议题选项。新媒体时代自媒体兴起，公民新闻的议题选择来自于公众，议程设置转向公众议程。公民新闻的内容多来自传播主体自己的社会生活及其交往活动。

⑤时效性更加突出。新闻报道最主要的特点就是时效性，同时，这一特性也是新闻传播的主要价值体现。公民新闻具有传统新闻形式不具备的突出优势。传统的新闻方式，不管是纸质新闻、广播新闻、电视新闻，都会受到各方面因素的制约，难以保证在第一时间赶到新闻事件的现场。而公民新闻最突出的特点之一，就是每一个公民主体都可以作为新闻的传播者，这就在极大程度上提高了新闻传播者的覆盖程度，在新闻发生的时候，其往往能够在第一时间，掌握第一手资料，如此，就在最大程度上保证了新闻传播的时效性。

(3)公民新闻的正面影响。

与传统的新闻传播方式相比，公民新闻缺少了一定的严谨性、深刻性、代表性、真实性，但却具有其他传媒方式所不具备的丰富性、多样性、互动性，具有一定的社会价值。

①民意能够直接传达。“公民新闻”避开了传统媒体的把关人环节，实现了民意的直接表达，帮助政府有关管理部门直接了解百姓的观点与意愿。“公民新闻”中的临时记者生活在社会的各个阶层，是第一现场最有发言权的，这些临时记者扎根于现实生活的土壤，他们有条件接触到丰富的第一手新闻素材，并有机会成为某些突发性事件的现场亲历者或目击者。“公民新闻”在最大限度内体现了百姓生活的原生态，直接表达了民意，拓展了公民的表达权。

②公民话语权利和主体意识提升。“公民新闻”的诞生，打破了“传播者”与“受众”之间的传统界限，从根本上改变了受众群体在传播中的地位，传播者和受众群体不仅完全处于平等的地位，而且在意义上可以互换，实现了传播主体的位移。建立在双向传播基础上的“公民新闻”促进了民间话语体系的崛起，颠覆了“舆论一律”的传播格局，是一种民主化的媒体形式。“公民新闻”在一定程度上改变了舆论监督权由新闻媒体承担和完成的状况，变成人民群众通过新闻媒体对国家事务和社会公共事务进行监督。

③立体化的社会呈现。公民新闻具有突出的个性化以及多元化的特点，这就是社会立体化呈现的根源所在。具体来说，公民作为公民新闻的传播主体，其是由数量众多的个体构成的。而公民新闻的传播又具有突出的个性化特点，在这样的形势下，公民新闻就从纵横两个方面，对社会的实际形势、状态、环境进行了全方面的表达。这种全方面的表达，就是立体化呈现的突出体现。

④成为传统媒体的新闻源。多数重大突发事件的发生往往不可预知并且转瞬即逝。因此，作为传统媒体的记者通常不能及时进行现场报道，捕捉、记录突发事件发生瞬间的景象。但现场目击者却可以在事件发生的同时借助自己的多媒体移动设备拍摄事发过程并将现场照片素材通过自媒体平台发布出去，以还原新闻事件。这种传播方式突破了传统新闻介质的局限，增强了新闻报道现场的真实感，保证了新闻传播的时效性。

(4)公民新闻的负面影响。

不可否认公民新闻的发展对于公民的话语权和自由有了一定的提升，但是公民新闻由于缺乏专业的媒体人的把关，也带来了一些负面的社会影响。

①公民新闻对新闻专业主义核心的冲击。新媒体环境所提供的平台使公民的媒介接近权得到了实现，“人人都有引爆器”，人人都有可能随时引爆舆论场，公民新闻时代的到来使新闻的受众摇身一变成为新闻的传播者，公民新闻已颠覆了大众传播的霸权地位，在信息社会中居重要位置。而由于公民新闻自身的局限性，如公民传媒素养参差不齐以及内容海量性、多源性、碎片化等因素，造成了对新闻专业主义理念核心的冲击，即对新闻事件不客观、不公正的报道或传播。

②把关困难，新闻失实频发。公民新闻动摇了媒体把关人的地位，影响了传统媒体的新闻定义权和新闻生产规范权，削弱了传统媒体控制新闻的能力。公民媒介接近权的获得导致了新闻信息“守门人”的缺失，反转新闻等不规范新闻的出现多是由于没有相应的“守门人”，也就是新闻真伪检验员。公民新闻的生产中，往往缺乏专业性，没有专门的把关人对新闻事件进行多方核实和持续跟进，新闻质量难以保证。因而虚假新闻是“公民新闻”中较为常见的问题。

③伦理失范。新兴媒体平台兴起之后，得益于其平等、开放的特点，公民可以通过平台发布信息、发表评论，成为新闻报道、新闻评论的参与者。不仅如此，一些公民发布的信息成为传统媒体的重要线索和信源，一些公民言论也被职业新闻报道所采纳和引用，成为新闻报道的重要参与者。然而，在公民新闻发挥积极作用的同时，也催生出新的伦理问题。比如，公民的非理性参与、虚假新闻、网络审判、网络暴力等问题。

2. 5G 技术给新闻传播学科的影响。［西南大学 2020 年研］

答：5G 即“第五代移动网络与通信技术”(The 5th-Generation Mobile Networks)的简称，具有高速率、高容量、低延迟等特点。麦克卢汉提出“媒介即讯息”，技术的迭代发展会对社会带来一系列的影响，5G 技术的发展应用，必然会对新闻传播业、新闻传播学、新闻传播者产生影响。

(1)5G 技术促进新闻传播的变革发展。

①全时空、全媒体、全现实、全连接传播，新闻传播进入“全”时代。

5G 技术全面应用后，人类社会将前所未有地实现信息传播的无时不在、无处不在，这种历时性与共时性同在的传播可以最大限度地突破传播的时间和空间制约。5G 结合各种信息技术，如大数据、云计算、物联网、区块链、人工智能等，可以实现所有人、物、资金及信息(数据)的连接，人类社会的所有资源都可以数字化，并被作为数据进行传输与传播，以实现最短途、最高效的交互和交换。

②5G 技术带来新实践，新闻传播学科迎来新问题、新范式和新理论。

5G 技术带来的“全”时代，改变新闻传播产业的形态和实践，新的新闻传播实践带来值得关注的新问题，原有的研究方法要适应新问题，采用与新技术相结合的研究方法进行研究范式创新探索，如大数据、网络民族志等研究方法的应用推进。新问题的出现和新范式的应用，一方面会对新闻传播的经典理论进行现实检验，另一方面会产生针对新问题的新理论，如场景理论的进一步发展。

③信息制作和发行系统重组，新闻业态和传播格局发生巨变。

5G技术带来更快的传输速度，让新闻更为即时便捷，提高传播效率。新闻从采集到制作、从输入到输出、从多屏直播到沉浸式媒体，5G技术让受众与信息的距离不断缩短，更触手可及、冲击力更大，也让直播更接近、新闻更时新、报道更深入，进一步拓展了新闻报道的宽度、广度和深度，5G技术带来新闻制作和发行系统的重组。此外，5G技术推动沉浸式新闻和视频化信息的发展，在降低传播对接收者文化技术要求的同时，实现信息的立体化传播，给接收者带来沉浸式体验。

④传播主体多元化，智能设备和人一起成为传播主体。

在大众传播形态和移动互联催生的新传播形态中，受众凭借社会化媒体拥有了传播权，但人始终是信息的掌控者，是传播的唯一主体。而在5G技术和物联网应用下，传播将不再是人与人之间的信息传递和交往关系搭建，而是人与智能设备所“代表”的外部环境之间的直接信息交换。智能设备不再是“被动”的传播媒介，可以针对传者的意图和受者的需求，对信息符号和内容进行修改调整，成为编码者。人在传播中唯一主体的地位被打破。

(2)5G技术给新闻传播带来的隐患。

①5G技术带来新闻传播体制和规范的问题。

5G技术的发展会促进新媒体、自媒体、社会媒体的进一步发展，为新闻传播业带来新的产业体系。在互联网传播的管理规范中，当前的新闻传播体制已经出现管理规范的困境，5G技术的发展普及将会加剧这一情况。5G技术推动下的新闻传播，可能会出现既没有专业精神的指引，又缺乏管理规范的境况，产生一系列的媒介伦理问题和法律问题，如新闻失实、新闻寻租、广告泛滥、侵犯隐私权等。

②学科交叉发展带来的理论及实践困境。

在信息时代，互联网的发展推动新闻传播学科的快速发展，在提供发展机遇的同时，提出了新的挑战。新闻传播原有的研究视角、经典理论、研究范式等已不能适应技术发展带来的新问题，需要在与社会学、心理学等学科交叉研究的基础上，进行与通信学、计算机学等学科的新结合。在取得一定成果的同时，也带来了一系列的问题，如社会科学和自然科学的价值取向偏差，关注焦点的侧重偏差，研究范式的路径偏差等，都为新闻传播在学科交叉发展中带来了挑战。

③技术狂欢下，谨防技术对人的异化。

人们使用技术的目的是为人服务，但技术给人类带来巨大利益的同时，也给人类带来了灾难，甚至于成为一种异己的、敌对的力量，危害社会、反制人类。基于短视频的视觉社交迎合了内容生产与消费的碎片化、即时化、场景化、移动化的发展趋势，成为与5G高速传输技术进行匹配的新型社交样态。5G技术的实现在带来更便捷高效传播的同时，也加剧了人们对现实环境的陌生感，人们可能会在传媒的“超真实”环境中变得麻木沉默。此外，5G技术带来的视频化、碎片化传播，在满足受众需求的同时，会造成情绪的泛滥和思维的断裂，非逻辑非理性的群体极化现象可能会进一步加剧。

④智能中介的出现，隐藏的技术权力中心。

传播政治经济学强调关注传播背后的权力中心，尤其是互联网构建的以平等、自由为特性的虚拟空间中，政治组织和经济组织仍然处于权力的中心。5G技术的发展普及，会推动传播者传播能力的提高，会促进受众信息需求的满足，但也可能进一步削弱传受双方对信息的把控能力，“智能中介”的权力可能得到进一步增强，把控信息的传输、呈现和舆论的引导，“智能中介”背后的组织成为隐藏的权力中心，有可能通过技术垄断实现经济或政治目的。

5G 技术带来了传播方式的改变，同时也带来了新闻生产、组织结构等多方面的革新。5G 技术不只是为人们带来更方便、更强大的应用，同时必然会系统性地重塑媒体行业，只有时刻把握其对社会生活的系统性变革，才有可能变被动为主动，摆脱技术应用带来的恐慌和焦虑，让原本作为人类延伸的技术媒介为解放人的潜力服务，为新闻传播学科服务。

3. 谈谈对云计算、物联网、大数据的理解，以及对未来互联网应用的影响。［武汉大学 2016 年研］

答：(1) 云计算及其对未来互联网应用的影响。

云计算(Cloud Computing)是指由几十万甚至更多服务器所构成的网络，用户只需一个能上网的设备，就可以根据所需获取一切计算机服务。云计算是传统计算机技术和网络技术发展融合的产物，是基于互联网的相关服务的增加、使用和交付模式，通常涉及通过互联网来提供动态的、易扩展的且经常是虚拟化的资源，其核心是一种服务理念。

①云计算的技术特点。

a. 强大的运算能力。云计算可以让用户体验每秒 10 万亿次的运算能力，拥有如此强大的计算能力可以模拟核爆炸、预测气候变化和市场发展趋势。

b. 海量信息存储。云技术将成千上万台终端连在一起，这是一种全新的基于宽带互联网、大容量存储空间的备份服务。云端上百万的计算机可以容纳海量的数据，能应对海量信息的增长，为广大信息用户解决了硬件空间小、存储空间不够的问题。

c. 易扩展性。云计算可从水平和竖直两个方向进行扩展，能够无缝地扩展到大规模的集群之上，甚至包含数千个节点同时处理。在 IT 产业界，云计算被普遍认为是继互联网经济繁荣以来的又一个重要 IT 产业增长点，具有巨大的市场增长前景。

②云计算对未来互联网应用的影响。

云计算可以使依赖个人终端完成的工作转移到网络中，由网络提供的各种基础设施来完成，因此对互联网终端本身的性能要求下降。例如，运营商通过将高带宽应用向云端迁移，可以在简单终端上实现复杂的应用，比如游戏、富媒体等高带宽应用能够在中端甚至低端手持或家庭终端设备上落地。基于此，更多的设备可以成为网络的终端，因此云计算技术是物联网的基础。

当然，从目前应用看来，云计算技术也存在一些潜在问题。一方面，云计算意味着数据被转移到用户控制范围外的机器上，安全和隐私成为首要问题。另一方面，缺乏统一的技术标准给云计算产业的发展带来障碍，云计算的支撑技术和网络传输问题也需要进一步发展。

(2) 物联网及其对未来互联网应用的影响。

物联网是一个基于互联网、传统电信网等信息承载体，是让所有能够被独立寻址的普通物理对象实现互联互通的网络。物联网一方面可以提高经济效益，大大节约成本；另一方面可以为全球经济的复苏提供技术动力。因此，物联网将是下一个推动世界高速发展的

"重要生产力"，是继通信网之后的另一个万亿级市场。

①物联网的基本特征。

a. 全面感知。利用射频识别、二维码、传感器等感知、捕获、测量技术随时随地对物体进行信息采集和获取。

b. 可靠传送。通过将物体接入信息网络，依托各种通信网络，随时随地进行可靠的信息交互和共享。

c. 智能处理。利用各种智能计算技术，对海量的感知数据和信息进行分析并处理，实现智能化的决策和控制。

②物联网对未来互联网应用的影响。

物联网是未来互联网的一部分，移动互联网的未来方向是和物联网结合。物联网作为以强大需求为牵引的前沿技术，将继续推动计算机、手机、网络产业的发展，并将使信息获取出现革命性的变化。

但物联网也存在一些潜在问题。作为一种新的互联网应用，物联网目前缺乏在统一框架内融合虚拟网络世界和现实物理世界的理论、技术架构和标准体系。我们国家的物联网发展并不领先，尚未掌握核心芯片和传感器技术。另外，物联网的发展也带来网络安全问题、隐私问题、数据的保护等问题。

(3)大数据及其对未来互联网应用的影响。

大数据是指无法在一定时间范围内用常规软件工具进行捕捉、管理和处理的数据集合，是需要新处理模式才能具有更强的决策力、洞察发现力和流程优化能力的海量、高增长率和多样化的信息资产。

①大数据的特征。

a. 容量巨大(Volume)。海量的数据集从TB级别提升到PB级别。

b. 种类繁多(Variety)。大数据数据源有多种，数据格式和种类不同于以前所规定的结构化数据范畴。

c. 价值密度低(Value)。如在不间断连续监控所得到的视频资料中，可能有意义的数据仅有一两秒。

d. 速度快(Velocity)。包含大量实时、在线数据处理分析的需求1秒钟定律。

②大数据对未来互联网应用的影响。

从应用趋势看，大数据分析可以让互联网应用更加智能化和自主化，例如谷歌公司就曾利用大数据工具研发谷歌自驾汽车。另外，利用大数据进行数据挖掘，可以为用户提供精细化服务、个性化业务推送提供数据支持。

大数据的潜在问题主要表现为数据真实性和隐私安全问题。一方面，越来越多的软件自动发布信息，使得大数据的效用真假难辨，因此数据背后的细节，数据源的真实、全面，以及处理过程的科学化，是大数据走向权威和可信的重要保障。另一方面，大数据中包含着每个人的小数据，加大了个人数据被采集、个人隐私被泄露并且用于非法目的的可能。

(4)云计算、物联网、大数据技术对未来互联网应用的综合影响。

①地球将披上一层电子皮肤。自计算机、互联网诞生以来，一个逐渐延伸至世界各地的地球神经网络也在不断快速地进化着，从计算机、服务器、局域网、互联网和物联网到

地球神经网络，基本遵循着由低级到高级、由简单到复杂的客观规律。地球神经网络的出现意味着新智慧的产生和演进，意味着机器智慧和人类智慧（生物智慧）的融合，这个人工网络将越来越对普适计算、智能空间以及整个智慧地球发挥基础性作用。

②技术融合趋向智能化、便捷化，云计算是互联网和物联网融合的纽带。伴随着通信技术突飞猛进地发展，物联网和互联网也需要更深层次的融合，需要大容量信息存储与处理的计算中心，而这正是云计算机所承载的主要功能。另外，云计算所提供的创新型的支付服务方式，也推进了物联网和互联网融合的进程，促进了二者内部的互联互通，为新的商业模式提供了导向与技术平台支撑。未来互联网会逐渐趋向简单化、智能化，其安全性也将会得到进一步的提高。

4. 结合麦克卢汉的媒介理论，谈谈你对可穿戴设备的看法。［浙江工商 2023 年研］

答：可穿戴设备是指利用计算机微控制器技术、可穿戴在人体上的一种便携式人机交互电子设备，可以检测、分析并传送使用者的身体信息和环境数据之类的信号，使穿戴者获得生物反馈。根据麦克卢汉媒介观，他对媒介的隐含定义是“能延伸人类器官的所有工具、技术和活动”。以下将结合麦克卢汉的媒介理论，从可穿戴设备的优势和存在的问题出发进行论述。

（1）可穿戴设备的优势。

①“媒介是人的延伸”：可穿戴设备拓展人的能力。

麦克卢汉认为“媒介就是人的身体、精神的延伸”，而可穿戴设备是最直接的人体的延伸，同时也要求人体根据数据做出一定的调整，它拓展了人的感知能力、认识能力和人机交互能力。可穿戴设备对于人们的影响是复杂的，一方面确实“延伸”了人们的身体，带来了新奇的体验，但另一方面也隐藏着一些问题。

②“媒介即讯息”。

最有意义的讯息是媒介本身，是它的性质、开创的可能性以及带来的社会变革。

a. 智能可穿戴设备通过连接大数据、云计算和人工智能，实现人与机、“双现实”的无缝连接，开创全新互联网场景时代。它通过有机融入既往的信息提供乃至知识生产的过程，介入社会历史文化的变迁，颠覆着人们认知世界和改变世界的方式，为用户提供一个完美的科技体验，数据将驱动现实世界与虚拟世界的融合，如增强现实技术能让人们感受到超现实感官体验，能够实现麦克卢汉所称的人类文化进程之“重新部落化”和人的肢体的强效延伸。

b. 智能设备将逐渐集所有终端于自身，成为信息生产和分发的微移动平台，兼顾多样化功能，如互动娱乐、远程办公、医疗保健等，智能手表或者眼镜将成为新的生态中心，成为我们感知社会的“皮肤”。比如谷歌眼镜除了录、播、传等基本功能，还具备第一人称视角，在突发新闻直播、新闻发布会和促进传媒业迎接新科技等方面优势倍显，同时还能给受众带来强烈的现场感、参与感、新奇感。

（2）可穿戴设备带来的问题。

①“媒介即截除”：技术依赖。

媒介是人体的延伸，延伸的同时意味着截除。中枢系统对于新技术创造的影响的麻痹与截除，人们感受不到新环境，看世界总是落后一步，麦克卢汉称此现象为“麻木性自恋”。

而这种在我们无意识的状态下所进行的这种媒介对我们生活方方面面的渗透可能会导致严重的后果——媒介对于人体的占领。新的媒介被社会大众所接受后，人与媒介间就会建立一种双向性的依赖关系。可穿戴设备因为其良好便利的用户体验以及与人频繁的交互频率，加强了用户与媒介之间的黏性，使人对于信息的需求更加迫切，其结局就是人再也离不开这些媒介。

②“媒介即按摩”：沉迷于舒适、陪伴的泥沼。

媒介如同按摩，总是以一种麻痹人意识的效果对其施以影响。若人们沉浸并享受这些新兴媒介的“按摩”，必将走向失去自我的境地。我们生活在这样高度虚拟的智能终端时代，重复着麻木而又重复无意义的生活，我们对于媒介所创造的虚拟生活麻木地接受并沉溺其中，最后很可能会不知何为真实、何为虚拟。

③“媒介四定律”：人的异化和技术遮蔽。

“媒介四定律”的“逆转”定律，意味着新的形式被推向潜能的极限后，原有的特征会发生逆转。新的技术发展到极致，随之而来的是人的异化和技术遮蔽。技术的阴影也遮蔽了重要但无法纳入媒介逻辑的身体部位，让其从我们的身体之中消失。比如智能手表建构了睡眠质量(深睡与浅睡)，但无法建构梦境；我们对心率、压力、步数变化更为敏感，但其他身体器官、身体反应却似乎从物质上和意识中被排出了。我们所拥有的不再是一具“无器官的身体”，而是一具所有器官都变为一个器官(可穿戴屏幕)的身体。人与设备捆绑，甚至会忽略真实世界中的身体。

梅塞尼认为技术本身是手段和工具，使技术成为善和恶的，是创造和使用技术的人。智能可穿戴设备作为一种媒介，有着独特的信息介入和传播特质，必须在媒介内容选择、渠道传播、媒介形态重构、传播效果以及用户体验和需求之间等众多选择中取得平衡，突出重点，否则我们就会变得无所适从，选择也将会成为被迫，自由也会成为一种奢望。

5. 材料：清华大学与腾讯联合的《2020 码上经济“战疫”报告》提到，二维码构建出人、物、场泛在式的数字化连接，现实与虚拟世界融合技术，数字化下信息流、客流、商流、资金流都可以在线上运转，在疫情中对政府工作、政府治理、社会服务、个人生活起到了支撑作用。

根据材料运用新闻传播学理论进行分析。[浙传 2022 年研]

答：码上经济是以二维码为载体，创造经济新价值的一种新型经济模式，在疫情期间，成为疫情下政府治理、企业运营、社会服务、个人生活的重要支撑。码上经济既实现了经济转型发展，又重新形塑了社会民众的个人生活习惯，在疫情期间，发挥了不可忽视的作用，但同时也会存在一些监管和权益保护等方面的问题。

(1)助力政府工作现代化。

现阶段，大数据技术拥有广泛的应用场景，公共安全管理、公共交通、公共卫生与医疗等领域都有涉及。而在疫情期间以二维码为载体，形成的微信群、小程序和健康码发挥了巨大作用。同时成为连接政府与民众的桥梁，满足了民众足不出户办业务的需求，通过二维码进行民众意见收集和沟通，为政府构建现代化数字型政府提供了有效途径。

(2)促进企业运营转型升级。

彭兰教授认为场景是描述移动时空的新维度，具体而言可以分为共性化场景与个性化场景两个类别。在数字支付的时代，二维码支付和线上购物成为更多企业转型的契机，为各类用户群体建立起强大的共通线上消费空间，同时又针对多样化的消费者需求，实现了个性化推送和场景定制，实现了共性化场景与个性化场景的共融。这不仅为消费群体提供了多样选择的机会，也更快促进企业数字化转型升级。

(3)提供多样优质社会服务。

尼葛洛庞帝提出的数字化生存，指的是人类生存于一个虚拟的、数字化的生存活动空间，在这个空间里，人们应用数字技术从事信息传播、交流和学习，而这一点在疫情期间表现得尤为明显。看病、上学、上班等日常生活无法进行，通过依托二维码搭建的新业态平台，广大群众可以通过线上教育、线上医疗和在线办公软件实现居家一体化，满足了民众的基本生活需求，也顺应了疫情“无接触”的防控政策。但也要注意数字化空间的虚假信息传播和个人隐私保护问题，需要加大对线上平台的监管力度，推出更多惩治措施来防止负面问题的产生。

(4)改善个人消费生活。

保罗·莱文森的媒介补偿性媒介理论认为，在媒介进化过程中，总会不断进化出新的媒介以更好地满足受众的需求。疫情期间，线下消费无法满足生活需求后，民众通过商家小程序、社群团购等线上消费模式满足消费所需，更加依赖线上的购物与扫码消费，码上经济成为经济复苏的第一步。同时，商家也应保护好用户的隐私信息，避免损害公众利益。

数字媒介贯通虚实以重组社会连接的力量，在“码上经济”中得到极致体现。这种非常时期的社会实践，推动二维码这个看似简单的技术整合各种社会系统，一时成为社会运转的中枢端口。

第二章 网络重构的传播

2.1 考情分析

本章主要介绍了可供性视角下网络推动的传播变化、网络驱动的传播形态和要素变革；考生需要掌握可供性理论的基本含义以及多个变化的维度，还需要深入掌握网络传播中的四种传播形态的变化，包括人际传播、群体传播、组织传播及大众传播，以及网络传播在融合的背景下呈现出何种特征。

其中，可供性、群体认同、群体承诺、群体压力、强弱关系等多以名词解释的形式考查。网络传播中的四种传播形态的变化、网络传播的特征多以简答题形式出现，而可供性理论相关知识可以单独出简答题，也可以作为论述题的语料。

2.2 复习笔记

【知识框架（庖丁解牛）】

- 网络重构的传播
  - 可供性视角下网络推动的传播变化
    - 权力维度的可供性变化及其影响
    - 空间维度的可供性变化及其影响
      - 信息消费与生产空间的重构
      - 多重数字空间的生产
      - 空间交织下的冲突
    - 时间维度可供性的变化及其影响
      - 私人化“媒介时间”的出现
      - 媒体时间与用户媒介时间的分化
      - 多重时间轴、多道任务与多种时间策略的交叠
    - 资源维度可供性的变化及其影响
    - 关系维度的可供性变化及其影响
    - 体验维度的可供性变化及其影响
  - 网络驱动的传播形态与要素变革
    - 网络中人际传播的演变
      - 网络中人际传播的特点
      - 网络中的人际传播对现实人际关系的影响
    - 网络中群体传播的发展
      - 网络群体的两个层面：封闭性群体与开放性群体
      - 封闭性群体传播的影响因素
      - 开放性群体的传播要素
    - 网络中组织传播的扩展
      - 组织传播
      - 网络与组织内传播
      - 网络与组织外传播
    - 网络中大众传播的变革
    - 多形态融合下的网络传播及其特征
      - 融合性：网络传播的新常态
      - 网络传播的基本要素及特征

【考点难点归纳(厚积薄发)】

考点一：可供性视角下网络推动的传播变化 ★★★

“可供性”(affordance)由美国学者吉布森提出，他认为可供性是生物(或行为主体)在物理环境中潜在的各种行动的可能性。这一概念考察的是环境和动物关系，可供性指向的是这两者，也强调了环境和动物的一种互相补充的状态。

可供性的三个维度[潘忠党](见图2-1)：

- 可供性的三个维度
  - 信息生产的可供性
    - 可编辑
    - 可审阅
    - 可复制
    - 可伸缩
    - 可关联
  - 社交可供性
    - 可致意
    - 可传情
    - 可协调
    - 可连接
  - 移动可供性
    - 可携带
    - 可获取
    - 可定位
    - 可兼容

图2-1　可供性的三个维度

1. 权力维度的可供性变化及其影响(见表2-1)

表2-1　权力维度的可供性变化及其影响

要点	具体内容	
新媒体冲击垄断格局[分权]	①大众传播时代，权力为媒体主导。 ②新媒体时代，生产门槛降低，技术更迭促进生产主体多元化，冲击原本的传播格局，冲击传统媒体，分化其权力	
同一阶段或者同类产品或平台之间的权力落差[再集权]	门户阶段	商业网站控制权突出
	社会化媒体阶段	头部社交平台较少
	移动互联网阶段	头部综合性 App 成为超级中心，聚合内容，完善服务，满足用户需求，重构用户习惯
	超级中心的共性	完成了内容、社交、服务的全链条扩张，实现了用户的黏性的增强和自身地位的强化
权力中心更迭	①原本的传统媒体未能成为巨型平台，原因是在网络社会结构中优势不够，且实践落后。 ②马太效应：平台成为中心后，权力会不断变强，越发强势；但当技术走向新阶段，权力格局会被打破，中心也随之转移。 ③用户中的权力中心也是一个不断流动的过程，且比平台的权力流动更快	

2. 空间维度的可供性变化及其影响

(1)信息消费与生产空间的重构(见表2-2)

表2-2 信息消费与生产空间的重构

<table>
<tr><th>要点</th><th colspan="2">具体内容</th></tr>
<tr><td>传播的偏向</td><td colspan="2">哈罗德·伊尼斯[加拿大]在《传播的偏向》提及，传播和传播媒介都有偏向，包括时间偏向与空间偏向，并详细介绍古代传播与空间的关系</td></tr>
<tr><td>传播与交通</td><td colspan="2">20世纪30年代前，早期“传播”包含“交通”的含义，信息载体依赖交通传播，聚焦在信息运输、信息消费和空间的关系</td></tr>
<tr><td>信息消费空间的重构</td><td colspan="2">①无差异的“广域空间”[广播、电视传播的无差别信息]转变为流动的“微空间”[移动互联网的个性化信息与服务]。
②“私人化”空间[移动互联网的手机、耳机等]逐步瓦解原来的“共享性”空间[广播、电视]</td></tr>
<tr><td rowspan="2">信息生产空间的重构</td><td>信息生产空间的表现</td><td>生产者所处的空间和生产内容所涉及的空间</td></tr>
<tr><td>重构生产空间的表现</td><td>①首要表现：网络促成了信息生产空间的开放与平民可达性。
②新闻生产的现场化逐步常态化。
③无人机等机器能够拓展人的信息采集空间和采集维度</td></tr>
</table>

(2)多重数字空间的生产(见表2-3)

表2-3 多重数字空间的生产

<table>
<tr><th>要点</th><th colspan="2">具体内容</th></tr>
<tr><td rowspan="3">作为赛博空间的数字空间</td><td>起源</td><td>威廉·吉布森[加拿大]《神经漫游者》</td></tr>
<tr><td>特点</td><td>①意识从现实的生物身体的限制中脱离，在赛博空间自由行动、独立存在；
②赛博空间可以突破物理世界的束缚，能够跨越时空；
③信息构成赛博空间；
④人机耦合的电子人获得数字化永生</td></tr>
<tr><td>影响</td><td>①解放现实空间，也是对空间的一种全新生产。
②拓展了现实空间，使人们可以建造广阔的想象空间，也给予人们超越空间的行动力。
③赛博空间并非纯粹的代码或信息空间，是对现实的映射，作为另一种社会空间存在</td></tr>
<tr><td rowspan="2">现实与虚拟关系交织的数字化社交空间</td><td>背景</td><td>为满足社交需求，网络不断发展，技术的迭代发展也催生了新的数字社交空间</td></tr>
<tr><td>社交网络的特点</td><td>①跨地域社交常态化，突破身体和地理的限制。
②连接节点化个体，个体处于复合社交网络。
③早期与现实社交网络出入较大，当下与真实世界的社交网络重合度提升。
④同时影响人际传播和公共信息传播，成为公共信息传播的重要“基础性设施”。
⑤群体的组成、内部互动和群体与群体的交流沟通都与社交网络关联，且面临着同质化的问题</td></tr>
</table>

续表

要点	具体内容
作为"拟态"地理空间的数字空间	①网络中呈现的地理空间是一种"拟态空间"。 ②网络中的"拟态空间"会影响人们的地理空间认知。 ③"拟态空间"是一种空间的再造[创造各种地理空间的落差，反向分配现实空间的资源和关注]
虚实空间相融的数字空间	①数字空间是现实空间的"孪生"对象，代表了典型的虚实相融的演变趋势，是对现实空间关系的映射、模拟、重构、调控和改善。 ②空间兼具地理性和社会性，是对现实空间社会要素的继承和再创造。 ③虚实相融的新空间可以加速模糊现实与虚拟空间的边界，改变人们的空间感知与认识，产生新的空间体验

(3)空间交织下的冲突(见表2－4)

表2－4 空间交织下的冲突

要点	具体内容
"在场的缺席"	①身体在现实空间，注意力则聚焦在虚拟空间，反之亦然。 ②身体面临现实和虚拟的冲突，可能带来危险。 ③线上、线下可能产生冲突的场景有网课、网络会议等
公共空间与私人空间之间边界的模糊	①个体可能会选择展示私人空间以换取关注度。 ②私人空间公共化在一般个体中也走向常态化，但随之而来的是不可控的风险
认知层面的冲突	①现实空间与媒介形塑的"拟态空间"的冲突影响个体对外部环境的认识。 ②表现为个体对自我身份的认知、认同，对社会角色的定位方面的冲突

3. 时间维度可供性的变化及其影响

(1)私人化"媒介时间"的出现(见表2－5)

表2－5 私人化"媒介时间"的出现

要点	具体内容
两种时间	①自然流逝的现实时间。 ②媒介建构的时间，与自然时间未必完全同步
早期控制媒介时间的大众媒体	①大众传播时代，大众媒体主导媒体时间，决定媒介的内容、重要程度、排序和时长等诸多要素，形塑拟态环境。 ②媒介的时间轴上的内容也是公共资源
私人化媒介时间的出现	社交媒体提供的个人账号，方便用户打造私人时间轴，记录生活

(2)媒体时间与用户媒介时间的分化(见表2－6)

表2－6 媒体时间与用户媒介时间的分化

要点	具体内容	
信息生产与信息消费的"时态"分化	信息生产	①生产时效性提升，趋于即时化、全天候。 ②生产者围绕时效的竞争更加激烈，压力增加
	信息消费	消费存在延时，且延时概率增加，延时内容形塑媒介环境导致认知偏差

续表

要点	具体内容	
媒体的时间规程与用户的媒介时间规程的分化	过去	媒体的时间规程成为规范和惯例，约束用户、影响用户行为习惯和观念
	移动时代	①媒体形塑的行为共性和惯性被冲击，用户的个性被重视，自主性提高，传统媒体的时间规程影响力仍在，但被削弱。 ②媒体的时间意志和个人的时间意志分化，而且存在一定的抗衡关系，影响原本的广告模式。 ③媒介日程私人化的表现之一：用户能自主调节内容的播放速度，对内容进行解构和重构。 ④但用户个人时间规程也不能被孤立，需要具备公共性的媒体的时间规程连接个人的时间轴并制造交集，帮助个体了解外部环境，这也对媒体提出了更高的要求

(3)多重时间轴、多道任务与多种时间策略的交叠

①媒介为个体构建的时间轴并非单一，而是多重叠加的状态。个体拥有多个专属的个人化媒介时间轴，也要面对多样的公共性媒介时间轴，容易迷失在现实与媒介、过往和未来、自然和虚拟等多重媒介时间轴中，感知被困在混乱的迷宫中。

②移动终端的广泛使用促进了来自移动终端的多道任务的并发处理，人们也因此常常处于“多线程”模式。

③多线程模式意味着不同功用的时间之间界限的模糊，频繁的切换任务让人们迷失。

4. 资源维度可供性的变化及其影响(见表2-7)

表2-7 资源维度可供性的变化及其影响

要点	具体内容	
设备	对个体的影响	“可得性”增强，获取的成本更低，方便参与内容生产
	对媒体的影响	①数字化进程加快，媒体深度融合。 ②数字化内容具有可复制、可延伸、可略缩、可关联的优势，方便媒体进行二次加工
数据	对个体的影响	隐私被侵犯的风险
	对媒体的影响	①作用地位突出，成为重要资源。 ②数据源自用户，如社交媒体数据反映社情民意，供媒体测算传播效果；物联网设备提供个体的数据资源。 ③数据被运用于新闻报道，成为用户分析、媒体决策的重要依据，带来了媒体生产模式与思维变革。 ④数据化之路受困于媒体旧的工作惯习、数据资源的缺乏、人才缺失以及外部环境、用户需求等
内容	个性化程度提升，用户使用方式改变	

5. 关系维度的可供性变化及其影响(见表2-8)

表2-8 关系维度的可供性变化及其影响

要点	具体内容
内容与内容之间	①超链接实现了内容与内容的连接，构建了分层扩张、逻辑关联的网络。

续表

要点	具体内容	
内容与内容之间	②由于超链接是由人添加与判断的，会存在不准确、数量多等弊端，最终导致连接失效。 ③技术关联的超链接可以实现自动化、智能化，但要合理使用，否则会招致逆反心理	
人与内容之间	用户	①评论：作为内容的延伸，对内容进行二次编辑、审阅，为内容添加关联。 ②复制(转发)：对内容进行加减、变形等二次加工。 ③直接参与公共内容生产。 ④内容生产成为部分用户的谋生的手段
	影响	内容促进自我、他人和社会关系的建构，促进广泛连接
	断连	①内容过载导致的主动断连。 ②碎片化造成的缺失断连。 ③个性化分发导致的区隔断连
人与人之间	①技术方便连接，拓展关系。 ②关系的形成可能是技术建构的结果。 ③互动：一对一、一对多和多对多均存在，新媒体技术方便后两者。 ④关系的性质：协同合作、对立抵抗、汇聚融合、区隔断连均存在	
人和服务之间	①传统服务线上化，开辟新的服务，提供多元连接渠道。 ②数据成为重要纽带，能够精确匹配，提高效率；也会带来不佳的连接体验，强制的连接可能侵犯用户的意愿，带来抵触心理和伤害。 ③服务与劳动：用户提供服务，服务也是新的劳动，但作为枢纽的平台可能操纵这种劳动，束缚劳动者	

【考点拓展】碎片化阅读导致的断连

网络的核心功能之一是关系的连接，新媒体技术的发展更是丰富了连接的含义，既有人与人之间关系的连接，也有内容与内容之间、人与内容之间、人与服务之间等其他关系的连接。但是，并非所有连接都能实现，完成真正的连通，也会出现断连的情况。

在网络广泛连接的环境中，人与内容和社会环境之间就会有不同形式的“断连”，其中一种重要的表现就是碎片化内容造成的认知断连，碎片化阅读是其中的一种典型现象。碎片化阅读是指通过手机、电子书等媒介利用短且不连续的时间片段进行简短的文本阅读，具有短小化、快速化等特征。

(1)断连的原因：片面化解读。

由于碎片化阅读快速、不连续的特点，受众通常是从标题或部分内容来获取信息，而不再是基于通篇阅读来获取完整信息，这就会造成人对事实全貌或信息整体认知的缺失，出现信息解读片面化的现象，此时便出现了“认知断连”。

这种认知断连，在网络时代容易被无限放大，引发负面现象，如可能会导致虚假新闻、反转新闻频发，不利于媒体形象构建。同时，于个体而言，这种断连也会使其陷入表层思考的泥潭，长此以往会丧失深度思考的能力。

(2)断连的原因：过度连接下的反抗。

碎片化阅读导致的断连，一定程度上来看，是对网络带来的过度连接的反抗。随着互联网的迅速发展，信息过载、“信息茧房”逐渐为人们带来困扰。碎片化阅读则可以帮助用户在较短时间内获取所需的信息和知识，使用户可以实现在多个不同的短文本中快速切换，形成多任务处理行为。同时，碎片化阅读使受众作为“用户”的权力也被加强，断开与冗杂信息的连接，使其对自己的信息收集与处理拥有足够的知情权和决定权，且拥有掌握时间、空间的自由。

(3)断连的结果：单向度的人。

用户在进行快速的互联网碎片化阅读时无暇深度思考，久而久之就有可能失去深度思考的能力，成为马尔库塞笔下的“单向度的人”。但了解完整信息需增加额外的认知成本和时间成本，与人们碎片化阅读行为的初衷不符，进而导致人们陷入浅层思考的泥沼。

总而言之，连通未必总是好事，断连也未必都是坏的，我们要辩证看待碎片化阅读导致的断连。

6. 体验维度的可供性变化及其影响(见表2-9)

表2-9　体验维度的可供性变化及其影响

要点		具体内容
文本到多媒体		①从单一文本到复合媒体，影响视觉和听觉，对其他体验挖掘有限。 ②融媒体的适配与否应该因地制宜，并非所有内容都需要融合手段
沉浸式体验	个体体验	①3D、VR、AR打造沉浸式环境，带来全新体验，调动五感和位置等元素，使体验成为目的本身。 ②体验向个性化、定制化改进，也出现了过度沉浸带来的问题
	新闻报道	①提升用户在场感，获得第一手信息。 ②新闻真实性、客观性面临新的挑战
	思维模式与思维能力	技术变革带来信息形式与体验环境的改变，为思维方式和行为模式带来深远的、难以评估的影响

考点二：网络驱动的传播形态与要素变革 ★★★★

1. 网络中人际传播的演变

(1)网络中人际传播的特点(见表2-10)

表2-10　网络中人际传播的特点

要点		具体内容
传播的中介性及技术、平台依赖性		①用户网络传播更多取决于技术条件而非主观意愿。 ②技术发展推动人际传播发展。 ③从一对一的人际传播到一对多的人际传播。 ④平台规制限制人际传播
交流对象的广泛性与可控性		①广泛性：拓展社交网络，跨越时空限制，拓宽交流对象。 ②可控性：对象、时机、频率自主选择，对社会资本和社交交换的控制力强
交流手段的多样性与可选择性	文字交流[占主要地位]	①特点：效率高、限制少、可编辑、易表达。 ②网络文字：语言符号系统独特，但削弱部分辅助手段，成为历史记录，可能泄露隐私
	语音交流[作用越来越突出]	①方便不会打字的群体或情境使用； ②避免留下证据，保护隐私； ③也与使用偏好及用户习惯有关
	视频交流[不可或缺]	①加强感情维系，呵护亲密关系； ②视频会议拓展人际传播； ③提供在场感和陪伴感
	其他	“点赞”等特殊互动

续表

要点	具体内容	
传播情境的虚拟性	好处	传播空间和情境虚拟，减少现实空间因素干扰
	弊端	虚拟情境削弱物理空间感知，降低社会临场感
	需注意	①虚拟性与匿名性关联，但匿名已非无条件存在。 ②身体并未在虚拟传播中缺席
传播策略选择性与差异化的增强	①拟剧理论下网络中表演舞台、表演场景、表演手段和表演方式多元，个体的策略化、差异化、可控性表演成为可能。 ②在人际互动中，人们面向他人进行自我信息的披露，这也体现了传播策略。 ③面对不同对象，人们的交流策略也会产生差异	
传播过程的多线程可能	交流是多线程同步进行，但是需把握平衡，以免顾此失彼	

【考点拓展】社会资本理论

社会资本理论的主要思想是，人们通过社会互动和与他人的联系，在个体、群体和组织层面获得有形和无形的资源。社会资本资源嵌入在相互联系的个体、群体或民族的社会网络中，并且可以通过社会关系网络去获得。简单来说，社会网络在大多数情况下与人际网络重合，社会资本等同于个体在社交中的投入和回报。

【考点拓展】社会交换理论

社会交换理论代表人物之一乔治·C·霍曼斯于1958年最先在《美国社会学杂志》提出了交换理论。他指出这种交换不仅仅是物质上的，还包括非物质的交换。人际交往中得到的是报酬，付出的是代价，精神利润就是报酬减去代价。除非双方得利，否则社会互动就无法正常进行下去。

(2)网络中的人际传播对现实人际关系的影响(见表2-11)

表2-11 网络中的人际传播对现实人际关系的影响

要点	具体内容	
强关系与弱关系 [格兰诺维特]	定义	根据关系的时间长短、紧密程度、熟悉程度和利益交换的标准确定强弱关系，强关系连接群体内部，弱关系联系群体与群体
	网络对强关系	①亲密关系媒介化，特别是家庭。 ②“在场”与“缺席”，物理在场，却又被区隔在不同的私密空间。 ③微信等应用加强亲密关系互动，跨时空和代际，增强联系
	网络对弱关系	①加强互动，使其向强关系转化。 ②建立新的弱关系，提供连接的可能性
线下交流	负担更重，付出回报不平衡	
线上交流	正面	①交流可控，成本付出可控。 ②打破物理地理限制，逃避现实生活。 ③方便打造人设，进行印象管理
	负面	①容易沉迷、关系相对不稳定。 ②现实沟通技巧变得生疏，降低现实沟通欲

2. 网络中群体传播的发展

(1)网络群体的两个层面：封闭性群体与开放性群体(见表2-12)

表 2－12　网络群体的两个层面：封闭性群体与开放性群体

要点		具体内容
群体	定义	①广义上，是一切依据持续的社会互动与关系聚合而成进行一致性活动、具备共同利益的人类集合体。 ②狭义上，是依托直接、持续的交往和一致利益联系的人群
	特征	①成员关系明确；②持续的内部交往；③一致的群体意识和群体规范；④分工协作；⑤一致的行动能力
群体意识		群体意识指参加群体的成员所共有的意识，包括群体感情、归属意识、群体目标和群体规范
群体规范		群体规范指在小群体互动过程中自然产生的有关认知、态度和行动的规范、规则和要求等
群体传播		群体传播是群体和成员、成员与成员之间进行的信息传播活动
社区 VS 群体		①社区聚集人群，产生持续互动。但未必能成为稳定的社群，成为稳定的群体是其目标之一，群体形成以社区为依托。 ②社区传播多样，但群体传播最为频繁
群体 VS 共同体	相同	角度不同，但存在交叉重合
	不同	①共同体更倾向从社会结构出发，关注相似人群的连接和区隔的路径。 ②群体从传播角度深入探讨群体互动
两个层面	封闭性群体	群体意识一致，能够组织一致的行动，持续互动，互相影响，是稳定的、社区式的、封闭性群体
	开放性群体	群体意识并非统一，但仍然能够一致行动，互相施加影响，组成动态的、临时的、开放性的群体，在特定目标和行动中被短暂激活，随后解散

（2）封闭性群体传播的影响因素（见表 2－13）

表 2－13　封闭性群体传播的影响因素

要点		具体内容
社区结构		有明显边界的“圈”式结构，社区封闭、归属感强，围绕明确话题、相同兴趣、共同利益结合在一起，群体内交往密切
成员关系	意见领袖［群体的权力中心］	①群体内会出现权力差，形成权力中心。 ②空白的关系由群体内部自然形成；非空白群体关系则是会继承、重构原本现实的权力关系。 ③交流的信息量越大、频率越高，在群体内地位越高。 ④群体成员的文字表达力、传播力和影响力影响信息和意见的传播，从而影响群体地位
	其他关系	认同关系、结盟关系、对抗关系等
	群体压力	①个体意见或少数意见的形成受群体内多数意见的影响，会出现“少数服从多数”的服从态度，网络时代群体压力的影响力逐渐减弱，但仍然存在。 ②在群体中，权力中心越突出，群体结构和成员关系越紧密，群体压力就越大
群体认同与群体承诺	群体认同	个体从群体活动中满足了自己的某种需求，从而产生的对特定群体的归属感和认同感
	群体承诺	①分为情感性承诺、工具性承诺、规范性承诺。 ②网络群体成员“情感性承诺”程度可能更高

续表

要点	具体内容
群体心理	①网络情境变化可能强化群体心理，群体成员交流频次、深度高于传统群体。 ②群体结构、群体认同和归属感都会影响群体心理

(3)开放性群体的传播要素(见表2-14)

表2-14 开放性群体的传播要素

要点		具体内容
社会网络		“链式”的松散、开放的关系网络，群体意识淡薄，成员以个别交往为主，群体规模动态变化，个体社会网络清晰，共同交织成群体社会网络，成为基础性渠道
焦点议题	公共议题出现	引起广泛关注，唤醒群体的讨论
	汇聚传播力量	传播力量向焦点议题汇聚
	共同“投票”	群体共同决定焦点议题
权力中心	意见领袖	对群体传播的影响：①发布强势内容；②放大内容效果；③调度流向和流量；④营造意见气候
	其他	普通用户可以扮演临时性的意见领袖，组织也能成为传播中的权力中心
节点激活		①节点负责把关，影响信息的深度和广度。 ②节点被激活的程度影响话题的传播力和影响力。 ③节点能否被激活的影响因素包括：a. 内容本身的公共价值；b. 内容与个人需求的契合性。 ④激活后，情感、情绪也参与传播；传播方式既有一对一的互动，也有公共区域互动的传播。 ⑤“热搜榜”提示公共议题以供讨论，但也有被操纵的可能性
自组织	定义	群体的演变、发展和协同是在内部机制的作用下进行的
	类型	①常态性自组织，出现在封闭群体； ②临时性自组织，常见于事件性的网民力量的集结

3. 网络中组织传播的扩展

(1)组织传播(见表2-15)

表2-15 组织传播

要点	具体内容
定义	组织传播是指以组织为主体进行的信息传播活动，包括组织内传播和组织外传播，两者都是组织生存所必不可少的保障。
功能	内部协调、指挥管理、决策应变、达成共识
渠道	下行传播、上行传播、横向传播

(2)网络与组织内传播(见表2-16)

表2-16 网络与组织内传播

要点	具体内容
改变了传统的组织结构	①上行传播更流畅无阻，组织从“金字塔式”结构走向“网络式”结构。

续表

要点	具体内容
改变了传统的组织结构	②网络组织结构的影响： a. 对组织中成员的素质能力提出更高要求； b. 结构由高度集权转化为多中心分权； c. 促进企业再造，管理、生产、销售协同运作； d. 该结构能够实现“网络化企业”[卡斯特]的连接性和一致性
改变了组织成员间的交流方式	①不能完全代替传统交流，但能够唤起交流热情，降低交流成本，削弱非语言信息。 ②匿名可能导致情绪激化，宣泄愤怒
可能导致组织成员权力关系的变化	①技术人员地位提高，成为新特权阶层。 ②中层权力受到一定制约
网络使组织的虚拟办公成为可能	分布式办公和虚拟办公成为可能

(3)网络与组织外传播(见表2－17)

表2－17　网络与组织外传播

要点	具体内容
分类	包括组织的信息输入活动和组织的信息输出活动
特点	①组织掌握主动传播权，获得了对外传播的直接渠道。 ②任意组织成员都可能成为传播者。 ③组织传播与大众传播的区隔开始削弱。 ④组织传播成为公共传播的重要部分

4. 网络中大众传播的变革(见表2－18)

表2－18　网络中大众传播的变革

要点		具体内容
传播者(who)		①多元主体，包括专业的大众传媒和非专业的主体。 ②传播格局复杂化，信息环境混沌
传播内容(what)		①主体多元带来的内容多元：公共性内容、组织性内容、群体性内容、私人性内容融合，可以在一定条件下互相转化。 ②对公共性内容提出挑战，需要打磨内容质量，提升除公共价值坐标之外的其他价值
传播渠道(which channel)		①不只延续传统的渠道，网络多元渠道均能传播公共信息，传播模式和机制也走向多元化。 ②渠道交织，大众传播与群体传播、组织传播和人际传播组合成多级传播，信息易失真，效果复杂化
用户(whom)	受众VS用户	①用户：具体的、异质的、能动的、具有主体性； ②受众：模糊的、同质的、被动的、消极的
	用户能动性	①信息生产、消费、作为传播渠道、与生产者互动表现的能动性。 ②意味着生产者和用户的边界模糊，产消一体

续表

要点	具体内容
传播效果 (with what effect)	传播效果不确定性增加，受多重因素作用

5. 多形态融合下的网络传播及其特征

(1)融合性：网络传播的新常态(见表2-19)

表2-19 融合性：网络传播的新常态

要点	具体内容
传播渠道	渠道交织重合，难以区分，社会化媒体等渠道常扮演多重角色，承载多种传播形态
传播形态	①延展至其他传播形态，甚至转化为其他传播形态。 ②各种传播形态与形式的相互交织，使网络传播的具体过程与结构变得格外复杂。 ③一条信息的传播可能会跨越多种传播形态，并进行多级传播，使得信息在传播过程中出现放大、扭曲、衰减等多种可能性
人际传播	①多元连接，形成关系网络，能量聚少成多。 ②人际传播成为大众传播的"基础设施"，信息扩散速度加快。 ③作用越发重要，其蕴含的情感等因素使其在舆论传播中占据优势。 ④引发口碑效应，既能促进广告销售，也可能导致组织危机
群体传播	①封闭群体：内部互动频率高，人际传播黏性高促进群体认同。 ②开放群体：规模够大可以产生大众传播的效果。 ③群体传播与组织：小群体影响组织内的信息传达与意见表达，影响组织外的信息交换，有时影响舆情。 ④群体可能发展成为组织
组织传播	向大众传播延伸，突破以往的渠道限制[依靠大众传播对外发声]，走向直接对公众传播，特别是关于公共议题的传播；部分组织的对外传播渠道成为媒体的信源
自我传播	走向外化，与其他传播形态交相融合

【考点拓展】口碑传播

口碑传播是指一个具有感知信息能力的非商业传播者和接收者关于某种产品、某个品牌、某一组织或者某项服务的非正式的人际传播。通俗来讲，口碑传播可以看作是消费者之间进行信息交流的过程，由于人的主观能动性，口碑传播会有正向观点的传播，也会有负向观点的传播。

口碑传播属于人际传播的一个分支，因此，它具有人际传播的鲜明特点，如互动性强、形式灵活、反馈及时等。但由于受传播者属性、传播渠道和传播媒介的影响，口碑传播又具有独有的特性。

(1)说服力高。口碑传播的传播主体为消费者，其以自身的消费体验为前提进行信息交流，而不是站在企业的立场进行说服，所以，信息接收者更愿意相信和接受。同时，口碑传播通常是在亲人、朋友等群体中进行，信息传播者和接收者关系较为亲近，价值观、消费理念等更接近，更容易促成消费。

(2)针对性强。口碑传播一般是口口相传或者通过社交媒介进行信息交流，且分享对象通常更具有消费倾向，不是借助大众媒介的"广撒网"式宣传，信息传播对象的针对性更强，信息传播的效果也更好。

(3)成本低廉。"口碑"被学者认为是"零号媒介"，口碑传播利用人类传播信息的天性，影响消费者态度和行为，以"零成本"达到宣传目的。

(2)网络传播的基本要素及特征(见表2-20)

表2-20 网络传播的基本要素及特征

<table>
<tr><th>要点</th><th colspan="2">具体内容</th></tr>
<tr><td>网状结构</td><td colspan="2">①技术结构使节点连通，信息自由流动。
②每个主体即是一个节点，节点与节点之间的连接形成网状结构，信息呈网状流动。
③传播网络与关系网络存在交叠，其过程会发生共振</td></tr>
<tr><td>传播网络的权力中心："枢纽"</td><td colspan="2">①连接节点和资源，如门户网站、新闻客户端、搜索引擎、社交平台或服务平台。
②调度流向和流量，控制各种关系，充当权力中心</td></tr>
<tr><td>作为传播主体的节点</td><td colspan="2">①节点之间传播权力分级，存在差别。等级的确定与现实地位和网络互动有关。衡量权力的标准为关联的节点数量。
②不同节点参与传播的动机、方式和程度均存在差异。
③作为传播主体的节点不限于人，也有机器和物，且存在感逐步提升</td></tr>
<tr><td rowspan="2">不断生长的信息文本</td><td>特点</td><td>网络信息文本具有"活生命"，动态生长、不断发展</td></tr>
<tr><td>生长方式</td><td>①面对即时性、突发性事件的连续性报道，对信息进行补充和纠正。
②通过链接进行关联延伸，完成跳转和意义的拓展。
③根据用户的评论反馈获取新的含义。
④通过节点的转发改变、增添和删除文本的部分意义</td></tr>
<tr><td rowspan="2">信息多级传播</td><td>提出</td><td>拉扎斯菲尔德等人提出"多级传播"，认为信息的流向是"媒介—意见领袖—大众"</td></tr>
<tr><td>特点</td><td>①在网络传播中十分常见，可与多种传播结合分发扩散，级数也可以无限增加。
②多级流动并非对信息进入毫无限制，而是与受众偏好和信息发布方式均相关。
③层级不确定性导致传播效果难以预测</td></tr>
</table>

2.3 课后习题详解

1. 你认为网络的传播可供性带来的最重要的影响主要是哪些？为什么？

答："可供性"(affordance)是由美国学者吉布森提出的、用于探索环境和动物之间关系的概念，意为"环境所能够给予动物的相对于其行为机会的信息"。这一概念并不单方面指向环境，而是对环境与动物关系的双向分析。"可供性"一词在传播学领域中，主要是用来衡量媒体的"新"与"旧"的程度。以下将从不同维度出发，分析网络可供性带来的主要影响及原因。

(1)权力维度：从去中心化到再中心化再到权力更迭。

①去中心化：大规模的信息生产和传播能力是一种权力，新媒体技术的发展为传统媒体之外的主体进入信息生产和传播领域提供了可能性，瓦解了原有的垄断性传媒业格局，导致了去中心化。

②再中心化：新媒体可供性影响下，部分平台以超强的内容传播和服务能力聚集了大批用户，成为具备中心地位的超级平台，实现再中心化。

③权力更迭：随着新媒体技术不断发展，依托新技术的新平台不断产生，又打破再中心化后的权力格局，推动传播权力的不断流动和更迭。

(2)空间维度：重构旧空间、促成新空间、多样化空间冲突。

①重构旧空间：包括信息消费空间和信息生产空间的重构。

a. 信息消费空间。从无差别的、一致性的“广域空间”走向流动的、个性化的“微空间”，从电视媒体的“共享性”空间转向以手机为中心的“私人化”空间。

b. 信息生产空间。基础设备的平民化也意味着信息生产空间的移动，从专业的媒介机构内部，向外不断延伸，进入现场化的新闻生产和开放化、平民化的新闻生产空间。

②促成新空间：包括赛博空间、数字化社交空间、“拟态”地理空间和虚实空间相融的数字空间。

a. 赛博空间。赛博空间是对现实空间的映射和解放，无边界的想象力和行动力在赛博空间也得以实现，赛博空间从折射现实的意义上成为了一种社会空间。

b. 数字化社交空间。熟人社交关系网络和网络上群体的聚集促使现实存在的社会结构反映到虚拟空间中，网络社交空间又反过来对现实社会结构施加影响，促成现实与虚拟关系交融的数字化社交空间。

c. “拟态”地理空间。移动智能化终端的发展推动数字空间和现实地理空间的联系不断加深，形成作为“拟态”地理空间的数字空间。

d. 虚实空间相融。新兴的“元宇宙”概念为现实和虚拟空间边界的消融带来可能性，现实可以映射到虚拟空间，虚拟空间能反过来影响现实空间，形成虚实交融的数字空间。

③多样化空间冲突：网络建构出的多重空间会彼此交织、叠加甚至融合，造成“在场的缺席”，即身体和注意力分别处在现实空间和虚拟空间，同时也造成公共空间与私人空间界限的模糊，造成空间冲突，影响人们对社会的认知，造成自我认知的纠结。

(3)时间维度：时间私人化、时间分化、时间交叠。

①私人化“媒介时间”：人们在媒介时代将感知到自然时间和媒介建构的时间轴两种时间。社交媒体的不断发展，使用户可以在自己的账号里建立起私人化的时间轴，这也是一种媒介化的时间。

②时间分化：个人对媒体时间节奏的挑战。

时态上，媒体全天候生产信息，但用户不需要对信息进行实时回应，两者之间存在延时，导致信息生产与信息消费的“时态”分化。时间规程上，互联网时代用户决定权增强，可以自行设置私人化媒介使用时间规程，减少媒体时间规程的束缚，形成媒体的时间规程与用户的媒介时间规程的分化。

③时间交叠：多重时间轴、多道任务与多种时间策略的交叠。

私人媒介化时间轴、公共性媒体时间轴和现实时间互相交叠，影响人们对时间的感知。移动终端的普及带来了“多线程”模式的普及，多任务相互交叠，造成不同功用的时间交叠。“多线程”模式要求人们制订不同的时间应对策略，对时间管理形成挑战。

(4)资源维度：设备、数据、内容。

①生产设备的“可得性”为用户参与内容生产奠定了基础，也促进了媒体内部内容生产的全面数字化。

②互联网时代，数据成为一种独立的资源，可以用来衡量传播效果，也可以介入媒体内容生产，但同时也带来了个人隐私侵犯的风险。

③用户角度下的内容可供性也发生变化，包括内容供给与消费的个性化和用户对内容利用方式的变化。

(5)关系维度：内容与内容、人与内容、人与人、人与服务之间的连接与断连。

①内容与内容：超链接的出现实现了内容与内容的连接，这种连接主要基于人的选择和判断，而在未来将交给智能技术进行分析和自动生成。内容与内容之间的连接带来了便利，但也可能因为连接不准确导致人们的抗拒。

②人与内容：主要表现在用户一端。互联网时代的受众不再是内容的被动接受者，而是可以主动进行内容再生产，拓宽内容的延展空间，也可以通过内容建构自我，以及建构与他人、社会环境的关系。但内容过载、内容过度碎片化和内容个性化分发等因素也可能造成人与内容的断连。

③人与人：互联网技术的发展拓展了人与人的关系，人们被广泛嵌入社会关系网络，人们主动选择和技术建构都可以推动形成人与人的新关系。网络互动影响社会结构，人们可能形成合作关系也可能形成对抗关系，某些人之间可能出现断连。

④人与服务：网络推动传统服务的线上化，也形成了新的服务形式，并构建人与服务之间的多元化通道。数据成为重要的连接纽带，却也会无视人的意愿强制人与服务进行连接，甚至侵犯用户权利，导致用户选择断连。

(6)体验维度：文本多媒体沉浸式体验。

①文本：互联网发展之初，信息传播的载体以文本为主。

②多媒体：图片、音频及视频等多媒体手段的加入丰富了内容的呈现形式，调动了受众的感官系统，同时也改变了内容的叙事方式和思维方式，带来了艺术性的革命，也推动了新闻领域“融媒体”报道的出现。

③沉浸式：3D、AR、VR等新技术的发展使沉浸式体验成为可能，触觉、嗅觉等新的身体体验被激发。沉浸式体验也将带来新闻领域的革命，新闻现场感增强，“身体性在场”将可能被实现。沉浸式体验可能朝着个性化定制的方向发展，也将影响人们的思维模式和能力。

2. 你如何理解传播与空间的关系？

答：传播与空间天然就是紧密相连的。加拿大学者哈罗德·伊尼斯是传播与空间关系研究领域中颇具代表的学者，他曾在《传播的偏向》这本书中对传播的时间偏向和空间偏向进行区分，并详细阐述了古代传播与空间的关系。

传播学领域中，许多学者都曾经关注对空间及其相关因素的研究。在20世纪30年代之前，众多西方学者对传播的研究同时包括“信息交流”和“物理交通”两重内涵，“传播”与“交通”紧密联系。归根结底，主要是当时的报纸等信息载体必须依靠交通运输实现分发，信息才能传播到不同地区。因此，早期的传播研究关注空间及其相关的交通和运输，研究重点主要聚焦信息传输、信息消费和空间的关系。

随着数字化技术的迅猛发展，信息传输已经突破了空间的限制，交通运输以及空间距离对信息传播的影响力大幅降低。但是，空间与传播的关系并没消失，反而变得更为复杂。数字化技术发展下的传播与空间的关系主要有以下几个方面：

(1)传播推动了旧空间的重构。

①信息消费空间方面，移动互联网的可移动性推动了一致性的“广域空间”向可流动的“微空间”转变，促进了依托电视媒体的“共享性”空间向以手机为中心的“私人化”空间转变。

②信息生产空间方面，信息采集设备的平民化推动了信息生产空间由媒体机构的内部空间向外延伸，新闻生产的现场化进入常态，实现信息生产空间的开放和平民可达性。

(2)传播促成了新空间的形成。

①赛博空间：互联网技术发展早期，人们认为网络技术将建构能够摆脱现实空间约束的虚拟空间，促成赛博空间。

②数字化社交空间：熟人关系网络和网络上群体的形成促使现实社会结构映射到虚拟空间中，网络社交又反过来影响现实社会结构，促成现实与虚拟关系交织的数字化社交空间。

③作为“拟态”地理空间的数字空间：移动智能终端的发展推动数字空间和现实地理空间的羁绊不断加深，形成作为“拟态”地理空间的数字空间。

④虚实空间相融的数字空间：元宇宙和“孪生”概念的兴起意味着现实空间有可能映射到虚拟空间，进一步消解现实与虚拟的界限，形成虚实空间相融的数字空间。

(3)传播造成了多样化空间之间的冲突。

①网络建构出的多重空间会彼此交织、叠加甚至融合，造成“在场的缺席”，即身体和注意力分别处在现实空间和虚拟空间。

②网络传播也造成公共空间与私人空间界限的模糊，影响人们对社会的认知，造成自我认知的纠结。

3. 你认为网络传播如何影响了时间观？

答：网络传播在媒介使用时间的领域上赋予了用户更多个人权力，人们的时间观变得更加复杂，现实时间和媒介时间的叠加与融合，造成了人们时间观的混乱，也对人们的传播活动造成阻碍。

(1)人们拥有了私人化“媒介时间”。

人们在媒介时代将感知到自然时间和媒介建构的时间轴两种时间。媒介建构的时间除了媒体建构的公共性时间，用户也可以在社交媒体上建构私人化的时间轴。

(2)媒体时间与用户媒介时间产生了分化，个人对媒体时间节奏进行挑战。

①时态上，媒体全天候生产信息，但用户不需要对信息进行实时回应，存在延时，导致信息生产与信息消费的“时态”分化。

②时间规程上，互联网时代用户决定权增强，可以自行设置私人化媒介使用时间规程，减少媒体时间规程的束缚，形成媒体的时间规程与用户的媒介时间规程的分化。

(3)各种时间之间产生交叠，造成时间观的混乱。

①多重时间轴交叠：私人媒介化时间轴、公共性媒体时间轴和现实时间互相交叠，影响人们对时间的感知。

②多道任务交叠：移动终端的普及带来了“多线程”模式的普及，多道任务相互交叠，造成不同功用的时间交叠。

③多种时间策略交叠：“多线程”模式要求人们制订不同的时间应对策略，对时间管理

形成挑战。

4. 结合具体案例分析网络中的群体传播及其影响。

答：互联网技术为人群之间的频繁沟通提供了高效的工具和手段，在这个基础上，网络环境下人们沟通的偶然性和临时性下降，逐渐转变为较为固定和持续的关系，进而演进为社会学意义上的狭义群体，成为互联网环境下新的社会单元。但是，互联网环境下的群体不完全等同于传统意义上的狭义群体，具备开放性的人群之间的互动，构成了一种新的群体传播。这样的群体传播对于互联网公共信息传播、公共意见表达、社会参与和集体行动等都发挥着重要作用。当网络群体及其群体传播出现新的界定时，“互联网群体传播的哲学意义因此便呈现出来，它通过构建新的媒介环境，解构了大众传播的主导地位”。以下结合“鸡娃”这一社会现象在互联网情境下的形成和传播，分析网络群体传播带来的几方面影响。

(1)网络群体传播加剧群体压力，形成“鸡娃”情绪。在海量的“鸡娃”相关信息影响下，用户的教育选择呈现从众化特点。互联网突破时空界限的特点提高了情绪传播的广度和深度，当父母的教育成效与互联网上的主流观念不一致时，就会感受到群体压力的压迫，陷入“囚徒困境”，产生教育焦虑。另外，互联网群体传播缺乏有效“把关”，用户或教育培训机构等主体会为了获取更多注意力或经济效应人为营造“鸡娃”氛围，以人造真相替代客观真相，通过加剧群体压力进一步渲染“鸡娃”情绪。

(2)网络群体传播带来群体认同，进一步激发“鸡娃”欲望。社交平台的发展为用户提供了随时随地分享和传播的舞台，当父母因为“鸡娃”情绪产生焦虑且想要获得积极反馈时，就会通过互联网寻找分享对象。分享对象对父母教育投入的正面肯定即群体认同，会拉近用户之间的心理距离，使得个人和群体之间建立较为稳定和信任的关系，进一步激发父母“鸡娃”的欲望。

(3)网络群体传播将群体情绪进一步转化为群体规范，推动“鸡娃”情绪的社会化传播。在网络群体传播的情境下，用户通过在线社群、“打卡”等特定的仪式，推动“鸡娃”情绪和教育焦虑在互动仪式链中的延伸，促进“鸡娃”情绪扩散成为群体情绪。同时，通过不断的群体暗示，互动仪式链中的个体将“鸡娃”情绪转化为群体成员需要共同遵守的规范，即群体规范。群体中的用户哪怕与其他人的观念有所不同，也会因为“鸡娃”情绪的不断传染而放弃原本的个人习惯，与“鸡娃”群体做出相同选择，促成了“鸡娃”情绪的社会化传播。

5. 今天你如何理解大众传播?

答：传统意义上的大众传播指的是“专业化的媒介组织运用先进的传播技术和产业化手段，以社会上一般大众为对象而进行的大规模的信息生产和传播活动”。但随着互联网技术的发展，网络这一“第四媒体”的出现，界定大众传播的依据不再是专业化媒介组织的生产主体特点，而是更多地关注传播内容是否具备公共性，以及内容覆盖范围是否广泛。在今天，网络时代下的大众传播较以往产生了以下几个方面的变化。

(1)传播者：职业性主体与非职业性主体的共存。

在以往的大众传播领域中，传播者是掌握内容生产与传播的专业化媒介组织，但网络技术的发展降低了传播的门槛，政府部门、组织机构甚至个人等非职业性主体进入传播领域，实现与职业性主体的共存。多元主体共存使得传播格局日渐复杂，互联网信息环境也变得更加混沌。

(2)传播内容：多元动机、多元价值内容的混杂。

多元化的信息生产主体具备多元的生产动机以及价值评判标准，其所生产的信息内容存在较大的差异，导致了内容的多元化。网络传播中的内容是具有公共价值的公共性内容、服务组织目标的组织性内容、与群体互动相关的群体性内容、满足个人诉求的私人性内容的混融。这些内容之间的界限较为模糊，在一定状况下还可以实现相互转化。在这种内容混杂的信息环境中，非公共性内容会参与争夺用户注意力，压缩公共性内容的生存空间。公共性内容想要取得更好的传播效果，就要提升在各个价值坐标中的价值。

(3)传播渠道：多重渠道、多重模式的复合。

网络技术带来了新的传播手段，也带来了新的传播渠道。多重传播渠道的复合，推动了传播模式和机制的多元发展，也推动了大众传播与人际传播、群体传播、组织传播等其他传播渠道的混合，形成了多级传播。一方面，在多级传播中，用户有权根据需求选择与组合这些传播渠道，提高信息传播的便利度。另一方面，多级传播容易导致信息失真，提高传播效果预测和控制的难度。

(4)用户：异质性与能动性的凸显。

传统意义上的大众传播领域强调“受众”的概念，认为受众是“不确定的多数”，往往把受众看作较为统一或同质性的整体。而网络时代，社交平台或算法的信息筛选能力增强了受众的个性化，强调“用户”概念，用户的异质性受到广泛关注。同时，相比受众，用户具备更加全面的能动性：

①信息生产方面：用户可以经由社交媒体发布和传播内容，补充和延伸专业化媒介机构的信息与内容。

②信息消费方面：用户自主权提高，可以较为自由地选择信息源和信息渠道，以及选择获取信息的时间、方式、广度和深度等。

③信息传播渠道方面：用户成为内容传播渠道和媒介的一个部分，可以影响公共信息的流向和流量。

④与内容生产者的互动方面：用户与内容生产者之间的互动性增强，包括点击、评论、提供线索、在线交流等，在特定的情况下也会演变成为“共动”。用户能动性的增长在一定程度上也会模糊用户与内容生产者之间的界限，用户不是单纯的信息消费者，而是产消一体者，不仅可以与内容生产者之间进行简单交流和反馈，也可以与生产者共同协作。

(5)传播效果：不确定性的增加。

一方面，网络中的信息传播呈现出非线性和层次性的特征，同一作品被用户接收到的信息可能会有区别，传播效果不能由内容生产者和传播者所决定。另一方面，用户自下而上的议程设置权利冲击专业媒体的议程设置效果，用户选择信息的自主性不断增强，同样对传播效果造成影响。

6. 你如何理解网络传播的要素及特征？

答：网络传播在常态化融合的发展过程中呈现出以下要素和特征：

(1)网络传播的“网状”结构：多元联通的关系网络。

网状结构意味着传播方向更加多样，能够互连互通、自由多元。网络传播的传播者也更加多元，作为网络传播的参与者，每个人都能够传递信息，同时都处在千丝万缕的联系中，成为关系者之一，信息也因此能够沿着多种方向进行传播。

（2）网络传播的中枢节点：作为渠道的平台中心。

网络传播中存在重要的“中枢节点”，这类枢纽能够聚集多种资源，汇聚多个个体参与传播并为个体节点提供内容搜索、发布、查看的重要渠道。这类枢纽往往是一个良性的开放式平台，平台上有各种规则、服务和平衡的力量，在网络传播中能够有效调度资源，指挥信息的流向，平衡各类信息的流量。

（3）网络传播者和受传者：多元主体存在权力差距。

网络传播的传播者和受传者往往具备同一性，主体既能主动传播，也是信息的接收者，处在动态互动的传播过程中。但个体的传播者中也存在差异，出于不同的动机参与到传播过程中，并且在传播中掌握不同的话语权，传播的权力高低、声量大小、内容质量和频次都存在差异。随着技术发展，主体并不局限于人，机器、物品都能够成为传播主体。

（4）网络传播的内容讯息：并非静止而是动态变化。

网络传播的内容讯息具有分散性、多元化、共享性强和动态变化的特点。共享性强意味着内容会经过多次传播，传播的过程中内容会经过多次创作，不断补充、生成新的内容，网络传播的内容信息处于一种动态变化中，原本相对单一的内容信息与其他内容产生联系，关系链条延伸并为其赋予其他意义。个体对原本信息内容做出的反馈和评论也是一种补充手段，在传播网络中不断拓展、转发、增删，内容会不断发生变化。

（5）N 级传播：信息流动的多元渠道。

美国学者罗杰斯等人明确提出 N 级传播概念，认为在传播媒介所传递的信息作用于受传者的过程中，存在着多种方式、多种途径，有的可直接作用于受传者，有的需经过多种中介因素，即多级传播过程。网络传播中信息的传播也有多元渠道，直接传播或是经过 N 级传播均为常态，这就为信息传播提供了多种随机性和未知性，传播效果的量化和评估也因此更加困难。

2.4　考研真题与典型题详解

一、概念题

1．技术可供性［华中师大 2024 年研］

答：技术可供性最早是由美国生态心理学家吉布森提出，指环境为动物提供行动的可能性。而后被许多学者借鉴，引申出技术可供性。可供性指事物能够提示其可以帮助人们做什么的一种属性或特征，技术可供性则是指数字技术由于某些天然的特征，从而拥有左右人的认知、态度、情感乃至行为的特殊效应，这种效应在很多时候是主导性的。技术可供性成为理解媒体界面、传播技术与用户之间的关系的关键概念之一，也为探讨媒体与人们的生活以及社会发展进程的关系提供了重要视角。

2．传播的偏向［中山大学 2023 年研；华东师大 2023 年研］

答：传播的偏向由加拿大学者哈罗德·英尼斯于 20 世纪 50 年代在《传播的偏向》中提

出。他认为，传播及媒介都有偏向性，媒介分为偏向时间的媒介和偏向空间的媒介：前者更加耐久，但不易流通，如羊皮纸、黏土和石头；后者质地轻便，容易传播，如莎草纸等。他提出不同的媒介有不同的偏向，而偏向的不同取决于媒介的物理特性。而这种媒介特性，影响着社会的知识状况、权力结构和政治形态。该理论将媒介的技术和物质特性作为文明划分的标志，改变了以往传播学研究以信息为中心的传统，但不免陷入了技术决定论的泥潭。

3. 群体认同

答：群体认同是指群体成员从群体活动中得到某种程度的需要满足而对群体产生的认同感。网络群体属于自发性群体，认同度一般是中低水平。对群体形成认同的直接结果或行为表现是网民的“群体承诺”。

4. 群体承诺

答：群体承诺是指个体对群体的认同感和卷入程度，它并非实际签订的有形契约，而是一种心理上的契约。可以分成三种类型：①情感取向。强调个人意愿。②工具取向。强调对代价的计算。③规范取向。强调“按照符合群体目标和利益的方式行动”。以上三种类型均能在网络群体中找到对应。就群体承诺而言，网络群体在情感性方面的特征更为明显。

5. 群体压力

答：群体压力是指群体中的多数意见对成员中的个人意见或少数意见所产生的压力。在面临群体压力的情况下，个人和少数意见一般会对多数意见采取服从态度。产生群体压力的原因主要是信息压力和趋同心理。“个人服从集体、少数服从多数”是群体活动的一个基本原则，但多数意见的支配地位并非在任何场合都是绝对的，少数意见的中坚人物的作用不可忽视。群体压力不仅是群体保持协调统一的前提，也是人的社会合作性的体现。

6. 自组织

答：自组织是指没有外界干预，只控制参量变化，通过子系统间的合作，能够形成宏观有序结构的现象。自组织机制使群体聚合从混沌走向秩序。凯文·凯利等对于群体智慧形成的解释，基本上是从“自组织”这个角度出发的。自组织的一个重要特点，就是在没有外力干预的情况下，完成内部的分工和协作。在网络论坛这样的地方，可以逐渐形成一种常态性的自组织，成员之间有长时间的互动，因而实现分工是比较容易的。但很多时候，网络中的自组织机制，是一种应激响应的结果，许多素不相识的人聚集在一起，却能自然地实现分工与协作，看上去似乎不可思议，但确实发生了。这得益于共同的目标推动、四通八达的连接网络、成员的多元化、社会报偿的刺激。

7. 超链接［南开大学2022年研，西北大学2020年研］

答：超链接（Hyperlinks）是一种非线性的信息组织方式，即在网页数据中又包含与其他数据的链接，将各种不同空间的文字信息组织在一起的网状文本。超链接是计算机出现后的产物，它以计算机所储存的大量数据为基础，使得原先的线性文本变成可以通向四面八方的非线性文本，读者可以在任何一个关节点上停下来，进入另一重文本，然后再点击、进入又一重文本，理论上这个过程可以无穷无尽，从而使得原先的单一的文本变成了无限延伸、扩展的超级文本、立体文本。

8. 弱连接[复旦大学2024年研]

答：20世纪70年代美国知名社会学家马克·格兰诺维特提出了弱连接理论，他将社会关系分为强关系和弱关系，即强连接和弱连接。他认为传统社会中个人接触最频繁的是自己的亲朋好友，彼此之间具有高度的互动，在互动关系上较亲密，属于"强连接"现象；反之，弱连接是一种社会关系更为广泛的现象，但互动度低频、关系较为疏远。弱连接比强连接更能穿越不同的社会群体，因此能触及更多的人，穿过更大的社会距离。强弱连接的区别包括互动时间、情感强度、亲密程度以及互惠行动等。常见的弱连接的社交媒体平台是微博。

9. 群体极化

答："群体极化"是来源于社会心理学的一个概念，以研究群体讨论对群体决策及群体成员的影响为核心，其经典定义是芝加哥大学教授桑斯坦总结提出的："团体成员一开始即有某些偏向，在商议后，人们朝偏向的方向继续移动，最后形成极端的观点。"他还指出互联网中群体极化现象更容易发生，极化程度也高于现实世界。对群体极化现象的研究可追溯到詹姆斯·斯托纳提出的"冒险转移"："如果群体中大多数人倾向于谨慎，那么经过讨论之后的群体意见会更为谨慎；如果群体中大多数人倾向于冒险，那么经过讨论之后的群体意见会更趋于冒险。"

10. 群体心理

答：群体心理是群体成员共有的价值、态度和行为方式的总和。在一个群体中，群体成员具有共同的需要与目标，并围绕这个相同的目标形成相互依赖的关系；每一个群体具有一定的结构形式，使群体成员处于一定的关系之中。群体内具有自己的规范，群体成员有一定的心理倾向或态度。群体心理具有群体性、界限性，形成于群体的群体活动中，使个体产生群体归属感、群体认同感，群体对个体还有促进和干扰作用。

11. 网络人际传播

答：网络人际传播(Computer-Mediated Interpersonal Communication)，简称CMIC，是指通过计算机进行的个人与个人之间的信息传播活动，是在网络空间中进行的、和传统的面对面人际传播相对应的一种传播形式。网络人际传播有五种特征：①网络人际传播是一种以文字交流为主的传播。②网络人际传播具有广泛性。③网络人际传播往往具有偶然性。④网络人际传播具有匿名性。⑤个体在网络人际传播中具有多重性。网络人际传播的传播方式有即时通信工具、社交媒体、网络论坛、网络游戏等等。

12. 自我披露

答：自我披露，是指个体对他人表达情感、想法与观点的窗口。自我披露最先是由Jourard(1958)提出、界定并开展发展性研究的。个体将有关自己的信息透露给他人，并以此换取交流对象的信任和亲近，也是塑造自我形象的一种手段。披露的程度高低、如何披露都需要一定的技巧。后来他在《透明的自我》(The Transparent Self)一书中将其界定为：告诉另外一个人关于自己的信息，真诚地与他人分享自己个人的、秘密的想法和感受的过程。

13. 自我认知

答：自我认知(self-cognition)是对自己的洞察和理解，包括自我观察和自我评价。自我观察是指对自己的感知、思维和意向等方面的觉察；自我评价是指对自己的想法、期望、行为及人格特征的判断与评估，这是自我调节的重要条件。

14. 网络群体传播

答：网络群体传播(Computer-Mediated Colony Communication，简称 CMCC)，是指网络上具有共同的利益、观念、目标等因素的个体联结在一起，进行群体内部与外部的信息传播活动。其传播方式有 BBS、SNS、博客、微博、网络聊天群等。网络群体传播的特点有：①成员身份公开性与匿名性共存；②重新赋权；③群体压力程度与成员对群体的认同度有关。影响群体传播的要素有以下几个方面：①社区结构模式；②成员关系；③群体认同与群体承诺；④群体心理。

15. 社区结构模式

答：社区结构模式有圈式和链式两种结构。传统社区的圈式结构的特点是：圈式结构使社区边界明确，社区成员有较明确的身份意识，社区成员作为一个集体进行的交往比较多，成员对社区的归属感更容易形成，因此，这种结构更有利于群体的形成。而新兴社区的链式结构的特点为：链式结构较为松散、灵活，使社区成员的集中交往并不多，更多的是一对对成员之间的个别交往，因此群体意识较难形成；新兴社区的规模不是固定的，而是处于动态变化中的；每一个人都可以以自我为中心来解释社区的边界，换一个角度说，每一个人都可以以自我为中心来构建自己的关系圈子。

16. 内联网

答：内联网是针对组织的人员和信息的集成机制。内联网传播是在一个组织内部使用互联网技术实现通信和信息访问的方式。其作用有以下几方面：内联网改变了传统的组织结构联网的使用，使组织的结构从“金字塔式”演变成“网络式”；内联网改变了组织成员间的交流方式；利用内联或其他先进技术进行组织传播，有可能导致成员关系的变化；利用内联网来实现组织传播，使虚拟办公成为可能。

17. N 级传播

答：N 级传播是指媒介信息传至受众的过程有多种方式和多种传播渠道，可能由多级中介环节组成信息传播链。这是对两级传播观点的修改和补充，又称多级传播。拉扎斯菲尔德等人在“人民的选择”中提出两级传播假说之际只注意到了一层意见领袖的存在，后来拉氏和卡兹在“人际影响”中对此做了补充，提出意见领袖是多层次的。社会学家罗杰斯在考察农村革新事物的普及过程时，把大众传播区分为“信息流”和“影响流”，认为信息的传播可以是“一级”的，即媒介信息可以直接抵达一般受众；而影响的传播则是“N 级”(多级)的，其间经过大大小小的意见领袖的中介。这样，两级传播假说便发展成“N 级传播”假说。

二、简答题

1. 简述媒介可供性的内容及其影响。[东华大学2023年研]

答：以下将简要介绍媒介可供性的内容和影响：

(1)媒介可供性的内容。

2003年，媒介可供性的概念首次被引入传播学，并将其视作"技术或物影响日常生活的'可能性'"，借此研究互联网提供给人的诸多功能，凸显了"可供性"概念的社会属性。2017年，莱斯等人进一步提出媒介可供性的概念，指某一特定背景下行动者感知到的其能够使用媒介展开行动的潜能与媒介潜在特性、能力、约束范围的关系。潘忠党教授于2017年提出了初步的研究框架，即"媒介可供性"包括生产可供性、社交可供性和移动可供性三个要素，生产可供性包含可编辑、可审阅、可复制、可伸缩、可关联等五项，社交可供性包含可致意、可传情、可协调、可连接等四项，移动可供性则包含可携带、可获取、可定位、可兼容等四项，成为我国传播学者进行可供性研究的主要理论框架。

(2)媒介可供性的影响。

①空间维度的影响。

媒介可供性在空间维度上的发展意味着信息生产与消费空间的重构和全新数字空间的生产，同时也造成了各种空间的冲突。

②时间维度的影响。

可供性带来了私人化的"媒介时间"，媒体与用户在时间节奏与规程上发生分化，多重时间轴、多道任务与时间策略的交叠，成为人们的生存常态。

③资源维度的影响。

新媒体时代带来了设备、数据、内容等方面的新可供性。

④关系维度的影响。

新媒体带来多种主体之间连接的可供性，但这既可能走向真正的连通，也可能导致断连。

⑤体验维度的影响。

媒体可供性意味着从文本到多媒体再到沉浸式体验的可供性的演进。无论是从哪种维度来研究可供性，都需要意识到，新媒体技术的可供性不只取决于技术本身，还取决于使用这些技术的人。

2. 简述网络人际传播新特点。[浙传2021年研]

答：人际传播作为一种典型的社会传播活动，也是人与人社会关系的直接体现。网络人际传播是指在网络环境下，通过电子邮件、即时通信、博客、SNS、微博、微信等传播渠道进行的人与人之间的信息交流与传播活动。在社交媒体时代，网络人际传播既有传统线下人际传播的共性，也发生了一定的嬗变。

(1)技术和平台依赖性。

网络中的人际传播，是以网络为中介的。这意味着，这种传播具有技术依赖性，网络及相关技术的水平直接影响着人际交流的方式、手段，以及广度与深度。

(2)多元性。

保罗·莱文森提出媒介进化论，媒介会不断朝着人性化方向迭代升级。网络时代的人际传播在技术加持下，无论是方法渠道还是角色扮演都更加多元。豆瓣、微博、B站、朋友圈，不同的平台有不同的交往规则，人们也会根据主体动机和社交需要，自主选择人际交往的方法策略。同时，相较于线下面对面接触不回应的尴尬，线上人际传播双方均可随时终止对话。

(3)陌生性。

传统人际传播更多基于地缘、血缘，而网络人际传播为趣缘、网缘关系的建立提供了更多可能性。过去人们囿于精力、时间的局限性，只能和少数初级群体、次级群体在线下维持较为稳定的社交关系。而如今，在网络平台"缘分一线牵"，人们开始享受"松圈主义社交"，与无数远方的人们相识、相知，网友之间的人际传播不需要见面，就可以建立连接。

(4)表演性。

戈夫曼在《日常生活中的自我呈现》中提出"拟剧理论"，他认为人们会意识到前台和后台的区别，并有意识地在其他人面前"伪装"自己，通过整饰塑造自身形象。网络人际传播中，各种自拍设备、美颜工具、变声软件，为这种"人设"的打造，提供了更多便利。

3. 简要说明自媒体时代的"去中心化"与"再中心化"。[苏州大学2021年研]

答：自媒体时代，互联网格局呈现出从"去中心化"到"再中心化"的趋势，以下将简要说明二者的概念和影响。

(1)"去中心化"。

"去中心化"属于自然生态学的概念，用来表述自然界的演化没有恒定中心。加拿大传播学家麦克卢汉最早将"去中心化"引入信息传播领域。他认为"计算机挟其散播信息的强大能力，正在创造崭新的权力结构，一种'处处皆中心，无处是边缘'的新权力结构"。从媒介发展和信息传播的层面来看，"去中心化"是互联网发展过程中形成的，相对于传统一元中心而言的新型社会化关系形态和内容产生形态。

(2)"去中心化"与"再中心化"。

"去中心化"并不意味着没有中心或者不需要中心，而是相对于传统"中心"而言的"泛中心化"。由于传播系统中每个节点之间彼此可以自由连接，不断在具有一定中心控制功能的节点周围形成新的连接单元，这些单元中的控制节点便成为新的传播中心，使得整个传播系统中出现无数个中心。而这些重构的多元中心已非原来的中心，不具备"强制性"的中心控制功能。形成这种新的多元化中心的过程也就是"再中心化"。在"去中心化—再中心化"环境下，任何一个主体都作为节点存在，任何主体也都有在相互连接的过程中成为中心的可能。但这种新的"中心"不再是永久的，而是暂时性和阶段性的，对节点也不再具有强制性，节点可以自主选择中心、自由决定中心。

(2)"去中心化—再中心化"的影响。

①传统话语中心体系的消解与话语权控制力的削弱。

"去中心化"生成的最重要原因是技术对普通受众的赋权。一方面，在移动互联网时代，由于技术的进步，各种自媒体层出不穷。自媒体所拥有的特性和功能极大地削弱了信息传播的技术门槛和成本，普通的公众因此获得了原先被传统媒体垄断的内容生产和信息传播的权力。另一方面，市场经济体系所培育的多样化利益主体的权利意识和利益诉求，形成了个体舆论表达的内生动力，个体本我意识的外化功能凸显。而互联网赋予了这些利益主体宣示自身权利的机会，使受众能够相对平等地参与到传播中来，原本集中的话语表达权力发生了分化。

②圈层化阻隔，主流媒体传播力削弱。

互联网时代，自媒体所提供的技术准入零门槛赋予了普通民众搭建话语平台、传播底层声音的能力，使得每个个体都能够构建自己的传播中心，由此产生了所谓的“去中心化”现象。但这种“去中心化”只是分散、局部和暂时的。随着精英群体的介入和竞争，经过新一轮的博弈之后，又会形成新的传播中心，进入“再中心化”。受众产生分化以后，会基于个人兴趣和对不同内容的偏好，而进行重组与聚合，最终形成一个个高黏度、高聚合力的社群组织。从而围绕新的传播中心出现信息“圈层化”的社会舆论结构。首先，“圈层化”使得外部有效信息与价值引导很难介入圈层内部。因此实际对于这些圈层而言，大多数信息被拦截和屏蔽在圈层之外，只有圈层成员所关注的信息才可以进入，圈内与圈外之间产生了一堵无形的信息围墙。在一定程度上致使主流意识形态话语的辐射范围收窄、输送渠道梗阻，难以有效深入渗透，陷入被动境地。

三、论述题

1. 联系实际，论述新媒体对人际传播的影响。［北京工商2019年研］

答：人际传播是指个人与个人之间的信息传递活动，由两个个体系统的相互连结所形成的新信息系统，是生活中最丰富、最直观、最常见的传播现象。传统的人际传播方式有面对面交谈、书信和打电话等。随着信息技术的飞速发展，以微信、QQ、电子邮件等为代表的新媒体逐渐成为人际传播的重要方式，对人际传播产生了深刻的影响。

(1)新媒体对人际传播的积极影响。

①在传播地位上，传者的多元化在一定程度上弱化了受者的被动特征，二者角色的互换经常成为现实，出现了“控制权的潜在平等”。在传统人际传播中，由于受时空及传者目的限制，人际交往依赖于传者的强势地位和受者的惯性，传者一味说教渲染，受者全盘吸纳接收，缺少交互式的对话现场。而在新媒体的人际传播中，传播的参与者都享有发起传播活动(即发送讯息)、控制传播内容和终止传播(即停止传递讯息或拒绝作出反应)的能力。

②在传播环境上，传统的人际传播大多受到特定的时间、地点和参与者的限制。在新媒体人际传播中，具体的时间、地点等场景制约作用基本消失，使参与者的言语行为更加自由。同时，人们还可以暂时逃避现实社会人际交往中的诸多伦理规范约束。

③在传播手段上，新媒体使人际传播能够更加有效地利用新媒体数字化、多渠道的传播路径，打破时空限制，使得传播速度和反馈能力迅速提高。讯息交流可以迅捷到只有几秒钟，也可以迟缓至几天、几周。新媒体人际传播中的异步性特征得到了充分体现。

④在传播效果上，新媒体中的人际传播打破了传统人际传播中地理空间、身份地位的隔阂与界限，展示了一种立体网络化的人际对话模式。新媒体中，不同社会背景的人联结在一起，人与人之间的交流深度得到扩展。在非面对面的交流中，人们的种种顾虑容易消

除，自我揭露的勇气提高，因而表露的量和深度比现实生活中大大提高。新媒体的即时反馈、充分交流使人际传播中的信息交换需求得到了更好的满足。

（2）新媒体对人际传播的消极影响。

①传播符号中非语言符号的缺失。

在新媒体的人际传播中，往往忽视了现实中的非语言符号，比如面部表情、目光接触、肢体语言、语音语调、两人间距、环境作用等。非语言符号对语言信息具有重要的补充、替代、强调和重复作用。当下的人际传播双方不再共处同一情境，而仅仅针对某一话题进行对话，这使得对话环境、人物神态等信息与话题相割裂，可能会带来误解。因此，新媒体使人际传播的效果受到削弱，会导致信息传达的不准确。

②突破时空限制而引发的信息过载。

这种对时空的突破也带来了一些问题，信息不分时间场合涌入人们的生活，容易引起信息过载带来的焦虑、疲惫。并且一些垃圾信息、骚扰信息也更加自由地进入人际传播渠道，打扰了日常生活。比如各种推销电话、信息的骚扰；休息时间工作信息的传入等。

③社交能力减弱，形成"容器人"。

长期使用网络新媒体进行线上人际传播者可能会对现实中人际传播的即时反应性、当面性产生不适、焦虑与恐惧。现实人际交往能力减弱，人们容易变得冷漠、无情和自私，既不关心集体，也不关心他人，新媒体时代的快餐文化也使人缺乏耐心。久而久之会进一步加剧现代人的孤立心理，成为情感需求缺失下所谓的"容器人"。

2. 试论述网络传播的优势和劣势。［西南财大2017年研］

答：网络传播是以全球海量信息为背景、以海量参与者为对象，参与者同时又是信息接收与发布者并随时可以对信息做出反馈的一种传播方式。其最大特点是打破了媒介间的壁垒，消融了媒体介质之间，地域、行政之间，甚至传播者与接受者之间的边界。

（1）网络传播的优势。

①连通性。

技术结构上的连通性促进了信息在网络中的自由流动和相互渗透。网络中的信息，特别是那些具有普遍价值的信息，可以从一个网络节点流向其他节点。超链接的思想改变了网络信息的结构方式。信息的连通表现为时间和空间上的连通；信息间的联系，构成了人们获取更多信息、拓宽视野与交往范围的桥梁。

②开放性。

网络传播使传播权力更加分散化、去中心化，让弱势群体获得了更多社会资源和社会连接，增强了其传播效能。在智能媒介技术的支持下，弱势群体能够借助网络技术的力量获得信息资源、拓展自身能力，拥有更多话语和权力空间，这有助于其参与社会变革。通过新的媒介技术获取信息和公共空间、实现自我增权的过程就是媒介技术赋权的过程。

③多样性。

网络传播可采用文字、声音、视频等多种形式，这极大地丰富了内容创作的形式。移动互联网的普及，各种App的出现，更是打破了传统媒体传播模式固定、单一的特点，强化了内容传播形式的新颖性，诸如H5、动画、短视频、直播等形式获得了人们的青睐。

（2）网络传播的劣势。

①信息失真。

网络传播的低门槛性，带来了传播主体的多元化，以及传播格局的复杂化。网络大众传播主体的多元化，大大拓宽了公共信息传播渠道，使过去处于特权地位的传统媒体地位受到挑战，过去单一的媒体发出的声音被多种来源发出的声音冲击，受众处于一个更多元的信息环境中。这可能为他们对现实社会环境做出判断提供更多参照，但也可能造成信息质量的良莠不齐，造成虚假新闻或信息的泛滥。而传播过程的复杂性使信息失真现象很容易出现，这也使对传播效果的预测与控制变得更为困难。

②信息碎片化。

移动互联网时代，用户接触和使用网络的时间是碎片化的，这既是对媒体惯性和用户共性的冲击，也可能泛化到对人自身行为方式、思维模式、表达方式等的影响。在如今信息过载的时代，网络信息多停留于表面化、零散化的事实和观点呈现，媒体对事件的关注随着用户注意力的转移而迅速转移，使很多新闻成为有头无尾的“断头新闻”，不利于培养用户的深度思考。

③泛娱乐化。

近年来网络新闻的娱乐化趋势更加明显，硬新闻式微，软新闻则走向泛滥。网络传播趋势下，注意力成为稀缺资源。同时新媒体时代的碎片化阅读特征，导致“标题党”、耸人听闻的导语信息等煽情新闻充斥在互联网的社交平台中，网络传播逐渐走向媚俗化、娱乐化、煽情化。大众也习惯用轻松恶搞的态度将所有内容解构加工，贯彻娱乐精神，创造新内容。而调查新闻、深度分析等真正有思想、有影响力的硬新闻，需要更高的专业素养和时间成本，往往成为互联网上的稀缺产品。

3．谈谈数字时代下新闻时间的变化，以及这些变化对新闻生产的影响。[浙传2023年研]

答：新闻时间是时间的面向之一，在类型上属于社会时间，但具有“时间的社会性”和“时间的媒介性”双重特征。在数字时代下，对新闻时间的运作逻辑进行了重构，进而影响了新闻生产。

(1)时间权力：社会加速下新闻业的速度偏向。

作为中介的时间完美地嵌入到社会运作中，以至于人们在日常生活中甚至对时间的支配权力毫无察觉。在媒介技术加速、产业资本加速、社会变迁加速、生活节奏加速等力量的共同作用下，数字时代的新闻业运作追求极致的时间效率，新闻采集、生产和传播的速度不断加快。数字新闻业在即时性和同时性的时间压力下，可能正在催生出超负荷“加速”运作的新闻业，新闻时间可能走向“异化”，这将对人们的日常生活时间、人与社会世界的连接关系、人们的社会互动与社会行动等方面带来深远影响。

(2)量化时间：7/24新闻工作节奏与新闻的“永远连接”。

7/24的新闻时间安排(7天、24小时不间断)成为数字新闻工作的“新常规”，这使得有节律的、有节奏的新闻时间安排，变成了没有间歇、永不停顿的线性时间。数字时代的新闻工作变成一种“永远在线”的模式，新闻传播主体与新闻的关系存在“异化”的风险与挑战。数字新闻业的工作内容、操作程序、工作平台等与传统新闻业有着较大不同，新闻系统本身越来越复杂。新闻工作者不仅需要报道新闻内容，还要参与平台传播的多个流程，了解算法推荐等技术层面对于内容的影响，新闻机构还需要管理内容及用户关系的维护。

同时，新闻类型的融合、新闻的液态化以及新闻边界的模糊化，多元新闻传播主体参与新闻生产，进一步打破了传统的新闻“时间线”分工。

(3)工具理性：技术的加速主义与平台化的新闻时间。

数字新闻时代下的技术思维和平台逻辑深刻嵌入新闻机构之中，从新闻采集、生成、流通到反馈，人类行动者和非人行动者(算法、人工智能等)的行为相互交织，带来了新闻场域的巨大变化；新闻工作逐渐从线下转移到线上，信息采集、筛选与推送都更多地依赖于平台的算法技术。因此，加速状态下的新闻业转向了高度情感化的注意力经济追求，而新闻流通和消费的时间性也变得更加游移不定。传统新闻业中规范化、工业化和标准化的时间结构被改变，碎片化、实时化和弹性化的动态新闻结构正在生成。

(4)没有时间的存在：加速生态下走向异化的新闻时间。

在加速新闻业生态中，新闻时间结构和形态走向异化，新闻传播主体关系亦可能走向异化。首先，非标准化、去时序化的时间，削减了新闻作为个体参照性的社会意义和功能。其次，在以速度为中心的新闻生态中，新闻传播主体间关系可能发生异化。而新闻时间的异化可能会带来当代新闻业的生态性“危机”，在数字技术语境下，新闻时间的加速也造成了一种能动性的反向运动，即人与社会世界连接的“减速”。

哲学家阿甘本不无担忧地谈到，今天人们的生活无时无刻不被机器所塑造和控制，而机器的臣服者绝不可能以“正确的方式”使用机器，他们自己被媒介所俘获，成为媒介的产物。面对加速生态导致的一系列危机，我们亟需对现代新闻业运作的时间逻辑进行“重置”，从新闻时间的维度进一步研究、分析与反思。

4. 论述可供性视角下技术对新闻传播行业的影响。[北邮 2022 年研]

答：“可供性”这个概念来自美国心理学家詹姆斯·吉布森。可供性理论既不过于偏向人的主动性，也不对环境的结构性过于悲观。在技术蓬勃的新媒体时代，它从技术对具有特定感知和技能的行动者而言所具备的行动之可能的角度出发，为分析变革中的新闻业提供了很好的视角。

(1)信息生产可供性。

信息生产的可供性意味着信息生产主体的多元化。在智媒技术的赋能下，信息技术可以采集到从外部客观环境到个体内部心理的多维度信息，还可以实现从当地到全球范围内的边界拓展，为媒体的新闻生产带来新的资源与新的思维。同时，机器人写作通常基于更广泛的内容抓取，不仅能够快速地抓取和生成文字，而且能够实现智能化图片、音视频生成。在某些突发事件的实时反应、行业报道的快速生成等方面，有效地提高了时效性，辅助或解放了人力。如人民日报在两会期间推出了“智能创作机器人”，记者能够通过智能设备连通人民日报新媒体创作大脑完成画面的实时传输、实时剪辑，实现对两会的全时报道。

(2)社交情感可供性。

社交情感可供性注重提升媒介共情能力。在 5G 技术的支持下，主流媒体推出了陪伴式社交产品——“慢直播”，并开设评论区和提供各种互动手段，打造了一个共同在线、实时互动的社交平台，使网友们能够分享情绪和体验，激活了社交可供性。例如，2023 年春节期间，解放军新闻传播中心所属网络新媒体“中国军号”开展“你好哨兵”慢直播节目，网友陪军人站岗的热情超乎想象。

(3)移动传播可供性。

网络化、大数据、人工智能等技术变革正在融合网络和实体空间，永久在线、永久连接成为新常态。随着移动终端的普及和社交媒体的发展，人际关系网络成为大众传播的重要基础设施。主流的新闻媒体可以通过搭建开放、合作的社交平台，在提供技术服务的同时，优化智能算法，提高再现交往的可供性，为用户获得更多高质量的连接和交流空间。例如，央视频使个体得以嵌入社会信息网络进行情感表达，用户的传播内容与其关系网络深度关联，既有利于重要信息的多元流通与内容延展，又可以为用户带来更为广泛的关系连接。

第三章　网络传播形式的流变

3.1　考情分析

本章梳理了网络传播方式的更迭，从网站、论坛、博客、维基、SNS 到微博、微信、App、视频社交平台和生活分享类社交平台；考生需掌握不同时期代表性网络传播主体的功能、特点及演变的过程。

本章早期的网站传播的主体、目标及其特点考试频率较低，简单理解即可。而两微一端、微博与微信的辨析、视频直播等是考试的重点，以上考点多以简答题的形式考查，而视频社交平台、生活分享类社交平台相关内容作为教材第五版新加入的部分，则时常以论述题的方式出现，不同网络传播方式可以结合典型案例进行理解学习。

3.2　复习笔记

【知识框架(庖丁解牛)】

- 网络传播形式的流变
  - 网站传播
    - 网站传播的主体及其目标
    - 网站传播的特点
  - 网络论坛
    - 网络论坛的形式
      - 按技术手段分类的论坛
      - 按管理方式分类的论坛
    - 网络论坛的意义
  - 博客
    - 博客的多重含义
    - 博客的社会意义
    - 博客的传播结构
    - 博客的传播特点
    - 后博客时代的博客价值
  - 维基
    - 维基的特点
    - 维基的主要应用方向
  - SNS
    - SNS 的基本含义
    - SNS 的传播结构
    - SNS 的传播特点
  - 微博
    - 微博的社会意义
    - 微博的传播结构
    - 微博的传播特点

- 网络传播形式的流变
  - App
    - 新闻客户端的基本特点
    - 新闻客户端的类型
  - 微信
    - 微信平台的主要价值
    - 微信朋友圈及其影响
    - 微信群及其影响
      - 微信群的传播手段
      - 微信群的生态与传播特点
      - 微信群与圈子化生存
    - 微信公众号及其传播特点
      - 分类
      - 微信公众号的传播特点
      - 公众号的局限性
    - 视频号与视频直播的嵌入
    - 为什么微信没有替代QQ?
  - 视频社交平台
    - 视频社交平台的多重价值
    - 视频社交平台的传播特点
  - 生活分享类社交平台
    - 生活分享类社交平台的吸引力来源
    - 生活分享类社交平台的传播特点

【考点难点归纳(厚积薄发)】

考点一：网站传播 ★

1. 网站传播的主体及其目标(见表3－1)

表3－1 网站传播的主体及其目标

主体	目标
ICP[互联网内容提供商]	①提供服务，整合信息； ②包括综合性网站、专业网站、搜索引擎类网站、电子商务网站、社区型网站等
媒体	网站传播的重要主体之一
政府机构	①信息公开的渠道； ②公开展示、形象表演的窗口； ③电子政务的载体
企业	①发布信息的渠道； ②形象展示的窗口； ③与电商平台结合使用，也是营销的手段
其他机构与组织	①信息公开的渠道； ②公开展示、形象表演的窗口； ③对外开放，处理事务的平台； ④内部通知，事务操作的平台

续表

主体	目标
个人	①个人分享表达、满足兴趣的平台； ②规模相对较小，内容简单，影响传播范围小； ③部分个人网站别出心裁，内容独特优质，人气颇高，甚至走向商业化

2. 网站传播的特点(见表3－2)

表3－2 网站传播的特点

要点	具体内容
技术门槛相对较高	为长期维持网站，确保内容更新完善，对技术和硬件都有一定要求
部分网站是单一主体强势控制	内容生产、转载、把关都由单一主体把控、传播和展示
受众泛化，不确定性较强	模糊的、不具体的受众，虽然可以简单统计，却难以细分辨别
开放互动，接受反馈	通过论坛、留言板、电子邮件等手段获得反馈，但传播者自定以上功能是否开放

考点二：网络论坛 ★

1. 网络论坛的形式

网络论坛通常是指围绕多元话题进行讨论的论坛，如BBS，是互联网早期的社会化媒体，其特点是依托网络进行的多对多的交流传播。

(1)按技术手段分类的论坛(见表3－3)

表3－3 按技术手段分类的论坛

要点	具体内容
专题性论坛	围绕特定话题、事件、主题设置的论坛，以“跟帖”形式参与讨论，临时参与为主，参与者不稳定
综合性论坛	多元主题，共同构成综合性论坛，可区分不同板块，持续时间久，参与者稳定，有忠诚的追随者
专业性论坛	聚焦专业领域，人员稳定

(2)按管理方式分类的论坛(见表3－4)

表3－4 按管理方式分类的论坛

要点	具体内容
有限制式论坛	常见于稳定的小型论坛，发言者与ID一一对应，无ID者可以浏览，但无法发言
半限制式论坛	游客可发言，存在注册功能
无限制式论坛	发言随意，无需注册，无门槛准入

2. 网络论坛的意义(见表3－5)

表3－5 网络论坛的意义

要点	具体内容
对于网民	①表达观点，展示自我。 ②寻求认同和归属感。

续表

要点	具体内容	
对于网民	③感知外部环境。 ④获取社会资本及地位。 ⑤参与社会讨论	
对于网站	①方便用户交流反馈，提高用户参与度和忠诚度。 ②方便收集用户数据及舆论，塑造网站形象，打造网站IP	
社会价值	公共信息的传播渠道	①信息生产主体多元：媒体和网民均参与其中。 ②论坛既是媒体内容的“扩音器”，也可以提供意见反馈，优化、深化、补充内容
	民意表达与社会记录的重要渠道	无论早期还是现在，网络论坛都是民意表达的重要渠道
	公共服务的平台	作为服务的载体，提供服务，收集意见，完善服务
	聚集群体，孕育网络文化的阵地	①结构相对封闭，圈群稳定，互动频繁，关系紧密。 ②网络语言、热点和亚文化影响网络文化的塑造

考点三：博客 ★

1. 博客的多重含义

“博客”，英文名为Blogger，源于Weblog，它的正式名称为网络日记。又音译为部落格或部落阁等，是使用特定的软件，在网络上出版、发表和张贴个人文章的人，或者是一种通常由个人管理、不定期张贴新的文章的网站。

“博客”有多重含义，它既指博客活动本身，又指从事博客活动的参与者，同时还指博客活动进行的平台，即个人在网络中的信息发布平台。

2. 博客的社会意义(见表3－6)

表3－6　博客的社会意义

要点	具体内容	
公民新闻、个人出版推动去中心化传播	公民新闻	非专业媒体的公众参与新闻生产，博客起到重要作用
	个人出版	博客提供自主个人出版的渠道
	去中心化	多元个人中心削弱传统的传播中心
构建新的知识生产与传播体系	①平台发挥优势，聚集内容。 ②传播途径：个人研究成果的公开发表、内容整合梳理并分享、机构生产并分享内容	
促进个体与社会间的能量交换	①作为关系网络：连通个体节点，能够放大个体能量、整合社会能量。 ②构造个体参与公共事务的平台和入口	
民间记录成为官方历史记录的补充	①不完整的自媒体式历史记录补充官方历史。 ②博客记录的相对性完整难能可贵	
发展多元文化	鼓励多元创作、价值碰撞，推动多元文化发展	

3. 博客的传播结构

博客的传播结构遵循着“舞台表演”+“观众围观”的模式：

①表演者中心：类似大众传播模式的一对多的传播模式，创作者（即表演者）是绝对中心。

②个体主动性：博客的阅读者（即观众）可以进行反馈，且自主性较传统的大众传播更强。

③舞台的特点：相对封闭、舞台间存在一定联系、非制度化，内容展示手段较少。

4. 博客的传播特点（见表3－7）

表3－7 博客的传播特点

要点	具体内容
个体中心	博客的拥有者享有绝对的主动权和中心地位
表达相对自由	①内容自由：在不违背法律伦理及平台规则的前提下有表达的自由。 ②受众稳定平和：受外界压力较小。 ③长度、容量自由：深度表达的可能性有了保障。 ④创作者的自我要求高导致的高门槛的表达
传播手段单一	①博客通常以文字图片为主，播客则以音视频为主。 ②单一手段也意味着使用者的熟练度会不断上升
节奏自由	非周期化、不固定发布，全凭心意，且博客较为深刻的内容易导致发布周期较长
私人话语空间与公共话语空间界限模糊	私人话语可能进入公共空间产生影响

5. 后博客时代的博客价值（见表3－8）

表3－8 后博客时代的博客价值

要点	具体内容
现状	社会化媒体层出不穷，博客的用户也在急剧下降，现今处于衰落的状态，即进入了后博客时代
博客的独特优势	①更适宜讨论专业化的内容，实现深度阅读。 ②部分专业博客仍然坚守故土。 ③利于个人IP打造和资源积累

考点四：维基 ★

维基（Wiki）支持的是众人协作式写作，实现了人人参与写作，人人编辑修改，在众人的共同努力下，文章、条目越来越丰富，越来越完善，并最终沉淀为知识库中的一部分。

1. 维基的特点（见表3－9）

表3－9 维基的特点

要点	具体内容
以内容为中心的多对多协同	以内容（词条）为中心连接参与者，促进对话，协同完成百科，是相对平等、开放、多元的“自组织”形式

续表

要点	具体内容
去中心化的平等对话	开放、平等，不同观点实现多元呈现
"焦点"文化与"边缘"文化的结合	作为风向标，主流热点容易被捕捉，但边缘文化也有存在和发展的空间

2. 维基的主要应用方向(见表3－10)

表3－10 维基的主要应用方向

要点	具体内容
知识生产	汇集人类共同智慧，依靠广大网民的参与和协作
新闻传播	正在发生的社会事件也会有其自己的词条，而这些词条在一定意义上也能看作是一种新闻报道
社会协作	大规模的协作，推动着知识生产的变革，不仅改变了个别工作和任务的完成模式，更重要的是社会中个体的关系及其结构方式也实现变革

考点五：SNS ★

1. SNS的基本含义

SNS(Social Network Service)即社会性网络服务，简单地说就是社会关系的网络化。它的理论依据是哈佛大学心理学教授Stanley Milgram在1967年创立的六度分离理论，即"你和任何一个陌生人之间所间隔的人不会超过六个，也就是说，最多通过六个人你就能够认识任何一个陌生人"。

2. SNS的传播结构(见表3－11)

表3－11 SNS的传播结构

要点	具体内容
SNS的基本单元	个人用户是SNS的基本单元，因此，SNS遵循一种"个人展示"+"多重关联"的传播模式，"展示"是围绕个人而进行的。个体是SNS的基本细胞，而"关联"是构成社会网络的基础
SNS中的关联分类	包括：①社交关联；②内容关联；③兴趣关联；④时间关联；⑤空间关联；⑥活动关联

【考点拓展】三度影响力

出自美国学者尼古拉斯·克里斯塔基斯和詹姆斯·富勒撰写的一部社会学著作《大连接》。书中指出，三度影响力(即朋友的朋友的朋友也能影响到你)是社会化网络的强连接原则，决定着社会化网络的功能。相距三度之内是强连接，强连接可以引发行为；相距超过三度是弱连接，弱连接只能传递信息。

3. SNS的传播特点(见表3－12)

表3－12 SNS的传播特点

要点	具体内容
虚拟互动转向现实互动	虚拟性互动向现实性互动的转换，使得网络自我不再是人们逃避现实的途径，而是延伸现实自我的方法

续表

要点	具体内容
社会网络在公共传播中的作用	对比以往论坛的小范围封闭互动，SNS实现了更大范围的连接与扩张，社会网络成为信息传播的渠道之一
个人节点地位的确立	个人在网络传播中完全成为一个传播节点，在传播结构上尽量实现了平衡的双向信息流动
表达与互动的维度扩展	表达与互动不再局限于文字交流，图片、视频等形式丰富，还发展出了送礼物、点赞、游戏、调查等互动形式，这有助于提高用户的参与度

考点六：微博 ★★★★

微博是指一种基于用户关系信息分享、传播以及获取的通过关注机制分享简短实时信息的广播式的社交媒体、网络平台。

1. 微博的社会意义（见表3－13）

表3－13　微博的社会意义

要点		具体内容
公共信息系统		微博在传播新闻信息方面，发挥着重要作用。而人们对公共信息的了解，也会促进其对社会事务的关注和参与
公共沟通系统	纵向	疏通渠道，更好地传达公共信息
	横向	跨越群体分界，不同阶层、不同行业之间可以相互了解和沟通
社会生态系统		人们的生活状态和意见态度可以通过微博来传达，自我记录、情绪宣泄、意见表达都可以抒发自身情绪，社会气候能得到及时观测
服务和营销系统		①既包括政府机构的公共服务，也涵盖企业的商业服务。 ②也是新的营销平台，提供全天候信息发布渠道
公共知识系统		微博保存着大量的公共知识，其中的协同机制还有助于知识的不断丰富与系统化
社会动员系统		通过微博进行社会动员，号召社会行动

2. 微博的传播结构

微博作为现阶段推动移动互联网发展的主流应用之一，正在挑战传统大众媒体的主导地位。其传播结构是“个人中心”+“内容关联”。

其对大众传播体系的影响在于：①媒介特权被广泛分享，传播结构失衡；②私下交谈打破大众媒体的渠道霸权；③传播结构网状化隐含新的人际秩序信息。

3. 微博的传播特点（见表3－14）

表3－14　微博的传播特点

要点	具体内容
内容“微型”化	微博等内容平台字数设限，碎片化短小的内容要求降低了传播门槛，可供用户随时记录、畅所欲言，因此微博内容发布频率高、周期短，且视频内容也趋于短小
传播移动化	突破时空限制，直击第一现场，轻体量“微内容”吸纳专业人士参与

续表

要点	具体内容
交流结构上的开放性	①兼顾以个人为中心的传播模式和持续化的外界信息刺激。 ②转发促进信息流动和病毒化传播
传播的碎片化	①内容的"微"和发布的移动性，呈现碎片化特性。 ②碎片化信息反映某个点的时空。 ③反映多元文化
写作的开放性	边写边传播，即时的反馈会直观地作用于后续内容
信息传播与社交有机结合	①信息传播与社交活动具有同一性。 ②社交是信息传播的目的，信息传播是社交的手段。 ③基于人际关系的高开放性网络，信息经刺激后呈病毒式传播
其他	微博还有聚焦程度高的特点

考点七：App ★★★

客户端是指与服务器相对应，为客户提供本地服务的程序，常见的客户端有智能手机、平板电脑以及智能电视等设备上的第三方应用程序，又称为App(应用)。

1. 新闻客户端的基本特点(见表3-15)

表3-15 新闻客户端的基本特点

要点	具体内容
操作简单	信息获取成本低，路径简化，顺应移动端趋势，有助于固化用户习惯
分发端单向主导	基本是网站新闻分发的延续，由编辑主导内容筛选
程度有限的社交化	弱关系社交，在新闻客户端并非主流，黏性较弱
信息呈现的限制	屏幕大小和内容呈现有限，以单线型、从上到下的"信息流"为主，这也重构了人们对时效性的感知

2. 新闻客户端的类型(见表3-16)

表3-16 新闻客户端的类型

要点	具体内容
媒体开发的客户端	①顺应移动化趋势，各类媒体均开发了客户端。 ②不限于内容，也提供服务
商业门户网站转型的客户端	商业门户网站的转型之举，体量大，综合性强，积累深厚，有品牌优势
新兴的聚合类客户端	基于算法进行个性化推荐，如今日头条、一点资讯等

考点八：微信 ★★★★

微信(WeChat)是腾讯公司于2011年1月21日推出的一个为智能终端提供即时通讯服务的免费应用程序。

1. 微信平台的主要价值(见表3－17)

表3－17　微信平台的主要价值

要点	具体内容
作为社交平台的价值	①核心功能是社交，手段多样，不限于点对点的交流。 ②社交黏性强：即时通信功能和亲朋间的“强关系”。 ③移动化、场景化：提供基于地理位置的服务
作为媒体的价值	①媒体化趋势难以阻挡，成为大体量的公共传播平台。 ②功能集成式平台：包括信息获取、社交、视频观看等。 ③众多媒体、企业、政府机构开设微信公众号。公众号无字数限制，为深度阅读提供空间，但时效上并无优势。 ④某种程度上能够映射社会生态、舆论舆情，但相对私人化、视角微观，难以整体、综合地把控
作为营销及服务平台的价值	①提供新的微信营销方式，例如朋友圈、微信推送广告。 ②可通过小程序、微店等直接在微信上进行产品销售。 ③打通了线上与线下的连接，是O2O的一个重要渠道
作为移动互联网入口的价值	微信支付意味着向移动互联网生活服务领域的全方位扩张
作为互联网连接器的价值	微信、QQ等社交软件能在人、设备、服务之间形成智能连接

2. 微信朋友圈及其影响(见表3－18)

表3－18　微信朋友圈及其影响

要点	具体内容
特点	①一对多的传播模式：分享可以同步多个好友。 ②内容依据时间呈线性罗列。 ③类微博的结构布局，但用户以强关系为主，且信息传播较微博更加私密、封闭，信息分享范围集中在“互关”用户之中
微信朋友圈VS微博	①微信朋友圈的“小圈子”[交流仅限亲朋]与微博的“大圈子”[内容丰富、用户范围大]。 ②微信朋友圈的“求同”[寻求与微信好友关系的和谐]与微博的“求异”[展现个人特性]。 ③微信朋友圈的封闭[信息传播轨迹难以追踪]与微博系统的开放[信息开放，传播渠道易追踪]

3. 微信群及其影响

(1)微信群的传播手段

①微信群的常规传播手段与其他网络平台相似，主要有文字、图片、语音、视频等。

②表情符号是微信具有排他性的传播手段。

a. 既包括系统自带的表情符号，也有网民自己DIY上传的各种表情包。

b. 表情符号意义更为丰富，图片的呈现意义也比文字符号更丰富。

c. 表情符号也可以调节交流气氛。

d. 在某种程度上，表情符号在微信群中可作为“流通符号”使用。

(2)微信群的生态与传播特点(见表3-19)

表3-19 微信群的生态与传播特点

要点	具体内容
自成体系的小型生态系统	①群组以群主为核心。 ②微信群中，常常分布着不同的话语权力中心。 ③积极的信息贡献者维持群的活跃度。 ④群中的大多数长期处于"潜水"状态
多对多的混乱状态	群聊容易出现信息交织，多主体同时对话造成信息混乱的局面，若非有心维护秩序和主题，交流容易变得无序
熟人关系限制表达自由	情绪主导，意见边缘化，跟风较多
回应缺失	自说自话，回应缺失，热度走向消散
保持微信群活跃的要素	①刺激源(社会热点事件或群组成员大事件)；②群内仪式；③线下活动；④游戏

(3)微信群与圈子化生存(见表3-20)

表3-20 微信群与圈子化生存

要点	具体内容
圈子化生存	朋友圈以"一对一"和"一对多"为主，微信群构成"圈子化生存"
类型	依据亲友、同学圈子、单位、行业、思想等分类
"群"对成员的影响	①高效拓展社交圈，但群内的关系要折成现实的社会资本难度较高。 ②方便成员沟通，尤其是工作群。 ③带来归属感和自我认同。 ④成员可以同时属于不同群，并且能够区别化参与，自主选用不同关系策略
圈子	①群能滋生出某种文化，改变现实圈子的文化。 ②微信群折射、复制现实存在的圈子及其权力结构。 ③微信群模糊成员与成员的边界，压抑个性，强调服从，群体压力大，沉默的螺旋等影响个体行为
入群	群体的进入可能并非出于个人意愿
退群	①脱离群的行为发生在公共场域，可能被视作"不满""挑衅""叛逃"。 ②束缚和压力导致群被遗弃，走向荒废

4. 微信公众号及其传播特点

(1)分类。

①订阅号。传播模式，更接近于传统的大众传播，但它也为微信平台的特点及用户的行为方式所改造。

②服务号。目前限每月推送四次，以服务为主，拥有自定义菜单功能。

(2)微信公众号的传播特点(见表3-21)

表 3－21　微信公众号的传播特点

要点	具体内容
顺应懒用户的信息“推送”模式	新媒体把信息的选择权交还给用户。新媒体的信息传播大多是由用户从海量信息中筛选出自己感兴趣的内容
信息推送落点的明确	公众号的每一次信息推送，都会精准送达至订阅者。但是否打开的选择权在用户手中，因此，部分公众号的内容会被忽视
信息超载时代的“减法”思维	与传统社会化媒体不同，除了少数公众号外，一般的订阅号、服务号都限制了发布次数，倒逼内容生产者优化内容
三种传播空间的关联效应	微信公众号传播效果的影响因素主要有微信中的三种传播空间（公众平台、朋友圈、微信群），只有三者顺畅关联，才能实现信息的扩散与传播

（3）公众号的局限性

①微信公众号推送次数有限与媒体时效性较强的矛盾。

②用户黏性不稳定。部分微信公众号的粉丝具有较高忠诚度，但大部分公众号都不存在“死忠粉”。

③点开率有限。微信公众号的信息传达率 100%，但被点开率并不稳定。

④系统具有相对封闭性。微信公众号内容向外扩散较为困难。

⑤“覆水难收”的发布机制。微信公众号内发布后，无法实现大规模（大于 20 字）的修改。

5．视频号与视频直播的嵌入

（1）随着移动视频应用的普及，微信平台在视频社交、视频传播方面积极布局，开发出了视频号、视频直播等功能。

（2）视频号是短视频、中长视频和视频直播等功能的结合体，内容传播扩散既有对朋友的定向分享，也有算法的个性化推荐。微信直播平台的内容分发主体是平台本身，垂直分区利于用户进行定向选择。

6．为什么微信没有替代 QQ？

（1）与 QQ 一起成长的年轻用户仍然坚守。

（2）多年的社交关系难以转移。

（3）QQ 的功能和界面与微信有一定差异，更能满足年轻用户的需求。

考点九：视频社交平台★★★★

1．视频社交平台的多重价值（见表 3－22）

表 3－22　视频社交平台的多重价值

要点	具体内容
日常生活的媒介化	①展示、记录生活，寻求存在感和认同感，与他人连接，互动沟通。 ②媒介化展现反过来影响对生活的规划和管理。 ③媒介化助推日常呈现的表演化、戏剧化趋势

续表

要点	具体内容
个体存在感的提升与变现	①自我表达视频化，表达内容的层次和渠道更为多元。 ②成为KOL(关键意见领袖)，或是以此变现获利
社会生活的民间记录	个体的、琐碎的生活记录汇聚成宏观的社会图景
艺术创作与文化传承	①内容上的戏剧性创作："全民创作"的视频生产中，艺术创作成分变多。 ②表现形式上的专业化创作：视觉画面、语言剧本都更显专业化。 ③创作形式上，纪录片的发展向好。 ④曾经具有较高门槛的艺术表演，正在走向平民化、日常化。 ⑤助力文化传承，如对非物质文化遗产的传承上，视频平台发挥重要作用
亚文化"城堡"的构建	抖音、快手通常横跨各种社会阶层，B站(哔哩哔哩)等视频平台则聚集了亚文化群体
视频新闻生产力的再造	①短视频等已逐渐转化为新闻生产力，媒体的视频新闻生产力，也在移动平台逐渐再造。 ②移动视频的发展拓宽了报纸的发展。 ③短视频、视频直播为事实性报道和新闻评论提供新的载体
生活、服务的全方位覆盖	视频平台已参与进用户生活的各方面，各类服务也在用户反馈中在视频平台跟进、更新

2. 视频社交平台的传播特点(见表3-23)

表3-23 视频社交平台的传播特点

要点	具体内容	
基于视频手段的、个体为中心的展示	采用以个体为中心的展示—观看模式的传播结构。视频方便那些不擅长采用文字或图片进行表达的人，公共交流空间的平民化程度加深，草根可获得话语权	
平台技术支持下视频生产的傻瓜化	视频生产门槛较低，手机等移动终端较为普及，技术"傻瓜"也可以实现一键式生产内容，有利于形成稳定长期的创作热情，功能的更新也能提供新鲜感	
弱关系为主的社交网络	相对于强关系的微信，快手、抖音等弱关系平台自由度高，约束相对较少	
多重分发线索的结合	社交分享	占据重要地位，形成稳定连接
	算法分发	①个性化推荐方便平台新人，但长此以往容易产生倦怠感。 ②"流量普惠"：为避免流量出现分配不均，平台会进行调控
	位置分发	①基于地理接近分发内容。 ②同位置的打卡分享能够产生心理连接

考点十：生活分享类社交平台 ★★★

1. 生活分享类社交平台的吸引力来源(见表3-24)

表3-24 生活分享类社交平台的吸引力来源

要点	具体内容	
交流的相对"安全"与"垂直"	安全	可以匿名化、大众化地参与与娱乐和政治无关的消费、生活类的"安全"话题
	垂直	内容细分垂直，在各自的领域较为集中

续表

要点	具体内容
生活经验、经历的分享与借鉴	①基于自身体验和经历的"种草"，方便用户借鉴。 ②除商品外，分享实用的技巧。 ③诉说生活经历，达到解压、寻求慰藉、自我展示和获得认可的目的
生活方式、观念的自我表达与相互参照	①对理想化生活的追求，反映人的世界观、人生观和价值观。 ②在分享、表达的过程中找寻同类
生活梦想的营造与追求	完成物质丰富、生活精致的消费主义梦想
流行文化的创造与推广	①助推潮流文化、网红产品发展。 ②生活方式也成为流行文化的一部分

2. 生活分享类社交平台的传播特点(见表3－25)

表3－25　生活分享类社交平台的传播特点

要点	具体内容
匿名化传播	匿名化分享，有利于自我保护，也可以出于自愿展示隐私
滤镜化呈现	①生活媒介化的表现，投射人们对于完美的理想生活的幻想。 ②也暗含着特定的审美观点
内容与消费的结合	①以"软广""暗广"为主，内容发布、生活分享和消费紧密结合。 ②用"仪式感""理想生活"为产品包装
媒介化的消费	消费媒介化、表演化，出于自我表达、比较、寻求认同感的需要，常用滤镜、美图等手段美化内容生产
群体互动下的社会化消费	①内容分享和消费均有社交分享的属性，受群体机制影响，容易出现群体感染等现象。 ②追求个性，但个性仍然受限于群体，成为"伪个性""去个性"，容易出现羊群效应。 ③个体之间的联系与互动影响较大，"自来水"营销效果更佳

【案例拓展】从"种草"到"拔草"：小红书的滤镜景点事件

2021年10月17日，小红书针对网友吐槽"小红书平台景点分享的滤镜诈骗"一事件出道歉，表示部分用户在分享过程中存在过度美化笔记的情况，将尝试推出景区踩坑榜等，便于大家获取更多元的信息。以下将从原因角度分析小红书的滤镜景点事件。

(1)社会交换理论下"社交关系"带来的消费骗局。

人之间的活动本质是交换，从这一角度来看，小红书等平台上的分享不过是利用人与人之间的互动关系获利，或是获得关注流量，或是获取经济利益。而用户交付信任，希望通过关注这类账号寻求经验、解答问题，但结果是信任被辜负，交换不平衡，因此直呼"被骗"。

(2)"拟态环境"下对世界的经验性接触的缺失。

拟态环境理论中提到，人们对外部世界的认知是间接的、媒体形塑的世界，而小红书平台上的内容分享是已经被美化加工、滤镜化处理的世界，在经验性接触不足的情况下，容易陷入小红书博主打造的"视觉圈套"中，在实际消费的过程中才意识到"滤镜欺诈"。

(3)消费主义陷阱下的过度营销。

内容与消费结合的传播特点，让小红书一类的生活分享平台的内容创作中夹杂着一部分"软广""暗广"，人们对美好玩的向往导致媒介化的消费，用户为"购买后更理想的自我、更美好的生活"这样的幻象买单，寻求社会认同和地位，被资本裹挟，陷入消费主义陷阱。

(4)算法推荐下的信息环境窄化。

算法推送导致信息内容同质化，对滤镜美图的幻想也不断叠加，在潮水般的种草、清一色的好评中，用户被动地接受营销构筑的堡垒，忽略实际存在的差评。

3.3 课后习题详解

1. 网络传播形式的不断变迁给网络传播带来了哪些影响?

答：网络传播形式的不断变迁的底层逻辑是技术的发展，随之而来的是一系列传播模式和情境的更迭变迁。目前网络传播中各种传播形式百花齐放，但不同的阶段也有相对主流的传播形式，以下将展开论述传播形式变迁给网络传播带来的影响。

(1)技术门槛降低，传播的时效性增强。

早期的网站传播的技术门槛要求较高，需要传播者兼具技术能力和基础设备，网站、论坛、博客时代设备以电脑为主，且普及率并不高；而随着互联网和移动传播技术的发展到现在两微一端、视频平台和生活分享平台，手机普及率高、网络使用门槛变低，内容生产和传播的技术壁垒被打破，传播时效性也逐步增强。

(2)传播主体多元化。

互联网发展初期，传播主体局限在专业化的媒介机构和拥有设备、技术的少数精英中，到现在，传播主体走向多元化，传播者和消费者之间的界限模糊，每个用户都能拥有传播主体和受众的双重身份，而传播主体也不局限在人，物、智能机器也能成为传播主体，共同参与到网络传播中。

(3)受众从同质化、泛化走向清晰化、个性化。

新技术让早期网络传播中泛化、面目模糊的受众走向清晰化、对象化。受众能够被技术记录、记忆、分析和标签化，通过抓取和分析的数据，打造异质的、清晰的用户画像。两微一端的使用偏好、阅读习惯，视频平台的观看兴趣，生活分享平台参与的领域、关注的博主，这些都能成为受众区别于其他受众的标签。

(4)传播者和受众、受众与受众之间的互动性更强。

网络传播的发展是媒体与公众及公众之间的互动性不断增强的过程，早期的网站传播中，互动的主动权仍然被传播主体控制，可以选择开设或者不开设留言、论坛；但现在的微信、微博的互动已经不再受一方传播主体控制，自由性更强，传播者与受众、受众与受众的高频度互动为传播提供反馈，不断促进传播优化。

2. 你认为网站、论坛、博客等"古老"的传播形式最终将会消失吗？为什么？

答：网站、论坛、博客等"古老"的传播模式相对于微博、微信等社会化媒体以及新的移动媒体而言相对过时，但这并不意味着它们不再重要，这些旧的传播模式仍将长时间发挥其独特的作用，并且比起消失，更有可能走向转型，以新的形态适应传播发展。

(1)网站。

移动互联网时代，用户的主要信息来源终端是手机，手机上的各种 App 是他们获取信息和分享表达的主要平台。但网站在电脑端和手机上的浏览器上仍然起着重要的作用。

(2)论坛。

论坛具有内在四大特点：公共性、快速性、包容性和原生态性。作为公众话语空间，网络论坛为公众提供了一个有传播、评论、协调功能的“公共领域”，任何人都可以发表意见，阐述自己的观点。网络论坛采用超文本技术大大提高了沟通的效率，缩短了舆论的酝酿期。论坛中平等互动的成员观，使每个人都可以依据全社会共享的第一手材料对新闻事件作出自己的报道、解释和评论，并被社会所接受。因此，网络论坛作为个人话语空间，给予公众话语自由、狂欢的权力，使之成为信息、观点和民声的集散地，言论多元化的生动舞台。

(3)博客。

博客经过去粗存精，与其他新技术结合迸发出了新的魅力。与即时通讯软件相比，博客的优点在于：在专业化的深度表达交互中极为重要，实现深度阅读，留下思考时间与空间。博客的本质不是隐秘的、私人的，而是社会性的，不管它完全对公众开放或是仅对一小部分群体开放。因此，博客的信息传播可以是“点对点”的，更是“点对面”的。博客发表的专业化内容可以说是相对私密的，但是当它被发表出来时就成了公众化的专业性知识。博客在当下已经进入了“后博客时代”，依然发挥着其独特的作用。

3. 你如何认识微博与微信在传播方面的差异?

答：微信朋友圈类似于微博的结构，但关系以强关系为主，信息传播的开放性比微博要弱。在一定意义上，微信朋友圈的交流模式，与微博有些类似，但从用户之间的关系及互动性质来看，两者又有较大的区别。

(1)微信朋友圈的“小圈子”与微博的“大圈子”。

微博天生就是一个传播和媒体的工具，而微信最早的出发点和核心就是社交工具，举例来说，微博就像是在广场上的演讲，可以迅速广而告之，人与人之间不需要特定的关系维系，任何人都可以发表消息，任何人都可以旁听，你可以把消息传出去，也可以发表你自己的想法和观点，并且会在话语博弈中形成权力中心；而微信就像我们朋友圈子在自家举行的沙龙聚会，是一个相对封闭的社交圈，话语权力相对平等，用户之间更倾向于感情的联络。

(2)微信朋友圈的“求同”与微博的“求异”。

受限于我们的朋友和微信的圈子限制，就是通常说的“人以群分”，一个圈子交往的大多数人的见识、视野等大致是一致的，这会直接影响到我们对消息的判断，会出现趋同化的倾向；微信里都是较为熟悉的用户，为寻求与微信好友关系的和谐，意见具有趋同性；在微博里，即使是批评性的评论也是在帮助信息进一步传播，甚至传播更广。所以，微博的开放性让信息能得到快速更新，去伪存真，及时纠错，而微信的封闭性在信息迭代上容易滞后，获取的信息容易受圈子的限制，纠错能力会相对较低。

(3)微信朋友圈的封闭与微博系统的开放。

微博与微信两者之间最重要的差别是微博中信息发散状流动，信息开放，传播渠道易追踪；微信中信息点对点流动，信息传播轨迹难以追踪。微博的信息传播需要前期的酝酿和发展，而当用户转发积累到某个点的时候，会出现一个非常快速的增长的过程，呈现典型的“蒲公英式”传播。微信，它更具有朋友圈子的特性，是个深度社交的平台，用户发布的内容虽然没有限制，但是影响范围有限，不能形成某条信息的信息洪流，无法引爆。

4．你认为相比各种社交平台，新闻客户端有何优劣势？

答：受移动化趋势影响，新闻客户端逐渐发展壮大，与社交平台相比，客户端有独特的优势，也存在一定的劣势。

(1)新闻客户端的优势。

①深度、优质内容整合，满足获知需求。

相比社交平台的碎片化、海量的信息，新闻客户端以其专业性，为用户整合优质内容，满足用户的获知需求。新闻客户端可以通过专题报道、评论等方式对新闻和咨询进行深度解析，让信息不再如社交平台中庞杂的信息一样流于表面、浅尝辄止。

②把关冗余、虚假、有害信息。

信息大潮将我们淹没，有限的精力让我们无法筛选出最有价值的信息，海量的信息中劣质、虚假、有害信息鱼龙混杂，而新闻客户端小屏幕和有限的推送空间决定了信息必须经过取舍才能送到用户眼前，这也就决定了最有价值的信息能够通过专业新闻人挑选从而呈现给用户。与社交平台多主体的信息源相比，新闻客户端经过筛选的新闻可信度更高、更权威。

③满足公共性和社会整合的需求。

社交平台基于关系、兴趣模式的信息传播容易受困于窄化的信息环境，虽然也有如“热搜榜”的设置方便大家了解大事，与公共性的空间进行连接，但是新闻客户端在这一点上无疑拥有更强大的优势，新闻客户端在重大事件中的议程设置比起私人兴趣更关注公共价值，也方便使用者更客观地了解外部世界、获取最新咨讯。

(2)新闻客户端的劣势。

①缺乏社交互动。

现在新闻客户端上多为独立的新闻资讯，然而单独的资讯对于用户来说价值是有限的，仅能满足“知晓”的需求，新闻客户端需要通过信息相互的关联来创造更多的价值，起到“1+1>2”的效果。用户身处信息网络中，很难也很少去自己构建内容之间的联系。相比其他以社交为主的平台，新闻客户端本身的社交功能较弱，且并非主流，受众在使用新闻客户端时也往往会忽略其社交分享、活动的功能，用户黏性和活跃度都不及其他社交平台。

②呈现内容有限、时间线混乱。

客户端主要在手机等移动终端上呈现，屏幕小，内容呈现有限。

客户端整体采用单线条的“信息流”的信息呈现模式，用户滑动屏幕获取不同内容，但不同时间段发布的信息排列在同一阅读时间线上，易使用户出现混乱。

5．你认为微信可能被其他社交产品取代吗？为什么？

答：我认为微信不会被其他社交产品取代。与其他社交产品相比，微信将人际传播、群体传播、大众传播这三个层级的传播聚合在一起，三者之间实现了无缝连接，全面贯通，因此，微信具有自身的独特价值。

(1)微信作为社交平台的价值。

与 SNS 等社交平台相比，微信的社交手段更加丰富多元。点对点的私人交流和微信朋友圈的亲朋间的“强关系”，能增强用户社交黏性，还可以通过“摇一摇”等方式随机、方便地与陌生人进行交流。

(2)微信作为媒体的价值。

用户希望一个平台能集成各种功能，包括信息获取、社交、视频观看等。而微信就是这样一个集合多种功能的综合性媒体平台。众多媒体、企业、政府机构开设微信公众号。公众号无字数限制，为深度阅读提供空间。微信作为媒体，能够起到反映舆情和社会生态的作用，但是整体来说更偏向私人化、具体化，要整体把控难度较大。

(3)微信作为营销及服务平台的价值。

对于企业来说，微信代表着全新的营销和服务渠道。首先，它提供了新的微信营销方式，例如朋友圈、微信推送广告。其次，企业可通过小程序、微店等直接在微信上进行产品销售。最后，微信打通了线上与线下的连接，也因此被视作 O2O 的一个重要渠道。

(4)微信作为移动互联网入口的价值。

微信正在不断向生活服务平台发展，成为了移动互联网上重要的生活入口。微信作为社交平台，本身具有公共媒体的属性，微信支付意味着向移动互联网生活服务领域的全方位扩张。

(5)微信作为互联网的连接器的价值。

所有的连接形式都以人与人的连接为基础。微信在人、设备、服务之间形成了智能连接。

6. 视频社交网站为什么能吸引各种不同群体的用户？

答：视频社交网站与人发生交互行为的过程，包含了视觉、听觉上的感知，多维互动突破了单一感官的单向内容接收与传播互动，实现了符号联动的人机交互，为人的社交提供了多重价值。视频并非新的传播手段，但在移动时代，视频手段得到了更广泛的运用。不同的主体使用视频的诉求不同，视频社交网站满足了不同群体的用户，具体论述如下：

(1)日常生活的媒介化。

普通人使用视频平台的目的在于分享日常生活。通过展示日常生活，记录生活，寻求存在感和认同感，与他人连接，互动沟通。这种在媒介化的展现反过来影响对生活的规划和管理，如人们会为了满足在媒体上的呈现需要而去做某些行为。媒介化助推日常呈现的表演化趋势。

(2)个体存在感的提升与变现。

新媒体应用使得普通用户在公共空间有更多的表达机会，但这种表达多是文字性的意见表达，传播效果有限。自我表达视频化，能够使普通受众表达内容的层次和渠道更为多元。部分具有较强意见引领能力的受众还可以成为 KOL(关键意见领袖)，并以此身份实现变现获利。

(3)社会生活的民间记录。

农民、小镇青年、普通市民等民众对自我生活的视听表达充满感性宣泄和多元拼贴。手机摄像头对准田间地头、市井街巷，通过简单直接的视听语言，以乡野、市侩之气的方言俚语和粗野鄙俗的肢体语言进行不拘形迹的嘲弄、调侃、恶搞和戏仿，这种变形的处理方式中又包含极端的写实，是身处其中的深切感悟，是在暂时的抽离中对现实生活的陌生化再现，是在现实实感体验中依靠刷“存在感”证明自身存在价值。“内容过于真实”话题类短视频受到追捧的文化根源，具有超越现实身份和文化惯性的力量，流传于民间大众空间，繁荣在网络民间狂欢地带。

(4)艺术创作与文化传承。

内容上的戏剧性创作使得“全民创作”的视频生产中，艺术创作成分变多。同时，表现形式上也呈现出专业化创作特征，比如视觉画面、语言剧本都更显专业化。在创作形式和内容上，纪录片的发展向好。曾经具有较高门槛的艺术表演，正在走向平民化、日常化。视频平台还助力文化传承，如在非物质文化遗产的传承上，微博、B 站等视频平台发挥重要作用。

(5)亚文化“城堡”的构建。

亚文化由 A 站、B 站逐渐衍生至爱奇艺、腾讯等主流视频网站，社会影响力日益显著。这种于网络流行起来的青年亚文化成为中国本土网络最活跃，最具生命力的文化景观。作为一种流行的“亚”文化形态，它不仅呈现出与主流文化相疏远的表态，还凸显出网络媒介亚文化新特征，即在显见的恶搞娱乐旨趣下青年群体以戏谑、反讽等形式在互联网平台构建出社会公众的身份来参与交流和讨论当下社会的热点话题与公共事务。

(6)视频新闻生产力的再造。

当越来越多的用户特别是年轻用户都聚集在视频社交平台时，媒体也开始向这些平台扩张。短视频、视频直播，正在转化为新闻生产力，媒体的视频新闻生产力，开始在移动平台进行再造。移动视频的发展给报纸的发展提供了新空间。在传统视频生产领域，报纸很难与电视竞争。而移动视频是一场全新的赛跑，它的低门槛、新思维，不会使报纸输在起跑线上，甚至在某种意义上，不受传统电视套路约束的报纸，可以更自由地施展自己的创造力。除了事实性报道外，短视频、视频直播还能为新闻评论提供新的载体。在这个方向上，或许还有很多探索空间，例如，基于个人化风格与品牌打造的视频评论专栏等。

(7)生活、服务的全方位覆盖。

视频平台现今已经成为人们生活不可缺少的一部分，却已经渗透于各个方面。各类服务顺势而为，不断在视频平台跟进、更新。视频在收编中被工业化改造，商业平台不断挖掘视频的市场潜力，由民间自娱走向大众消费，由阶层文化成为大众媒介产品；主流媒体在对视频的改造和规范中试图去掉粗鄙、恶俗的一面，规训其价值导向；精英阶层对视频的文化内涵保持警惕，试图督促其思想上严肃深刻。所以，民间叙事的视频与传统视听之间一方面在相辅而行、双向互动；另一方面视频在被收编规训过程中也弱化了更加珍贵的鲜活自由的特性，挤压了民间叙事空间。

3.4 考研真题与典型题详解

一、概念题

1. ICP

答：ICP(internet content provider)，即互联网内容提供商。即向广大用户综合提供互联网信息业务和增值业务的电信运营商，需要具备相应的ICP证，它们负责提供其网站的内容和与之相关的服务，包括综合性网站、专业性网站、搜索引擎类网站、电子商务网站、社区型网站等。

2. 网络论坛

答：网络论坛又称BBS论坛或电子论坛，是指在信息时代基于网络BBS功能建立起来的网络讨论系统和多元言论空间。BBS论坛成为大众发表言论、进行思想沟通的工具，因而被称为"网上社区的灵魂"。网络论坛不仅是受众互相交流和探讨话题的公共平台，也是网络舆论形成的最主要场所。网络论坛中的舆论是社会舆论的重要组成部分。它不仅涉及内容范围广，数量多，而且参与探讨的人数多，反馈信息不一，对社会的发展有着极其重要的影响。

3. 虚拟社区[贵州大学2022年研]

答：虚拟社区即由网民在网络空间进行交往而形成的具有某种身份认同和互动功能的共同体，强调成员间的同质性及身份认同，往往不具有地理和面对面交往的特征，如微信群等。虚拟社区有以下特点：①以计算机、手机等高科技通信技术为媒介；②由具有共同兴趣和需要的人们组成；③成员身份相对固定，相互之间能感受到其他成员的存在；④互动具有群聚性。虚拟社区不等于虚假社区，在一定意义上虚拟社区也具有社会实在性，虚拟社区与现实社区交叉，其中有很多场景是对社区和社会的反映和重现，丰富现实生活。人在虚拟社区的互动具有虚拟性和现实性双重特征，虚拟社区的交往有某种程度的趋真性；但虚拟社区的成员身份和活动具有虚拟性，成员是自由、开放、较少约束的，由于其匿名性、弱责任性，常常会带来虚假内容的生产和传播，可能产生复杂的影响。

4. 微博

答：微博(Microblog)是一种非正式的迷你型博客，是一个基于用户关系的信息分享、传播以及获取交互式平台。微博的概念最早出现于2006年，2010年被称为中国的微博元年。在微博上，用户通过网页、手机、即时通讯软件等方式发送图片和文字信息，不受任何时间地点的限制。其传播特点有：①短小精悍，信息量密集，更契合人们快节奏的生活；②实现跨平台数据交换，使用户摆脱了工具的限制；③准入门槛较博客更低，实现了话语权的平民化。

5. 微信

答：微信(WeChat)是腾讯公司在2011年推出的一款以社交功能为主的应用程序，主要支持操作系统平台发送语音短信和视频图片，还提供微信支付、朋友圈、公众平台等功能。微信不仅发布信息便捷、受众用户广泛、信息地位平等，而且可即时互动、成本低廉，因而受到大众的欢迎，使用度非常高。但是，微信在使用中也存在若干弊端，如交流的虚拟性、信息传播的误导性、信息泄露的不安全性以及过度使用导致上瘾等。

6. 订阅号

答：订阅号又称微信公众号，是公众号主持方与订阅者之间进行互动、沟通与对话的平台，同时也成为用户在移动端的一个重要信息接入口。微信公众号基于群发推送、自动回复、一对一交流等功能设定，其传播形式主要为信息推送和用户互动。在实际的运营中，不同公众号的运营机制是不同的，比如消息推送的时间与频率便存在差异。具体到每个公众号，为了防止微信公众平台信息泛滥，一般的微信公众号每天只能推送一条信息。

7. 用户黏性

答：用户黏性是指用户对于品牌或产品的忠诚、信任与良性体验等结合起来形成的依赖程度和再消费期望程度。用户黏性体现了网站吸引与保留访问者的能力。用户黏性可以从以下指标中看出：①用户每天平均使用时长；②用户平均使用时间间隔；③用户日均使用次数；④用户使用时长；⑤日活、周活、月活等等。在新媒体时代，同类型的产品和平台不胜枚举，如果一个平台有良好的用户黏性，就意味着它有可靠的用户群，用户代表着流量，而流量能带来曝光率和变现率，从而让平台在知名度和美誉度上都得到提升，最终赚取收益，形成品牌。

8. 后博客时代

答：后博客时代是指沟通方式与传统博客、IM 区分开来，以推特、微博的崛起而呈现的新型传播形态。2007 年“Twitter”的出现引发了全球互联网即时内容的大爆发。与此同时，中文微博市场也迅速壮大。作为传统博客的一种衍生品，微博通过限制信息字数、即时抵达、用户自主收发的方式，实现了一种自主、互动、简洁、快速的信息传播方式。“微博”作为后博客时代的新兴传播工具，具有跨时代的意义。能够满足用户的个性化、开放性、时效性、操作性、交互性、社会性的需求。

9. SNS[东北财大 2021 年研；湖南师大 2019 年研；中传 2015 年研]

答：SNS 是 Social Networking Service 的缩写，译为“社会网络服务”，它是基于“六度分隔”理论的一种应用，是一种通过网络与人交流与交友的服务。SNS 网站向每个用户提供建立自己的朋友圈的服务，用户也可以通过自己的朋友去认识他们的朋友。每个用户都有自己的朋友，都可以利用 SNS 建立自己独特的朋友圈，这些朋友圈又相互交织，这样就会扩展成一个庞大的关系网络，网站也可以为他们提供以兴趣为基础的社群服务。由于 SNS 建立的是实名的、熟人的网络，因此其交流的信任度更高。美国的 Facebook、中国的人人网和开心网等，都属于提供 SNS 服务的网站。

10. App

答：App，即客户端，主要指智能手机、平板电脑以及智能电视等设备的第三方应用程序。客户端一旦安装在移动终端上，只要点击就可以打开，不像在浏览器中打开网站需要输入网址。这在一定程度上简化了获取信息的路径，降低了获取信息的成本，更方便人们在移动状态下操作，同时，它也有助于固化用户的习惯。

由于客户端是基于手机等移动终端，其屏幕比电脑屏幕要小很多，因此，在一个屏幕的空间里呈现的内容很有限，客户端界面中的“版面语言”也有限。

在中国，目前的新闻客户端主要有三种类型：媒体开发的客户端、商业门户网站转型的客户端、新兴的聚合类客户端。

11. 六度分隔

答：六度分隔(Six Degrees of Separation)是指一个人和任何一个陌生人之间的间隔人数不会超过六个，即最多通过六个中间人我们就能够认识世界上任何一个陌生人，该理论最早由哈佛大学心理学教授 Stanley Milgram 提出。六度分隔理论说明人和人之间的距离并没有想象中的遥远，两件不相关的事情可以通过几个关键词联系起来。虽然人们可以经过六度分隔获得连接，但是这并不意味着无论任何人之间的距离有多远，都可以对彼此有影响。六度分隔理论在现今社会中，并非真的用于找人，而是在搜索算法或社交网络中被大量运用。维基百科在每个词条下都会有根据词条特性的分类，用户可以通过细致的分类迅速找到下一个感兴趣的词条。即使是毫不相关的两个词条，在正确的搜索方向下，最短路径基本在 5 步以内。

12. 去中心化［湖南师大 2020 年研］

答：去中心化是互联网发展过程中形成的社会关系形态和内容产生形态，内容不再是由专业网站或特定人群所产生，而是权级平等的全体网民共同参与、共同创造的结果。任何人都可以在网络上表达自己的观点或创造原创的内容，共同生产信息。去中心化是由于马太效应导致头部聚集所采取的相应的措施，目的在于让资源不要过度地倾斜。平台会平等地给予所有内容曝光的机会，所以源源不断地有新人可以打造出爆款，同样成为头部创作者。去中心化是平台策略，但运营策略依旧是中心化的，遵循着二八定律，毕竟人工精力是有限的，也只能更好地服务头部创作者。

二、简答题

1. 什么是协作式写作？它有什么优缺点？［华中师大 2022 年研］

答：协作式写作是指由多元主体参与内容创作的分布式写作过程。维基(Wiki)就是一种常见的多人协作式的超文本系统，每个主体都能够通过理解和自主意图对内容进行修改。

(1)协作式写作的优点。

①智慧聚集：内容生产的博采众长和交流碰撞。

协作式写作吸纳多元主体参与到写作过程中，其成果将会成为参与者智慧的集成，充分发挥多数的作用，也为不同协作者的智慧进行交流碰撞提供可能，在互动的过程中精益求精，展现出优质的成果。

②更新迅速：反应迅速的更新迭代。

协作式写作以多元主体为优势，能更快地完成写作，同时在更新速度上也能有所提升，更高效地跟进最新的热点和外部环境的发展。

③知识共享：自由流动、平等共享。

协作式写作也能够促进知识的自由共享和流动，让知识的内容惠及更多群体。

④去中心化：平等、包容的协作精神。

协作式写作是去中心化的一种体验，参与者能够相对平等、包容地进行创作，以和谐的协作精神共同完成作品。

(2)协作式写作的缺点。

①共同协作的磨合问题。

协作式写作的多元主体都具备一定的自主性，而不同主体之间也需要通过交流碰撞得出结论，不免存在磨合难度大、各执一词的情况。

②对内容权威性和可信度的质疑。

维基百科以高开放性自由编辑闻名，但也出现了如作者“折毛”虚构古俄罗斯历史，并且10年都并未被发现的情况。协作式写作的高自由度如果不加以限制，读者又不加辨别就相信内容，将会导致实际运用之际出现诸多问题，维基百科的权威性也因此下降。多元主体的协作式写作也需要辅以专业性、权威性强的内容审查。

2. 说说微博和微信这两种社交媒体在信息传播方式中的异同。[重庆大学2019年研]

答：微信是腾讯公司于2011年1月21日推出的一个为智能终端提供即时通讯服务的免费应用程序。微博是指一种基于用户关系信息分享、传播以及获取的通过关注机制分享简短实时信息的广播式的社交媒体、网络平台。以下将对这两者在信息传播方式中的异同进行分析。

(1)共同点。

①信息的“私人定制”。微博、微信都具备发送信息、接收信息的功能，与以往的信息平台不同的是，用户可以根据自己的喜好和需求选择想要的信息。微博通过添加关注的方式，微信通过加好友和订阅号的方式来实现信息源的添加，实现信息的“私人定制”。

②信息的快速分享。作为第三次科技革命后的技术产物，微博和微信通过一键发布和一键转发实现了信息随时随地的发布、阅读和传播。且用户间的分享不是一对一的，而是一对多、多对一、多对多的，实现了信息传播的几何式增长。

③信息传播形式多样。微信和微博都可将文字、图片、视频、音频、图表等形式融合，实现立体化、多媒体的传播。

(2)不同点。

①传播理念不同。微博秉承“随时随地分享新鲜事”的理念，将信息不定向地与平台上的所有用户分享；而微信更注重熟人之间的交流，将信息定向地分享给身边的人。

②传播属性不同。微博类似于“大众传播”，更偏向公共领域，任何人都可以在微博上发表观点并形成舆论力量，这决定了微博具备媒体属性；微信主打通讯功能，用户将主要的注意力分配在聊天和朋友圈两项熟人社交功能上，这决定了微信具备“社交工具”属性。

③传播模式不同。微博的“公开性”使信息可以在平台上任意传播，更偏向“大众传播模式”，微博也因此成为各种热点、舆论的温床；微信主要针对熟人之间的交流，即“点对点”的人际传播模式，而它拥有的群聊和朋友圈功能又使微信具备“群体传播”的传播模式。

④传播系统的开放程度不同。微信的信息传播发生在相对封闭的、同质化的圈子，而微博的系统更加开放，能够接收来自多元主体的反馈。

3. 简述微博的负面影响。[北京工商2022年研]

答：微博是以用户关系为基础的网络信息发布、传播及获取的平台，从本质上属于社会化媒体的一种。人们在自己微博账号中发布的信息，可以被其关注者看到，信息也可以通过用户的分享得到传播。作为一种分享和交流平台，微博更注重时效性和随意性。

(1)碎片化信息对知识体系的瓦解。

微博信息五花八门，海量存在。支离破碎的消息都在用户的脑海中一闪而过，不会使我们有机会去深究其背景、来源等其他内容。这种“快餐文化”只适合成为茶余饭后的闲谈，而非博学的体现。其实微博正如当初电视机的出现一般，尼尔·波兹曼曾说：“观众知道，不管有的新闻看上去有多严重，只要它后面紧跟着播放的一系列广告就会在瞬间消解它的重要性，这是节目结构的一个关键，它有力地反映了电视新闻是一种严肃的公众话语形式的言论。”它抛弃了逻辑、理性和有秩序的话语。微博的碎片化发展意味着人们可以获取海量信息，但却没有时间理解分析，这也是对人们大脑已有知识体系的一种解构。

(2)情绪化信息对理性思维的限制。

在没有理论依据和对事件的过程介绍的情况下，想要阐述一个逻辑严谨的论证在微博平台上几乎是不可能的。有人认为，精短的文字虽不能体现逻辑思想，但完全可以作为一种“思想火花”对其他人的观点起到一种点拨与引导的作用。但是，在微博中，对信息情绪化的回应，在理性方面的欠缺，让更多的人无法正确判断其真正的内涵，更别说引以为论。黑格尔在《精神现象学》的导论中曾经说过，思想运动的过程比思想结论更重要，也更有价值。再者，长时间地浏览扁平化的信息会使人的思想变得慵懒，习惯一句话表达瞬时的观感而罔顾事实本身，只求“听”而不闻，“视”而不见。

(3)匿名性发言对谣言传播的助推。

微博的匿名性，使得虚假信息、流言、传闻不断涌现。由于信息的发展，微博受众广泛，有些用户为了出名、增加粉丝数等，利用人们的猎奇心理和对社会性事件的感兴趣的特点，进行恶意炒作，散布虚假信息，造成了信息的非真实性。同时，由于部分用户自律性差，摈弃责任与道德，发布庸俗、低俗、媚俗的信息，干扰网络空间，造成了大量的信息污染，影响大众对正常信息的获取，也危害了社会的正常秩序，降低了受众的文化意识水平，占用且浪费了媒介资源。

4．简述议程设置理论主要内容，你认为微博热搜的排列顺序是否符合议程设置理论？[浙江大学2022研]

答：议程设置理论由麦库姆斯和肖1972年共同发表的论文《大众传播的议程设置功能》中提出。其理论源头可以追溯到帕克的“侨民报刊及其管理研究”及李普曼的《公共舆论》中的拟态环境思想。议程设置理论认为，大众传播具有一种为公众设置“议事日程”的功能，通过赋予各种“议题”不同程度的显著性，影响着公众注目的焦点和对社会环境的认知。

(1)议程设置理论主要内容。

议程设置理论主要包括三个层次：传统议程设置、属性议程设置、网络议程设置。

①传统议程设置。

大众媒介往往不能决定人们对某一议题的具体看法，但可以通过提供信息和安排相关议题，有效地左右人们关注某些议题，以及先后顺序。大众传媒对议题的强调程度与受众的重视程度成正比，该理论强调：受众会因媒介提供的议题而改变对议题重要性的认识，对媒介认为重要的事件首先采取行动。媒介议程与公众议程对议题重要性的认识与公众媒介接触量有关，常接触大众传媒的人的个人议程和大众媒介的议程具有更多的一致性。不仅关注媒介强调哪些议题，而且关注这些议题是如何表达的，对受众的影响因素除了媒介所强调的议题外，还包括其他因素，这些影响包括对态度和行为的两种影响。

②属性议程设置。

1997年，麦库姆斯和肖提出议程设置理论的第二个层次——属性议程设置。议程上的每个客体都有其不同的属性(即用来描述它们的特征特性)。当新闻媒介报道一个客体时，一些属性被突出强调而另一些属性则一带而过。媒介根据自己的价值观和报道方针，从报道事件中选择出他们认为最重要的属性进行加工整理，赋予一定的结构秩序，然后以“报道事实”的方式提供给受众。媒介不仅告诉我们想什么，而且告诉我们怎么想。大众传媒对某些特定属性进行凸显和淡化处理，使对象事物的主导属性传达给受众，也会影响到受众对事物性质的认识、判断和态度。

③网络议程设置。

互联网飞速兴起，技术的更新迭代和媒介生态的变化对议程设置理论提出了新的挑战。麦库姆斯及其中国学生郭蕾提出了议程设置理论的第三层次——网络议程设置。以解释新闻业在基于媒介融合和社交媒体而变得日益“网络化”的时代，议程设置理论是如何继续发挥其效用的。理论核心观点是：影响公众的不是单个的议题或者属性，而是一系列议题所组成的认知网络；新闻媒体不仅告诉我们“想什么”或者“怎么想”，同时还决定了我们如何将不同的信息碎片联系起来，从而构建出对社会现实的认知和判断。

(2)微博热搜的排列顺序符合议程设置理论。

微博作为网络世界中的新事物，其本身就有其独特性。微博热搜议程设置的形成离不开微博用户的参与，因而微博用户的议题发布及被选择是热搜议程形成的前提。微博用户所发布的一系列议题中能够引起关注及形成一定影响力的议题就会上升为热搜议程。对于微博热搜议程设置的特点，下面将从微博热搜的展现形式、版面安排与主体三个方面展开论述。

①具备双层议程设置效果。

在微博热搜中，热搜的展现形式同样有两层。想要完整的阅读一条热搜的内容，需要进行两个步骤。首先要先从热搜榜单上点击想要阅读的热搜词条，点进词条后，会出现多条热门微博，之后点开便能浏览具体内容。因此，热搜具备两种形态：第一层是词条形态，第二层是完整形态。微博热搜在议程设置中同样具备两层议程设置，只是大众可以选择只接受到第一层就结束，还是继续接受第二层的议程设置。

②具有双重优先顺序模式。

在其他新闻媒体中，“优先顺序模式”只会出现一次，就是在首页的新闻排序，头版头条是编辑强调的体现，代表着媒体进行议程设置的第一优先级，其余按照重要性依次排列给予呈现。在微博热搜中热搜的展现形式有两层，也就是说要经过两轮排序才会看到具体内容。第一轮是在热搜榜中，每条热搜，也就是“议题”按照后台计算出的实时热度从高到低排序，首先向大众展示出被讨论得最为火热的热搜，随后显要程度依次递减。从热榜进入后，版面继续安排出了第二轮排序；在版头下有多条与热搜词条相关的热门微博从上到下排列，总体来看上面微博的转赞评要多于下面的微博，也就是有更多大众参与互动，由于都是关于同一事件的微博，越往下走大众的兴趣逐渐消失，因此排序靠上的微博更容易获取点击量与参与度。

③议程设置权的“草根化”。

由于微博用户不受身份、地位的限制，因而微博的使用者大都是“草根阶层”。这些“草根阶层”既是信息的传播者也是接收者，也就代表了“全民皆记者”时代的来临。正是因为热搜榜的存在，才有了一个打破界限，让尽可能多的用户都可以看到并一同讨论的公共平台，从而社会的各个阶层都参与进来共同促成了“观点的公开市场”，在其中自由地交换观点与意见。其中，有媒体微博、政府微博、明星名人和普通用户，他们或是发布微博的人，或是参与讨论与传播的人，都可以在微博热搜的议程设置中平等地发挥自己的作用。在微博热搜中，议程设置权的下移与主体的多元化为微博热搜的发展注入了源源不断的活力。

5. 用传播学视角谈谈“打卡”行为。［华东政法 2022 年研］

答：打卡是对个体日常生活的一种记录，对个体参与某种行为的一种存证。常见的打卡包括学习类、健身类、美食类和旅游类等。“打卡”并将照片通过社交平台等渠道进行分享，成为自我表达、展示的窗口。以下将从传播学视角分析“打卡”行为。

(1)“镜中我”：他人的态度是反映自我的镜子。

库利的“镜中我”理论提到，个体通过与他人的互动、他人的评价和态度产生对自我的认知。“打卡”行为也是一种典型的与他人的互动，个体展示通过打卡展示成果，期待获取来自他人的肯定，在交互的过程中也明确自己的价值。

(2)拟剧理论：常态化的表演和前后台边界的模糊。

戈夫曼的拟剧理论中认为，人如同在舞台上表演的演员，将生活分成“前台”和“后台”，通过表演展示形象，而社交平台上常见的“打卡”行为就是对自我的印象整饰和人设塑造。而为了完成前台的形象塑造，人们可能在后台去努力贴近形象，反过来影响自我。打卡这一行为就是前后台边界融合的一种典型表现。

(3)互动仪式链：互动仪式的情感共鸣。

兰德尔·柯林斯在互动仪式链中提出，不同情境中个体间会产生互动行为，并在关键的互动仪式过程中再生出一种共同的关注焦点，产生高度的情感共鸣。打卡不止会发生在个体身上，围绕相同内容进行打卡的人也会形成有一定情感共鸣的互动仪式，通过打卡这一特殊的仪式，将个体与个体连接，甚至产生模仿行为。如学习类微博超话，就会通过每日的日程打卡完成这场仪式，和这个圈子产生联系，维系与成员的关系。

(4)模仿行为：消费主义的跟风。

消费社会中人们对消费的需要从商品本身转变成体验和服务，消费者对商品本身的需要也转变为对符号的追捧。常见的“网红店打卡”和“美食打卡”，都在某种程度上陷入消费主义的陷阱，陷入从体验本身到消费者竭力证明身体在场，而注意力缺失的情况。

(5)身体实践：“在场”与“缺席”。

打卡是对“我在现场”的一种确认，是身体的一种形式上的回归，将身体和媒介融合，共同完成身体上的实践，空间上为了完成打卡行为穿越现实和虚拟的空间，时间上调和了社会时间和个人时间。但在场与否不仅取决于身体在场，技术发展意味着注意力在场而身体不在场成为可能，如云端课堂；而身体即时在场，注意力的缺席则有可能使打卡成为“因”，而在场成为“果”。

综上所述，“打卡”是个体生活仪式感的一种体验，通过在社交平台上进行晒图分享，以此打造正面的个人形象，并以此作为“社交货币”，获得群体的认同感。

三、论述题

1. 互联网时代，信息以几何式爆炸的方式不断增长，人们的注意力被拆分得支离破碎，尤其是对于形式单一的文字，集中度日益下降。当社会突发事件产生时，在场群众利用短视频的方式还原现场真实情况，方便快捷。请结合自己的体会，谈谈对这一现象的看法。[浙江工商2018年研]

答：在移动互联网时代，短视频凭借“短平快”等传播优势，成为新的信息传播方式，不仅开创了草根创作、广泛参与、多元互动的网络传播新局面，也成为多元文化、多元价值理念传播的新载体。为此，可顺应网络传播“碎片化”的发展趋势，充分运用网络短视频传播主流价值观。短视频社交应用重新定义了视频传播与影视表达的“语言规则”，将视频的单位从分钟变为秒，开启了视频的“读秒时代”。移动短视频使用门槛低，轻量化的上传与接收、立体畅通的分享渠道以及个性创意的内容表达，将过去以文字、图片为主的网络社交转向以视频为主，更加满足了当下人们的阅读习惯和社交需求。移动短视频因其传播特征在移动互联网时代下的新闻传播、新闻事件报道中发挥着巨大的优势，也有着较好的发展前景。

(1)移动短视频的传播特征。

①信息生产和上传更加自由。

传统视频生产与上传所需技术成本、硬件成本、制作成本较高，不利于传播和分享。短视频则大大降低了使用门槛，只要在智能手机中下载安装相关应用，即可进行拍摄与制作，拍摄后可快速分享至社交媒体。时长限制使得短视频制作具备即时化特征，实现随时随地，随手拍、随手传，真正做到了随手记录生活和身边事，最大程度接近直播的现场播报。

②信息内容更具个性和创意。

手机摄像头像素的不断提高，短视频软件提供的各种滤镜效果以及添加个性化配乐及水印等功能，都可以使用户自由表达个人想法与创意，彰显用户个性；通过社交短视频软件，用户还可以实现拍摄与编辑一步到位，制作方式的便捷性促使视频信息内容更加丰富。

③信息传播更加便捷立体。

以微视为例，其短视频内容不仅可以通过微博传播，还可以分享至微信朋友圈、QQ空间，强大的信息传播渠道使得微视不仅具备微博的裂变式传播，同时也可进行熟人圈层式传播，更可以直接在软件中分享自己制作的视频和观看、评论他人视频，以多方位的传播渠道和方式，使得短视频的信息内容呈现病毒式的扩散传播，信息传播力度强、范围广、交互性强。

④满足轻量化、快餐化信息消费。

短视频内容精简、重点突出、形式活泼，以秒计数的个位化特征，用户黏性更强，激励消费者利用碎片时间，更直观更快捷地获取信息，这种介于即时视频和长视频之间的短视频便成为网民的最佳选择。轻量化的视频传播促使用户善于抓取和发布有创意、有吸引力的信息，主动删减无用和干扰信息，增加信息传播强度。

⑤信息接受度更高。

当前快节奏的生活和高压力的工作使得多数人在日常信息获取时习惯选择自由截取，追求“短平快”的消费方式。短视频能使用户在轻松的心情中摄取信息，信息开门见山、观点鲜明、内容集中，指向定位强，易被受众观看、理解和接受，信息送达和接受度更高。

(2)突发事件报道中短视频的优势。

①信息量大，更具现场感。

相比于静态的图片、文字，视频内容所包含的信息量更为丰富，可以将文字、图片无法直接描述的内容作出连续全景式的展现，信息传播得更为直观，让突发新闻报道变得更具现场感。

②现场真实，粉碎虚假谣言。

突发事件面前，消息源太多，难以第一时间证实文字、图片信息的真伪。而短视频能全景反映新闻现场，同时对于突发新闻事件而言，一条及时的短视频也能够粉碎众多别有用心的网络谣言。

③操作简单，云端审核发布。

与传统电视新闻不同，现场短视频资讯的采编发只需要一部手机就能完成，全媒体记者乃至普通用户可以现场采集新闻一手视频素材，并快速在手机上进行编辑制作，直接上传同步至云端进行审核发布。

④碎片浏览，与直播互为补充。

在突发新闻现场网络无法保证的情况下，现场短视频制作可以代替移动直播快速有效地采集整理现场视频素材，并进行短视频资讯的发布，第一时间满足受众信息获取的需求。在移动直播后，也可以及时对直播录像中核心信息进行现场编辑制作，形成短视频资讯及时分发，与移动直播长时间连续性的信息形成补充。

(3)移动短视频的发展前景。

①作为低成本、方便快捷的新闻传播方式，优势凸显。

a. 短视频可使视频制作摆脱专业壁垒，新闻记者乃至普通用户可以及时摄取新闻一手视频素材并快速同步分享至社交平台，新闻媒体的社交平台可以拥有海量的短视频素材来源，一定程度降低了新闻机构本身的视频发布成本，也极大增加了用户体验的乐趣和自豪感，个体创造力也随之得到更大激发。

b. 短视频应用自带的视频编辑功能，可以使多个短视频按不同的构思组接完成长期的系列报道，特别适用于体现长期而又有着细微变化的新闻报道。

②和传统媒体相依相存，互为补充。

由于短视频受时长所限，内容较传统长视频及报纸版面有着先天的不足，短视频社交应用的发展带给电视、报纸等传统媒体一种有益的补充，可以实现联动，增强现场感。短视频内容可作为传统媒体的新闻素材，未来更多的网友会因此成为活跃在最前线的“编外记者”，短视频也会越来越多出现在电视节目中。短视频社交应用可以突破新闻机构以往在社交媒体平台上主要以文字和图片作为信息载体的方式，成为一种更具动态感、更能捕捉冲突瞬间、更利于呈现事实真相的载体。

2. 用自我互动理论分析朋友圈分享行为。［西安工业2022年研］

答：自我互动理论由芝加哥学派代表人物布鲁默提出。布鲁默认为，人是拥有自我的社会存在，人在把外界事物和他人作为认识对象的同时，也把自身作为认识的对象。人在这个过程中能够认识自己，与自己进行沟通或传播，并能够对自己采取行动。这种自我互动在本质上来讲是与他人社会互动的内在化。不过，自我互动并不是与他人的社会互动在头脑中的简单再现，而是人脑中出现关于他人期待的印象，个人会沿着自己的立场或行为方向对他人期待的意义进行能动的理解、解释、选择、修改、加工，并重新加以组合。自我互动理论可以解释朋友圈分享行为和现象。

(1)正面形象的展示。

人们普遍更希望好友在阅读自己的朋友圈后留下正面的印象，因此大多数人在朋友圈中发表的内容更偏向于正向的，着重塑造自我的正面形象。人们通过在朋友圈中发布自己的兴趣爱好，设置自己的头像及签名来塑造和强化自我身份。摄影爱好者会通过将自己拍摄的照片分享到朋友圈(有时还设置为头像)来加深人们对他的印象及展示其摄影爱好者身份。微信公众号运营者则会不断呈现自己所发布的公众号内容及附带评论来引起人们的关注。对自己的生活进行展示这样一种有意义的符号性表达，也是每个人对自我身份的塑造。当人们想要发布内容时，不仅秉承着一种记录生活的心态，也是一种想体现个人存在感的外化。朋友间的点赞、评论等也是一种社会交往的形式，它打破了时空限制，更进一步促进了人与人之间的交流，并增进了彼此关系。总体上每个人都只呈现一部分自己，更愿意突出展现美好向上的生活状态。

(2)负面形象的隐藏。

当人们在朋友圈中发布消极内容时，会受到来自父母、好友等的关心和追问，此种循环反复的过程带来的一遍一遍的解释说明反而会增添烦恼。因此，人们在发布朋友圈时常常规避呈现强烈态度性内容或负面信息，在发布文字时不断地斟酌，有时斟酌时间甚至可达一两天之久。当心情不佳、想要对某事进行吐槽时，每个人都会以自己能够读懂的“代码”的形式去展现，伴之以歌曲的分享、表情包的使用等比较隐秘的方式去代替那些不好的文字，从而避免呈现出与自己平时呈现的美好、积极的自我形象不一致的一面。这可以说是对个体经验之中的一个社会情境作出的响应，是个体对其他人的态度所作的回答。

(3)目标对象的分组。

个体不是被动地接受刺激，而是选择、解释刺激，并联系自己的先前经验来追求某些特定刺激。个体不停地将自己置于一群想象的观众当中，他像演员一样，琢磨自己的表情，想象观众可能给予的反馈。人们会根据每个平台的交往对象有所选择地发布与自己有关的信息。若是朋友圈中一类内容引发了不好的评论或反响，那么个体就会考虑对某人或某类人进行分组设置观看权限。一定的社会交往经验和“自我”的主动权使得人们有选择性地呈现内容和选择特定的观看对象。

总之，人们在朋友圈中发布内容是一种自我表征的方式，也是别人点赞、评论、跟帖等反馈影响下的结果。自我是逐步发展的，它并非与生俱来，而是在社会经验与活动的过程中产生的，即是作为个体与整个过程的关系及与该过程中其他个体的关系的结果发展起来的。

3. 谈谈微信圈层化传播特点，以及优缺点和适应过程、改进措施。［南开大学2019年研］

答：“圈层”最初是地质学的概念，后被引入人类社会领域，包含着圈层内关系建构、圈层内部关系向外突破及社会化、外部力量向内渗透及被社会化这三个维度。“圈层化”指的是在各类圈子中进行了分层抽离，进而形成一个个内核稳定、联系紧密的社群。而作为互联网圈层化的一个具体表现形式，“微信圈层化”则是基于社会关系和社会资本建构起的社会网络以及信息传播两者相结合的产物，在划定圈子的基础上，通过微信中的社交关系链对用户进行分层。

(1)特点。

①身份地位或兴趣爱好相似。由于微信是通过“加好友”与“订阅号”的方式与他人建立联系，人们更愿意与身边的人或志同道合的人进入同一圈层，因此身份地位或兴趣爱好相似的人更可能聚集在同一个圈层中。

②信息交流闭塞。圈层内部的成员往往只关注本圈层内的消息，而忽略了其他圈层或领域的信息，导致信息交流闭塞，可能造成圈层成员的思维定式，限制创新能力和想象空间。

③往往会形成意见领袖。微信圈层兴起之初，圈层中每个个体都拥有着所谓平等的话语权，但是随着圈层的演变和发展，个体与个体之间的交流不断频繁和深入，某些个体所具有的知识、技术、人脉或者是性格等方面的优势逐渐显现，并且通过这些优势的不断积累，他们在圈层中的话语权显著超越了其他人，演变为该圈层中的意见领袖。微信圈层中的意见领袖凭借着与圈层中其他个体的强关系、同质性或者贴近性，再加上各个圈层的相对封闭性带来的特定信息的垄断专利，他们往往具有更为强大的话语权和影响力。

(2)优缺点。

①优点。

a. 为信息传递带来便利。作为对现实社会中人际关系的延伸和重构，微信圈层化对不同兴趣、爱好、地位、身份的人群进行区隔，有利于小众信息和文化的传递，有助于形成群体认同，塑造各具特色的圈层文化。

b. 降低失范行为出现的概率。用户可以在圈层中抒发自己的想法，宣泄自己的压力，使圈层充当一种“减压阀机制”，在一定程度上降低失范行为出现的可能性。

c. 为内容变现提供垂直环境。圈层聚集了受教育程度、兴趣爱好、身份等较为相似的人群，形成了天然的垂直化群体，为媒体、机构及个人等内容变现提供了天然的优质环境。

②缺点。

a. 强互动下身心的倦怠与压迫。高强度连接增加社交成本、社会比较引发焦虑和压抑、自我表演挤占生活空间，导致人们在享受着高度互联便利的同时，也因经受着冗杂内容的侵扰而疲惫不堪。

b. 圈层化对个体的约束以及对社会的间隔。信息茧房编织隐秘巨网、意见领袖绑架个体行动、圈层壁垒阻碍社会整合，导致身处于圈层中的人们容易陷入信息茧房、群体极化和圈层对立的困境。

c. “破圈”渴求对用户形象建构的诱导。部分用户为了保持现有圈层以及突破现状、追求高一级的层次和地位，渴望获得便捷的自我“印象管理”的途径，选择购买并使用朋友圈煽素材，直接或间接诱导了一系列违法犯罪行为的发生。

(3)适应过程。

①提高信息筛选能力。圈层中海量信息会侵扰个人生活，用户可以提高信息筛选的效率，精准过滤无用和冗杂信息，降低社交成本和冗杂信息对生活空间的挤占。

②拓宽信息来源渠道。过度依赖圈层会造成信息茧房困境，用户可以拓宽信息来源渠道，从多个圈层或平台接收信息，并对不同圈层或平台的信息进行比较，减少圈层阻隔对信息接收的负面影响。

③增强法律意识，规范自身行为。对自我呈现和自我表演的渴求容易让用户购买他人素材而涉及违法犯罪行为，用户应当增强法律意识，尊重他人隐私权、肖像权、名誉权，减少攀比心理，规范自身行为。

(4)改进措施。

①构建穿透性圈层结构，扩大正能量传播范围。将主流媒体的传播影响力与自媒体广泛辐射的优势结合，发挥不同流量入口的特长，有助于整合矩阵内资源，通过联动打破圈层传播，加强全平台正能量信息辐射。

②培养"情绪领袖"，传递多元声音。在后真相时代的信息传播中，公众和社会对媒体报道的要求逐渐提高，各媒体不仅需要在"议程设置"的基础上针对内容进行严谨的分析，还需要辅以合理客观的"情绪设置"，通过加强用户对事件情感感知的方式呈现客观严肃的事实。

③重视新闻专业性，巩固主流媒体权威。主流媒体公众号具备新闻报道专业性和优秀的新闻人才优势，应凭借其深远的影响力和威信成为时代的守护者。

4. 论述弱连接在社交媒体研究中的作用。[北邮2022年研]

答：1973年，美国社会学家马克·格兰诺维特发表《弱关系的力量》一文，首次指出了"强关系"和"弱关系"这对概念。弱关系指的是交往频率较低、情感连接较少的关系，具有广泛性。弱连接社交媒体为彼此之间情感黏性较弱，交流的密度和频度较低，现实生活中的利益牵绊较少的用户之间提供了意见、观点、看法、情感的互动与交流的线上场域。弱连接社交媒体具有社交线索稀疏、利益相关性弱、交流异步性、身份匿名化等特点。

不同的社会关系强度在社会结构与信息共享行为间发挥着不同作用。相较于强关系，人们更有可能从弱关系中获取新的信息。同时，弱连接更有可能增加个体幸福感，减少社会负面情绪。

(1)弱连接与社交优化。

①真实形象前台化，自我展示程度深入。弱连接属性的社交媒体，为用户营造出一个相比现实生活更自由、精神压力较小且身份地位较平等的社交环境。在这样的场域中，用户更容易摘掉社交面具，脱下表演戏服，将自己的后台形象前台化，呈现更真实的自我状态。

②社交选择趣缘化，交往深度自主提高。弱关系连接的社交媒体给予用户绝对的社交主动权和自由权，用户可以完全依据兴趣爱好的一致性来开展一段社交关系。在与陌生好友交流互动时，用户往往选择通过自我呈现和自我表露来主动拉近彼此的距离。尤其是一些匿名功能的存在，在一定程度上为用户营造了安全的隐私保护空间，潜移默化地提升了

陌生好友之间的交往深度。

③内容接收精准化，多元信息实时共享。区别于强连接社交媒体呈现的信息圈的相对闭塞性和同质性，弱关系连接的社交媒体因其内容接收者与内容生产者之间的弱关系，使平台的内容信息体现出明显的开放性、多元化、异质性特征。

(2)弱连接与社交维系。

①降低隐私暴露，疏解社交压力。随着强连接社交媒体的功能日渐丰富，如微信“朋友圈”、QQ“可能认识的人”的出现，人际关系的维护成为了一大难题。改善人际关系的舒适圈变成需要靠表演来维系人设形象，且一不小心还有可能陷入隐私泄露危机的平台。面对这种变化，用户以“仅三天可见”作为无声的抗议与回应，表演和自我展示的欲望逐渐冷却。从表演者到观看者，用户角色的改变反映出其在强连接社交媒体中面临的巨大压力及产生的诸多顾虑。在此情况下，弱连接社交媒体匿名化、社交线索稀疏等优势得以凸显。在弱连接社交媒体中，用户对自己表演的分寸和个人信息透露的尺度掌握着绝对的主导权。这极大缓解了用户在强连接社交媒体中进行人际交往时的紧绷情绪和前台压力，给予了用户较强的舒适感和自由感。

②人际关系重塑，提供自由空间。在强连接社交媒体中，人际关系网络逐渐复杂化，共享信息内容逐渐多样化。虽然参与到用户社交圈的人数越来越多，但是此类社交所传递的亲密关系深度以及所共享的信息内容质量均大打折扣。这样的泛社交不仅没有起到线上社交期望的效果，反而导致用户社交质量下降，亲密关系被稀释，用户使用体验感下降。与之不同的是，弱连接社交媒体的属性从一开始就决定了用户在使用其进行社交时，可以依据自己的兴趣、爱好等开始一段社交关系，而非基于用户线下的实际接触。并且，由于弱连接社交媒体具有异步性，用户也无须时刻处于“接收、回复消息”的紧绷在线状态，给予了用户灵活且自由的交友空间，让用户完全掌握人际关系的主导权，摆脱高强度的社交压力。

(3)弱连接与用户需求满足。

①自我认同需求。对于青年人而言，现实生活总是暴露在各种压力之中，很容易产生自我怀疑，在这种情况下，如果和网络上不具名但兴趣爱好相投的人聊天，建立社交关系，能够使人产生被需要的感觉和认同感。人类需要亲密关系来战胜孤独等负面情绪，这种由弱关系构建而产生的聊天过程能让人从中受到激励，从而实现自我认同需求的满足。

②情感宣泄需求。巨大的社会压力和不断缩小的个人空间，加剧了年轻人表达空间的缺失。通过弱连接的社交平台，人们可以借助匿名的表达环境和公共化社区摆脱现实束缚，体会更多的安全感和私密感，从而展现和表达更真实的自我。用户可以在一定范围内、伦理法规允许的情况下，较少顾忌现实因素，宣泄和倾诉内心的焦虑、不安、不满等负面情绪，从而缓解压力。

③社交关系需求。在陌生人社会中，人与人之间的社交关系变得复杂而脆弱，但人作为群居的社会性动物，拥有强烈的社交需求。同学、同事、亲友之间的熟人社交模式来源于地理位置、社会分工以及血缘关系，限制了人的社会属性的完全释放。比如，目前主打灵魂社交的Soul通过信息流筛选、算法匹配，从而快速高效地和理论上志趣相投的人建立联系、谈天说地、分享生活，无疑能很好地满足人们在当前节奏下的社交需求。

④娱乐消遣需求。大部分弱连接的社交媒体平台，不仅有内容分享功能，还具有各种各样的聊天功能、小游戏、娱乐项目。这类弱连接的社交平台能使自己身心放松、愉悦，那么这种行为也能算作娱乐的一种。特别是弱连接的社交媒体的公共社区即“广场”中，所有用户都能发布想要展示的状态，也能浏览其他用户发布的状态，在庞大的内容信息流中发现自己感兴趣的东西，在浏览过程中实现娱乐消遣需求的满足。

5. 分析一个你关注的微信公众号的传播特征。［河南大学 2019 年研］

答：随着自媒体的快速发展，微信成为当下热门的自媒体公众平台之一，微信公众号逐渐成为自媒体进行品牌经营、获取市场价值的重要渠道。微信公众号的品牌营销不仅能增强自媒体用户的黏性，在很大程度上还能给社群类营销带来更大的收益。以微信公众号“罗辑思维”为例进行分析，其传播特征有：

(1)“罗辑思维”简介。

“罗辑思维”是知识服务商和运营商，主讲人是罗振宇。“罗辑思维”的运营内容主要有微信公众订阅号、知识类脱口秀视频节目、知识服务 App 等。“每天一段罗胖的 60 秒语音，推荐一本值得阅读的好书。关注罗辑思维，我们一起终身学习。”是罗辑思维公众号上对其功能的简要概括。

(2)微信公众号的语音传播。

语音传播是微信公众号独具特色的一种传播方式，相较于其他传播方式而言，语音传播比文字传播更为直观，比视频耗费的流量更少，它一方面既能缩短与用户之间的距离，另一方面又能降低人们获取信息的成本。“罗辑思维”通过每天固定的 60 秒语音，且听完后回复关键词还能获取一篇特色文章，从而为用户推送包括生活感悟、读书日志和商品介绍等信息。它凭借微信语音传播的特性收获了深度用户、忠实粉丝，在拉近与用户心理距离的同时，也悄然打造并巩固了品牌形象。

(3)碎片式的传播内容。

如今快节奏的生活使人们难以将注意力长时间的集中在某一件事物上，微信公众号则根据自己的品牌定位，针对性地寻找目标受众，传者对推送的内容具有更大自主性，受传者的选择也更具有目的性，两者极易达成共识，建立一种心领神会的默契。这种双向交流表现出微信公众号传播的强交互状态，即微信公众号可以凭借不同用户间存在的相同兴趣点来抓住用户的眼球，提高了信息的有效抵达率。此外，平台推送的内容一般都较为简洁，图文结合也能缓解一些视觉压力，碎片化传播使人们可以随时随地进行碎片化阅读，“罗辑思维”深谙此道，收听一分钟的语音，时间成本远低于其他需要花上三五分钟阅读的微信推文。

(4)情感联系下的人性化交流。

微信公众号其实是一个半封闭的圈子，用户间相似的属性与诉求都使其对平台保持着长期的黏性，这样有利于将情感传播的特性发挥到极致。大多数的微信公众号都是基于相同的喜好、兴趣建立的，类似的故事、经历和诉求，都有可能成为与用户连接的纽带，引发用户的共鸣和认同，这种认同感会直接拉近与用户的心理距离。“罗辑思维”的受众亲切地称呼罗振宇为“罗胖”，这种细微的情感来源于深刻的内容表达和亲切的交流形式。情感传播的优势在于，基于情感建立的联系往往是稳固的、忠实的。因此，准确把握公众号的传播特征，结合目标受众诉求传播相关内容，明确定位鲜明的品牌形象及传播策略，是微信公众号能成功进行信息传播的重要前提。

6. 结合热点事件在微信朋友圈的传播，说明影响人际传播效果的因素。［西南财大2022年研］

答：微信朋友圈作为微博平台的重要功能，满足了用户的社交分享需求，成为热点事件传播的重要渠道。人际传播是以人作为双方主体的传播活动，连接两个个体信息系统，勾连关系网络。热点事件通过微信朋友圈快速传播，正是依托于朋友圈高频的人际传播和关系网络。但同样地，热点事件的传播也会受到一定的限制。具体论述如下：

(1)微信强关系：对形象管理的需求影响人际传播。

微信以强关系作为主要特征，微信好友更多地与用户的现实关系相关联，弱连接也同样存在，但以强关系为主。因此微信朋友圈的人际传播之际，用户会有所顾虑，不能随心所欲地对热点事件发表意见，而是通过对热点事件的转发、评论进行人设表演，塑造自我形象，也会有选择地回避、隐藏对部分热点事件的关注，保护隐私，维护形象。同时根据不同的关系性质，用户对热点事件的态度也会有所不同，对某些用户可能会更坦诚。

(2)兴趣偏好：针对事件本身的“选择性心理”。

人际传播以人为主体，因此受人的主观情感、态度和偏好影响较大，朋友圈用户会主动地进行选择性接触、选择性记忆和选择性理解。和用户关联程度高、利益更密切的内容更有可能在人际传播中被关注。热点事件的内容涉及到用户自身，用户就更容易发表看法，参与到点赞和转发中。

(3)现实人际传播的拟态：仍然受社会压力影响。

朋友圈本身也是现实人际关系的一种拟态，也会继承现实中的社会压力和心理因素影响。如“沉默的螺旋”这类效果依然存在，个体会因为自身的意见不占优势而选择沉默，延续“被孤立的恐惧”，在敏感和争议性话题中有意识地规避人际传播的压力。

(4)分组展示、三天可见：区别化的人际传播范围。

朋友圈的“分组展示”和三天可见的功能辅助用户打造了一个舒适的人际传播场域，从用户主体出发，进行有区别的人设打造，也改变了某一热点事件的传播范围，对人际传播的影响加以限制，将信息划分圈层，也是用户人际传播中形象塑造的重要环节。

从热点事件在微信朋友圈传播的路径看来，人际传播存在一些限制因素，作为网络空间和现实空间交叠的一隅，即使是作为虚拟空间的朋友圈也不可避免地受各种因素影响，而我们应该做的是寻求自我在虚拟空间和谐融入、积极生存的方法。

7. 论述短视频平台上乡村内容传播现状，有哪些问题，请给出建议。［中央民大2024年研］

答：我国“十四五”规划纲要明确提出“坚持农业农村优先发展，全面推进乡村振兴”“加快推进数字乡村建设”。随着乡村振兴战略的实施和乡村数字基础设施的不断完善，农村地区数字化生活方式正在快速形成。在推进乡村振兴的背景下，在媒体平台的流量扶持下，越来越多的农村青壮年选择成为自媒体博主，拍摄制作乡村内容短视频。

(1)乡村内容短视频传播的现状。

①视频类型多元化，整体发展势头向好。

乡村短视频自2017年开始萌芽，早期风格庞杂，多为“随手一拍”；2020年抖音平台的“新农人计划”，推动更多农村创作者参与创作。目前短视频整体发展势头向好，类型多元化，大致包括乡村的自然风光、乡村日常生活、美食教程、民俗民艺、搞怪幽默等。

②制作质量有所提升，多以纪实为主。

乡村内容短视频无论是自然风光、日常生活还是美食分享，都以自然纪实的视角记录，而目前的视频也从原本的随手拍，逐渐变得精美专业，部分账号已经有了专业的制作团队。在设备、拍摄技巧、叙事等方面都有所提升。短视频的盈利模式也逐渐成型，走向商业化、行业化。

③直播带货蓬勃发展，实现盈利变现的主渠道。

“短视频+直播”的助农带货不断发展，2022年全国农村网络零售额达2.17万亿元。除了流量帮扶、充电打赏、广告植入等变现方式，电商直播带货是其中的主要变现路径。不仅能解决部分地区农产品滞销的问题，也能够带消费者领略各地的乡村风光、特色产品，拉近生产者和消费者的距离，还带动了旅游等产业的发展。

(2)乡村内容短视频传播的问题。

①个体创作水平参差不齐，视频内容浅尝辄止，同质化较为严重。

乡村短视频大量涌现，但因为创作者的文化水平参差不齐、专业能力也有差距，因此呈现出的效果也存在分化。大量的低质量、同质化的、跟风的乡村短视频充斥着短视频平台。乡村短视频更执着于在短时间内愉悦用户，往往忽视了真正应该解决的、乡村面临的实际问题，缺乏全局性、建设性的短视频内容。

②利益至上，滋生不良价值观念，流于浅表和低俗。

短视频的关注度、点击量、点赞数和转发数能够转化为经济利益，因此一批短视频创作者不惜夸大宣传，刻意制造冲突，甚至造假，以烂俗、恶搞、过度煽情的内容吸引关注度。这类短视频并不能实际为乡村振兴作出贡献，反而会污名化乡村形象，招致刻板印象。

③地域特色不突出，地区发展不平衡。

目前乡村内容的短视频模式相对固定，展现出来的是笼统的乡村特征，相对泛化，地域特色不明显，用户容易出现审美疲劳。

(3)乡村内容短视频传播的发展建议。

①明确自身定位，走差异化发展之路。

乡村短视频要摆脱同质化需要明确自身账号区别于其他账号的特殊定位，走差异化的道路，在内容素材、表现形式方面从众多账号中脱颖而出。如抖音账号@王大姐来了，其账号就采用了特殊的“乡村美食说唱”的定位，打出差异化的组合牌。

②加强传播平台管理，完善乡村振兴传播机制。

平台需要建立完整的内容治理的规章制度，避免低质量、重复性、无版权、烂俗泛滥，影响平台的整体调性，避免内容触犯到法律底线，侵犯他人权益，保证乡村短视频的发展环境清朗，内容可持续发展，对违规违章行为予以删除、警告甚至封号处理，善用用户举报制度，与算法等技术手段结合，进行内容过滤筛选。

③深化媒体联动，实现波纹式传播。

乡村短视频与其他平台联动合作，和多元媒体结合，发挥各自优势，实现波纹式传播，以达到最佳传播效果。如“短视频 + 直播”推进助农带货。乡村短视频博主与主流媒体合作，参加助农活动，也能起到共赢的效果。

总之，乡村内容短视频作为一种全新的传播手段，对乡村振兴具有重要意义，在促进乡村振兴的过程中扮演着重要角色。要加强对短视频内容生产的规范，从内容生产的源头上加强引导，规范平台的运营模式，通过乡村内容创新生产内容、丰富视频类型、强化互动等方式，增强乡村内容短视频用户的黏性。通过对乡村人才的乡村内容培养和管理，提高乡村短视频内容质量，从而实现对乡村内容短视频市场的引导，促进乡村振兴。

第四章　网络传播的多重策略

4.1　考情分析

本章基于网络传播发展，聚焦于互联网的社交化、移动化、视频化、融合化、数据化和可视化的多重策略；考生需要掌握场景思维、新闻客户端、数据新闻和可视化新闻等重点概念，了解短视频、直播带货、知识付费等新兴概念。

其中，社会化媒体、危机传播、数据新闻、慢直播、信息图表、信息可视化、数据可视化等概念考查名词解释和简答题较多。社会化媒体语态把控、社会化媒体如何做好把关人角色和危机传播、移动传播的场景化思维、多媒体融合报道可作为论述题语料积累。

4.2　复习笔记

【知识框架(庖丁解牛)】

- 网络传播的多重策略
  - 社交化策略
    - 社交化策略的三个层面
    - 社会化媒体中内容生产与传播的一般策略
      - 内容偏好
      - 语态把控
      - 社会化媒体中如何做好“把关人”？
      - 社会化媒体中如何做好危机传播？
  - 移动化策略
    - 移动传播中的场景思维
    - 新闻客户端的运营策略
  - 视频化策略
    - 新闻短视频生产力的锤炼
    - 视频直播的创新
    - 基于视频的知识分享与知识产品开发
      - 基于视频的知识分享
      - 基于视频的知识产品开发
      - 基于视频的知识付费产品开发与分发
    - 视频带货带来的线上营销新模式
  - 融合化策略
    - 网络传播中的多媒体融合报道
      - 多媒体融合报道的主要形式
      - 不同形式信息的特点
      - 多媒体融合报道的原则
    - 网络传播中的多平台联动

- 网络传播的多重策略
  - 数据化与可视化报道策略
    - 数据新闻、信息可视化、信息图表
      - 数据新闻
      - 信息可视化、数据可视化与信息图表
    - 数据新闻的生产要点
      - 数据新闻生产的一般流程
      - 如何用数据来讲新闻？
      - 数据的来源
      - 如何采集所需数据？
      - 如何让数据变得更“干净”？
      - 如何避免数据分析中的误区？
    - 如何进行新闻的“可视化”？
    - 信息图表的制作要点
      - 信息图表的逻辑结构
      - 信息图表的构成要素
      - 信息图表的视觉设计与用户体验
      - 信息图表的用户体验
      - 信息图表的制作工具
      - 信息图表制作与传播中的常见误区
    - 数据风险与数据素养
      - 数据假象
      - 数据素养

【考点难点归纳(厚积薄发)】

考点一：社交化策略 ★★★

1. 社交化策略的三个层面(见表4-1)

表4-1 社交化策略的三个层面

要点	具体内容	
社交化传播	①社交网络成为公共传播渠道，用户也是内容的导体和渠道。 ②用户出于主观情绪和诉求参与内容传播，情绪化的选择决定了人们优先关注的内容，但也存在一定问题。 ③对于内容生产者来说，需要关注用户心理和诉求，活用用户对内容的传导力，优化传播效果，但需要避免陷入“流量陷阱”	
社交化生产	媒体	①资源利用与规范：媒体对 UGC 既要努力挖掘利用，激发潜能，同时也要不断探索其规范化、制度化的可能。 ②资源质量辨别：媒体需要对 UGC 进行辨别和筛选，整理优质内容。 ③用户数据的挖掘与应用：用户的行为、情绪、态度等数据，都是媒体追求的有效资源，要求媒体提高数据挖掘能力
	用户	参与内容生产，优化内容产品，释放生产力
	企业	吸引粉丝，加强与受众之间的沟通，影响企业声誉和品牌形象

续表

要点		具体内容
社交化运营	目标	维系用户资源，提升品牌影响力，挖掘可能的营利模式
	重点	建立稳定的社区、社群
	影响因素	①利益驱动。 ②社群的社会资本水平(结构资本、关系资本、认知资本等)： a. 社群社会资本的水平的高低会影响社群稳定水平。 b. 社群运营目标之一，即维系成员关系，努力提高社群社会资本。 c. 认知资本与群体文化息息相关，具体体现为群体规范

【考点拓展】社群经济

社群经济是指互联网时代，一群有共同兴趣、认知、价值观的用户抱团，发生群蜂效应，在一起互动、交流、协作、感染，对产品品牌本身进行反哺的价值关系。社群经济目前主要有三种指向：①将社群作为服务对象或营销场所；②挖掘粉丝社群的价值；③集合社群成员力量来进行共同创造或经营活动，让社群成为一种生产力。而第三种指向，被很多研究者和实践者认为是社群经济更理想的目标，在这样一个方向下，具有共同目标和群体意识是社群产生共同的行动力甚至生产力的重要基础。

2. 社会化媒体中内容生产与传播的一般策略

(1)内容偏好

①敏感话题，直击痛点。

②冲突争议，引爆热点。

③价值传递，生活呈现。

④代理加工，信息整合。

⑤问题导向，便捷服务。

⑥“八卦”心理，戏剧焦点。

⑦轻松解压，减缓焦虑。

⑧话题聚合，打造爆款。

(2)语态把控(见表4－2)

表4－2　语态把控

要点	具体内容
一般法则	①接地气：平实、易懂、生动、民间化、口语化。 ②“讲人话”：有人情味、人文关怀。 ③专业语态：客观、冷静、专业的表达、阐述和分析
“卖萌语态”	①优点：账号的“人格化”探索，增加互动、建立关系，改变刻板印象。 ②缺点：审美疲劳，过犹不及，招致反感，语态混淆产生的不和谐感
“年轻语态”	①使用年轻人的语态，学习网络语言，达到“破圈”“出圈”的目的，但效果不确定性强，可能会招致年轻群体的抵触心理。 ②破圈的两个方向： a. 内容破圈，打破“次元壁”。 b. 亚文化收编，引入传统媒体

续表

要点	具体内容	
讲好××故事	存在的问题：空有“故事”之名而不讲故事，“最美”的标签塑造稍显片面，甚至有取舍地掩藏“不美”、造假。形式绑架内容，形成新的套路化叙事	
深层问题	语态反差是否会导致机构形象的断裂？	①新老媒体平台上的语态反差招致用户困惑。 ②挪用新媒体内容修饰传统媒体内容，无损传统媒体整体调性。 ③不同平台、不同账号的差异化语态可能带来形象的割裂，不利于长久维系用户关系
	语态变革是否会滑向娱乐化？	①硬新闻软包装的常态化助推新闻软化走向娱乐化。 ②“标题党”为博人眼球，多用娱乐化、夸张化的表述。 ③情绪化随着视频化趋势不断发展，有时能唤起共鸣、直击痛点，但媒体仍应当努力保持冷静客观，平衡情感与理性。 ④避免形式大于内容，损害媒体形象
	语态变革是否一定能打破新老媒体的文化隔阂？	①存在的障碍：新旧媒体隔阂、主流文化与亚文化的隔阂。 ②应当重构“媒体文化”，适应环境，提升专业能力

【案例拓展】官方卖萌的正反案例

(1)“深小卫”：深圳卫健委政务新媒体卖萌，画风独具一格。无论是“聪言聪语”还是土味情话，在玩梗的同时进行卫生科普，协助疫情期间的防控，在宣传上做到雅俗共赏、老少皆宜，使卫生健康传播为更多的用户所接受。

(2)“卖萌 Rap 版两会报告”：中国政府网、国务院客户端作词作曲和演唱的民谣 rap《每个人都在努力啊》一改往日国务院的刻板印象，嘻哈说唱一样不落，萌萌的简笔漫画风格也妙趣横生，国务院通过更加接地气、趣味灵活的方式向大众解读关于工作报告中的热点话题。

(3)“长江 2 号”：灾难新闻使用“萌化”语态可能带来“娱乐至死”的反效果。2020 年 7 月长江暴发洪水，新华社的《报告！我是长江 2 号洪水》对灾难用“萌化”方式营造诙谐拟人形象，掩盖了灾难本身带给人们生命财产安全的威胁和损害，消解的是媒体自身的公信力。

【案例拓展】“破圈”的经典案例

(1)随州文旅局长解伟：反向操作、“另类出圈”。

湖北随州市文化和旅游局局长，把随州的古银杏带火了，却被网友戏称为“以丑出圈”。作为旅游管理部门的负责人，为景区做代言早已有之，这位文旅局长，却因为和人们习惯的旅游景区形象代言人形成强烈反差，引发关注与热议。他选择以古风的方式去推广家乡，是因为随州有着深厚的文化底蕴。但因为没有预算“硬”上镜，准备不充分的“尴尬”妆容却让他出了圈，更多人对这样接地气、有新意的推广方式表示赞赏。这样反向宣传取得正面效果的案例其实并不罕见。

(2)《中秋奇妙游》：“传统美学的国潮盛宴”。

整场晚会将唐风宋韵、琴棋书画、诗词歌赋与 AR、VR、MR 技术相结合，通过现代的声光、舞蹈和充满科技感的画面包装，为观众打造了一场视听盛宴。国风盛行的背后是当代年轻人对中华上下五千年文化的认同感与自豪感。在新一代青年眼中，国风不再是老气、传统的符号，而是一种时尚的文化浪潮，一种新鲜的生活方式，更是一种勇敢的自我表达。

(3)“今天你刘畊宏了吗”：“云健身”的风口浪尖。

新冠肺炎疫情暴发以来，实体健身行业受到巨大冲击，人们居家健身需求激增，在疫情居家时期，直播健身也起到一种“情绪解压阀”的作用，直播间所营造的“欢乐健身”氛围、带来的“全民健身”的陪伴感，能够成为集体情绪的宣泄口，此外，这种“出圈”还依托于社交圈层的一种身份认同，成为朋友圈的“社交货币”。

(3)社会化媒体中如何做好“把关人”?

“把关人”理论最早由传播学奠基人之一的卢因在1947年发表的《群体生活的渠道》一书中论述了这一问题，认为在群体传播的过程中存在着一些把关人，只有符合群体规范或者把关人价值标准的信息内容才能进入传播渠道。1950年传播学者怀特将把关人理论引入新闻研究领域，明确提出新闻筛选的把关模式。社会化媒体中信息把关的主要方法如表4-3所示。

表4-3 社会化媒体中信息把关的主要方法

要点	具体内容
多角度核对	①核实来源与多源求证；②要素核对；③查看原文或初始出处；④核对时间准确与否；⑤知识性信息核查；⑥核查名人名言真假
逻辑判断	①排除前后矛盾、不合乎常理、因果关系不合理的情况。 ②因为受众思考不深，内容发布时间压力大，存在逻辑漏洞的内容也有可能大肆在社会化媒体中传播
技术性分析	①判断内容是否存在二次加工。 ②根据数据推理、运算，确定数据是否准确无误
直接验证	个人验证难度较大，机构可以通过验证增加内容可信度

(4)社会化媒体中如何做好危机传播?(见表4-4)

表4-4 社会化媒体中如何做好危机传播?

要点	具体内容
原则和技巧	①主动公开，分秒必争。 ②充分告知，如实告知。 ③不打太极，不逃避责任。 ④掌握表达与对话策略。 ⑤持续跟进对话，善始善终。 ⑥坚持伦理底线，给人说话的机会
危机传播中的语态“失态”	①“丧事喜办”，过于强调正面形象，将危机事件后的处理作为宣扬自我的机会，事事强调领导重视，反而会招致民众反感。 ②信息通报模棱两可、掩人耳目，缺乏关键信息，招致舆论哗然。 ③机械、冷漠、套路化通报，急于推脱责任，让民众不能信服，机构形象一落千丈。 ④以“警告性”语言抵挡，激起民众对立情绪

【考点拓展】危机公关的5S原则

危机公关5S原则是由中国关键点公关公司董事长游昌乔所倡导的，具体内容如下：

①承担责任原则(Shoulder the Matter)。

即危机发生后，社会组织不论谁是谁非，都应主动承担全部或部分责任。

②真诚沟通原则(Sincerity)。

指社会组织处理危机时，要做到诚意、诚信、诚实。

③速度第一原则(Speed)。

即组织必须快速反应，果决行动，积极与媒体和公众进行沟通，危机发生后，应尽可能把握主动权，控制事态发展，使其不扩大、不升级、不蔓延。

④系统运行原则（System）。

指在进行危机管理时必须系统运作，绝不可顾此失彼。

⑤权威证实原则（Standard）。

在危机发生后，社会组织应当请在公众中有权威的第三者出面，使公众解除对自己的警戒心理，重获他们的信任。

考点二：移动化策略 ★★★

1. 移动传播中的场景思维（见表4-5）

表4-5　移动传播中的场景思维

要点	具体内容	
场景应用的两个层面	共性化场景	聚焦用户共性化的诉求和行为特点
	个性化场景	需要顾虑实际情境中个体瞬时的诉求和处境
构成要素	空间与情境	固定场景与移动场景
	时间	节日、季节变换对应的行为与场景不同
	用户实时状态	受众即时的身体状态、心情、行为、需求等
	用户生活惯性	生活经验、行为习惯与偏好
	社交氛围	社交媒体是其中的重要元素
	体验环境	AR、VR、MR等技术带来的“具身”体验
场景适配	信息适配	①基于地理坐标的信息推送：走向商业化、场景化匹配。 ②适配要求内容与场景的匹配，要求内容形式符合阅读特点
	服务适配	①比信息适配范围广泛，手段和满足的需求更多元。 ②包括定制化的单一服务和配套的综合性服务
	对象范围	①包括标准化适配和个性化适配。 ②适配可以是迎合性，也可以是诱导性
场景五力	场景传播研究的重要分支是以斯考伯和伊斯莱尔为代表的技术派，认为场景传播依托移动设备、社交媒体、大数据、传感器与定位系统等“场景五力”，实现个性传播与精准服务	

2. 新闻客户端的运营策略（见表4-6）

表4-6　新闻客户端的运营策略

要点	具体内容	
自产与他产	自产	客户端内容的核心，内容垂直细分，更具专业性，需要针对客户端的特点做出调整，适应阅读习惯，需要配合他产满足“足量”的需求
	他产	转载其他媒体的内容，整合、鼓励优质内容
碎片与整合	信息社会的碎片化难题，缺乏整体性、逻辑性和结构性，需要筛选整合、组织排布、优化呈现	
个性与共性	个性	①个性化设置，分众化内容满足用户的兴趣偏好。 ②过度个性化可能会招致同质化、内容倦怠，陷入“信息茧房”
	共性	内容公共性是必要的

续表

要点	具体内容
内容与社交	新闻客户端的社交化转向： ①促成分享交流，优化形式设计，连通社交平台。 ②线上线下联动，促进用户深度参与。 ③平台的“社交化”和“社区化”建设
平台内经营与平台外引流、推广	①除了自身过硬的实力和优质内容，也需要利用推广和引流扩大影响力和传播力。 ②常见的引流方式有：社交平台账号、小程序等。 ③需要注意以劝诱而非强制的方式推广安装
机器审核与人工审核	机器审核在错字、别字等方面效率较高，在知识性和思想性的错误上人工审核必不可少
内容生产与生态建设	内容并非唯一，而是需要经营、社交、服务等多项并举

【考点拓展】新闻客户端面临的挑战(见表4－7)

表4－7　新闻客户端面临的挑战

要点	具体内容
受众	受众阅读习惯“快节奏化”“碎片化”“轻量化”，如何推动客户端下载提升、保证用户活跃度和留存度成为难题
客户端自身	①商业模式尚不明确：客户端已开展商业化运营的尝试，但对于地方主流媒体来说，仍较难找到可持续的变现方式，存在“造血能力”不足的问题。 ②运营思维滞后：传统主流媒体受限于以往的管理和经营思维，无论是UI设计、内容生产、技术应用等都不具备熟练自如的“网感”，用户使用黏性较低、内容趣味性互动性不足。 ③基础资源不足：综合性人才资源稀缺，人才向商业性企业迁徙
外部环境	信息分发渠道多样，多元化内容竞争，面临现实压力

考点三：视频化策略 ★★★

1. 新闻短视频生产力的锤炼(见表4－8)

表4－8　新闻短视频生产力的锤炼

要点	具体内容
短视频的文化基因	①“生活化”叙事。 ②“人本位”的文化根基
移动终端的“微叙事”模式	①文字“激活”：标题展示亮点，诱导用户点击。 ②“秒级”响应：开头抓人，几秒内留存用户。 ③身临其境：唤起在场感和参与感。 ④“第一人称”视角：沉浸式卷入体验，第一人称观察细节。 ⑤细节放大：微观叙事，放大细节。 ⑥“高光”营造：明确亮点，形式上制造高光。 ⑦“后台”前置：展示不完美的后台，贴近观众

续表

要点	具体内容
短视频在硬新闻中的应用	①兼具硬核与软壳。 ②把握“正能量”与批评性报道的平衡。 ③兼具完整线索与明晰焦点。 ④兼顾时效性与准确性
生产机制的创新	短视频的“UGC + PGC”机制： ①UGC：丰富内容、扩大覆盖、创意聚集、提高时效。 ②PGC：内容优质、稳定权威
局限	①情绪激化：视频声音画面结合的煽动性、直观性更强，容易激化情绪的宣泄，挑起对立。 ②断章取义：短视频片段式截取导致的误读。 ③内容同质化、套路化：套路简单且容易复制，制作门槛低，导致内容重复、审美疲劳

2. 视频直播的创新(见表4-9)

表4-9 视频直播的创新

要点		具体内容
慢直播	技术基础	智能手机、4G、5G
	特征	①直播机位固定，完整还原现场，受众全程观看。 ②强连接、强参与，形成临时共同体。 ③陪伴感强，成为人们纾解压力的方式。 ④能够自主解读、观看。 ⑤营造“在场感”，身临其境，成为生活的一部分
	需注意	不能滥用，合理策划慢直播
无人机直播	相比传统直播设备的优势	①近距离抵达新闻现场，观察捕捉细节。 ②宏大场景的全景视角拍摄，突破视角限制。 ③轨迹灵活，提供突破常规的全新视角
	发展趋势	无人机 + 传感器，丰富内容采集和信息维度
5G直播	①多方位、高速率、全视角：用户身临其境参与活动。 ②“遥在”：高清技术和VR、AR结合提升在场感。 ③设备迭代：大型直播车 + 第一人称的智能眼镜	
人工智能与智能直播	①机器人辅助：普及流动机位，提供多元视角。 ②内容生产主体：全程拍摄，智能剪辑，识别对象，语音转文字，拓展内容，多功能合一	

3. 基于视频的知识分享与知识产品开发

(1)基于视频的知识分享(见表4-10)

表4－10　基于视频的知识分享

要点	具体内容
直观优势	原理、过程、要点等视觉化、动态化，也可以添加动画说明
个人IP打造	可出镜，全方位展示魅力
弹幕	实时互动，参与感强，生产者可以根据弹幕对内容进行优化
平台拓展	不局限于与短视频直播，也有视频会议等方式

(2)基于视频的知识产品开发(见表4－11)

表4－11　基于视频的知识产品开发

要点		具体内容
移动时代的知识		①"美颜式知识"：轻度的、表层的知识，碎片化习得，通常是为了跟上日新月异的社会变化。 ②"健身式知识"：深层的、系统的知识，个体需要更多的时间精力消化。 ③现状：以前者为主，后者是未来的发展趋势
移动时代知识内容的生产者	分类	头部大咖、业内专家和具备特定知识或资源的一般用户
	趋势	前者为主，需要开发后两者的供给能力
	措施	①对用户：激发"认知盈余"。 ②对平台：调动集结用户资源，维护社区秩序

(3)基于视频的知识付费产品开发与分发(见表4－12)

表4－12　基于视频的知识付费产品开发与分发

要点		具体内容
感知有用性		①主观规范；②使用者形象；③工作相关性；④产出质量；⑤成果的可证性
市场发展	发展动因	①产品提升形象和能力。 ②营销推广贩卖焦虑
	存在问题	①产品质量参差不齐。 ②知识付费引人质疑
知识付费分发方式		场景化分发，直接连接知识和用户，分发更加高效顺畅

【考点拓展】知识付费及开发需要注意的问题

(1)定义。

知识付费是一种以开放型内容社区为依托，在付费的基础上由个人面向网络大众提供在线咨询、网络课程、信息共享等内容服务的传播模式。其本质是把知识变成产品或服务，以实现商业价值，付费的同时也激励优质内容的生产。自2016年来，知识付费进入井喷阶段，知乎live、得到、分答等都于同年上线，2016年也因此被称为知识付费元年。学者喻国明等认为，未来知识付费平台的发展关键在于技术升级和服务改善，应努力造就内容、社交和场景三位一体的服务模式，通过头部资源引流和扶持尾部资源构建多元化的知识付费内容，以此来促进知识付费市场的健康发展。

(2)知识付费产品开发需注意的问题。

①避免内容同质化，提升与竞品的区分度，彰显产品的独特价值；内容垂直细分，聚焦于现实生活中具体问题的解决。

②明确盈利模式，关注内容如何变现；明确用户画像，找准受众群体。

③保证知识付费产品开发者的专业性和权威性，努力提供优质内容。

④做好防盗版措施，避免知识产品内容贬值，盗版泛滥。

4. 视频带货带来的线上营销新模式（见表 4－13）

表 4－13 视频带货带来的线上营销新模式

要点	具体内容
个人魅力	①直播带货博主个人的能力、号召力和即时的变现能力。 ②带货者个人的“人设魅力”“明星光环”“个人 IP”
专业魅力	权威领袖具备号召力和强大的说服力，有利于形成持久的带货能力
场景与体验诱惑	即时的场景具备的在场感和煽动性致使冲动消费
文化诱惑	用视频展现出来的生活方式激发受众的向往

【考点拓展】短视频博主带货“翻车”的表现和原因

（1）主播言论不当招致的舆论风波。

“流量至上”的时代，强调主播的陪伴感和煽动性，常常需要长时间于直播间进行情绪调动，不可避免地使用煽动性的言论唤起用户情绪，如果不加以注意可能会涉及到敏感话题，如李佳琦对消费者“这么多年有没有努力工作，工资涨没涨”的发言，又如东方甄选主播中灿对“918”的解读，如果不时刻注重言论，合理化心态，就会陷入舆论风波，让消费者寒心。

（2）产品造假、质量堪忧殃及平台。

辛巴带货的燕窝竟是糖水造假、疯狂小杨哥直播间破壁机功率虚标，即使是头部带货博主也会面临一系列造假问题，反映出直播带货作为新兴产业存在商品质量问题、宣传管理也不够到位。主播售假已经成为直播行业内常态化的问题。黑猫投诉平台上，目前消费者针对抖音电商的投诉已经超过 9000 条，针对快手电商的投诉超过 1000 条，各大电商存在产品质量堪忧、造假、三无产品和虚假宣传等一系列问题。

（3）直播平台的监管和惩处力度不够。

直播平台和头部博主存在一定的利益关系，但目前各大平台也在向更强的流量掌控的方向发展，时刻准备应对头部博主翻车的情况。平台本身是博主、消费者和产品的交易中介，不直接干预货品质量和售前售后，但平台需要承担关联责任，发挥设定平台规则和控制流量分布等职责，目前直播带货的产品质量依然存在诸多问题，也显示出平台的监管缺位、惩处力度尚且不够，但平台方也在根据经验进行优化，如抖音电商日前在上海召开知识产权保护年度沟通会上提到，2023 年，平台已主动删除涉假商品链接超 80 万条，清退售假店铺超 6 万家，处罚违规创作者账号超 6 万个，封禁站外引流售假账号超 4 万个。

（4）主播及其团队本身素质堪忧。

直播行业的准入门槛不高，带货的资质要求也并不高，质量不能得到保证，直播带货博主能通过高佣金获利，消费者则难以通过售后渠道正常维权。而追溯商品质量低下的源头，是品牌方的生产质量堪忧，而主播及团队屈服于经济利益，罔顾消费者权益，最终导致“翻车”。

考点四：融合化策略 ★★★★

1. 网络传播中的多媒体融合报道

（1）多媒体融合报道的主要形式

①网页整合的融合报道；

②Flash 整合的融合报道；

③电子杂志整合的融合报道；

④信息图表整合的融合报道；

⑤移动终端基于 H5 的融合报道。

（2）不同形式信息的特点（见表 4－14）

表4-14　不同形式信息的特点

<table>
<tr><td>要点</td><td colspan="2">具体内容</td></tr>
<tr><td>文字</td><td colspan="2">①及时、全面传递信息；②成为深度分析的素材；③评论对新闻加以解读；④整合多元素材；⑤补全背景与知识</td></tr>
<tr><td rowspan="2">图片</td><td>作用</td><td>①传递现场感；②奠定报道基调，渲染气氛；③补足、解释新闻信息；④提供佐证；⑤调节视觉体验；⑥消除距离感；⑦设置导航；⑧提供比较；⑨传授知识</td></tr>
<tr><td>要点</td><td>①层次化处理，提示重点，弱化一般图片。
②素材收集需考虑质量、分量和使用方式。
③避免不必要的图片堆积，坚持适度原则</td></tr>
<tr><td>音频</td><td colspan="2">①补全信息；②打造现场感；③增强真实性；④奠定报道的基调</td></tr>
<tr><td>视频</td><td colspan="2">①各大媒体的视频新闻，需要注意版权问题。
②短视频、中长视频皆可</td></tr>
<tr><td>动画</td><td colspan="2">①整合素材，作为完整报道过程的独立单元。
②起到代替作用，补足缺失的影像资料。
③活跃报道的氛围，使之生动活泼。
④提升报道的参与互动</td></tr>
<tr><td>互动</td><td colspan="2">利用小程序、H5、问卷、提问、评论等方式增加互动</td></tr>
</table>

(3)多媒体融合报道的原则(见表4-15)

表4-15　多媒体融合报道的原则

要点	具体内容
物尽其材	最大限度利用素材，物尽其用
取长补短	效果呈现组合优化，并不单独割裂某一部分
有机融合	各个媒体相得益彰、相互促进
注重用户体验	考虑用户心理需求，不断根据使用习惯优化体验

2. 网络传播中的多平台联动(见表4-16)

表4-16　网络传播中的多平台联动

<table>
<tr><td>要点</td><td colspan="2">具体内容</td></tr>
<tr><td>主要方式</td><td colspan="2">①多平台同时发布同一内容。
②某次大型报道中兼顾多平台调性，分发不同内容</td></tr>
<tr><td>内容样态与分发平台之间的匹配度</td><td colspan="2">①网站、客户端：深度的、优质的、整合信息，但流量有限。
②社交平台：流量具备优势，但内容深度有限，时效性强</td></tr>
<tr><td rowspan="4">多平台的有效互补、联动</td><td>时效性的互补</td><td>生产耗时不同，错落时间形成全方位、全流程覆盖，也需要注意把控“度”，避免招致反感</td></tr>
<tr><td>深度的互补</td><td>部分平台内容较浅，与深度内容的平台结合呈现，互相补足短板</td></tr>
<tr><td>语态的互补</td><td>根据平台和受众特点选择不同语态，需要总体上保持媒体形象的相对统一，避免割裂感</td></tr>
<tr><td>流量相互引导</td><td>各大平台之间可以相互引流，提高活跃度</td></tr>
</table>

续表

要点	具体内容
多样态生产、多平台分发的实际价值	①同质化内容呈现带来的倦怠感担忧。 ②片面强调多元化样态带来的优质内容退位。 ③如何高质量融合成为需要关注的重点

考点五：数据化与可视化报道策略 ★★★

1. 数据新闻、信息可视化、信息图表

(1)数据新闻(见表4－17)

表4－17　数据新闻

要点	具体内容
概念	又称数据驱动新闻，即对大规模数据进行结构化分析、过滤与加工，并以可视化方式呈现的新闻报道方式。它建立在互联网资源免费共享的基础上，以数据贯穿新闻生产叙事的一整套流程
优势[与传统新闻报道方式相比]	①既可刻画事物的静态特征，又能展现事物的动态变化，便于相关事物横纵对比。 ②建立全局观，更好地了解事物的整体面貌或深层表现。 ③建立联系观，揭示事物之间的内在联系，如事件发生的原因或影响。 ④挖掘事件起因，提供证据支撑。 ⑤揭示内在模式或规律，透过现象看本质，这是数据新闻对传统新闻报道方式的突破之处。 ⑥预测某些事物的趋势与走向，这是数据具有的独特力量

(2)信息可视化、数据可视化与信息图表(见表4－18)

表4－18　信息可视化、数据可视化与信息图表

要点	具体要求
信息可视化	指用图形、图像等视觉符号方式来传达数据、知识或其他抽象内容
数据可视化	①是信息可视化的一种。 ②需具备两个要素：可被用于分析的数据[数值型、文本型、"关系"]；形象化的呈现[可视化、可听化]
信息图表	①是信息可视化的结果。 ②是将数据与设计结合起来的图片，是可视化的数据或概念。 ③包括静态和可互动的图表，动态的图表以鼠标触发互动。 ④信息图表可以被运用到融合报道中

2. 数据新闻的生产要点

(1)数据新闻生产的一般流程

数据新闻的倒金字塔结构[保罗·布拉德肖]：数据收集、数据清洗、背景了解和数据结合。

(2)如何用数据来讲新闻?

①用数据描绘新闻对象的主要状态。

②用数据强调新闻的某个典型侧面或主要特征。
③通过数据揭示内在冲突或戏剧性。
④用数据呈现事物的异常或变动。
⑤在数据分析中梳理内在规律与模式。
⑥用数据刻画事物之间的关系、关联。
⑦在数据分析中探究原因及背景。
⑧基于数据预测变化趋势。

(3)数据的来源(见表4-19)

表4-19 数据的来源

要点	具体内容
新闻或媒体数据	包括：①媒体已有的报道；②媒体的报道本身也成为数据资源
政府机构、组织或企业公开信息	公开信息及数据库，需要自行判断数据是否可信
专业类网站(客户端)或数据库的数据	网络中的专业数据库、各类网站
用户数据	包括：①用户主动产出的内容；②各种行为记录数据
物联网数据	物联网传感器采集或发出的数据，如GPS系统
众包化数据	建立一个平台刺激网民参与，使其成为数据的生产者或贡献者
其他	独特新闻数据来源，适用于特定新闻选题

(4)如何采集所需数据？(见表4-20)

表4-20 如何采集所需数据？

要点	具体内容
需要编程的工具	Python
傻瓜式工具	Web Scraper、“八爪鱼采集器”、“后羿”、“集搜客”
软件中内置的工具	Excel

(5)如何让数据变得更“干净”？(见表4-21)

表4-21 如何让数据变得更“干净”？

要点		具体内容
数据“可用性”的判断	数据的真实、权威与否	①数据来源是否权威可靠。 ②数据立场是否客观中立、无利益牵扯
	深挖、分析数据背景	①了解何时生成、为何生成、是否适用。 ②了解时效性、价值和适用范围
	分析质量	包括是否完整、是否一致
	在特定主题下的价值	①对观点和主题的支持能力。 ②数据是否完备

续表

要点	具体内容	
数据的“清洗”	去除数据中的杂质	①脏数据包括：重复数据、错误数据、不完整数据、相互冲突的数据。 ②重复数据删除，错误数据调整或删除，不完整数据补足（收集补足或推理补足），冲突数据校正或删除
	规整数据格式	统一名称、单位、格式
	借助工具	Open Refine、Excel 等

（6）如何避免数据分析中的误区？

需要小心以下情况：

①用局部代替全局。

②绝对值滥用。

③平均数误用。

④错误的概念使用。

⑤“幸存者偏差”。

⑥“相关关系”误为“因果关系”。

⑦虚假的“相关性”。

⑧“辛普森悖论”，简单用部分结论推导总体结论。

⑨小样本或样本偏差。

3. 如何进行新闻的“可视化”？（见表 4－22）

表 4－22　如何进行新闻的“可视化”？

要点	具体内容
提示要点	判断、提炼新闻价值，注重布局呈现的逻辑
揭示关系	梳理关系和利益相关，深化内容理解
图解过程	直观清晰，部分呈现可能需要技术加持，成本相对较高
梳理进程	还原事件进程，如“时间线”
展现情状	还原形势，呈现状态
解释原理、原由	深入浅出解读知识
阐释观点	“有图有真相”的意见表达，需要避免过度解读
揭示规律	直观清晰展示规律
实时交互	采集数据、收集反馈、优化内容
个性化服务	用户提供个人数据，获得个性化、定制化内容

4. 信息图表的制作要点

（1）信息图表的逻辑结构（见表 4－23）

表 4－23　信息图表的逻辑结构

要点	具体内容
基于“展示”的逻辑结构	通过图表对事物进行展示，需要设定基本维度，如空间，并以此呈现事物特点

续表

要点	具体内容
基于"叙事"或"论证"的逻辑结构	①叙事的逻辑：围绕主题进行介绍、描述、解释，结构包括并列式、递进式等。 ②论证的逻辑：论述、分析观点，呈现过程。 ③多用于"看图说话"类图表
基于"比较"的逻辑结构	①比较的手段包括：饼图、柱状图的形式，用长时间的时空跨度对比等。 ②比较的原则： a. 直接表现差异，起到评论的作用； b. 客观中立
基于"演变"的逻辑结构	通过折线图、堆栈图、时间线等展现时间维度下的演变过程
基于"关联"的逻辑结构	用线条或空间关系将事物之间的联系或数据之间的相关性直观呈现出来

(2)信息图表的构成要素(见表4-24)

表4-24　信息图表的构成要素

要点		具体内容
视觉符号	数据可视化后的图形	包括：①饼图；②圆环图；③条形图；④柱状图；⑤折线图；⑥堆栈图；⑦散点图；⑧树图；⑨雷达图；⑩地图；⑪网络图；⑫词云图
	不依赖数据的图形符号	相对自由，总体原则直观、简洁即可
标题		注意事项包括：①角度要小以免过于宽泛；②提炼与表达应准确，避免误导
文字		作用包括：①补充说明；②起承转合
图例		注意事项包括：①文字说明应该简洁、明了；②色彩应呈现出更好的美工效果以及用户体验；③应对坐标轴的意义及单位进行明确标示
注释		用来说明资料和数据来源，可放在图表标题区域、图表最后，或重要数据出现的位置

(3)信息图表的视觉设计与用户体验(见表4-25)

表4-25　信息图表的视觉设计与用户体验

要点	具体内容
美观	①忌单调，容易产生审美疲劳；忌繁杂，让人难以抓住重点。 ②色彩要和谐，可结合图表主题来设置颜色，采用对比色搭配、邻近色搭配、同色系搭配等。 ③背景图片利于提示信息属性或特征，加深印象，但不可妨碍主要信息的呈现。 ④排版清爽的同时又能展开细节
内在逻辑	逻辑明晰且一致，意义明确，一目了然

(4)信息图表的用户体验(见表4-26)

表4-26　信息图表的用户体验

要点	具体内容
明晰	简明清晰，互动指向明确

续表

要点	具体内容
好看	容易分辨，一目了然
高效	打开速度要快，版面受限的情况下，互动体量轻且简单快捷

(5)信息图表的制作工具(见表4-27)

表4-27　信息图表的制作工具

要点	具体内容
数据可视化工具	①常用：Excel、Tableau、Google Chart[在线]、百度Echarts[在线]。 ②傻瓜式：文图、镝数、花火数图、piktochart、infogram等。 ③词云：Tagxedo、Tagul。 ④社会关系：Gephi、Ucinet等
图解类的信息图表	Adobe Illustrator、CorelDRAW、Smart Draw、Photoshop、Visual. ly Create
交互式效果制作工具	①常见：与HTML、CSS、与JavaScript等技术结合，工具如D3等。 ②专业：Python、PHP、Processing、R等

(6)信息图表制作与传播中的常见误区(见表4-28)

表4-28　信息图表制作与传播中的常见误区

要点	具体内容
数据应用与分析中的误区	①数据应用与分析是否准确、合理。 ②数据对主题的论证是否充分。 ③文字解读是否合理，有无过度解读
表现形式上的误区	包括：①图形选择失当；②单位、起点选择失当
应用传播中的误区	包括：①滥用信息图表；②传播平台选择失当

5. 数据风险与数据素养

(1)数据假象(见表4-29)

表4-29　数据假象

要点	具体内容
数据样本偏差带来的“以偏概全”	①因平台独占、利益相关、行业限制、技术能力等因素导致数据残缺不全、样本量不够、覆盖规模小等问题。 ②大数据分析、小样本分析、全样本数据、行业数据均存在“以偏概全”的问题
“脏数据”带来的污染	①数据清洗未能完全清除污染。 ②数据分析者无视甚至主动添加污染数据
数据分析模型偏差带来的方向性错误	①分析模型不够科学、合理，存在偏差。 ②数据分析者主动歪曲模型以达到自己需要的效果

续表

要点	具体内容
数据挖掘能力有限带来的“浅尝辄止”	①被动进行数据化转型但媒体本身数据挖掘能力不足，数据化的应用仅限表面，内生动力不足，漏洞百出。 ②数据挖掘浅显导致对拟态环境的塑造也流于表面，导致受众对外部世界产生认知偏差
数据解读的偏差	①没有受到专业的数据解读训练，对数据的解读多主观臆断，简单片面或过度解读的情况时有发生。 ②可能导致环境认知偏差，甚至决策偏差，运用越多，风险越大。

(2)数据素养(见表4-30)

表4-30　数据素养

要点	具体内容
定义	数据素养(data literacy)，即个体对数据的察觉、评价和使用的意识和能力，包括数据意识、数据采集能力、分析和深入思考数据的能力、基于数据的决策能力、对数据的批判性思维
主体	专业从业者、管理者、决策者、普通用户
数字伦理	①逐渐被囊括到公民的数据素养体系。 ②不仅是对专业数据分析者的要求，也与个体用户息息相关，个体有必要提升伦理意识

4.3　课后习题详解

1. 你认为内容生产者应该如何利用好社交化传播?

答: 社交化成了新闻领域的一大转向。对于内容生产者来说，社交化传播意味着用户成为传播的渠道和内容的“导体”。生产者应该正视用户参与传播的情绪和诉求，关注用户心理，发挥用户对内容的传导力，最大限度地利用社交化传播。

(1)革新传播语态，创建新型报道模式。

社交媒体的用户群体以年轻人为主，传统主流媒体要适应面向年轻用户群的社交化传播，在传播语态上要注意革新。如选用易形成谈资、引发用户兴趣的人性化、故事化选题，借用网络流行语、萌言萌语等带有网络文化基因的语态表达方式，从顺应用户行为特点的角度调整传播策略等。当然，近年来，主流媒体也做了很多此方面的有益尝试，如两会报道中的“大V侃两会”“代表委员Vlog”“两会邀你加入群聊”等主题策划，都展现出主流媒体试图跨越媒体文化间的隔阂，革新传播语态，吸引年轻用户关注参与所做的努力。

(2)挖掘用户潜力，不断完善“PGC+UGC”协同生产机制。

社交媒体时代，普通网民被赋予内容生产的权力，在公共开放空间自由表达意见、传递发布信息，以“个人议程”影响“媒介议程”。近年来，有很多媒介事件都来源于网民爆料。而随着媒介技术的发展和媒介生态环境的变化，不仅是消息来源，“用户生成内容”也越来越多地参与到专业化媒体新闻生产进程中，形成UGC与PGC相结合的新闻生产方式，如梨视频“全球拍客+专业编辑”的生产方式。对于主流媒体来说，如何不断升级与挖掘用户潜力，将“用户作为新生产力嵌入到媒体的生产系统”中，成为社交化生产的重要一环。

(3)建立跨媒介叙事平台，吸引和满足多元用户需求。

2003 年，麻省理工学院教授亨利·詹金斯首次提出"跨媒介叙事"概念，作为一种内容创意理念。在新闻报道中，主流媒体可以充分考虑受众在不同媒介平台(如报纸、广播、电视、网站、社交媒体)的内容体验需求，在保持新闻作品统一连贯性前提下，在不同媒介平台展开相互独立但逻辑上高度关联的叙事主线，从而创造出紧密和互补的用户体验。

(4)研究用户心理，深化用户的传导力。

生产者要精准把控用户的心理，努力激发用户在社交网络中传播、分享的行为，激发用户作为导体的作用。但是也需要把握诱发的程度，避免陷入流量陷阱，用一些噱头、"标题党"的行为吸引用户传播，陷入感性大于理性，专业性让步的境地。

2. 结合实际案例分析媒体的语态变革的经验或不足。

答：在新闻报道的传播要素分析中，语态指的是表达方式和叙述态度。新闻语态的变革往往可以视为媒体传播范式变化的象征。在技术、用户、样态三大要素的驱动下，以《新闻联播》为代表的主流媒体电视新闻，在促进传受"互动"的过程中，不断提升内容呈现和叙述表达的亲和力、亲切感，努力与用户达成内容共享、思维共识、情感共鸣，在传播语态上呈现出明显的"亲民"特征。

(1)媒体语态变革的经验。

①注重话题式传播。

在海量信息聚集的互联网传播平台上，用户注意力的聚合呈现出明显的"浪潮式"特征，大众对新闻事态的关注随着热点话题涨落起伏，形成一波又一波的社会舆论和公众情绪。话题对舆情的牵引效应显著增强，无论对于机构媒体还是自媒体，"蹭热点""上热搜"都已成为常态的新闻策划和操作手法。为了强化话题传播对社会舆论生态的正向引导作用，主流媒体通过加大话题投放，不断提升传播的综合效应。在话题式传播过程中，情感化叙事对社会舆论和公众情绪的引导作用日益凸显。

②活用互联网话语。

在以互动作为传播基因的网络媒体平台上，以平等的姿态加强与用户的"对话"，引导用户参与互动，是主流媒体提升内容传播力的必由之路。在近期的语态变革中，《新闻联播》贴合互联网用户表达习惯，活用互联网话语表达方式，将主流意识形态与时政内容进行整合输出，对社会舆论形成了良好的引导效应。

③强化主持人网感。

在视听传播过程中，传播者、叙事者的形象建构对于传播效果的提升至关重要。对《新闻联播》等主流媒体新闻节目而言，从大屏到小屏、从长视频到短视频，打造具备浓郁网感的主持人，可以在对内传播中展现个人亲和力、感染力和吸引力，在对外传播中彰显中国立场、中国态度和中国气派。

(2)媒体语态变革的不足。

①年轻化语态的"用力过猛"。

警惕刻意迎合给年轻人带来的尴尬与反感。主流媒体在年轻态表达实践中极易出现"用力过猛"的现象，处于一种"语态在变，但主流文化内核未变"的尴尬境地，易给年轻群体造成不适感。对部分年轻人来说，他们更愿意保持主流文化与亚文化之间的界限并相安无事,如果传统媒体试图闯入这个城堡中,反而可能让他们惶恐。媒体的年轻态表达也应在对年轻群体亚文化的理解与接纳的前提下进行,而非对其亚文化外壳的简单利用。

②泛娱乐化的思想偏移。

警惕泛娱乐化和弱思想性带来的语态失态。适当选用网络新词能拉近主流媒体与年轻用户的距离,增强内容的互动感和社交感。但网络用语一般都具有泛娱乐化和弱思想性的特征,不加节制、不分场合地使用网络用语可能会破坏语言生态。而在面对严肃社会新闻、灾难新闻或敏感、有争议的新闻话题时,则更应谨慎使用。

3. 结合实际案例分析短视频新闻实践中的经验与问题。

答:随着技术的发展,短视频新闻实践蓬勃发展。短视频栏目《主播说联播》结合当天重大事件和热点新闻,用趋向感性的语态传递主流媒体的声音,内容上实现对新闻的再生产,形式上贴合新时代传播样态,及时、真实地向大众传递信息。

(1)内容构建:从"理性叙事"到"感性叙事"。

①叙事方式的"感性"基因。

《主播说联播》是新闻资讯类短视频的官方新探索,它的开创目的不同于传统新闻栏目,叙事方式也不同于传统新闻的"理性叙事","感性叙事"使其传播效果更好。它是在新媒体的背景之下推出的短视频栏目,其叙事性重在传递主流意识,交互认知共鸣。在公共话语空间中,公共情感的搭建需要新闻情感效果、情感力量的渗入。

②选题方向的多元吸收。

《主播说联播》在选题上有两个方向的来源。一是巧用当天《新闻联播》中的时政报道消息,挖掘宏大主题,把握主流方向,提高传播效率。二是挖掘网络社会热点等其他信息来源,且信息趋向平民化、大众化。

从"理性叙事"到"感性叙事",主流媒体通过对叙事方式的调整与改进,在移动互联网时代实现了对社会话题传播、舆论生态场域的正确、有力引导。

③丰富立体的视听呈现。

《主播说联播》的视听呈现体现了丰富立体的仪式重构,通过拍摄场景、背景音乐、字幕变化、图片视频等设置,加工达到一定的可视化程度。立体丰富的栏目呈现改变了原有的理性叙事规则,在感性叙事与理性叙事融合的栏目呈现中,极大丰富了受众的情感抒发,增加了受众的感知触点,符合受众的当代观看需求,从而增强了传播效果。

(2)语态变革:多种语言的融合调用。

中国电视新闻语态经历了从"讲话""说话"到"对话"的历史沿革。《主播说联播》的话语调试呈现出紧跟时代、网感强的特点,副语言表达灵活多变、收放自如,总体表现出多种语言融合调用的特征。

①紧跟时代的话语调试。

在媒介化社会下,主播是主流媒体从"理性"走向"感性"的重要力量,互动、生动是传播的重要基因。《新闻联播》中的主播总是给我们一种端庄严肃的感觉,而新闻播报工作中确实需要这样的表达状态。反观《主播说联播》,主播有了个性化表达、平民化语言、互动式交流,他们用通俗易懂的语言传递主流媒体的声音。

② 灵活多变的副语言释放。

在《主播说联播》中，副语言的运用更加灵活多变，不同于在《新闻联播》中固定不变的样态。从配合拍摄场景调度来说，主播播报姿态有新闻坐播、新闻站播、新闻走播、全景状态。在《主播说联播》中，这四种方式都有体现，播报姿态的更新、组合使节目调度活跃起来，祛乏祛燥，不喧宾夺主。从肢体语言来说，形成立体式感性互动结构，主播们通过手势、点头等一系列肢体语言，更加生动地辅助了话语内容，强调了主持人的主体性，充分表达情感，明确阐释态度。

语态的变革反映了主流媒体对年轻受众心理的关注，拉近了主流媒体与年轻群体的距离，增进了主流媒体与年轻群体的相互了解，拓展了主流媒体与年轻群体的话语交互。主流媒体在潜移默化中对年轻群体进行主流价值输出，强化正向价值观的引导作用，进而增强年轻群体对主流媒体的信任感。

4. 你认为好的数据新闻应该有哪些标准？

答：数据新闻，即数据驱动新闻（data driven journalism）。数据新闻以数据为核心，通过数据讲好新闻，以下将从数据新闻生产的不同阶段，揭示好的数据新闻的标准：

（1）准备阶段：客观、干净、真实、权威、时效性强的原始数据。

①在数据采集方面，需要对数据来源进行严格的筛选和审核，判断数据的真实和权威与否，数据采集以权威部门为主，但对采集到的数据也需要进行分析和质疑，对商业性质的数据来源需要注意其立场，避免数据丧失公正客观。

②要深挖数据的背景并分析。需要判断数据的适用性、时效性、价值等。

③需要判断原始数据的质量高低，低质量的数据需要被筛选过滤。

④要判断数据对某一特定主题是否适用，如无法适配主题，优质的数据也没有价值。

⑤在确定选题的基础上，需要寻找和获得与主题相关的可靠数据，并对数据进行有效清洗、加工、规整，之后才能进入数据分析阶段。

（2）分析阶段：准确、深度、可靠的分析和挖掘。

数据分析必须准确。数据分析是数据新闻的核心，它通过对数据的挖掘和分析，揭示数据背后的故事和规律。因此，在进行数据分析之前，必须对数据进行清洗和预处理，确保数据的准确性和完整性。同时，数据分析必须符合科学规范和方法，不能出现主观臆断和误导性的分析结果。

（3）呈现阶段：形象化、可视化的生动呈现。

数据新闻通过形象化、可视化的呈现，有助于将复杂的数据信息、交错的关系、背后深层的原因和背景、内在规律、未来趋势，以形象、生动、简单的方式呈现，提升专业新闻的“阐释”效果，增强用户交互式阅读体验。在进行可视化呈现之前，必须对数据进行适当的处理和筛选，选择合适的可视化形式，确保可视化效果生动、直观、易于理解。

5. 你认为目前中国的数据新闻实践有哪些特色，存在哪些障碍？

答：数据新闻，也称数据驱动新闻，是一种基于数据的挖掘与分析，辅以可视化呈现方式，拥有独特叙述维度的新型新闻形态。

（1）中国的数据新闻实践的特色。

①用数据讲故事。

数据新闻改变了传统的新闻制作过程和叙述方式，通过对数据的一系列处理，将有意义的数据分析升华为新闻报道，使数据成为故事的一部分。数据的处理不是简单的挖掘与分析，好的数据新闻对采集、数据量、类型、分析方法等多个过程都提出了要求。对数据信息的挖掘与呈现，不仅可以提高故事的客观可信度，还可以丰富读者的情感体验，使新闻更具价值。

②可视化呈现。

自2014年以来，数据新闻的传播平台逐渐从PC(个人电脑)端转移至移动端，数据呈现形态更加多元化，一般分为可视化数据图、互动图表和网络在线演示三类。图表将高效的信息传递与视觉文化相结合，用丰富的色彩、直观的曲线、互动的元素取代报道中冗长复杂的文字，从而降低读者的阅读成本，优化受众的阅读体验，传播效果也更加理想。

③独特的叙述范式。

数据新闻的本质依旧是新闻，因此不能像科学报告一样简单粗暴地罗列数据与分析，同时它又是数字化时代的产物，因此拥有独白式和视觉化融合的叙事维度。报道所涉及的议题一般是全国乃至全球范围内的重大事件或民生热点话题，深度剖析其原因、变化和走向，实现新闻公共服务的价值。同时，数据新闻需要用数据来讲述故事，综合运用各种数据图表，使用不同的构图元素，配合文字阐述，相辅相成呈现新闻。

(2)中国的数据新闻实践存在的障碍。

数据新闻佳作不断的同时呈现不断完善的趋势，具体来说，报道引用的数据增多且更专业，所使用的爬虫和分析技术更先进，动态的可视化内容增多，带来的视觉体验更为生动。但是在数据新闻演进过程中，也呈现了一些亟待解决的难题。

①可视化手段相对单一，以静态信息图表为主。

目前国内数据新闻仍以静态的信息图表为主，其包含的信息量和层次有限，并不能立体、全面地反映新闻事实，相对扁平的表现手法也会引发读者的倦怠感。《卫报》和《纽约时报》的数据新闻频道，近年来静态信息图表的使用率已经有了明显的降低，互动式动态图表开始挑起大梁，在内容的呈现上动态图表比静态图表更具层次感，信息量更大。

②主题报道不均衡。

由于数据新闻自身的特性，民生领域往往是数据新闻的主要着陆点，因而报道数量相对较多，所以导致了报道主题失衡的现象异常严重。其次，有关海外的数据新闻作品屈指可数。

海外主题的作品严重缺失，不仅无法满足海外用户希望通过多种渠道了解与之具有地理和情感贴近性的数据新闻信息的需求，而且关闭了国内受众了解外界的窗口，使民众产生信息闭塞的消极体验与感受，新闻信息报道与新闻宣传报道的平衡被打破。

③数据新闻被混淆，深度报道受制约。

在当下媒体融合纵深发展的背景下，媒体行业的竞争日趋激烈，包括新华网在内的主流媒体为提高作品传播的时效性，吸引受众注意，增强受众黏性，热衷于在数据新闻栏目下推出冠以“一图读懂”“一图了解”之名或未冠以“一图”之名，却行“一图”之实的报道形式。数据记者对数据进行简单分析处理，便可迅速生产出“一图”新闻，以满足受众碎片化阅读的需求。

④人才储备不足。

专业人才不足也是制约行业发展的一个因素。纵观我国数据新闻行业，存在人才缺乏、人员专业能力不足等问题。记者新闻敏感度不高或数据处理方法不当，所生成的报道无法全方位还原事件的始末，此外，各类图表的制作能力有限，视觉上的吸引力较弱，加上记者耗费大量时间成本斟酌图表的使用，导致新闻时效性不足，严重滞后。

4.4 考研真题与典型题详解

一、概念题

1. 社群营销[北京工商2023年研]

答：社群营销(Community Marketing)是利用社群的特征而采取的营销策略。武永梅在《社群营销》中指出，社群营销就是利用某种载体来聚集人气，通过产品和服务满足具有共同兴趣爱好群体的需求而产生的商业形态，微信、微博、论坛和线下社群等都可以是社群营销的载体。通俗来讲，社群营销就是为了实现将兴趣群向消费群的转变，并通过社群各成员之间、社群成员与社群之间持续互动所形成的社群情感为纽带来达到产品宣传、销售或服务的目的。

2. 危机传播[中央民大2021年研；中山大学2019年研]

答：危机传播是指面对社会的危机现象，合理选择大众传播及其他手段，对社会加以有效干预、控制舆论的信息传播活动。其目的是根据社会传播和新闻传播的规律，对危机事件处理过程进行干预和影响，促使危机和舆论朝着正向转化。危机传播主要的三个维度是：①媒体，负责沟通公众和政府，上情下达、下情上传，使危机事件高效、快速被解决；②公众，需要媒体及时稳住舆论，公开透明地解释来龙去脉，稳定人心；③政府，需要及时通过媒体进行公开，调度公众，解决事件。危机传播需要坚持的"3T"原则是：①以我为主提供信息(Tell You Own Tale)；②尽快提供信息(Tell It Fast)；③提供全部情况(Tell It All)。

3. 数据新闻[社科院2024、2023年研；重庆大学2023年研；复旦大学2022年研；中南大学2022年研；四川外国语2022年研；上海交大2021年研；上海大学2021年研；浙江大学2020年研]

答：数据新闻，又称数据驱动新闻(Data Driven News)，是指基于数据的抓取、挖掘、统计、分析和可视化呈现的新型新闻报道方式。数据新闻是在大数据的技术背景下产生的，是随着数据时代的到来出现的一种新型报道形态，是数据技术对新闻业全面渗透的必然结果。数据新闻具有描述、判断、预测、信息定制等功能，其特征有：①以服务公众利益为目的；②以公开的数据为基础；③依靠特殊的软件程序对数据进行处理，挖掘隐藏在宏观、抽象数据背后的新闻故事；④以形象生动的可视化的方式呈现新闻。数据新闻的出现在一定程度上改变了传统新闻生产流程，在新媒体时代被广泛应用。新华网的数据新闻、腾讯数据新闻模块以及中央电视台的"数说命运共同体"都是运用数据做新闻的实践。

4. 多层次数据

答：多层次数据，是指一个数据能够被分成多个子项目，且子项目还能继续细分。树图能够很好地呈现多层次数据。例如，在某高校应届毕业生的就业数据项目下，包含不同行业、职类、城市分布、薪资；而行业又能分为能源、化工、环保、传媒、电子、通信、半导体。城市分布又能分为一线城市、二线城市等；薪资又能分为不同档次。

5. 慢直播

答：慢直播最早起源于2009年，挪威为了纪念卑尔根铁路诞生百年而播出了《卑尔根铁路：分分秒秒》，完整采用了这种“慢直播”形态。从定义上看，慢直播是指借助直播设备对实景实地进行长时间的内容记录并原生态呈现的一种直播形态。从新闻生产的角度看，慢直播的优势包括：①完整呈现新闻现场和新闻走向；②具有独特的沉浸式陪伴感和参与感；③“无叙事结构”方便自主解读。但慢直播并非无条件适合所有主体，需要媒体自行辨别，判断使用的时机，最大限度唤醒观众的兴趣。

6. 互动式信息图表[云南大学2019年研]

答：互动式信息图表是指发布在网络上，综合了文字、图像、音频、视频等符号，以动态为表现特征，具备了和受众及时互动、实现双向交流等功能的信息图表。这种传播方式的诞生，是在媒介融合大趋势下的一种主动而积极的应对。根据受众的参与情况和图表设计制作的复杂程度，互动式信息图表大致可以归纳为四种类型：①Flash动画型，在图表展示过程中受众仅需用鼠标点击某个图标，不同图表将接二连三地展示相关信息；②信息查询型，通过受众的点击、移动等操作来获取信息；③问卷调查型，以调查问卷的形式表现出来；④综合集纳型，将信息集纳汇编后呈现出来。

7. 信息图新闻[南京大学2016年研]

答：信息图新闻是指在新闻可读性和新闻可视化的大背景下，合理运用图表进行新闻解读、数据展示、情景再现的新闻表现形式。信息图新闻对于提升新闻报道的传播力和亲和力有重要的作用，尤其在版面无新闻照片可用，或者单独用新闻照片无法充分表达报道主题的情况下，图表具有显著优势。信息图新闻依据大数据及大数据挖掘技术基础制作图表，对相关新闻进行解读，既能起到美化版面的作用，又能起到对相关报道主题进行解读和深化的功能，是“后新闻业时代”新闻类型变化的最新表现方式。互联网、移动互联网及各种移动互联终端的出现，促进了信息图新闻这一新的信息生产及使用方式的产生。信息图新闻是媒体内容生产转型的有益尝试，它更符合移动互联网时代受众的信息接受方式，提高了信息接收的效率，对新闻生产者的能力提出新的要求。

8. 新闻可视化[浙江大学2016年研；暨南大学2016年研]

相关试题：

(1)可视化[复旦大学2016年研]

(2)News visualization[北外2019年研]、**可视化新闻**[厦门大学2021年研；陕西师大2021年研；华中师大2020年研；北外2019年研；复旦大学2017年研]

(3)信息可视化[南京师大2024年研]

答：新闻可视化是指以数据为核心、以信息为支撑、以可视化为载体的跨媒体新闻报道形式。它综合了现代信息技术、数据化制作和可视化生产等多种应用。简而言之，新闻可视化是基于数据挖掘、以可视化为呈现形态的报道形式。新闻可视化具有二维可视化新闻、二加 N 维可视化新闻和网络可视化新闻等表现形式。相对于传统新闻报道形式，新闻可视化具有简洁性、数据化、高效传播效果等突出特点。可视化新闻产生的原因：一是传播技术的进步和普及，二是文字、图片的形式难以满足深度呈现新闻的需求。可视化新闻将新闻转化成图像与图形相结合的形式，即使是复杂枯燥的新闻，也能激发读者阅读的兴趣，且媒体可以实现纸媒端、电脑端、移动端同时发布。

9. 数据素养

答：数据素养(data literacy)，是指个体具备数据意识和对数据的敏感性，能够有效、正当地觉察、评价和运用数据的一种意识和能力。数据素养包括：①数据意识；②获取数据的能力；③分析、理解数据的能力；④数据决策力；⑤对数据的批判性思维和反思能力。数据化生存时代，面对海量数据，个体需要自主培养对数据的批判能力，始终需要对数据是否可靠、权威保持正确的判断，理解数据本身的含义和引申义。

10. 场景五力[西北政法 2023 年研]

答：罗伯特·斯考伯(Robert Scoble)和谢尔·伊斯雷尔(Shel Israel)所著的《即将到来的场景时代》一书指出了与场景时代相关的五个要素：大数据、移动设备、社交媒体、传感器、定位系统。他们把这五种要素称为“场景五力”，并认为：“五种原力正在改变你作为消费者、患者、观众或者在线旅行者的体验。它们同样改变着大大小小的企业。”这些新的技术之所以推动了场景这个要素在经济中的应用，是因为它们将以往抽象的场景变成了今天具体的可测量的场景，使其成为移动服务中可以直接应用的各种“变量”。

11. 把关人[中山大学 2023 年研；云南大学 2023 年研]

答：把关人(gatekeeper)又译“守门人”，是指那些在新闻媒介系统中居于决断性的关键位置，对信息进行过滤和加工的人或组织，而这种对信息进行的过滤和加工的过程就是把关。把关人的把关行为可以分为疏导与抑制。前者是指把关人准予某些新闻信息流通的行为，后者是指禁止一些新闻信息流通或将其暂时搁置的行为。传播学先驱者库尔特·卢因于 1947 年发表的《群体生活渠道》一文中最先提出了这个概念，认为群体传播中存在着一些把关人，只有符合群体规范或把关人价值标准的信息才能进入传播渠道。1950 年，传播学者怀特将这个概念引入新闻研究，明确提出了新闻筛选过程中的“把关”模式。这一模式说明，新闻报道是一个对事实加以取舍的过程。传媒内部存在着一系列的把关环节，把关是一种有组织的活动。

12. 数据清洗

答：数据清洗，是指数据处理过程中，去除数据中的杂质(如脏数据、重复数据、错误数据、不完整数据、相互冲突数据等)，规范数据格式的步骤，目的是提高数据质量，以便数据可以更好地用于后续分析过程。数据清洗是数据统计分析或开展机器学习项目整个过程中不可缺少的一个环节，其效果直接关系到数据分析效果和最终结论的得出。

13. 数据挖掘[中央民大 2021 年研；南京师大 2017 年研]

答：数据挖掘，又译为资料探勘、数据采矿，一般是指从大量的数据中通过算法搜索隐藏于其中信息的过程。它是数据库知识发现中的一个步骤。数据挖掘通常与计算机科学有关，并通过统计、在线分析处理、情报检索、机器学习、专家系统(依靠过去的经验法则)和模式识别等诸多方法来实现上述目标。数据挖掘利用了来自如下一些领域的思想：

①来自统计学的抽样、估计和假设检验；②人工智能、模式识别和机器学习的搜索算法、建模技术和学习理论。数据挖掘也接纳了来自其他领域的思想，包括最优化、进化计算、信息论、信号处理、可视化和信息检索等。同时数据库系统提供的存储、索引和查询处理也起到了重要的支撑作用。在处理海量数据集且数据不集中时，可以采用分布式技术。

14. 脏数据[南开大学 2020 年研]

答：脏数据一般指从目标中取出的数据已经过期、错误或者没有意义的数据。脏数据有以下几种类型：①重复的数据，指在数据表中多次出现的数据。②错误的数据，包括逻辑上错误或不合理，数据值超出正常范围或录入过程中发生错误的数据。③不完整的数据，指一个数据记录的若干字段中缺失一个或几个字段。④相互冲突的数据，指数据间存在相互矛盾之处。脏数据带来的危害存在不可预测性，脏数据的分类能够帮助人们更好地理解和发现数据质量问题，通过“数据清洗”“质量检查”等手段消除脏数据，同时向用户提供丰富的元数据信息，帮助其判断数据质量。

15. 幸存者偏差

答：幸存者偏差，又称“生存者偏差”或“存活者偏差”，是一种常见的逻辑谬误，指只能看到经过筛选后形成的结果，而忽略了筛选的过程，因此错过了被筛选的关键信息，只看幸存者的数据，而忽略整体，就会在结论上出现问题。通俗来讲“死人不会说话”就是幸存者偏差的典型案例。起源于二战中针对战斗飞机受损情况的数据统计，维修人员注意到飞回的飞机机翼中弹远比机身严重，于是建议加固机翼，但实则机身中弹的影响更大，只是飞机不能飞回，因而无法统计其数据。

16. 交互新闻[清华大学 2018 年研]

答：交互新闻是指使受众与新闻产品本身甚至是新闻产品生产者之间产生互动的新闻，它是有别于传统新闻的新形式，强调了数据新闻的“功能性意义”。交互新闻的互动性主要体现在可视化与游戏化。可视化主要指通过数据库与算法对数据进行可视化呈现(如新闻图表等)，使新闻更加直观、可感知；游戏化主要指借鉴游戏的思维增强用户的体验，包括游戏的叙事方式与场景代入感。

17. 认知盈余

答：“认知盈余”由克莱·舍基于 2010 年首次提出，是指社会上接受教育并拥有丰富知识背景的人，基于其自由支配时间和强烈的分享欲望进行协同创造，从而产生的巨大社会效益。在此概念中，除了舍基强调的时间方面的盈余，还包括信息盈余、知识盈余等。认知盈余的概念更多强调原本分配储存不均衡的个人信息通过互联网进行整合，可以用于解释知识付费等领域的变现机制，如喜马拉雅、知乎、得到等平台都是认知盈余的典型案例。

二、简答题

1. 简述社交媒体逻辑对传统新闻生产的挑战。［浙传 2023 年研］

答："社交媒体逻辑"由范·迪克和波尔提出，即社交媒体如何引导社交流量。社交媒体是互联网上基于用户社会关系的内容生产与交换平台，具有"内容生产与社交相结合""传播主角是用户而非平台经营者"两大根本逻辑。如今，社交媒体在互联网的沃土上蓬勃发展，其发展逻辑也给传统新闻生产带来了机遇与挑战。

(1)非专业生产者拓宽信息来源，打破传统新闻垄断。

伴随着 Web2.0 时代 UGC 新闻的盛行，海量用户使用互联网平台发布相关信息内容，这种多主体的参与，拓宽了传统媒体报道的信息来源，使原本传统职业新闻媒体的新闻生产垄断地位被打破。

(2)碎片化新闻，损害新闻真实。

各类社交媒体平台信息具有碎片化的特点，其加快了人们获取信息的速度，满足人们高效获取信息的需求。但是短平快的传播无法完全承载呈现全景事实与体系化的知识信息，碎片化的内容呈现无法完整代表整体的新闻事件，导致新闻真实受到一定损害。

(3)煽情新闻横行，流量关注度成为指标。

受到社交媒体逻辑影响，在新的逻辑体系下生存，以流量关注度为标准的评价体系逐渐取代传统新闻价值评判标准，断章取义、"标题党"、耸人听闻的导语信息等煽情新闻充斥在互联网的社交平台中，导致社交媒体平台上充斥着媚俗化、暴力化、煽情化的信息产品。例如微博热搜硬新闻与公共议题式微，娱乐新闻常年占据榜单，人们距离严肃新闻越来越远。

社交媒体的大环境对新闻生产来说利弊参半。无论是媒体还是公众，都需要跟随社交媒体的逻辑，重新定义新闻生产的内涵与外延，把握其赋能，警惕其弊端。

2. 数据可视化的优缺点。［清华大学 2019 年研］

答：(1)数据可视化的定义。

数据可视化是指将结构或非结构数据转换成适宜的可视化图形，并将隐藏在数据中的信息直接展现于受众面前。凭借阅读轻量化、呈现直观、解释力强、叙事客观以及信息容量大等特点，数据可视化弥补了传统新闻报道以文字为中心导致的种种不足，释放出了传统新闻生产难以捕捉和开发的新闻价值。

(2)数据可视化的优点。

①传递速度快。人脑更容易处理视觉信息，使用图表来总结复杂的数据，可以确保对关系的快速理解。这提供了一种非常清晰的沟通方式，使人们能够更快地理解和处理他们的信息。

②数据显示的多维性。在可视化的分析下，数据将每一维的值分类、排序、组合和显示，这样就可以看到表示对象或事件的数据的多个属性或变量。

③更直观地展示信息。大数据可视化报告使我们能够用一些简短的图形就能体现那些复杂信息。决策者可以轻松地解释各种不同的数据源，有助于了解问题和未决的计划。

(3)数据可视化的缺点。

①数据解读狭隘，结论难以服人。数据是由专门的人员或机器出于特定的目的收集而来的。但数据产生的过程中，不可能完全避免偏差。即使了解数据的产生过程，但如果并不详尽，未能发现其中的盲点，很可能作出错误的判断。

②错过宣传热点，传播效果平平。一般来说，与文字、图片相比，数据可视化产品的生产过程要复杂很多，生产周期也相应变长。在互联网时代，社会热点的转换异常迅捷，所以，很多精心准备的可视化产品生不逢时，容易被人忽视。

③专业积累不足，技术数据错误。很多数据可视化产品的开发研究仍在初级阶段，在缺乏靠谱的官方数据时，一些从业者会自行进行数据统计，因此缺乏严谨性和专业性，导致数据错误，结论失真。

④花哨的图表和令人眼花缭乱的功能，在某种程度上会让用户难以找到重点。制作者在进行数据可视化的过程中，常常会追求形式的完美，但往往会喧宾夺主，导致视觉效果盖过了对信息的理解。

3. 分析数据新闻的采制流程。[安徽大学2019年研]

答：数据新闻是指利用数据抓取技术采集海量信息，对数据进行清洗、挖掘、价值提炼并进行可视化呈现的新闻生产方式。数据新闻包含新闻选题、数据采集、数据清洗、数据分析、数据可视化这五个重要环节。数据采集是数据新闻制作的前提，数据清洗是为了更好地进行数据分析，数据分析通过提炼数据价值为新闻报道服务，数据可视化用最适合的方式包装、呈现新闻。

(1)新闻选题。

数据新闻选题的发起主体有两个，一是实验室，二是编辑部。实验室发起选题，是指数据分析师在对感兴趣的数据分析时，发现有价值的新闻点，便会以数据可视化实验室的名义发起选题。编辑部发起选题，是指记者依据社会经济运行状况，凭借新闻敏感发现有价值的选题，便会以编辑部的名义发起新闻选题。

无论是哪一方发起选题，都需要双方对选题的可行性进行讨论协商。记者和编辑需要从新闻价值的角度考虑可行性，数据分析师需要从数据获取的角度考虑可行性，美术设计师需要从排版设计的角度考虑可行性，程序员需要从可视化呈现角度考虑可行性，项目负责人需要从时间和经济成本考虑选题是否可行。各方进行反复讨论、达成一致，数据新闻选题才能正式启动。

(2)数据采集。

数据新闻制作是围绕“数据”展开的。当数据新闻的选题和角度确定以后，就需要进行数据采集。数据新闻作品的数据来源多样，当数据新闻团队敏感地察觉到某个事件的重要性时，便会有意识地去搜集相关数据，借助数据采集工具在互联网上进行数据采集或去政府、组织、研究机构网站直接下载信息。数据新闻数据采集主要有以下几个步骤：

①寻找可采集的数据源；

②评估数据源并选择采集工具；

③进行数据采集并分类存放。

(3)数据清洗。

在数据新闻实践中，最费时费力的便是数据清洗，数据清洗环节工作繁杂且重要。这个环节中常常面临由于格式无法直接使用的数据和“脏数据”。所谓的“脏数据”是指采集的数据不完整、数据不一致、数据重复、数据存在错误、异常数据、人为篡改数据等。数据清洗的目的便是对数据进行格式转换，洗掉存在的“脏数据”。数据清洗的意义在于避免“脏数据”成为说谎的工具，并为下一环节的数据分析做准备。数据清洗有很多常用的软件，比如 Excel、OpenRefine、Datawrangler 等，熟练掌握数据清洗工具是进行数据清洗的前提。

(4)数据分析。

数据分析是利用统计学方法，使用 Excel、SPSS 此类数据分析软件对采集的数据进行处理，汇总、整理并消化，实现数据价值最大化，挖掘数据背后的故事。

①划分数据分析的类别。开始数据分析之前，首先需要对数据分析类别进行划分，依据新闻选题角度以及所获取的数据的类型划分数据分析类别，是描述性数据分析、探索性数据分析，还是验证性数据分析。

②选择适合的分析方法。确定了数据分析类别，就可以选择合适的分析方法。统计学领域的一些学者针对数据分析的类别给出了常用的分析方法对数据特征进行描述，如：对比分析法、平均分析法、结构分析法、分组分析法。

③利用工具进行数据分析。确定方法后，就可以依据方法的指导，进入到数据分析的实战阶段。利用工具进行数据分析，让数据开口说话。数据分析常用的工具有：Excel、SPSS、R 语言。

(5)数据可视化。

可视化建立在平面设计、人机交互、计算机编程等多个交叉学科之上。对于数据新闻来说，借助可视化呈现新闻，可以使抽象、复杂的数据变得直观、形象，降低信息传播中的障碍，提高信息的传播效用。可视化项目开发的方案有很多，主要包含五个步骤：新闻资料分析、建立储存数据的方法、针对可视化视觉编码、匹配图表与交互设计、进行程序开发。

4. 请结合案例说明政府部门在突发事件中应怎样做好危机传播。［四川大学 2015 年研］

答：危机传播(crisis communication)即政府、企业、媒体和公众在危机发生前后整个过程中的信息传播交流活动，目的在于沟通信息、控制舆论、解决危机以及维护形象等。其中，政府是应对突发事件的核心力量，发挥着重要作用。

(1)危机传播中政府的角色。

①强势、权威、稳定民心的信源。

政府在危机传播过程中扮演着掌舵领航的权威信源，政府应该第一时间将信息同步给公众，给公众一粒定心丸，发挥政府的公信力，获得民众的信任、支持和理解，更好地调动多方力量一同面对危机。

②虚心接受反馈的信宿。如今社会化媒体发展，政府不一定能在每次危机事件中都抢占先机，因此需要及时关注多方信源和民众反馈，切实起到服务群众的作用。

③舆论的引导者。突发事件发生时，往往伴随着恐慌、谣言等等，政府需要及时辟谣，坚守正确的舆论导向，稳定人心，公开透明，诚恳地赢得民众的理解，有意识地引导正向舆论，避免一些引发恐慌的论调影响团结。

④协同行动的组织者。危机传播中，政府在组织集体行动，共同对抗危机方面拥有一

呼百应的号召力。此外部分协同行动如果从民间发起，经政府关注、转发、号召，也能汇聚到更多力量。

(2)政府在面对突发事件时的应对策略。

①丰富传播渠道，提高突发公共事件中政府与媒体的相互沟通能力。

随着新媒体时代的到来，在政府这种官方公共渠道之外，微信、抖音、头条、微博等新媒体成为官方之外社会公众获取信息的重要渠道。社会公众的情绪和应对方式也会在某种程度上受到这些渠道所传递资讯的影响。

②加强角色建设，实现政府和媒体的良性互动。

政府面对的媒体和公众不再是传统媒体时代的媒体和公众，政府角色也要随之进行相应调整，主动向社会公开突发公共事件的信息，尊重社会公众的知情权。

③完善互动机制，促进政府和媒体实现良性互动。

a. 畅通政府和媒体之间的互动渠道。突发公共事件发生，政府应当第一时间通过多样化的互动平台，引导媒体从政府角度出发审视突发公共事件，主动关心社会公众和媒体的知情诉求。

b. 明晰政府和媒体职责。在突发公共事件应对中，无论是突发公共事件的突发期，还是蔓延期，抑或是消退期，政府都应该对事件的性质做出判断，采取相应的应急策略，稳定社会公众情绪。

④建立突发公共事件的相关法律和制度保障。

首先，通过法律制度保障社会公众的知情权和言论自由权。其次，加强组织机制保障建设。为了在政府工作中有效应对新媒体环境对政府危机传播治理工作提出的挑战，相关部门可以根据当前新媒体背景设置专项危机传播治理机构，强化地方政府对危机传播治理工作的组织领导能力。

⑤做好舆论工作，加强舆论引导。面对新媒体环境造成的危机传播形势，政府不仅要在工作实践中对自身传播职能加以强化，建立健全的组织机构，还需要更为重视新媒体社交平台的作用，进而通过调动领袖在危机传播治理工作中的社会公信力和影响力，引导社会舆论。

⑥形象塑造、信任重建与恢复。针对危机产生的负面影响，政府需要对直接利益相关群体提供关怀，提高或重塑对信任的感知，并通过新媒体传播渠道将相关的反馈、评估信息传递到大众，消弭民众中的怀疑和不信任，争取最大的理解、支持，以修复政府形象，进行信任重建。

5. 简述社会化媒体上哪些话题容易引爆热点。

答：随着社交媒体的兴起，人们的信息获取渠道发生了巨大变化。社交媒体平台的互动性和匿名性为用户提供了广泛的发声空间，而一些特定的话题在网络上引发了极大的热度和关注度。在社交媒体上引爆热点话题不仅能反映社会热点和民意，也能够对公众舆论产生深远影响。

(1)社交媒体上易引爆热点的话题的特征。

①独特性。一些话题因其独特性而引发关注和讨论，并迅速在社交媒体上传播。这些话题涉及新颖的观点、创新的主题或有趣的事件，吸引了用户的注意力，推动了信息的

传播。

②争议性。争议性事件是指具有一定的公共价值和社会关注度，民众尚未对其形成统一认知和理解的社会现象，在争议的过程中，各个主体围绕事件进行多元话语表达，引发了不同群体和个人的关注和讨论，争夺事件的定义权和解释权。争议性事件的传播具有黑洞效应，呈现“愈传播愈争议，愈争议愈传播”现象，事件的争议性越大，越具有传播价值；而传播得越广泛，越能引爆热点。

③情绪化。情绪化话题具有强烈的情感内容和感染力，能够迅速引发用户的情绪共鸣。这些话题通常与人们的内心世界紧密相关，比如感人的故事、悲剧事件或庆典活动，触动了用户的情感需求。

④娱乐化。娱乐明星、电影电视、综艺等类型的话题容易引发热点，这不仅体现在每天热门话题排行榜名次上，还体现在话题搜索关键词上。娱乐性内容可以满足受众的精神生活需要，但同时可能使得“吃瓜”现象严重，进而导致舆论失焦。此外，话题通常涉及到新奇、意想不到或激动人心的事件、人物或情节，也会引起人们的好奇心和求知欲。这些话题可能涉及搞笑、幽默或富有创意的内容，为人们提供娱乐和轻松的消遣。

(2) 热点话题的负面影响。

①热点围城与认知茧房。目前，话题引爆社交网络成为常态，每天都有各种各样的话题霸占热搜榜，人们游走在各大“瓜田”之中。各种各样的热点因为其本身所具有的特点，会影响受众的认知，长此以往会塑造其对社会的认知，不断加深刻板印象、固有认知，形成认知茧房，最终丧失独立思考、理性判断的能力。

②劣质内容挤占资源。网络热点并不都是一些涉及国家发展、社会进步的重要话题，反而充斥着太多无意义的信息、虚假信息，争夺公众眼球，将造成“劣币驱逐良币”的现象，那些大事、要事、正事可能会失声、失焦，那些值得铭记和赞美的瞬间可能被忽略、遗忘。个人关注什么是个人选择，公众关注什么却需严肃对待。

③情绪先行，事实置后。在后真相时代下，人们更加倾向于将情感和情绪摆在真相之前，面对社会热点舆论事件，多数人只根据碎片化的信息内容而形成意见盲目跟风站队。遵循情感逻辑的公众将注意点放在身份的归属和情感的认同上，淡化了事件本身的对错，社交媒体带来广泛情感共振的同时也使得网络环境充斥着戾气。

④从众效应下的群体狂欢。个人在群体的引导和压力下产生的一种合群倾向，这种心理使得个体产生放弃自己与群体意见或规范相抵触的意识倾向。热点事件的发声往往是先定义、再讨论，最终理解。热点话题中，人们往往最先接受排名前十的评论，并保持与其较为一致的看法，或者直接点赞、评论该观点。随后参与讨论的人又会受到这些评论和点赞的影响，不自觉地与这些观点保持相对一致的想法，由此形成舆论意见的聚集性效果。

6. 请谈一谈你对媒体“社交化”的理解。［云南大学 2019 年研］

答：随着网络时代的到来，人们开始利用智能移动设备进行社交活动，如知乎、微信等。随着人们主要社交诉求与交友方式及平台的转变，新闻媒体行业也应与时俱进，借助各社交与网络平台提升用户黏度、用户总量，扩大影响范围。新技术改变人们生活方式的同时，也对新闻领域产生了一系列显著的影响，新闻媒体的社交化发展趋势进一步明显。

(1) 新闻媒体社交化的内涵。

新闻媒体社交化是指媒体通过网络社交平台以及其他通讯平台，将各类新闻、信息进行传播，其主要传播方式为通过如公众号文章、网络门户资讯、微博等具体传播渠道来影响网络另一端的个体，个体再将传播内容二次以及多次传播，以此扩大相关新闻的影响力以及传播范围。新闻在社交化传播中，主要目的有两个：一是通过多次传播提升影响力；二是与人们的社交圈紧密联系在一起，并通过留言、回复等手段进行社交互动。

(2)媒体社交化的路径。

媒体的社交化应该包括三个不同层面的运作：社交化传播、社交化生产、社交化运营。而三个层面的应用，都是用户的角色升级与潜力的再挖掘。

①社交化传播：让用户成为渠道。社交化传播的目标是利用社交平台来扩张内容的影响力，其本质是将用户激活为传播渠道，要实现这一点，需要为内容和用户注入社交动力。这包括：

a. 内容传播的社交动力——内容除了要满足用户的知晓愿望外，还要能帮助用户在社交圈中刷“存在感”，提升用户的社交形象，活跃社交热度。

b. 用户参与的社交动力——媒体设计的参与方式应能唤起用户的感同身受，易于“传染”，参与方式便捷，可以实现一键式社交分享。

②社交化生产：让用户成为新生产力。媒体的社交化，不应只停留在内容的社交化传播上。对社交平台的更深层利用，是将用户作为新生产力嵌入到媒体的生产系统中。

a. 用户的行为、情绪、态度等数据都是媒体报道的重要资源，也可以帮助媒体更好地理解社交化传播的动力，这些资源也仍是媒体需要进一步挖掘的。这些数据的深层应用，也是社交化生产的另一种表现形式。其中，数据采集能力与分析精确度的提升是重点。

b. 作为生产力的用户，还可以作为内容产品的优化者，参与内容产品的谋划、筛选、测试等。用户生产力的释放程度，取决于媒体思维的解放程度。

③社交化运营：让用户沉淀为持久资源。社交化促进了内容的传播，同时还会激发出社交媒体的用户资源，这些资源的维系与应用，需要更持续的社交化运营来实现。社交化运营的目标是发掘对媒体具有长远价值的用户及其资源并进行持续的维护，以此来拓展媒体的内容品牌影响力，开发可能的盈利模式。其中，社群这样的集群性用户资源开发，将是未来的一个重点方向。

现阶段新闻媒体的传播途径有所更改，社交化发展对整个行业的传播力度与传播范围的提升具有显著作用，无论是传统媒体还是新兴媒体都应把握社交化的发展趋势，用高质量的内容和社交化的渠道服务受众。

7. 简述社会化媒体的传播机制。[苏州大学2023年研]

答：社会化媒体(Social Media)这个概念最早由美国网络社区研究学者安东尼·梅菲尔德在其著作《什么是社会化媒体》中提出，指的是允许用户撰写、分享、评价、讨论和交流的网站和技术，是用户之间分享意见、见解、经验和观点的工具与平台，具有信息多元化、碎片化、受众分众化等典型特征。国内的社会化媒体以微信和微博等平台为代表。社会化媒体有以下几个传播机制：

(1)互动扩散机制。互动扩散机制指的是社会化媒体用户在信息传播中展现出的行动关联、结构关联和内容关联。行为上的互动，指的是用户通过社会化媒体的交流功能传播信息；结构上的互动，指的是社会化媒体网络将局部行为和全局化要素联系起来；内容上的互动，指的是用户通过讨论的方式将碎片连缀的信息拼成完整的信息。

(2)聚合放大机制。聚合放大机制指的是社会化媒体充分发挥自身开放、透明、互动的传播优势，在信息传播中聚合信息、吸引关注和放大社会影响。在参与者方面，社会化媒体为用户提供关注和评价政治、经济、社会事件的平台，用户及其表达聚合放大；在碎片信息方面，用户能够在社会化媒体上将同一事件中的碎片化信息拼成完整信息，碎片化信息聚合放大；在用户情绪方面，社会化媒体容易成为用户宣泄情绪的出口，也加剧了人们在各种社会议题上的情绪爆发。

(3)群体极化机制。群体极化机制指的是具有明显个性和思想的个人在加入群体之后，容易受到群体暗示和轻信，导致群体情绪夸张单一，群体意见走向极端。一方面，群体极化有利于民间意见形成规模效应，推动伸张公平正义；另一方面，群体极化容易导致网络暴力等负面事件出现，干扰社会的正常秩序和运转，阻碍网络意见多元化。

三、论述题

1. 风险传播之下，政务新闻报道怎样防止“二次危机”？［苏州大学2023年研］

答：风险传播(Risk Communication)是一个为公众提供减少焦虑和恐慌的信息以及有助于其应对危机的建议的过程。在乌卡时代，各种传播风险以及社会风险并存，政务新闻需要避免次生舆情、信息干扰等“二次危机”的存在。

(1)及时发布内容，满足公众知情权。

风险传播背景下，内容的不确定性极高，新闻媒体应确保风险信息及时传递至受众。因此，政务新闻发布必须讲究时效性，进而满足公众的知情权，让公众在第一时间了解事件发展过程以及后续动态。例如在新冠疫情初期，武汉市等地区的疫情新闻发布延迟引发公众的质疑，更加说明了及时进行新闻发布的重要性。

(2)打造意见领袖，促进内容落地。

身处易变性、不确定性、复杂性与模糊性日益凸显的风险社会中，单一依赖行政逻辑的新闻发布无法回应、解决社会中存在的各类风险，需要打造意见领袖，提升新闻发布的效果。意见领袖在人际传播中经常为他人提供信息，同时对他人施加影响，他们是大众传播“二次传播”的中枢和起点，是网络舆论中不容忽视的影响因子。意见领袖的内容传播可以使得更多公众相信政务新闻内容，避免激烈的“对抗式解读”。因此，无论是专业媒体机构还是政务部门都应积极打造自己的“网红”记者或网络意见领袖，通过他们来表达政务主张，提高内容的精准落地与传播。

(3)技术助力传播，实现内容转化。

随着移动通讯技术和多媒体技术的发展，更加具体且先进的技术逐渐落地并赋能政务新闻发布。近年来，云平台、全网互动直播、3D、无人机、机器人、智能采编分发工具等新闻报道传播技术已经广泛运用，VR、AR、沉浸式新闻报道等下一代传播技术也即将流行。以新科技为支撑，注重精准传播、互动分享服务，主流媒体在网络舆论的发声与引导作用才能真正落到实处。

(4)改革传播机制，扩大影响力度。

风险信息的传递往往面临渠道失灵的问题，致使重要内容无法发布或无人相信。政务新闻要融入网络媒体，发挥主导功能。优化完善对热点事件的快速反应机制，在媒体融合的大背景下，借鉴互联网公司的管理思路，在内部逐步探索建立组织机构一体化、传播体系一体化的扁平、高效管理架构和运作流程，从而尽快建成适应全媒体传播需要的内容生产机制，真正实现新闻信息一次采集、多种生成、多道传播的“中央厨房”模式，简化流程，提高效率。

综上，伴随着不确定性和不稳定性的社会环境以及媒体环境，媒体机构以及政府部门应加强在内容、渠道等方面的建设，不断扩大政务新闻的传播力和影响力，最终实现主流舆论引导。

2．相对于传统的新闻报道和呈现方式，“数据新闻”更客观、中立吗？［南京大学2018年研］

答：【参考答案1】相对于传统的新闻报道和呈现方式，“数据新闻”并没有更客观、中立。

数据新闻又称数据驱动新闻，是指基于数据的抓取、挖掘、统计、分析和可视化呈现的新型新闻报道方式。与传统的新闻报道相比，数据新闻最大的特征是利用数据和可视化呈现。

但是这样的特征并不更加客观，理由如下：

(1)数据是否具有代表性值得商榷。

大样本并不是全样本，甚至在绝大部分领域，它都不可能是全样本。来自于物理世界的科学数据和来自于人类社会活动的行为与关系数据，二者的产生和收集都存在很大的局限性，特别是社会生活中存在的“沉默的大多数”会大大影响到相关数据的全面性。

(2)数据强调伴随性指标的相关关系，与用户进行因果关系的解读相悖。

大数据的核心特色是强调伴随性指标的相关关系，但是新闻的传统解读却是具有强烈的因果逻辑的。数据新闻如果不把因果关系考虑进去，很容易使得解读产生歧义，造成新闻不客观独立。

(3)数据的可视化呈现一定程度上表露了数据拥有者的意图。

数据新闻可视化呈现以直观的叙事方式表达创作者的意图，容易渲染读者的情绪，并且让读者产生误解。若是掌握着数据的公司或政府将数据源封闭在自己的圈子里，只是呈现于己有利的内容，那么数据新闻将更加不客观。

正如乔姆斯基所言：除非媒介掌握在大众的手里，否则只能成为少数人谋利的工具。数据新闻与传统新闻相比，呈现出了很多优点，但若对于现存的问题不加以重视，数据新闻的进步只能是量的而非是质的飞跃。

【参考答案2】在一定程度上，数据新闻表现为在形式上的客观，内容上的不客观。

(1)以数据为中心的报道在呈现方式上更客观。

传统新闻往往以文字、图片为主要载体，将新闻事实尽量按照现实报道，然而记者作为背后的操作者，却很难不带上主观偏向，甚至只是描述性和叙述性的语言，都会打上个人的烙印。正如同“昆山反杀案”中，大量的媒体记者用“宝马车主”这样的词代指死者，在不知不觉中加深了读者对富人群体的负面刻板印象。

而数据新闻以数据为依托，呈现出更多直观的事实，使读者在阅读新闻时更能根据自身的经验、认知等对新闻作出判断。如央视财经于中非合作论坛之际发布的《数说丨中非经贸合作的前世今生》，便通过将中非贸易合作的项目数据分类制图，以供读者了解。在这层意义上，数据新闻能更加客观地表达出新闻本身而不掺入记者的主观态度。

(2)客观数据背后隐藏的主观倾向。

新闻报道很难做到绝对的客观性，呈现方式上的不客观如记者的用语不当、个人不自觉的情感倾向等只是影响新闻客观性的众多因素之一。而数据新闻在采集、整理、加工到发布的过程中，也会被各种无形的因素削弱其客观性。

首先，不少事实本身就体现了一定的立场观点，如对党的十九大的数据新闻报道，尽管客观地报道大会的政治报告中的内容，却也无形中将报告本身的观点传播出去。此外媒体还会受到广告商等的资本影响，选取对其有利的数据进行选择性报道，从而呈现出来的数据也并非客观中立的。其次，相同的数据根据记者不同的选取标准和方式进行整理，呈现的结果可能也不一样。而在信息过载的时代，读者面对大量的数据无法做到一一衡量，更多的是听从记者为他们总结好的结论，从而形成对客观数据的不客观理解。

3. 移动传播背景下如何做好融媒体产品生产？

答：“移动优先、内容为本”的理念，反映了媒体融合发展的两大关键点，也是我们推进媒体融合创新需要遵循的重要原则。在典型的信息传播过程中，在传播者与受传者之间，影响传播效果最重要的因素有两种：一是传播媒介，也就是信息赖以传递的载体或工具；二是要传递的信息，也就是需要传递的内容或意义。传播方式是渠道、是手段，传播内容是目的、是根本。抓住这两者，可以说就抓住了媒体融合创新和融媒体产品生产的“牛鼻子”。

(1)移动优先、重在融合，服务人们更自然更高效的信息传播体验。

①利用先进技术创新移动传播载体，满足用户需求。

面对移动媒体加速发展的大趋势和人们对信息传播回归本源的需求，一方面，要充分利用好已有的各类移动传播载体；另一方面，还要利用先进技术创新形态丰富的新的移动传播载体，这是更好进行融媒体产品生产的重要内容。

②以移动优先战略推进传统媒体与新媒体的深度融合发展。

对媒体来说，融媒体产品生产，不是简单做一个或几个新媒体渠道的融合以及产品分发，它背后应连接着强大的具有科学高效体制机制的采编资源，连接着强大的新闻信息生产能力，包括能提升用户黏度的信息服务能力。移动优先战略是推进媒体特别是传统媒体深度融合的“催化剂”，媒体只有加快推进理念、内容、体裁、形式、方法、手段、业态、体制、机制等方面的创新，重构采编发网络、再造采编发流程，结合市场导向和用户导向才能生产出真正具有良好传播效果的融媒体产品。

(2)内容为本、优质为上，不断创新适合移动传播的融媒体产品。

内容生产要顺应传播大势。移动传播时代，优质内容仍是媒体立身之本。不论传统媒体还是新兴媒体，当渠道、平台以及经营等方面的差距逐步缩小以后，内容的价值将愈发凸显，所谓“融到深处回归内容”。但面对信息传播新态势，内容的来源及优质标准都有许多新变化。就产品而言，以往媒体所追求的“准确”“快速”等，都没有过时，仍是主流媒体核心竞争力的重要组成部分。与此同时，由于移动传播更适合“泛阅读、浅阅读、轻阅读、易阅读”，许多深度、大篇幅报道却未必适合移动传播。同时在“一部手机就是一个媒体”的自媒体时代，主流媒体要与自媒体平台抢占第一时间、第一落点，是近乎不可能完成的任务，因此讲“内容为本”，就要认真研究探索移动传播时代的优质内容新标准，拥有“坚守但不保守”的开放心态，使融媒体内容生产顺应移动传播的新态势。

(3)明确定位、相互促进，秉持“移动优先”与“内容为本”理念。

“移动优先”消除障碍，“内容为本”融通隔阂。总体上看，目前传统媒体在传播渠道上仍是短板，要优先解决与移动传播有关的问题，畅通渠道，消除传播障碍，是推进“移动优先”战略的当务之急。但从长远看，优质内容才是根本，不可舍本逐末。如果没有引导力、影响力很强的内容，传播渠道再通畅，噱头再多，传播效果也未必好。一般媒体提供给用户的产品，包括信息、知识、思想、趣味等。在信息泛滥、认知混乱的舆论环境中，准确、权威的内容产品，尤其是主流媒体提供的相对专业的知识、富有洞察力的思想，才能消除传播隔阂。媒体传播的重要功能之一，就是要扩大传播双方共通的意义空间，加深双方的相互理解，这一功能的实现主要靠内容。要努力畅通传播渠道，更重要的是要用优质内容，而不仅仅流于表面的形式融合创新、渠道融合创新、市场融合等等，媒体融合的最终目的仍是让产品中的主流价值观为更多不同群体、不同背景的人们所接受。

4. 结合实例，论述场景传播特点，以及如何运用场景提升传播效果。[四川大学2023年研]

答：“场景”一词本来是影视用语，指在特定时间、空间内发生的行动，或者因人物关系构成的具体画面，是通过人物行动来表现剧情的一个特定过程。最早把“场景”一词用于传播领域的是罗伯特·斯考伯和谢尔·伊斯雷尔，他们认为场景传播的到来依托技术的支撑，即“场景五力”，分别是移动设备、社交媒体、大数据、传感器和定位系统。彭兰教授也指出，“与PC时代的互联网传播相比，移动时代场景的意义大大强化。移动传播的本质是基于场景的服务，即对场景的感知及信息(服务)的适配。场景成为继内容、形式、社交之后媒体的另一种核心要素”。

(1)场景传播特点。

①传播主体多元化。

场景时代下，人、物、场的有效连接重构了人们以往的行为方式和生活形态，互联网开放、分享的特征，人们被整合进入了不同的社群之中，在层出不穷的各种信息中，社群中好友分享的东西或者体验是真实可见的、有温度的，而非冷冰冰的屏幕展示，因而更容易吸引用户。微信、微博、QQ群等新型社交工具和平台都兼具媒体传播的属性，并更具有开放性和病毒式的扩散效应，分享越多，连接的机会越多，互为渠道的结合点就越多。每个人都可以成为传播的主体，都可以成为信息的发布者和传播者，利用互联网连接的本质，充分释放出场景中个人的情感和价值诉求，进而激发个人的场景参与欲望。

②传播内容产品化。

移动互联网强调“产品为王”，负责调查并根据用户的需求，确定开发何种产品，选择何种技术、何种商业模式等，确定和组织实施相应的产品策略，以及其他一系列相关的产品管理活动。微信就是一个很好的场景应用，它把用户与用户相关的人联系起来，形成一个圈子。这个圈子里的成员具有目标的一致性，他们有相同的兴趣爱好，相同的价值观，通过构建不同的场景应用，为用户带去一场视觉盛宴。所以说，未来的传媒内容产品将是基于移动互联网的"信息+体验+场景"模式。

③传播渠道平台化。

"平台化"，指信息传播与运营所需要的环境或条件。平台化的最终目的是兼容多种产品的生产、多个流程的运行和多个程序的共用。场景化为传播渠道打造的是一种全景式的体验平台。在互联网时代成长起来的年轻人群，他们都有一个重要的特征，就是"参与感"，他们有着强烈的自我意识，对产品和服务的需求不再停留于功能层面，更想借此表达自己的情感。如微信发展的平台化，从线上线下体验到购买，最后到支付，是一个完整的用户消费产业链。以微信为代表的移动互联网、智能设备、物联网 LBS 等科技开始逐渐深入每个用户的生活中，为用户提供便捷的服务，种种表现无不预示着场景时代的来临。

④传播对象个性化。

在数字化媒体时代，受众的个性化需求日益强烈，以互联网为核心的信息技术的发展为个性化需求的满足提供了可能，传媒市场已裂变成面向不同地区、不同行业、不同年龄、不同兴趣的受众细分市场。"今日头条"做到了为用户进行个性化推荐和个性化定制，它不仅聚合了所有网站和媒体的新闻内容，还通过推荐引擎为每一个人推荐感兴趣的新闻。其实"今日头条"推荐引擎的背后是程序，通过一系列复杂的类似数学模型的算法，通过基础数据为每个用户建立"兴趣 DNA"模型，根据这一模型为用户推荐资讯。

(2)运用场景提升传播效果的措施。

①融合共时性场景。

移动互联网时代，受众新闻消费场所和消费时间由原来相对的稳定性和固定性变成了高度的离散性，手机和 5G 的普及使得新闻受众在任何时间、空间都能便捷地获取新闻。而场景理论的应用就是在多种传播渠道中，分析出特定用户接收新闻渠道的方式，在特定的时间或地点接收到匹配用户阅读习惯的信息，使得在多样化的新闻传播渠道和碎片化的时间中更加精准传播，达到最佳效果，具有实时推送、精准落地的巨大优势。

②连接历时性场景。

在移动互联网时代，无论是在任何时间、任何地点，用户都希望能被提供更为精准的服务。这种新时代背景下产生的新的用户需求，历时性的场景不仅仅着眼于当下，它通过存储与读取技术将过去与当下、当下与未来相连。

③实现个人时空场景的交错。

场景新闻既可以满足用户"我在新闻现场"的欲求，实现脱域的情感体验的同时，又可以将受众从既有情境中剥离出来，营造出"在场的缺席"。例如以直播、VR/AR 或文字的方式参与现场活动，营造在场感。

场景传播时代的到来使我们已难以分辨虚拟与现实，我们既在情境之中，又在事实之外。这也正是场景化思维的生命力所在。面对场景传播的热潮，我们也需冷静思考，深度理解场景的意义，理性把握场景的价值，才能更好发挥场景在当今时代的作用。

5. 直播带货涌现新形态，选取一种直播带货新方式，简述策略和效果。［厦门大学 2023 年研］

答：直播是新兴的高互动性视频娱乐，如今全民直播渐成趋势。直播带货是一种“社交+电商”的新经营模式，是将线下海量的商品资源整合到线上，通过主播选品介绍，吸引用户购买，从而实现商品变现的商业流程。下面以东方甄选助农直播为例，介绍其直播策略与效果。

(1)知识营销提升直播间信息增量。

东方甄选直播间李永“新东方”的教育背景，在直播带货时进行知识营销，提升直播间信息增量。如董宇辉的双语直播出圈，教师跨界主播进行双语带货，同时分享中华优秀传统文化和历史地理知识，采用知识营销策略，提升直播间不限于商品的信息增量，引发关注。

(2)情感营销深度链接品牌消费者。

直播间利用知识和情感搭建受众与农产品之间的桥梁，充分表达了文化自信和积极向上的情感态度，短视频切条的跨平台内容传播有效吸引了大量用户关注，凭借构建情感信任和激发情感共鸣充分调动消费者情绪，与消费者建立更深层次的情感连接，贯穿始终的情感传播为直播带来了高流量和高收益。

(3)助农直播彰显品牌社会价值。

“新东方”在转型成为东方甄选之后，选择将农产品作为带货切入口，将农产品作为主播带货的主要产品，彰显品牌背后的社会价值。东方甄选在选择带货产品之际，没有选择利润高、问题少的生活用品等产品，而是选择农产品进行带货，彰显品牌对农民生活、乡村振兴等宏大社会议题的关注，也是品牌社会责任的凸显。

(4)主播个人魅力打造直播间 IP。

以董宇辉为代表的新东方老师团队找到了自己的定位与差异性，他们的带货风格独树一帜。双语带货、边卖东西边谈论诗词歌赋的独特形式是董宇辉和东方甄选走红的主要原因。因而大众为他贴上了“最有文化的直播间”的个人标签，而这一标签就成为他独一无二的个人 IP。

东方甄选直播间的强势出圈，为当下打造直播新样态提供方向。未来的直播模式将逐渐摆脱单一的焦虑营销与“叫买式”直播，通过创造更丰富的内容，凸显品牌价值，与用户形成深层链接。

6. 数据会说话，数据也会骗人。谈谈数据陷阱的类型和影响。[西南大学 2023 年研]

答：数据重塑了我们的生活方式，与此同时，人类传统的认知逻辑也在面临巨大的挑战。精准的数据可以从侧面反映问题和事件的各个角度，然而数据并不一定是完全可靠的，它在叙事性、可视化、预测性方面表现出巨大潜力，但其背后的数据陷阱也需要我们审慎对待。

(1)数据陷阱的类型。

①数据采集个人隐私信息合法性的陷阱。

在信息的采集阶段，数据不可避免地需要收集个人隐私信息，如部分平台需要依据用户的行为数据为其提供更个性化的服务，而用户的隐私可能暴露无遗；同时存在个人数据非法收集、过度分析等危险；资讯信息的精准推送建立在隐私被让渡的基础上，这在一定程度上导致对公民个人隐私的侵犯。

②数据来源失实的陷阱。

数据从来源上说就未必是真实的，人们的数据获取需要通过借助各类工具完成，互联网本身就充斥着大量的虚假信息，如购买的水军、雇人刷单交易等。同时，“深度伪造”等技术的出现让当今网络充斥着虚假信息。

③数据解读的陷阱。

数据的预测建立在数据分析的基础上，生成的结构化数据，需经过筛选、清洗、处理等环节，并由算法模型来完成。而对于数据的处理、解读和呈现，对统计现象只看结果不重解释，很可能导致错误结论；同时，数据解读的过程包含着人的主观意志，导致数据呈现出一种带有主观色彩的结果。

(2)数据陷阱的影响。

①过度采集隐私数据，公众信息安全遭受威胁。

现代数据技术为用户带来优质和个性化服务带来无限可能，而高度定制化的内容所带来的便利性和效率是以用户牺牲个人数据和隐私为代价的。大规模的数据挖掘、全球性的数字监控和算法分析，令大部分公众的隐私和信息安全遭受威胁。正如舍恩伯格所言：“在今天这个时代，遗忘成为例外，记忆成为常态，人们住进了数字化的圆形监狱。”

②信息失真和客观性危机，媒体公信力受到挑战。

现实网络世界的数据信息真假参半，而一些媒体在引用二手数据时，数据来源标注不明，使得数据准确性有待考证，在这种情况下，数据新闻客观性危机难以避免，数据新闻报道面临公信力危机。

③数据中心与人本主义的逻辑悖论。

一方面，当科学技术手段的数据凌驾于人之上时，会逐渐形成一种“数据中心主义”，在“万物皆数据”的理念下，认为一切都可以被抽象还原成数据并被数据表征，一些具体化的、非结构性问题被忽视，引发一种抽象的事实被突出强调。另一方面，压缩的数据无法呈现出事件的具体情境、个体情感、社会背景，人们开始相信一种“中介化”的事实，人文关怀被抹杀。

综上，兰登·温纳在《自主性技术作为政治思想主题的失控技术》一书中提醒我们要警惕人类对技术的“反向适应”，如果我们总是透过“数据投影”去认识世界，或许会逐步陷入丧失主体性的危机之中。由此，我们应警惕数据中心主义视角下人与社会的关系被简单化、机械化和物化，反思数据陷阱的困境。

7. 无人机新闻生产的优劣与建议。［中山大学2023年研］

答：随着媒介技术的进步，无人机在新闻报道中的作用逐渐被人们所认可，无人机为新闻生产带来了一定的帮助，助力新闻生产。对于媒介技术的发展，人们始终要以辩证的眼光去看待。麦克卢汉曾指出技术会推动社会的进步。无人机的使用确实为新闻的有效性生产带来了巨大的革新，但同时争议和讨论也随之出现，人们对其安全性、隐私性、政策完备性等都提出了质疑。以下将从优劣两方面进行分析。

(1)无人机新闻生产的优势。

①全方位视角。传统新闻报道的拍摄角度主要是水平拍摄或者仰摄，以中近景和特写为主，但无人机的出现改变了这一状况，由于其可在距离地面几百米的高度进行拍摄，这

样它展示的就是全景画面，能够囊括更多画面和信息，全方位地展现地貌特征、周边情况等。尤其在一些自然灾害、突发事件的新闻报道中，由于现场环境恶劣，很多时候人类无法亲临事故发生地，而利用无人机就可深入现场，全方位无死角地对现场受灾情况进行详细的拍摄，这不仅方便了记者的工作，还有效地维护了记者的人身安全。

②长镜头纪实。很多记者强调在使用无人机时采用长镜头进行拍摄，这主要是因为长镜头的纪实性可最大限度地记录现场真实情况。它没有剪辑，以事件的原始节奏去记录，保持叙事空间的完整性。这不仅能给观众带来身临其境般的感官体验，满足了观众的心理需求，还避免了记者在后期剪辑中的主观判断，最大限度地呈现出了客观真实的新闻事件，为受众还原事件真相。

③时效性增强。无人机机身轻巧，相比于摄像机、三脚架、镜头等繁重的拍摄设备，无人机携带起来更加方便，这就节省了记者拍摄前的准备时间，有利于记者迅速反应，即时拍摄。

④低成本，易携带。传统的航拍新闻都是利用直升机或固定翼飞机，这对摄影者的技术要求较高，经常要探出半个身子去取景，风险系数高，而且直升机拍摄本身的成本太高，包括直升机的购买、聘用专业飞行员、对机身的维护等，而几千块就能买到的无人机与之相比，大大降低了成本。

(2)无人机新闻生产的劣势。

①技术问题。在技术层面，无人机设备很容易受到电磁场、GPS、无线电等信号干扰，这会影响无人机的遥控信号，在高楼林立的城市当中，很容易发生坠机的危险，很可能会对地面群众或基础设施造成伤害。此外，无人机还有一大短板就是续航力差。无人机拍摄的画面画质也是一个问题，由于螺旋桨在飞行当中会一直处于高速运转的状态，这不仅会造成画面抖动，影响画面清晰度，还会有较大的噪音，干扰到同期声的录制，从而削弱了受众的视觉体验。

②隐私问题。由于无人机不受空间限制，它可以很轻易地跃入私人空间，偷拍私人房间，甚至偷拍商业秘密，这些都是人们最担心的问题。无人机新闻中出现的侵犯公民隐私的信息，是对公民合法权利的侵犯，如果对无人机的拍摄不加以管束，不使用法律手段进行严格的界限区分，就会造成公共领域和私人领域的界限模糊，公民的日常生活不再具备私密性，使公民产生心理恐慌，缺乏安全感，不利于社会秩序的稳定发展，这些问题的出现使得无人机技术在新闻领域中备受争议。

③政策监管问题。我国在无人机的管控方面还没有严格的政策制度，缺乏监管使无人机航拍有机可乘。尤其是在民用无人机管理方面，国内尚未有统一标准，这也是造成无人机安全隐患的一个原因。此外，处罚力度低、管理松散等问题更加淡薄了人们对无人机危害的认识，一旦出了问题可能出现无据可查的情况。而且我国对无人机的购买并没有限制，只要感兴趣，人人都可以购买，不受任何政策的限制，这就加大了无人机的监管难度。

(3)优化无人机新闻生产建议。

面对无人机新闻生产过程中所呈现的一些问题，我们可以遵循以下原则去应对。

①必要性原则。新闻采访的基本原则是保证内容的真实性，因此在新闻采访过程中必须多方求证，与各方当事人进行面对面交流，这样才能保证新闻的客观性和真实性。因此，

只有在新闻现场存在特殊环境条件不宜采取传统采访方式，或者采用传统方式危及记者自身安全，确实需要民用无人机作为采访手段时，才可以使用无人机。

②合法性原则。虽然目前国家没有出台具体的无人机管理法律法规和无人机新闻规范，但是在无人机新闻应用中必须保证不违背现有法律规定，例如禁飞区管理、隐私权保护、国家安全等法律法规，在确保合法的前提下使用无人机。

③安全性原则。民用无人机在技术上尚未达到军用无人机的高度，因此在使用中存在诸多安全隐患，虽然其自身软件在设计时加入了一系列有关安全防护的功能，但是尚未形成国家技术标准。所以在民用无人机应用于新闻采访时要特别重视安全问题，防止民用无人机使用中产生次生安全事故。

④可控性原则。民用无人机在新闻采访应用过程中，要做好计划和方案，保证整个采访过程中，无论是无人机本身还是有关政策风险、安全隐患、素材编播等都处于可控状态，以便发挥无人机采访的优势，减少不利因素。

8. 网络语境下新闻把关人的标准转变。［中央民大 2019 年研］

答：“把关人”指的是在新闻传播的信息采集、整理、选择、处理、加工和传播环节中控制信息流通的人，这些人不仅仅包括新闻编辑，还包括传媒组织，甚至还包括其他外部力量。这个概念最早由美国社会心理学家库尔特·勒温提出，他当时研究的是家庭主妇对家庭食品的把关作用。1947 年，他在《群体生活的渠道》一书中，再次论述这个问题，指出群体传播中存在一些“把关人”，只有符合群体规范或“把关人”价值标准的信息内容才能进入传播的渠道。

互联网的发展改变了我们生活的方方面面，尤其在信息传播领域，互联网时代的到来，极大地改变了大众传播时代的信息传播环境。一种全新的媒体环境正日渐消解传统媒体的生存空间，信息传播的方式与过程与过去大不相同。网络媒体中“把关人”的角色、把关方式、把关过程都发生了转变。具体表现在以下几个方面：

（1）“把关人”角色趋向多元化。

在传统媒体时代，“守门人”的角色多由记者、编辑承担，只有这些少数的大众媒介内部人员掌握着把关的权利，决定哪些信息能够进入大众的视野，大众媒介的外部人员基本无法参与信息的把关。而在传播渠道充分畅通、传播权利充分泛化的网络时代，传播过程越来越呈现出一种双向的、互动的状态，专业的传媒组织不再是传播话语权的垄断者，网络“把关人”呈现多元化态势。除以上主体外，智能算法等技术也能担任“把关人”的角色，提高把关的智能化、自动化程度。

（2）从“事前把关”到“事后把关”。

传统媒体时代，传媒机构组织内对信息的把关主要是通过“把关人”对信息的采写、审核、决策以及发布等，是内容发布前的筛选和加工，是信息发布前的“事前把关”。这种“事前把关”是通过单一的渠道把控，更看重社会的有效控制。主要体现在政府通过管控媒体，把控社会舆情，以期达到维护民众利益和社会安定的目的。而网络传播环境中，个人层次往往是“事后把关”。个人在网络传播中更注重事后对信息的过滤、转发，再从传播者的角度发表言论、观点、评论社会事务，对自己的言论进行把关。“事后把关”比“事前把关”体现出更多的个人动机以及自主性。

(3)把关程序趋于简化。

传统媒体时代，信息的发布往往要经过记者、编辑、校对、责编、总编等层层把关，把关人员、程序较多，信息的筛选较为严格。而网络传播时代，传统媒体的新闻网站只是将纸媒新闻“搬”上网，一般只有少数的网络编辑直接负责；以营利为目的的商业网站更是如此，不仅挤压资金招募专业的采编团队，甚至只有少量的非专业人员直接掌握网站的信息发布权，大大缩减了把关程序。这样做虽然在某种程度上扩大了受众的知情权，但也带来了网站新闻质量差、商业娱乐新闻泛滥、受众接收面变窄等一系列问题。

(4)信息海量化、复杂化、匿名化加大把关难度。

互联网为受众提供了多样化的信息搜索和信息发布的途径。任意主体都可以在网络上传播事实、表达观点。受众的匿名性使个人在网络社区上的责任意识空前弱化，行为不受道德约束，传播行为随心所欲，言论容易极端化并迅速引起情绪感染，吸引多数人参与到网络情绪中，造成网络舆情混乱，对社会稳定造成负面影响。网络信息储量巨大，信息可以被任意复制转载，信息版权没有保障，很多真实消息在多重转载的过程中被篡改，距离事实真相越来越远；一些信息也经过人为策划推广迅速在网络上传播，网络营销和网络诈骗现象层出不穷。因此在这种信息环境之下，把关难度大大增加。

网络时代纷繁复杂的传播格局对“把关人”提出更高的要求，把关人的角色和功能产生很大程度的转变。在海量信息充斥网络的时代，网络传播中的各类“把关人”都应积极地发挥把关功能。只有传统媒体、政府部门、网络编辑以及广大网民通力协作，树立“把关”意识，建立多层次、高密度的网络把关网，才能更好地应对当今复杂的网络传播环境，营造健康的网络生态环境。

9. 资讯类短视频成为互联网的增长点，结合国内外重要案例论述对该现象的思考。[复旦大学2020年研]

答：资讯类短视频以信息量大、直观易懂、即时传播等优势，迅速积累了大量用户，也吸引着大批的投资者和创业者，“梨视频”“我们视频”“看看新闻”等火爆的短视频平台发展迅速，成为新闻资讯传播阵地的重要组成部分。与此同时，资讯类短视频也出现了诸如泛娱乐化、同质化等问题，使得人们不得不重新审视这一新的互联网的增长点。

(1)资讯类短视频发展的背景。

①技术支撑：4G、5G技术的发展。

短视频作为新生事物发展时面临不少阻力，但与内容生产困境和行业壁垒相比，首要障碍是技术制约。4G到5G技术的发展，意味着“高速率、低时延、大连接”成为可能。实际上，从4G时代开始，传播速度已经实现大幅度提升，技术支撑资讯类短视频的快速发展。

②先天优势：短视频的视听体验与社交基因。

视频实现了视听合一，因此视频新闻与图片和文字新闻相比，信息的传播效率更高，画面动感、在场感强，更具传播力和表达力，尤其适合突发新闻的报道。短视频新闻通常时长为30秒至1分钟，与当下大众利用碎片化时间获取资讯的习惯不谋而合。短视频应用在诞生之初就直接基于社交平台，使得这种具备影像表达优势的应用天然地具备社交互动属性，进而为新闻媒体及时采纳这一应用提供了受众基础。

③竞争蓝海：资讯类短视频空缺。

我国短视频发轫于短视频拍摄应用，如秒拍、美拍等。用户在这个过程中成为自媒体，但由于缺少公共性，制作粗糙，UGC 短视频逐步沦为自娱自乐的圈子社交。为了更好地发挥短视频的媒体属性，不少具有专业技能的媒体人纷纷进行短视频创业，开启了短视频领域内的全新模式：PGC。在目前的短视频领域中，生活类、娱乐类、知识类等长尾内容成为主流，作为人类生活刚需的新闻资讯却尚未进入短视频市场，因此，部分传统媒体的从业者瞄准这一竞争中的蓝海，正抢滩资讯短视频，争夺先发红利。

(2)资讯类短视频的发展困境。

①生产模式不成熟。

目前，我国大多资讯类短视频仍是以 UGC(用户原创内容)和 PGC(专业生产内容)为主要生产模式，还未完全达到 PUGC(专业用户生产内容)模式，离选用媒介素养较高的“拍客”拍摄，再由专业团队审核发布的专业化模式仍存在一定差距。以“梨视频”为例，平台目前有超过两万余名的核心拍客，分布在国内外 500 多个城市。管理这些拍客和审核其上传的内容对编辑和管理团队而言是一项繁重的工作。目前，大部分资讯类短视频时长在 30 秒至 3 分钟不等，从前期拍摄到内容编辑加工，再到后期审核发布，是否会受创作者和编审人员的主观因素影响，能否呈现出与现场事实相符的内容等，都体现着资讯类短视频在生产模式上的不成熟之处。

②盈利模式不完善。

目前，资讯类短视频平台创作者的盈利主要以平台补贴、流量变现等方式为主。初期为了吸引更多优质内容创作者的加入，短视频平台会采用拍摄补贴、观看量奖励等方式，带动用户生产内容的积极性。然而随着平台的用户量不断增加，参与创作的拍客也随之增加，原有的盈利机制和变现模式却没有得到及时改进，使得用户拍摄优质内容的积极性下降，更多去追求流量和关注度。这就不可避免地产生了内容主题类型单一、质量低劣等情况。

③内容采写权受限。

新媒体平台没有采访权是各资讯类短视频平台在内容生产过程中的劣势之一，这就很大程度上限制了内容来源和题材范围，平台发布的视频内容也可能会引发法律和经济纷争。同时，虽然平台可以通过与有内容采写权的传统媒体合作或借助其他途径来最大程度地发挥其功能，但对于用户来说，有内容采访权的传统媒体更具权威性和可信度。

(3)资讯类短视频的发展前景。

①立足新闻事件，凸显短视频的竞争力。

在未来的发展中，资讯类短视频平台应更加明确自身定位，着力于新闻事件报道，尤其是突发事件报道。不仅要壮大专业内容生产者队伍，更要调动普通大众拍客的积极性和主动性，培养其新闻敏感性和专业性，鼓励他们第一时间通过内容自主生产渠道获取新闻事件的现场视频材料。

②规范组织拍客，实现专业规模化发展。

目前大多数短视频平台通过对拍客专业程度的要求以及对拍摄内容的限制，使其所拍摄的内容更加专业，满足用户的信息获取需求。为了保证大众拍客上传内容的合法性和真实性，国内短视频机构均在不同程度上加强对拍客提供内容的审核。如“梨视频”建立了内容三审流程，其投入在审核方面的费用甚至超过其原创自制节目的成本。拍客上传的短视频内容经过“梨视频”团队的选题策划和后期加工，提升了短视频内容的专业品质。“我们视频”等多个短视频平台也通过在各地的拍客系统开展内容定制，制作短视频特色栏目。

③补齐技术短板，实现流量最大化变现。

在内容生产过程中，并不是每个“拍客”都有过硬的技术水平，所以几乎每条发布的视频内容都要经过二次加工，但目前智能剪辑的应用率还较低，对于短视频平台来说，技术和人力的压力显而易见，只有在内容生产技术上不断创新，才能更好地保证所传播信息的质量和资讯报道的时效，在以内容为核心的竞争中拥有更大优势。如“梨视频”平台引进了智能化的“视频剪刀手”，采用关键词识别的方式，只需要 15 分钟就能将视频素材制作好，剪辑环节实现自动化、智能化。

④加强管理审核，完善投诉举报机制。

短视频更新速度极快，单凭监管部门和平台进行全面监管是很困难的。面对纷杂混乱的内容信息，用户短视频内容数量庞大且能主动投诉举报就显得尤为重要。加强传播中违规内容的举报投诉有助于更加及时地遏制不良信息的传播，从根本上减少低质量信息的产出。对违规内容和信息应及时采取警告、限制使用、关闭用户账号等处置措施，对于举报反映问题的用户，给予一定的奖励，同时也对恶意举报或者不实举报的用户给予警告批评等处罚。这些举措可以集政府相关部门、短视频平台和用户三者之力，及时处理短视频平台中的违规内容，传递真实有效的信息资讯，创造风清气正的网络空间。

10. 新冠疫情期间，央视频通过开展慢直播的方式直播雷神山医院和火神山医院的建设过程，网友通过“云监工”的方式积极参与到直播过程中，请你用传播学理论框架分析这一现象。[北京大学 2021 年研]

答：慢直播是一种“去仪式化”的视觉传播形式，关注新闻事件中的细枝末节和各类日常生活实践。在新冠疫情期间，央视频客户端开辟“慢直播”频道，全过程直播雷神山和火神山医院的建设，迅速在互联网走红。

(1)技术赋能形成身体同在。

柯林斯认为，个体间的亲身在场可以使情感能量及时进行反馈，充分的身体接触才能够为参与者提供共享的关注与情感，进而产生群体向往、成员意识与尊重感。随着技术的发展，人们能够达到在非物理空间的身体共在，进行有效、流畅的交流和互动。物理空间的身体共在是互动仪式启动的首要元素，慢直播以其零时差分享、沉浸式传播的特点成功构建了虚拟空间的身体聚集。央视频客户端的“慢直播”频道，观众可以通过直播屏幕获得医院建造信息的同时，还能够通过评论区与其他观众实现实时交流和互动，表达对一线建筑工人的关切以及抒发消除疫情的内心期盼，在交流互动中产生情感共鸣，并获得情感能量，达到以“虚拟空间”形式的身体共在。

(2)“云监工”延伸新型互动仪式。

慢直播的核心在于观众的参与感和获得感，而社交化传播的本质在于将用户激活为传播渠道，其中的关键在于为内容和用户注入社交动力，疫情中的慢直播为“云监工”的网友们提供了社交议题和场所，延伸出更多新型互动仪式的想象。

(3)作为集体共同记忆的“云监工”。

慢直播提供的也不再仅是新闻产品，网友在观看直播的同时通过评论功能发表意见，“云监工”成为其共同参与公共事件的媒介仪式，所有人共同的抗疫、爱国情绪得以释放和统一，个体化的情感融入统一化的群体情感之中，“共同抗疫”“武汉加油”“中国加油”等口号成为共同呼声，稀释、覆盖了此前的诸多网络负面情绪，进而经由互动交往被形塑成为所有人共同经历的群体记忆。

(4)“饭圈文化”进入慢直播场域。

在“云监工”现象中，“饭圈文化”则进入慢直播的媒体场域。网友为“虚拟偶像”打榜，在微博成立粉丝团，建立“超话社区”并设计表情包、漫画的行为使他们产生群体兴奋，极大增强了个体在现场的体验感，建立起鲜明的关注焦点和情感连带。

慢直播的互动过程，记录着新闻议题的不断生成，也推动着事件热点的不断流变。网络围观之下，社会公众为监督者、参与者，能够在平等、共情的交流中达成信任，共同推动事件的解决并完成后续情绪的疏导和正向认知的建立。

11．职业新闻人和算法构成的协同把关，对新闻传播业的影响。[人大 2019 年研]

相关试题：

(1)《互联网信息服务算法推荐管理规定(征求意见稿)》的出台对互联网内容产业的影响。[北邮 2022 年研]

(2)算法推荐[概念题，社科院 2022 年研]

(3)结合相关案例，论述算法对新闻业的影响。[北体 2022 年研]

答：把关理论是传播学最基本的理论之一，由库尔特·卢因最早在《群体的生活渠道》中提出，他认为在群体传播过程中存在一些“把关人”，只有符合群体规范或“把关人”价值标准的信息内容才能进入传播的渠道，后来，怀特将此概念引进新闻研究领域，明确提出新闻筛选过程中的“把关”模式。

互联网背景下，基于算法机制下的个性化新闻推送正在被各个平台及媒体机构广泛应用。算法技术在新闻生产与传播领域的应用，打破了传统的把关模式，对新闻业产生了深刻的影响。但是完全的算法个性化推荐也会带来“信息茧房”等问题。因此，职业新闻人和算法构成的协同把关是新闻传播业的发展方向。

(1)算法把关降低了运营工作量，更专注于内容。

算法把关主要是指机器算法通过挖掘到的用户数据，如用户的关系、行为、偏好、需求、社会网络关系、发布的内容等，发掘用户兴趣点，并根据用户兴趣点决定信息的流通及显示位置，可以提高新闻推送的效率。

(2)算法提高新闻分发效率，解决人工编辑难题。

个性化新闻推荐系统拥有海量的“信息库”，内容数量的庞大决定了人工编辑难以对“信息库”内的全部内容进行筛选。算法把关通过模仿编辑的把关行为，对个性化新闻推荐系统内的信息进行判断与选择，代替了编辑的重复劳动，提高了新闻把关的效率，进而使信息产业的生产效率得以提高。与此同时，算法技术使记者和编辑从海量的新闻内容中解放出来，降低了新闻工作者的劳动强度，有助于其专注于技术无法替代的抽象思维与创造性的工作，促进新闻产业向更加精深的方向发展。

(3)算法推荐过于机械，大量负面信息失控。

算法的把关标准与传统的新闻价值观念相去甚远，算法的把关过程主要依靠机器的程序对内容进行过滤，既不能对无法量化的内容进行判断，也不能把人类的价值观念融入把关的标准中。也就是说，算法本身具有机械性，不具备人的意识与情感，仅仅通过关键词和算法模型识别有害内容，无法对内容进行价值判断，更无法对新闻可能产生的社会影响作出正确的判断。另外，算法把关中新闻价值观念的缺失还体现在算法的把关标准对内容生产标准的倒逼。个性化新闻推荐系统的内容有一部分来自平台自媒体，有些自媒体内容生产者为了使内容被算法推荐，往往会迎合算法的判断标准。由此，故事化的写作风格、靠蹭热点为主的选题依据成了自媒体内容生产的主流，标题党、涉及色情暴力的内容更加容易被算法推荐，也成为自媒体生产者的选择。

(4)职业新闻人和算法构成的协同把关有利于对新闻的价值判断。

公共价值的意见的产生，是建立在人的判断与分析能力基础上的，即使机器可以帮助媒体更好地描绘现实世界的图景，对这些图景的解读，还是依赖于人。从媒体把关到算法把关是一种进步，也符合从“传者中心”到“受者中心”的现代传受关系转移的趋势。但是在个性化新闻推送可以大规模定向地进行信息分发的同时，也需要专业的媒体人对这些信息有所判断。

12. 举例说明国内新闻媒体知识付费的探索和出路。[南京师大2022年研]

答：“知识付费”一词从内容付费和知识共享中衍生而来，知识付费服务产品主要包括文本类、图文类、音频类、视频类、直播类等形态。知识付费是将知识转化为知识付费产品或服务、建立付费机制与服务模式传递至消费者，从而满足用户知识需求的一种经济模式，具有开放、共享、付费等三个关键特征。知识付费往往与内容付费、信息付费等概念相似。

国外专业媒体内容付费起步较早，20世纪90年代，随着美国传统报业的衰落，《华尔街日报》《纽约时报》等媒体开始尝试“付费墙”模式，即将新闻资讯搬运到互联网上实行付费阅读。国内新闻媒体知识付费则分为两个阶段，一是传统媒体时代的以订阅为主内容付费阶段，二是新媒体时代的以知识产品为主的知识付费阶段，付费内容的知识含量高，且付费内容愈加丰富。

(1)国内新闻媒体知识付费的探索。

国内开展知识付费实践的主要有以下几种模式。

①付费专栏订阅。

付费专栏订阅是用户通过一次性预付费的方式订阅平台推出的系列知识课程，专栏以某一主题为中心形成体系化的知识模块。在新闻内容付费模式上，财新网坚持公共利益至上的原则，把一些基础性的原创现场新闻和有共享价值的高品质内容免费向公众输出，而对一些特稿采取事后收费机制。即让读者先免费阅读这些特约稿件，当读者需要进行检索或转发时，再收取一定的费用。财新网“数据通”还开设了企业库、人物库、股票、债券等六大板块，开发制作了5G、股票估值模型、量化投资、财务分析等私房课，并设置单课和整课两种订购模式，在信息收费方向逐步完善和优化。

②付费内容打赏。

付费内容打赏是指用户与平台知识产品形成共鸣，自愿支付一定的金额表达支持和肯定，内容打赏模式具有激发用户生产优质内容、提高平台用户黏性的优势。微信赞赏码与《21世纪商业评论》进行了合作，扫描文章上附有的赞赏码后，读者会看到6种不同的打赏金额，当然读者也可以自定义想打赏的金额，还可以写下自己的名字以及赞赏留言，从而与作者形成互动。读者可以通过赞赏码进行打赏，赞赏实时到《21商评》设置的微信号钱包。赞赏码与纸媒结合，有点类似实体版的公众号，打赏文化从线上延伸到了线下。另外，赞赏码印刷在刊物上，可以让读者和媒体产生更深层次的连接，改变了以往传统媒体只能单向传递资讯、输出内容的方式，读者可以对他们认可的内容进行打赏，甚至可以对文章进行评论。

③付费社群营销。

付费社群营销模式源于社群效应驱动，其核心是从用户情感寄托需求角度出发，将兴趣相似的用户聚集于网络空间，促进用户转化与知识变现，研究集中于社群关系、社群建设与管理等。"中读"以其IP《三联生活周刊》等杂志内容为核心，打造精品音频课程，利用内部的社交、读者创作等功能，同时兼顾微信公众号、微博等平台追踪热点话题的运营引流，最大程度地减少其使用场景限制，增大用户黏性并吸引新用户使用。除了App运营之外，"中读"还根据用户兴趣提供"订阅可加群"的社群运营模式，利用微博转发抽奖定期赠书扩大其认知度和影响力。除了线上活动，"中读"也依托三联的"松果生活"平台运营经验，推出线下活动，增强用户的互动体验，线上线下联动帮助平台增加用户黏性。

(2)国内新闻媒体知识付费的出路。

未来，发展新闻付费业务需要从技术、受众、政策等多方面着力，构建免费新闻与付费新闻的"互惠型共生"关系，寻找新的出路。

①技术发力：挖掘付费新闻的"价值空间"。

依据当前新闻生产的现状与困局，以及结合新技术融入新闻生产实践环节的特征与趋势，未来新闻生产、分发环节会朝着以下方面不断完善：数据采集、数据流通、算法分析与内容生产、内容分发。在新的价值空间中，由于大数据、人工智能等技术的融入，新闻采、编、审、发的生产环节变得更加紧凑和高效，AI借助大数据，在"系统性设备集成"的"传感器"中，通过算法将数据进行筛选和适配组合。此外，人工智能等通过对用户兴趣对比和分类，提升服务效率，使更多人员可以投身于专业化、特色化、深度化的写作中，更好发挥报媒资源丰富、发布渠道权威的优势，促进新闻内容生产由"标准化"向"人格化"跳跃，创造价值空间。

②着眼受众：提升新闻和服务质量。

我国正处在社会转型的关键时期，受众对文化质量和多样性提出更高要求。媒体应主动顺应受众需求，提升新闻产制能效，提供更多高质量新闻。

a. 深耕免费+提炼特色，提升新闻内容质量。"打铁还需自身硬"，报媒涉猎新闻数字付费，首先要有专业化、差异化、高品质的内容，并兼顾"收费""免费"内容。有特色的专业报刊可探索尝试付费业务，可面向特定细分市场开拓付费市场。

b. 多元界面+便捷支付，提升受众付费意愿与支付便利。报媒应深刻洞察用户需求偏好，提供灵活多样的新闻产品和付费形式。此外，可根据付费多少、新闻内容差异，对纸质版、电脑、手机端赋予不同的权限，根据市场反应动态调整。另外，向目前颇受欢迎的社交媒体投放免费内容，吸引潜在付费读者。

③政策保障：创造良好的政策环境。

a. 探索产权联盟。把新闻上升到"知识产权"层面进行保护，对于发展新闻付费业务初期的报媒而言非常关键，才能实现将报媒中的优质内容进行价值变现。因此，报媒应该基于"合作共赢"的心态，站在整个行业发展的立场，抱团联合成立版权联盟，强化维权意识和途径，在此基础上界定好可供免费使用的"合理使用情形"，以及需要坚决收费的内容及标准，为规范行业发展做出积极探索。

b. 重视"互惠型"共生合作。对于综合实力不强的报媒，在创办付费墙初期，面对报媒内部、外部形成的"偏利"或"偏害"型共生关系，积极推动形成行业互惠的共赢格局。一是由在行业内有影响的报媒牵头成立合作项目，并制定利润分成规则；二是借鉴国外成功经验，探索成立专门负责媒体付费模式的第三方专业公司。

13. 论述主体多元化的分发平台对网络新闻生态的影响。[大连理工2023年研]

答：新闻传播已经进入互联网时代，分发平台成为网络新闻传播最主要的渠道，对网络新闻生态产生重要影响。新闻分发平台具有主体多元化的特征，其运行的背后是多重主体力量之间的动态博弈，每个主体都对网络新闻生态带来影响。从这个角度来看，主体多元化的分发平台对网络新闻生态有以下几方面的影响：

(1)企业。

①提供了更为充分的技术支持。当下的新闻分发平台主要是商业平台，由互联网企业主导和经营，其资本力量、技术力量雄厚，有意识且有能力投入大量资金开发并改进以算法推荐为核心的分发技术。从基于流行度的算法分发到基于内容的算法分发再到基于协同过滤的算法分发，算法技术一直处于快速更新迭代过程中，这种进步在很大程度上是企业支持的结果。

②阻碍网络新闻公平正义。主导新闻分发平台的企业以获取经济利益为目标，这一经营逻辑使得平台运营者对平台分发的新闻内容质量及可能造成的社会影响并不重视，认为平台属于科技公司而不是社会媒体，不愿接受相关内容的规制。企业重经济效益而忽视社会效益的观念导致资本影响新闻分发秩序，出现隐藏企业本身负面新闻、利用新闻报道攻击竞争对手等行为，造成网络新闻生态的混乱，阻碍公平正义的伸张。

(2)新闻媒体。

①生产更加贴合受众需求的新闻内容。新闻分发平台以浏览、点赞、转发、评论、关注等数据衡量新闻的受欢迎程度，实现了新闻传播效果的量化，同时也为新闻媒体提供相应的用户画像。这一行为有助于新闻媒体对新闻受众进行充分的认识和了解，以便生产受众更加关注、更加喜闻乐见的新闻报道，推动网络新闻生态中专业新闻媒体与受众双方的对接。

②降低网络新闻生产质量。新闻分发平台通过分发技术提高了用户黏性，扩大用户规模，同时也迫使专业新闻媒体不得不以低价或低广告分成向其提供原创内容，经济效益的降低容易导致新闻生产质量的降低。另一方面，新闻分发平台上的低俗、过度娱乐化的信息挤占媒体生存空间，劣币驱逐良币，部分媒体会通过发布不实新闻、低俗信息、制造噱

头等手段来获得流量，造成网络新闻质量良莠不齐，扰乱网络新闻生态秩序。

(3)用户。

①为网络新闻注入活力。新闻分发平台为用户提供了发表观点的渠道，使用者可以在平台上对网络新闻进行点赞、评论、转发等一系列行为，甚至通过剪辑等手段对网络新闻进行二次创作，为网络新闻注入全新活力，提高网络新闻的传播关注度和影响力。在部分情况下，用户关注并持续跟进社会新闻，有助于伸张正义。

②干扰正常的网络新闻秩序。新闻分发平台为每个用户打上标签，并根据标签推送新闻报道，这就导致拥有相似兴趣爱好、生活背景和认知程度的用户容易聚集，在经济、政治和社会新闻中产生群体极化现象，将新闻事件当作情绪的宣泄口，造成网络暴力等负面事件的发生，干扰正常的网络新闻秩序。

(4)政府：规制分发平台，治理网络新闻生态。

新闻具有意识形态色彩，关乎政治稳定和社会舆论走向，互联网平台的发展对社会主流意识形态传播提出了挑战，政治力量的介入成为必要。政府通过颁布政策、行政约谈平台责令整改等措施，可以影响算法使用平台经营者的意态，进而对算法分发技术的发展产生规制作用，减少算法偏见等新闻分发平台的负面影响。

综上，主体多元化的新闻分发平台对网络新闻生态的影响既有正面也有负面，但整体利大于弊，在多方主体的共同努力和协商中，网络新闻生态将在矛盾中找到平衡，呈现逐步稳定的局面。

第五章　智能时代与智能传播走向

5.1　考情分析

本章围绕智能时代的智能传播，探讨智能传播与人机传播的概念、智能传播引发的行业变革、智能传播渗透日常的智媒化生存；考生需要掌握智能传播的要素和影响，智能传播引发的对内容生产和分发的变革以及算法和人的关系。

其中，智能传播、人机交互、人机传播等概念是重要更新内容，需要重点记忆，常以名词解释、简答题和论述题背景的形式出现。内容生产全环节的智能化变革、内容分发的变革的写作逻辑、人与机器的不同偏向、算法对人的囚禁与人对算法的抵抗、智媒化生存、人对 AIGC 的驯化，是重中之重，通常是简答题和论述题的重要考点。此外，量化自我部分需要与传播学理论部分的自我传播内容结合起来进行学习。

5.2　复习笔记

【知识框架(庖丁解牛)】

- 智能时代与智能传播走向
  - 智能传播与人机传播
    - 智能传播与人机传播的定义及核心特征
    - 智能传播的要素
    - 智能传播的影响
  - 智能传播引发的行业性变革
    - 内容生产的变革
      - 内容生产流程的全方位变革
      - 知识生成与按需生产
      - 智能化生产中机器与人的区别
    - 内容分发的变革
      - 算法分发的三重依据
      - 内容分发的进一步变革
      - 智能管家
  - 智媒化生存：智能传播在日常生活中的渗透
    - 算法与人的关系
      - 算法对人的囚禁
      - 人对算法的反抗
    - 从功能性对话走向情感性交流的人机传播
    - 人对 AIGC 的驯化
    - 量化自我与自我传播

【考点难点归纳(厚积薄发)】

考点一：智能传播与人机传播 ★★★

1. 智能传播与人机传播的定义及核心特征(见表5-1)

表5-1 智能传播与人机传播的定义及核心特征

要点		具体内容
智能传播的定义[周葆华等]		由人工智能技术参与的传播活动，包括内容生产[机器人新闻写作]，内容分发[算法和大数据]，人机交流[ChatGPT]的各个环节
人机传播	广义	是指以机器为主体的各种能触达人的智能传播活动
	狭义	是指同为传播主体的人与机器之间的直接互动
核心特征		机器成为传播主体

2. 智能传播的要素(见表5-2)

表5-2 智能传播的要素

要点		具体内容
算法	作为规则	设定机器需要最终达成的目标，指明达成目标的路径和方法
	作为简化模型	量化并计算抽象的问题
	算法应用	生产内容，分发递送
数据	作为资源	是智能传播的基础，滋养智能传播，推动技术发展
	来源	互联网海量数据和人自身的数据化

3. 智能传播的影响(见表5-3)

表5-3 智能传播的影响

要点	具体内容
机器思维	①冲击以往的主观经验性思维，转向采用数据量化思考方式。 ②算法与数据的局限也有待深思
智能机器	作为新行动者参与“转义”，成为内容生产、分发的行动主体，改变以往的生产者与消费者的行为模式
辨析：智能传播与智能化媒体	①智能化媒体是指专业生产者通过智能技术创新内容生产与分发手段，主要发生在媒体内部。 ②智能化媒体只是智能传播的一种表现形态
ChatGPT	AIGC技术使智能化内容生产跨越专业壁垒，人机交流常态化
智能终端	终端与人共生，参与传播
人机关系	人机协同、人机传播(如人机交流)和人机共生

考点二：智能传播引发的行业性变革 ★★★★

1. 内容生产的变革

(1)内容生产流程的全方位变革(见表5-4)

表5-4　内容生产流程的全方位变革

<table>
<tr><th>要点</th><th colspan="2">具体内容</th></tr>
<tr><td>信息采集</td><td colspan="2">①信息采集全时化：物联网传感器参与全天候采集信息，补充素材，辅助还原现场。
②辅助记者采访：智能识别、智能转换，方便记者采访。
③丰富信息采集维度：
a. 方便采集虚拟世界信息与现实世界信息，其中虚拟世界信息采集主要依赖机器。
b. 作为人的延伸，机器采集人的身体和行为数据，并运用在新闻生产中。
c. 采集数据辅助新闻策划，支撑新闻选题。
④人的主体性不可替代，新闻工作者的筛选抉择、采访仍然占据主导地位</td></tr>
<tr><td>审核把关</td><td colspan="2">①分析来源，核查版权。
②识别信息，筛选过滤。
③技术鉴定，辨别真伪。
④交叉核实，核查验证。
⑤跟踪分析，来源追溯。
⑥人机协同，互利共赢</td></tr>
<tr><td rowspan="5">内容创作</td><td>批量处理</td><td>腾讯 Dreamwriter 批量化、程序化、自动化生成财经、体育方面的内容，兼顾多种需求，关联相关信息，丰富内容生产</td></tr>
<tr><td>自动生产</td><td>新华社的“媒体大脑”，拍摄及剪辑自动化，用于会议和体育比赛等；辅助人工剪辑，帮忙拆条视频内容</td></tr>
<tr><td>自动整合</td><td>辅助内容整合，如整合多媒体、同一主题信息等</td></tr>
<tr><td>精深加工</td><td>①高质量内容需要以人为主导、机器辅助的人机协同。
②机器的辅助作用：
a. 数据分析，启发选题方向，采集筛选素材并进行粗略加工。
b. 多维采集，完整呈现，深挖背后的深层涵义，解释因果，预测未来趋势，提炼总结规律。
c. 总结分发结果，优化内容及传播路径</td></tr>
<tr><td>风格化表达</td><td>风格化内容能成为独一无二的竞争优势，但机器生产内容套路化，结构存在限制，因此需要以人为主体进行人机协同</td></tr>
<tr><td>反馈收集</td><td colspan="2">大数据、传感器、可穿戴设备提高反馈的精确性，能够监测生理层面的数据，使用户分析更加定制化、即时化、场景化，但也带来伦理、隐私等需要防范的新问题</td></tr>
<tr><td>优化改进</td><td colspan="2">进行竞品、平台、路径、流量、环境和用户等多角度的分析，提供全流程的数据支持，方便全过程的实时反馈和调整</td></tr>
</table>

(2)知识生成与按需生产(见表5-5)

表5-5　知识生成与按需生产

要点	具体内容
知识生成	①ChatGPT 等智能技术有望突破单纯的信息整合，实现深层的知识生成。 ②这对人参与到机器目标设定和任务分配提出了更高的要求
按需生产	①ChatGPT 可遵循用户的个性化需求进行内容定制生产[按需生产、“点播式”生产]，成本低且效率高。 ②新的问题出现：个性化内容挤压公共性内容的空间；公共性内容如何触达更多用户

(3)智能化生产中机器与人的区别(见表5-6)

表5-6 智能化生产中机器与人的区别

要点	具体内容
客观呈现 VS 主观描述	①人的主观探查、分析和描绘能力影响新闻呈现结果。 ②机器客观呈现数据情况，但无法替代记者主观的采访、观察和细节捕捉，因此需要我们将两者结合，全面综合呈现内容
信息加工 VS 观点表达	①机器在信息处理的维度、广度、速度都更胜一筹。 ②人在观点表达上更具温度、深度和态度
知识生产 VS 意义创造	①机器通过知识生产完成信息增值，有望升级成知识产品。 ②人则需要在知识生产的基础上实现意义创造，挖掘规则秩序
精准指导 VS 经验判断	①机器提供的精准数据成为媒体指南，纠偏经验性认知局限和判断偏差。 ②人不应依赖数据，导致被数据绑架、迷惑或者误导。 ③高精度的算法也需要依托人的经验积累
计算创作 VS 内驱表达	①机器创作是对人的模仿计算，能丰富艺术表达，带来新的审美领域，但无法替代人类。 ②人需要保持灵感、创意，表达情感
程式互动 VS 共情传播	①机器走向互动"前台"，逐渐拥有"情感智能"，但情感仍是模拟计算的产物。 ②人的传播是情感交换和共情交流，机器难以替代

【考点拓展】智能传播的伦理困境

(1)免费服务产生隐私泄漏风险。

互联网的很多网站打着为用户提供免费服务的由头，实则利用售卖用户个人信息获利。用户在网站进行注册时，所填写与同意的条款也会使得互联网公司搜集用户数据等情况更为便利，带来个人隐私信息泄露的隐患。

(2)虚假信息传播扰乱社会秩序。

海量的信息在互联网进行传播，用户无法直接辨认信息真伪，使得互联网平台上虚假广告和信息传播泛滥。宣传热门噱头、平台售假造假甚至利用互联网平台进行欺骗敲诈都会破坏社会正常的传播秩序。

(3)工具理性与价值理性无法平衡。

大数据和算法推送为用户提供个性化定制信息，但受众过度依赖技术工具，会导致工具理性和价值理性关系的失衡。

(4)媒介的舆论引导功能弱化。

媒介会通过议程设置影响公众事件的传播，在社会中进行舆论引导，构建良好的信息环境。但互联网平台采用的算法推荐和大数据进行个性化的内容推荐，可能造成信息茧房和过滤气泡，进而导致受众信息吸取片面或极端，媒介原有的舆论引导功能也将弱化。

2. 内容分发的变革

(1)算法分发的三重依据(见表5-7)

表5-7 算法分发的三重依据

要点	具体内容	
个性	当下算法问题	聚焦用户短期行为和诉求，受正反馈效应影响，导致视野窄化
	未来变革	①预测需求的变化趋势，推送用户可能感兴趣的内容。 ②人工激发新需求，主动引导用户产生新兴趣

续表

要点	具体内容	
关系	社交关系	内容分发时需考虑社交圈内的形象塑造
	群体归属	算法需发现可能的同类文化群体，并帮助同类文化群体内部成员形成广泛连接与互动
	社会归属	维系、整合社会，使个体和公共内容产生交集
场景	未来方向	家庭、办公、交通、娱乐等
平衡几对矛盾	①平衡用户阅读行为的偶然性与必然性，提升信息推送效率。 ②平衡用户的习惯偏好与新颖内容的推送。 ③平衡"悦耳"与"刺耳"多样化内容的信息推送	

(2)内容分发的进一步变革(见表5－8)

表5－8　内容分发的进一步变革

要点	具体内容
机器分发	社交机器人、传感器设备进行自动采集和精准分发
社交分发	社交平台仍是重要分发渠道，人的主观感性发挥作用，但也可能招致信息茧房，导致视野受限
专业分发	专业媒体的判断、筛选和分发不可替代，如何维系、重构专业分发的渠道成为挑战

(3)智能管家

ChatGPT带来的内容分发的新的可能性：

①对话式分发：用户提问影响回答的方向，用户反馈质疑促进内容优化。

②个性化渠道：分发终端和渠道更加多样，更加个性化、场景化。

③信息差弥合：ChatGPT信息来源广泛，避免信息窄化。

考点三：智媒化生存：智能传播在日常生活中的渗透　★★★★★

1. 算法与人的关系

(1)算法对人的囚禁(见表5－9)

表5－9　算法对人的囚禁

要点	具体内容
影响认知	算法带来过滤，过滤影响认知
作为媒介	影响人和其他事物的连接，潜移默化地影响日常生活： ①价格算法影响商品价格。 ②导航、网约车和自动驾驶汽车算法影响通行方式。 ③外卖平台算法影响外卖收货的时效。 ④婚恋平台利用算法进行婚恋配对
影响消费	①影响商品种类和价格。 ②加强商家对消费者的控制。 ③催生不必要的需求，助推消费主义陷阱

续表

要点	具体内容
操纵劳动	通过算法规则约束、控制甚至异化劳动者
量化地位	算法估算分配社会资源，量化社会地位，束缚人的可能性

【考点拓展】信息茧房、回音壁和过滤气泡(见表5-10)

表5-10　信息茧房、回音壁和过滤气泡

比较维度	信息茧房	回音壁	过滤气泡
概念	指人们的信息领域会习惯性地被自己的兴趣所引导，从而将自己的生活桎梏于像蚕茧一般的“茧房”中的现象，于19世纪由法国思想家托克维尔提出	指在一个相对封闭的环境中，一些意见相近的声音不断重复，令处于相对封闭环境中的大多数人认为这些扭曲的故事就是事实的全部，在2003年由桑斯坦提出	指基于大数据与算法推荐为底层架构，根据用户的使用时间以及浏览习惯等生成用户画像，并通过算法技术为其呈现个性化的界面体验，由帕里泽在2010年提出
不同点	个体具有一定的能动性和信息的选择权	个体意见不断强化后，造成整个群体意见的极化趋同	个体在技术影响下对信息选择没有主动权
相同点	在技术的影响下产生信息同质化的问题，造成个体的视野窄化、群体间区隔加深，甚至可能导致社会分裂		

(2)人对算法的反抗(见表5-11)

表5-11　人对算法的反抗

要点		具体内容
民间理论[人对算法的朴素认知]	形成	①催生用户进行算法系统推荐的外在线索[文本特征、用户特征、系统特征]和内隐线索[态度、情感、心理]。 ②感知模式，包括社交关系模式、因果推理模式、用户参与模式等
	作用	民间理论是人们对算法的探索，体现了人的能动性
反向利用		在对算法规则原理有所了解后，通过投喂数据、训练算法为己所用
算法抵抗		①从算法的执行结果进行逆向追问，迫使其修正数据内容。 ②但现阶段抵抗力量不足，是一种类似治理的引导手段；也可能是一种自我强化的不平等
媒介素养		①算法使用越久，信息茧房效应削弱。 ②受众主动性和智能素养有助于突破信息茧房。 ③网络媒介使用频率越高，媒介素养也越高。 ④算法素养的高低带来智能鸿沟，关乎用户生存质量

2. 从功能性对话走向情感性交流的人机传播(见表5-12)

表5-12　从功能性对话走向情感性交流的人机传播

要点	具体内容
发展	①应用场景明确的人机传播最初主要满足功利性的需求，发挥功能性作用，但拟人化的机器会让人对其亲近并获得陪伴感。 ②情感性诉求的出现：人机交流可以带来替代性满足，对机器投射情感期待顾忌较少，可以尽情宣泄情绪。 ③人际传播的回避：人机交流的可控性更强，成本低，性价比高；定向性强，高度定制化

续表

要点	具体内容
案例	ChatGPT 对话、ASD（孤独症谱系障碍）疾病治疗等
反思	部分观点认为应该尽量避免卷入与机器之间的深度社会情感关系，但感情投入难以避免

3. 人对 AIGC 的驯化（见表 5－13）

表 5－13　人对 AIGC 的驯化

要点		具体内容
人对技术驯化的四个阶段［罗杰·西尔弗斯通］	占有	即付费购买，拥有技术
	物化	对技术进行实际处理运用
	融入	常态化，与日常生活紧密结合
	转化	公共化，进入公众领域
驯化方式	①收编 AIGC，成为工作的助力，但此举边界尚不明朗，伦理仍存争议。 ②通过 AIGC 精进自我，学习知识，其针对性强，效率更高；但人容易对 AIGC 产生依赖，导致自身能力退化。 ③用 AIGC 补足创作能力，完成自我表达，AIGC 与元宇宙的发展相互交织，为其提供新动力。 ④AIGC 成为聊天伴侣，提供贴心陪伴，展现智能媒介化生存纵深发展趋势	
AIGC 的影响	①走向公共化，丰富内容生态，改变生态格局，过滤低质量内容。 ②促进社区发展，重组社会关系，带来智能鸿沟。 ③改变生存环境，艺术创作日常化，但也导致虚实难辨	
双向驯化	AIGC 与人是双向驯化，这也是人机协同的必经之路，也催生智媒化生存的新特点	

4. 量化自我与自我传播（见表 5－14）

表 5－14　量化自我与自我传播

要点		具体内容
量化自我［凯文·凯利和加里·沃尔夫］	量化自我是指利用可穿戴设备和传感器技术等收集人们日常生活中不同方面的个人数据，以衡量、探索、感知、反思自我，深化自我认知的行动	
自我传播	指个人不以交际为目的的内部信息处理的活动。它是作为客体的外部环境信息刺激作为主体的个人的大脑而产生的心理和生理上的一种反应	
反身性［凯瑟琳·海勒］	①在变换的角度下，原本生成某个系统的主体也是系统的一部分，即"反身性"。 ②个体既是被观察者也是观察者，作为观察者与被观察者一体、传受者一体的人，其自我传播就是一种反身性运动	
量化自我对人的影响	社交表演和自我建构	成为表演方式和互动中介，是审视自我也是他人的规训，量化影响人的自我认知和调节维度
	深度监视	物成为深度监视的路径，量化指标的科学性暂时存疑，过度规训将会走向极端

【考点拓展】量化自我异化的表征和原因

(1)量化自我异化的表征。

①量化目标的“失焦”。数字技术的发展使得量化成为一种新的管理方式，全方位“包裹”着人们的日常生活。人们以量化自我的方式获取自身数据，但这种“量化乌托邦”的方式被“为了完成而完成”的目标而异化。

②陷入数字囚徒的困境。量化自我的评价标准由理性数据为主导，感性直观的评价已不再重要。整个实践将人异化为机器，沉迷于计算精确的生活数据。

(2)量化自我异化的原因。

①量化时代下的自我规训。Web2.0 时代使得人们借助技术工具收集并处理数据，同时也作为社交货币在社交平台出现。自身数据外化的过程中，实践者为满足他人期待，进行自我规训。

②真相被掩盖。数字资本主义在智能数字技术帮助下开始控制所有数字生命。量化自我只是它的统治工具。量化自我的主要目标在于抹平人的个性与差异性，形成标准化“商品”。

③数字形成认知假象。时间节奏越来越快，加速社会出现。人们为跟上社会而进行时间管理。这种量化管理看似能够让人们掌控精确时间，实则是被社会规训，产生“可掌控的假象”。

5.3　课后习题详解

1. 你观察到的智能传播在生活中有哪些体现？

答：我观察到的智能传播在生活中有以下体现：

(1)写稿机器人：自动生成稿件的高效创作者。

机器人写作等人工智能的应用，在一定程度上成为新闻工作者的“得力助手”。腾讯财经开发的机器写作软件 Dreamwriter，会根据采集到的数据第一时间自动生成稿件，瞬时输出分析和研判，一分钟内将重要资讯和解读送达用户。人工智能在初级工作岗位上开始占据重要的位置，而新闻工作者则能够有所区别地将更多精力投入更为复杂的创造性报道工作中，人力得以解放。

(2)AI 合成主播：虚拟数字人参与内容播报。

AI 主播由于以算法机器为支撑，与传统人工主播相比，具有效率更高、精确性更强、更加客观和用户匹配性更高等优势。在第二届中国广电媒体融合发展大会省级广电创新运营峰会上，北京广播电视台发布了中国首个广播级智能交互真人数字人“时间小妮”；身为国内主流媒体的《人民日报》，也推出了自己的虚拟数字人主播“任小融”。随着短视频平台的兴起，虚拟数字人主播更是被用来代替真人进行内容的输出以及直播带货。

(3)算法推送：精准化内容推送的分发者。

算法推荐具有个性化、效率高、定位精准等优势，能够根据每一个用户日常浏览新闻喜好、习惯留下的印记而实现智能、个性化推荐。算法推荐在改善用户阅读体验和精准的用户画像上，相比人工编辑有着天然的优势，能够比编辑更懂用户。

(4)社交聊天机器人：虚拟陪伴的贴心“朋友”。

以 ChatGPT 为首的对话型人工智能搭载自然语言处理系统和逻辑分析能力，可以模拟人类对话或聊天。24 小时在线的陪伴型聊天机器人可以随时、随地、即时提供回应，陪伴型聊天机器人在情感交流层面的应用存在较大优势与未来前景。一些媒体利用对话聊天机器人等形式，它们将某些新闻的获取和阅读过程变成一个互动对话的过程，通过机器人与用户的对话，来了解用户的阅读偏好，进而推荐相关内容。

2. 你认为智媒化实践给内容行业带来了哪些影响?

答：我认为智媒化实践给内容行业带来以下影响：

(1)内容主流呈现形式改变。

智媒化实践中的多媒体技术为内容行业带来新的载体。沉浸式的AR/VR带来更加真实在场的体验，5G为高速率、低时延的传播提供技术支撑，机器人写作、机器人主播为图文、视频等带来的新的呈现形式。多样的媒介新形态改变了内容行业的主流呈现形式，视频弥补了图文的短板，5G为高速传播带来了可能，直播、长视频、VR应用等形式颇具潜力，海报、漫画、H5等内容也成为内容传播包装的常用方式。

(2)内容生产与分发发生蜕变。

①内容生产的变革。

a. 内容生产过程的变革。

新技术革命带来一系列媒体变革和行业改变，技术工具、技术平台、技术生态的影响深入渗透到媒体内容生产全过程。从生产流程来看，从选题开始，智媒化实践就深刻影响内容生产的全过程，从以往的“同一选题单一形态”到“同一选题多元形态”，加之选题有智媒参与，能够快速捕捉热点，监测全网动态；采写阶段，机器智能已经能够高效地完成信息采集，依靠物联网和传感器能够获取精确的现场数据，辅助记者采访。部分内容的生产制作，包括但不限于写稿、作图、一键生成内容产品，已经参与到生产流程中。专业的内容生产者可以借助智能化生产提高效率，专注于更优质的、情感化的、复杂的内容创作；在内容审核时，智媒化能够通过智能筛选、关键词捕捉等手段进行技术甄别，结合人工审核，对内容进行全方位、多角度的把控。

b. 内容生产的发展方向：知识生成和按需生产。

以ChatGPT为代表的人工智能为内容生产注入新鲜的血液，同时在内容筛选、整合的基础上，为知识生成提供可能，在挖掘信息背后的联系、总结内容的规律方面都展示出可观的潜力。人工智能参与的知识生产，最终生成的是一种“计算知识”，基于其背后的知识库和规则逻辑生成的集成式的内容，人在其中仍然发挥着重要作用，需要设定目标、派发任务，制定规则并提供训练学习的素材。

内容生产的另一个趋势是定制化的“按需生产”，即按照用户需求驱动的生产。技术降低内容生产的成本，也使得按需生产成为可能。但这也会导致私人化的内容挤压公共性内容，出现新的问题。

②内容分发的变革。

在内容分发上，借助算法、大数据等技术精准定位用户画像，方便内容个性化、定制化、精准化地递送分发到对应的用户手中，同时能够适配各种使用场景。

a. 内容分发的依据。

算法分发主要考虑的是人与内容的适配，常用的三种依据是个性、关系和场景。个性方面，以往的算法是针对个人的需求，满足个人的兴趣，不免陷入信息窄化的境地，而算法在个性方面不会仅仅局限于此，未来算法能够做到“心有灵犀”，预测用户可能的需求和兴趣，同时主动去激发用户的新需求。关系方面，未来的算法对关系的关注将进一步深化，关注内容分发对社交关系、群体和社会关系的作用，塑造社交形象，满足群体归属感，维护社会关系，促进社会整合。场景方面，未来算法的场景化应用也有待关注。家庭、工作、交通都能成为重要的分发场景。此外，算法设计也需要平衡“偶然”与“必然”、“习惯”与“奇遇”等矛盾。

b. 内容分发的变革。

未来算法进化的三个可能的方向：第一，机器分发。以社交机器人和传感器为例，能够自动采集信息，向特定用户发布；第二，通过人际关系网络进行的社交分发。但由于是人参与并主导的分发，无法避免人的主观因素，受个体情绪、态度和立场影响，而且容易出现内容窄化，限制视野的情况；第三，专业分发。能够更好地拓展视野，促进社会整合，了解外部环境，其中专业媒体的判断和筛选不可或缺。

c. 内容分发的未来发展方向。

ChatGPT 的发展助推智能分发模式，跨平台筛选整合信息，以拟人化的对话问答加强与用户的交互、增强用户参与感，类似为用户量身定做的“智能管家”，以 ChatGPT 的多元信息来源，可以帮助用户拓宽眼界，打破信息差。

(3) 内容行业的盈利模式重新建构。

互联网的快速发展，使持续多年的新闻内容拉动广告的变现模式陷入困境，“二次销售”模式也陷入失灵的困境，内容行业新的模式也在智媒化实践的推动中推陈出新。泛内容变现模式可能成为媒体商业模式的新突破。单纯的新闻内容很难变现，但做智库、做泛内容乃至“超内容连接”具有强大的变现潜力。媒体可以通过服务性的内容连接用户、机构，形成影响力后再连接项目、产业，从而找到可持续发展的商业模式。

3. 你是否存在对算法的利用与抵抗行为？为什么？

答：在日常生活中，我存在对算法的主动利用和抵抗行为。

(1) 对算法的主动利用。

①在社交平台积极主动地搜索、点赞、转发、评论感兴趣的内容，主动参与算法优化，促使算法主动推送相似的内容。

②利用算法寻找相似的商品或内容。在购物平台购买商品时，利用算法节省时间，聚合需要的商品，以供购买挑选。

③对算法进行主动驯化、主动屏蔽、主动优化，达到最终呈现出私人化内容的结果，同时达到优化自我使用体验的效果。

(2) 对算法的抵抗行为。

①主动或滞后地屏蔽部分内容生产者及标签，避免算法推送。在被算法推送自己反感的内容后，通过选择“不感兴趣”“图片引起不适”等方式，屏蔽部分内容，或者通过关注跨领域、多元化的博主，避免内容过度单一。

②进行数据阻断，拒绝赋予权限。通过主动关闭通知、拒绝个性化推荐，阻止定位授权等行为对算法进行抵抗，或者选择不登录，使用“游客”身份游览网络平台。

③限制算法平台的使用时间，多个平台了解信息，挣脱信息茧房。在使用算法机制为主的平台时，为避免信源单一，评论圈层化，通过结合多个平台的内容综合了解信息和真相，避免陷入“信息茧房”。

(3)主动利用和抵抗的原因。

①主动利用的原因：提高软件使用效率，利用算法推送缩短搜索所需时间；定制私人化的社交平台和算法空间，提高掌控感；优化内容推送，获取感兴趣的内容，用于娱乐解压、放松心情。

②抵抗的原因：避免信息过于单一，观点片面，希望看到更多元化的视角；出于隐私保护需要，不希望在互联网过多留下痕迹，甚至被迫泄露隐私；被碎片化时间和无意识娱乐裹挟的恐惧感，选择主动限制算法对个人的操纵。

简言之，算法推荐中的用户并非完全被动的个体，可以说，算法推荐本身是一场用户与算法的双向驯化，人通过工具达成目的，可能会在无意识中受到工具影响甚至被异化，但人并非默默承受的一方，但这种主动的“利用”、“抵抗”和“驯化”其实也仅仅是在有限框架下无奈和妥协之举，“算法黑箱”及其背后的权力归属不可避免地在用户使用的过程中产生潜移默化的影响。

4. 你认为未来普通人会如何利用 AIGC 技术?

答：我认为未来普通人可能会在以下方面利用 AIGC 技术：

(1)利用 AIGC 提高工作效率，激发自我的创造力。

AIGC 在内容生产和日常工作中都能够作为工具提高效率，最大限度地节省时间，如 AIGC 技术一键生成海报、视频；AIGC 技术辅助写稿、写代码；AIGC 技术进行数据分析和趋势预测等。AIGC 的协同能力强大，可以与其他工具协同使用，配合各种场景，切实提升工作效率。需要注意的是，AIGC 工具本身的更新换代较为频繁，需要我们不断更新，与时俱进。

(2)利用 AIGC 规划个人生活，方便衣食住行。

智能家居是 AIGC 融入人们生活的一个重要领域。通过智能家居系统，人们可以利用 AIGC 技术对家庭环境进行智能控制，提升生活的便利性和舒适度。AIGC 在个性化定制领域也有着广泛的应用。通过分析用户的需求和行为，AIGC 可以为用户定制更加符合其个性化需求的商品或服务。AIGC 在娱乐产业的应用也越来越多，可以根据用户的喜好和行为，生成个性化的音乐、电影、游戏等内容推荐。此外，AIGC 在智能出行、医疗健康、购物等领域也发挥着重要的作用。

(3)利用 AIGC 提升自我能力，获取知识技能。

以 ChatGPT 的代表的 AIGC 技术，最常见的功能就是答疑解惑、分享知识，在知识学习的过程中能够最大限度地缩减搜索、整合的时间，也可以利用部分 AIGC 的特性，模拟学习场景，如要求 ChatGPT 与自己进行英语口语对话，方便自己提升技能。如果遇到疑难问题，需要帮助引导，也可以寻求 AIGC 的帮助。

(4)利用 AIGC 进行内容创作，获取对应素材。

AIGC 已经能够实现自主创作、自主写稿、绘图，虽然在质量上依然存在一定的问题，但人自主进行修改、利用后依然能够作为一种创作手段，满足人们日常的创作欲望，同时 AIGC 也能够作为辅助工具提供对应素材，成为用户创作的灵感来源及素材的一部分。

(5)利用 AIGC 享受陪伴聊天，享受“向导”指引。

在人机交互的实践中，以聊天机器人为代表的机器已经开始作为主体成为人们的交流对象。这种陪伴从智慧指引的“助手”到情感交流的“伙伴”，无论是任务导向还是关系导向的 AIGC，最终都能够起到一定的指引作用，为用户答疑解惑，提供解说和陪伴感。ChatGPT 升级后增加的语音和看图功能，高度模拟了人类音色、语气，更能随时随地与之交谈，自由交流。

5.4　考研真题与典型题详解

一、概念题

1. 智能传播［华中师大 2024 年研］

答：智能传播是指人工智能参与的传播活动，贯穿新闻生产、分发的全过程，影响覆盖人类交往的过程和人机传播过程（HMC），依托于 ChatGPT 等人工智能的发展，逐渐普及开来。彭兰教授认为，智能传播的核心是智能机器成为传播主体。

智能传播涉及三种新的人机关系：人机协同、人机交流与人机共生。智能传播的核心要素包括算法和数据。此外，智能传播对内容生产、传播的一个关键影响，是以算法、数据思维为代表的机器思维的全面引入，这些思维也会在某些方面拓展人们对世界的认识与反映方式。

2. 算法抵抗［暨南大学 2023 年研］

答：算法抵抗，是指社交媒体用户对于算法推荐主动干预和抵抗的能动实践，这种实践可能是有意或者无意，是用户对算法的追问和修正。部分学者认为，算法抵抗并非反对算法，而是一种治理和引导。但也有部分学者认为这种形式上的抵抗成为一种自我强化的不对等。算法运行的规则呈现“黑箱化”的特点，普通用户难以获取完整清晰的认知，甚至完全注意不到算法的控制。这些“不配合”算法的抵抗行为展现了用户在自我数据管理方面的主动性，凸显其对算法运行规则的认知理解程度的深化，标志着用户自主意识的觉醒。

3. 信息茧房［厦门大学 2023 年研；人大 2018 年研；中传 2018 年研；清华大学 2018 年研；复旦大学 2018 年研］

答：信息茧房（Information Cocoons）是指人们的信息领域会习惯性地被自己的兴趣引导，从而将自己的生活桎梏于像蚕茧一般的“茧房”中的现象。这一概念由凯斯·桑斯坦在其 2006 年出版的著作《信息乌托邦——众人如何生产知识》中提出。通过对互联网的考察，桑斯坦指出，在互联网时代，公众自身的信息需求并非全方位的，公众只注意自己选择的东西和使自己愉悦的通讯领域，在海量的信息中随意选择关注的话题，每个人都拥有量身定制一份“个人日报”的可能，不知不觉间为自己制造了一个信息茧房。由于信息技术提供了更自我的思想空间和任何领域的巨量知识，一些人还可能进一步逃避社会中的种种矛盾，成为与世隔绝的孤立者。在社群内的交流更加高效的同时，社群之间的沟通并不见得一定会比信息匮乏的时代来得顺畅和有效。

4. ChatGPT［四川大学 2024 年研］

答：ChatGPT 是 OpenAI 开发的一种大规模预训练语言生成模型，于 2022 年 11 月 30 日面世，基于人工智能大模型及训练大数据集合，ChatGPT 的最大亮点就在于其优秀的意图识别与语言理解能力，用户可以享受人机对话、翻译，生成文章，编写代码等多重功能，同时 ChatGPT 也对新闻生产的过程及用户的新闻阅读习惯产生极大影响。

5. 按需生产

答：按需生产，是指按照受众需求定制化、“点播式”的生产。依托于 ChatGPT 等人工智能技术的发展，定制化内容生产有望走向现实，可以根据用户提出的个性化、私密化需求，一对一进行内容生产。这种新的生产方式从理论上可行，但是在人工智能技术未发展之前存在成本上的问题，而人工智能大大降低了其中的成本，按需生产在重视内容整合、深度挖掘等方面也变得更加可行。

6. AIGC[中央民大 2024 年研；川外 2024 年研；云南大学 2024 年研；贵州大学 2024 年研；中山大学 2023 年研]

答：AIGC，全称 Artificial Intelligence Generated Content，即利用人工智能生成内容。AIGC 是一种基于机器深度学习和自然语言处理的技术，能够自动化生成文本、图像和音视频等内容，昭示着内容创作领域的重要变革。比较有代表性的为 ChatGPT、MidJourney 等人工智能应用。AIGC 的优势主要集中在提高内容生产效率，方便内容定制化生成，且 AIGC 的应用领域广，涉及新闻媒体、金融服务、法律服务、医疗健康等多个领域。AIGC 存在如下问题：①版权难以界定；②内容同质化；③挤压生产者创作空间。进一步明确 AIGC 的应用边界，寻找人机协同创作的可能性，是当下发展 AIGC 的重要方向。

7. 量化自我

答：量化自我，是指利用数字化设备测量、跟踪和管理自我的行为。最早在 2007 年由美国《连线》杂志记者加里·沃尔夫和凯文·凯利首次提出。自我量化行为目前已经走向常态化，人们通过这种行为探索自身，将身体状态外化为数据，进行自我反思，获得自我认知。目前“量化自我”研究主要集中在智能可穿戴设备对于个体健康管理、产品研发和技术赋权等领域。随着数字时代人工智能、大数据、云计算等技术的迅猛发展，“量化自我”已经融入医疗、营销、教育、理财等诸多领域，并已成为数字时代广受人们欢迎的生活方式。

8. 自我传播[北京大学 2021 年研]

答：自我传播又称内向传播、内在传播或人内传播，是指个人接受外部信息并在人体内部进行信息处理的活动。自我传播一般是由感受刺激、神经传导、大脑活动和肌体反应等若干环节和要素构成的，而这些环节和要素同时也是人的身体所固有的功能。自我传播的特点有：①自我传播不是孤立的，它的两端都与外部过程保持着衔接关系；它的输入源泉是外部环境，输出的对象也是外部环境。②自我传播在本质上是对社会实践活动的反映，具有鲜明的社会性和实践性。③自我传播不是对外部世界的消极、被动的反应，而是积极能动的反映。④自我传播是其他一切传播活动的基础，任何一种其他类型的传播，都必然伴随着自我传播的环节，自我传播的性质和结果，也必然会对其他类型的传播产生重要的影响。

二、简答题

1. 简述机器人写作与传统记者在生产新闻方面的差异。［华东政法2022年研］

答： 机器人写作是指利用人工智能技术和自然语言处理技术，让机器人自动地生成文本内容。机器人写作可以分为两种类型：一种是规则型机器人写作，另一种是深度学习型机器人写作。2015年腾讯首次应用机器人写作的新闻稿件，并且由此拉开了我国机器人新闻写作的序幕。但由于技术水平的限制，机器人新闻写作还只能在经济、体育等新闻范围进行应用。

(1)信息采集：全线索的信源收集。

机器人写作利用人工智能技术和传感器社会，扩充了信息和数据的来源和数量，提供新闻制作的数据原料。机器人可以从政治、经济、贸易、体育、娱乐、科技等多个细分领域对选题进行优化，根据信息传播数据与趋势，有重点地提出新闻选题，提升选题效率以及议题的针对性；机器人写作还通过语音识别等技术，辅助记者和其他内容创作者提升报道与创作的效率。而传统记者很难做到全线索的采集，容易陷入"单一信源"的陷阱。

(2)编辑制作：编辑效率高但缺乏人文价值。

机器人写作大幅提升了传统新闻编辑制作的效率，将职业从业者从程序化且繁琐的报道任务中解放出来；但由于其自动化的生产模式，可能导致数据失真、非结构性数据被忽视、不确定性推理被积累、可靠性核查缺失或不足、报道千篇一律、人文价值缺失等问题。

(3)内容审核：快捷细致，效率较高。

在内容审校方面，机器人写作技术可以对出版内容进行更加细致快捷的校审；内容审校还具有自动纠错功能以及敏感词排查功能；基于大数据与深度学习的人工智能也可以准确地对各类敏感词进行识别。传统记者的内容审核需要耗费一定的时间和人力，成本较高。

(4)用户反馈：数据分析精准。

人工智能下的机器人写作技术应用在发行和营销环节，可以帮助读者和出版商研判出版物的市场潜力；结合大数据的机器人创作，可以更好地实现与读者的沟通以及进行个性化推荐与精准化推送。

综上所述，机器人写作和传统记者在生产新闻方面存在明显的差异。机器人写作具有高效率、数据分析能力强和低成本的优势，但也存在缺乏主观判断和创意的不足。在未来的发展中，机器人写作和传统记者可以相互补充，形成更加有效的新闻生产模式。

2. 简述人机交互的重要意义。［清华大学2023年研］

答： 人机交互(Human Computer Interaction，HCI)是研究人、计算机以及它们间相互影响的技术，其中"机"的含义随着其智能程度的提升经历了从机器到计算机再到机器人的演变。

技术将不断升级，人机交互将持续深入，多模态交互成为主流，人的赛博格化改造实现"人机嵌生"；人机交互将使彼此关系深入渗透，机器的情感陪伴、心灵寄托属性加强。人机传播正在带来传播生态的结构性变革，"以人为中心"的传播思维不得不改变，传播主体、交流关系需要被重新界定，人机共生的信息伦理也需要被重构。

(1)技术升级：机器的类人化和人的类机器化。

人类的智能与机器合而为一，使得机器的类人化和人的类机器化成为未来机器社会发展的必然趋向，从类人世到类机器世，再到类机器人世，人与机器两者在冲突与融合之间反复缠绕斡旋，最终走向共生。一是从界面应答到多模态互动的人机交互，人机交互的形式更加多元，不再束缚于单一的视觉、听觉、触觉、味觉等五官感知性的输入与输出，而是走向了与虚拟现实、增强现实等结合的多模态交互；二是“赛博格”改造升级实现“人机嵌生”。

(2)关系渗透：媒体等同和情感计算。

人机交互具有一定的类似于人际交往的属性，但其有自身特殊的交互特性，机器智能对于人的影响也不仅仅在于塑造一个拟态环境，在现有的技术背景下已经渗透到情感交互层面。主要体现在两方面：①人机情绪的追踪与同化；②机器的情感补偿与陪伴。

(3)人机共生：传播的结构性变革。

社会化建构的过程中，传播主体需要被重新界定，“以人为中心”的传播思维难以适应现有传播环境，这种颠覆性的结构性变革需要我们重新构建人机共生的信息传播伦理。

①重新界定人机关系。“人机共生”关系其实是对人类中心论和机器中心论的二元对立关系的修正，人具有机器难以呈现或捕捉的丰富情感、逻辑思维、同情心、同理心，而机器却在系统严谨度、过程规范度、执行力和外在的能力延展上展现出超人的优势，且这种优势随着技术的进步愈发凸显。

②传播的结构性变革。计算机智能技术等的更新迭代对于传播的变革不是简单的功能变迁而是整个结构的变革：一是传播主体的迁移，二是人机之间的本体边界冲击，三是信息传播伦理的颠覆性重构。

3. 请你谈谈你对智能化媒体特征的理解，再从信息生产的角度谈一谈智能化媒体的可能性。[西北政法 2023 年研]

答：智能化媒体是指人工智能参与传播的媒体，是对能够参与并重构新闻信息生产与传播流程的人工智能技术的总称，随着智能化媒体技术的更新迭代，传统媒体原有的闭塞格局被打破，给信息生产带来机遇。以下将分别从智能化媒体的特征和信息生产角度智能化媒体带来的可能性出发进行讨论。

(1)智能化媒体的特征。

①万物皆媒。

以往的媒体更多强调人作为主导，但在未来，万物皆为媒体，这意味着机器、智能物体都能够成为媒体，参与到信息生产的过程中。

②人机合一。

智能化媒体也为人机合一带来了可能性，智能化机器和物体不仅可以成为“人的延伸”，也能够与人融合，共同发挥作用，重构原本的媒体业务和媒体格局。

③自我进化。

智能化的、人机合一的媒介具有自我进化的能力，机器对人心的洞察和人对机器的利用、调控和驾驭能力是互相作用、共同进步的。

(2)从信息生产角度看，智能化媒体将带来一些新的可能：

①信息采集：海量化、高效率、低成本。

智媒技术利用大数据技术抓取信息，能够做到海量的信息收集。在新闻生产的前置环节中能够提高效率、节约成本，同时也意味着信息数据化呈现模式的更新。

②信息生产：机器化、智能化与分布式。

智能化机器进入信息生产的环节。一方面，能改变原有的生产模式，实现机器的智能化、自动化生产；另一方面，多元主体依托智能机器在“去中心化”的模式下完成的协作式信息生产，在未来将更为普遍。信息生产的速度更快，如机器人写作在财经领域的应用，同时机器人写作也能有效减少报道差错。

③信息分发：场景化、智能化、精准化。

在信息分发方面，算法、大数据等智能化技术推动用户分析与匹配的场景化、智能化与精确化。智能化的媒体更好地洞察每个个体用户在特定场景下的行为与需求，并智能推荐其所需要的个性化信息与服务，提升信息分发的效率，同时提升用户满足感，增加用户对平台的黏性。如今日头条平台可以通过识别精准用户画像推送定制个性化的新闻内容。

④信息传播：泛在化、智能化与新闻体验的临场化。

各种智能物体将成为信息接收的终端，从而满足用户提供无所不在的信息获取需求，而 VR/AR 等技术，将为人们打造全新的新闻临场化、沉浸式的体验感。

⑤信息反馈：传感化与智能化。

用户在信息消费过程中的身体的反应，将通过传感器等智能技术直观地反馈、量化，用户反馈更加精准化、智能化、传感化。

4. 平台算法驱动对新闻生产与分发带来的变化。［南京大学 2019 年研］

答：算法作为平台发展的底层运算逻辑，依托互联网技术和大数据技术，对用户的阅读习惯及兴趣偏好进行数据抓取，针对用户特性进行个性化、智能化的生产与分发。近年来，平台的算法技术对于新闻生产与分发产生了重要变化。

(1)新闻采集：线索收集便捷化。

算法技术的发展便于新闻内容的采集。在传统媒体时期，新闻采集更多依靠记者的一手资料，而如今，算法以及大数据可以使新闻采集跨越时空界限，高效率采集新闻线索，促进后续的新闻生产与分发。

(2)新闻内容：信息呈现数据化。

平台算法的发展和成熟利于新闻内容生产从过去的单一内容产出变为现在的数据内容生产。平台算法让新闻机构能够更好地进行数据驱动的新闻生产，通过对新闻受众的兴趣点和偏好的深入分析，为新闻机构提供更加精准的新闻选题和报道方向。

(3)新闻分发：内容推送个性化。

平台算法也让新闻机构能够更好地进行内容分发和传播，通过对用户行为和偏好的分析，为不同受众提供不同的新闻推荐方式和渠道，提高新闻的传播效率和覆盖范围。相较于传统媒体时期的一对多的分发，平台算法助力新闻分发实现个性化输出，例如腾讯的 Dreamwriter、美联社的 Wordsmith 等，都使得平台的新闻内容能在短时间内实现高效率的分发。

三、论述题

1. 论述议程设置历经三阶段，当下智能传播遇到什么挑战，你能否提出新假设？［北京师大2022研］

答：“议程设置理论”最早见于美国传播学家麦库姆斯和肖于1972年发表的论文《大众传播的议程设置功能》，研究的是媒体报道内容与公众关注内容及相关态度的关系。该理论被学者们不断发展完善，并在智媒传播时代出现了新的可能。

(1)议程设置历经三阶段。

①议程设置的第一层：传递议题显著性。

麦库姆斯和肖在教堂山镇地区研究了1968年总统竞选期间的议程设置，来确定大众媒介为每一项政治竞选活动设置议程。结果表明，在媒介突出强调的选举议题和选民对各类选举议题的重要性和显著性的判定之间，存在着非常密切的关系。这证明了议程设置效果确实存在，但还没能确定是媒介议程影响公共议程，还是反之。

②议程设置的第二层：属性议程设置。

1976年总统大选期间，研究者补充了议程关注对象的属性。他们认为，第一层面议程设置影响了议题显著性，而第二层面议程设置影响了对象属性的显著性，即通过媒介议题构造，为报道对象设置属性，以达到告诉人们“怎么想”的目的。

③议程设置的第三层：网络议程设置。

影响公众的不是单个议题或属性，而是一系列议题所组成的认知网络，新闻媒体决定了我们如何将不同的信息联系起来，从而构建出对社会现实的认知和判断。

(2)智能传播下遇到的挑战。

①多元主体分散议程设置权力。

智能媒体带来话语平权，媒体和网民都可以成为议程设置的主体。而且由于发言的匿名性、网络强大的传播和扩散功能等，受众地位不断上升，网民议程设置越来越广泛，“自下而上”的网民自我设置与选择作用越来越强，分散了过去专业媒体主导的议程设置格局。

②信息快速更迭解构长期设置效果。

由于传播技术的发展，新闻与信息生产的过程被急剧压缩，社会化媒体、公民等不同主体参与其中，信息与新闻快速更迭，传统媒体时代的追踪报道等长期活动被快速更新的信息取代。长期的议程设置效果因议题的快速更新被弱化，难以形成长期稳定的社会共识。

③受众赋权加剧对抗式解读。

一方面，技术的发展提升了受众信息获取和选择层面的自由，但是用户获取信息的质量则取决于个人素养，新闻的关键信息可能会被忽视。另一方面，网络中的趣缘群体加剧了信息的圈层化传播，圈层分隔的信息流动，导致整体信息环境的不均衡，圈层内会形成自己的议程，并且成员会根据圈层的共识对抗式解读媒体的议程。

(3)理论新假设：技术成为议程设置主体。

智能媒体带来信息过载，受众摆脱了大众媒介时代编排带来的秩序，算法协助用户在无限的信息海洋中进行内容消费。智能算法推荐可以根据用户的内容偏好为用户建构信息秩序，算法本身成为议程设置的主体，为用户形成个性化的议程。技术为用户构建了拟态环境，行使着议程设置的权力。

议程设置理论随着时代发展不断丰富完善，学者们不仅提出了议程设置的第二层和第三层，还提出了导向需求和议程融合等理论。技术发展给理论提出了新的挑战，这正是议程设置理论为适应时代变化而不断完善自身的体现。

2．人工智能时代谈谈你对人机关系的理解。［厦门大学2021年研］

答：人工智能是基于大数据、算法和云计算三项技术基础，开发用于模拟、延伸和扩展人的智能的理论和方法的新技术，是制造智能机器、可学习计算程序和需要人类智慧解决问题的科学和工程。人工智能时代下，技术的应用日益广泛，物联网、大数据、5G等技术已经在方方面面渗透了我们的生活，人与机器之间的边界被打破，关系也逐渐被重塑。今天，业界和学界也将视野从以往对人与人、人与内容的关系拓展关注人与机器之间的关系。而人机关系并非是一方对另一方的统领依附关系，而是一种人与机器协同合作的关系。

（1）人机协同的表现。

①内容采集生产的人机协同。

人工智能时代，机器已经进入了媒体内容生产的各个方面，延伸了新闻从业者的各方面能力。智能传感器助推媒体新闻生产的采集、分发和反馈环节走向全面化，扩展了信息采集的维度，提供了新的报道视角，如BBC新闻实验室的人工智能Juicer能够迅速将海量信息汇集在一起，形成一个包含相关内容的清单；此外，机器对程式化的新闻资讯（例如灾害、体育、财经等动态信息）可以做到准确、及时地生成和发布，用时短且错误率低，且此类报道一般不需要进行深入细致的调查，也不存在错综复杂的关系，因此，现阶段在各大媒体中应用的人工智能使得人类记者无须在简单、机械性的工作中耗费时间，得以将更多精力投入到更有创造力的内容创作上。

②信息把关分发的人机协同。

新媒体内容分发平台解决了人与内容适配度的问题。一方面，算法以用户行为为基础，尊重个体需求，依照用户个人喜好进行算法推荐，如今日头条的算法技术能够依照用户偏好匹配相应的信息内容。另一方面，智能化的新闻核查系统可以自动帮助用户监测和过滤虚假信息，同时在新闻核查环节，机器在信息审核环节的应用可以帮助专业记者对海量信息进行快速筛选和判断，提高了新闻信息内容生产的效率。

③个体数字化生存的人机协同。

人工智能时代，人本身成为一种媒介，人们借助智能技术达到赛博化，处于数字化生存的状态。一方面，可穿戴设备对身体状态的数据化越来越普遍，特别是在健康、医疗领域，在智能趋势下，未来可穿戴设备的如影随形也会导致“人的赛博化”，带来人机共生新的关系；另一方面，将个人用户的内容生产与消费、社交活动、电子商务等各方面行为的数据化，是理解和构建算法服务的基础。

（2）人机协同的挑战

①人机关系主体性之争。

人机关系中，人工智能在一定方面体现出超越人本身的卓越能力，但也引发了一定的主体性问题。一方面，人工智能的生成式内容的著作权归属存在一定的法律争议；另一方面，虽然人工智能在一定程度上“解放”了记者、编辑等专业从业人员，让其可以自由地从事更复杂的分析、创意和调查工作；但很多人担忧人工智能在新闻业中的应用会部分取代媒体从业人员的职能，从而引发新闻职业工作者的职业认同危机。此外，人工智能基于程序算法技术的交流，同具有情感的人相比，缺少一定主动性和人文关怀，如新闻活动作为一种社会性工作，涉及政策、法律法规、伦理等多方面的问题，人工智能终究无法取代人脑，涉及价值判断等方面的把控还是需要人类把关。

②人机关系价值性之争。

人工智能机器崇尚效率，而过度强调发展的高效，会产生一种新型的压迫和异化，人们过度追求数据中心主义，追求工具理性代替价值理性，对人们的思想和身体产生异化。例如可穿戴设备对人身体的异化，以“离身”、完全符号化的数字空间的互动，使人的身体在数字空间的意义得到加强，人被“虚拟实体”化与“数字元件”化了。

今天，如美国学者海勒所说，机器和人类共同成为一个二元体系使得他们成为彼此的衡量尺度。在人工智能时代下，人机协同在新闻和个体生活中成为一种常态，但仍存在主体性和价值性的争议。因此，我们更需要随时警觉看似在不断驯化机器的人机关系，否则会有使人成为机器的奴隶的风险。

3. 人工智能趋势大热，说明你的“冷”理解。［厦门大学2024年研］

答：人工智能是研究、开发用于模拟、延伸和扩展人的智能的理论、方法、技术及应用系统的一门新的技术科学。当前人工智能已成为人类有史以来最具革命性的技术之一，在新闻、医疗、金融等多领域应用广泛。而面对人工智能的大热，下文由此提出其“冷”理解。

(1)思维“对齐”中暗含的意识形态立场。

语料是生成式人工智能发展的关键。以ChatGPT为代表的生成式人工智能训练语料主要来自英文，这些语料通过开源数据、网页爬取、私有数据集等方式获取，通过模型学习训练，再与人类思维方式“对齐”生成相关内容，生成内容有着较强的“国籍感”和“政治立场”。当下，国内可用于生成式人工智能模型训练的经过加工、清洗、标注的高质量语料缺乏，涉及中国文化、历史等方面的语料夹杂大量涉及意识形态、歪曲事实等的有害信息，其中暗含的意识形态立场或偏见将加大监管难度。

(2)算法“黑箱”形成的信息安全隐患。

人工智能运作下的数据来源、运行机制等基本处于“黑箱”的状态，而这些程序是否在编写代码之初就已经被植入某种价值观仍值得关注。技术带来的“算法偏见”被不断实践和放大，加剧了对价值判断的影响。此外，在计算机深度学习能力不断加强的同时，通过智能化修改、操纵合成的内容出现，算法的安全性评估成为智能治理的重要挑战。

(3)“跨模态”生成造成的监管困境。

“跨模态”数据的生成目前面临的重要挑战在于难以做到准确地评估。例如文本生成、语音生成、图像生成等“跨模态”数据并没有一个完全公认的标准用于评估其正确性。其中的生成内容也面临着版权归属和有效监管的困境，其创作的高度主观性、多重解释性对生成式人工智能的法律规制和监管带来新的挑战。

人工智能时代，在技术、产业和概念的热潮下，仍然需要冷思考，正视人工智能技术的潜在风险，更加合理地发挥技术的作用，避免产生“技术万能”的自信，时刻在人与技术的关系中掌握主导权，避免被机器“异化”，沦为机器的奴隶。

4. 对视觉转向下重构新闻内容生产和分发的看法。［北京大学2021年研］

答：移动时代视频应用的普及，带来了一种视频化生存方式。视觉化生产是全球新闻业发展的一个重要的当代趋势。这不仅体现在视觉符号和视觉传播手段正被日益频繁而深入地运用于新闻的日常生产活动当中，更体现在视觉化的思维方式已日渐成为当代新闻生产的一种十分重要的观念逻辑。

（1）视觉转向对新闻内容生产的影响。

①观看：视觉手段的重塑。

视觉开拓了全新的内容领域，使新闻得以呈现新的形态。此外，借助视觉化的技术和VR、AR等技术，可以创造出现实中不存在的虚拟场景、人物或事物，使观看在一定程度上摆脱物质世界的束缚。虽然新闻报道根植于现实世界，但新的技术手段拓展了新闻生产的想象空间与创造力，为其提供还原事实内核的更多元方式。

②制作："再媒介化"规则的运用。

"再媒介化"包含超媒介性与直接性的双重逻辑，可以实现"超越再现的限制并达到真实"。超媒介性强调多样性，即通过重复、叠加媒介化创造一种"可被视为真实的丰富感、一种充足的体验"，以还原人类的感觉中枢；而直接性期望通过自然的交互形式或对用户的卷入，追求媒介的自我消除，即去媒介化效果。

（2）视觉撰写对新闻内容分发逻辑的重塑。

①渠道与模式的多元化。

数字技术催生的新兴渠道为图像等视觉化传播方式，提供了即时交互的可能性。此外，数字技术推动了信息分发模式的转型：从人工编辑到依托社交链传播的关系型分发，再到基于机器智能的算法型分发。算法可根据个人的人口学特征、使用习惯和兴趣偏好等，为用户定制推送内容，"千人千面"的推送方式实现差异化、分众化传播，成为新闻分发的主导手段。

②情感逻辑的强化。

以往媒体的传播过程中十分强调内容、事实的重要性，但是新闻传播行业新一轮的视觉转向使短视频新闻等形式不仅嵌入到社交渠道，满足人们的日常交流，而且为受众打造交流情境，增强代入感，分发逻辑也逐渐由传统单纯的内容分发转向情感分发。

在视觉转向下对新闻内容生产和分发进行重塑的同时，我们也应该意识到视觉传播的复杂过程，同时警惕养成视觉思维的惰性，从而失去深度思考的能力和情感的领悟力。

5. 试述互联网平台算法对用户的影响及用户抵抗策略。［北京师大2023年研］

答：算法指的是为解决问题而进行的计算机操作规则的一系列步骤，是人类为特定的问题而设计的解决方案。算法是人工智能、云计算、物联网等新技术的核心，人类社会将在算法应用的过程中面临社会的转型。在算法日益渗透社会各方面的今天，互联网平台算法对用户的生存、认知、关系等方面进行重塑，用户个体应在观念和实践层面应对算法的挑战。

（1）互联网平台算法对用户的影响。

①生存层面：人的数据化与主体性危机。

一方面，算法的广泛应用重塑着人的生存方式，产生人的数据化。算法通过各种渠道采集用户的信息数据，在这一过程中强化着人的数据化作用；另一方面，被数据化的个体面临被商品化、标签化的困境和主体性缺失的风险。

②认知层面：获取信息的定制化与信息环境的"窄化"。

算法可以基于用户画像，帮助解决海量信息与用户之间的供需适配问题；然而过度依赖算法推荐会导致用户信息接收窄化，用户长期处于信息封闭的回声室中，可能会引发群体意见的割裂，社会合意更难形成。

③关系层面：共同体的强化与社会区隔加剧。

算法对于共同兴趣的人群的发现、连接方面具有显著作用，有助于人们随时寻找到适合自己的同温层，促进共同体的强化；但平台算法推荐会存在算法的偏见和歧视问题，基于单一的算法评价容易在一定程度上影响人们对其他群体的了解，可能会加剧社会分层，使智能技术沦为社会偏见、社会歧视、社会分层再生产的工具，加剧了社会的区隔，深化既有的不平等。

(2)用户对平台算法的抵抗策略。

①个体观念：提高对算法的批判意识。

用户在进入互联网时，应具备一定算法素养，即媒介使用者在面对算法时的认知、知识、想象和可能采取的策略，推动自身与算法之间形成良性互动，避免成为"算法囚徒"。

②个体实践：用户的主动退出与反向规训。

用户对于拥有与卸载某应用具有主动权，可以主动退出算法的推荐逻辑，逃离算法的控制；同时，用户利用其自身能动性参与到算法实践中，通过用户自身偏好和兴趣投喂给算法，实现反向规训，如通过"我不感兴趣"、举报投诉等方式，维护用户自身对于平台算法信息机制的控制力。

综上，当前一个全面算法的社会正在到来。算法给人类带来便利和进步的同时，人们也在某些方面面临着被算法禁锢和束缚的风险。但人类可以通过发挥其主观能动性，通过多种方式参与算法抵抗。未来，如何使平台、用户、规约力量等行动者建立起平等协商的机制，共同参与到算法设计、研发、使用等环节，是算法时代下的社会治理和人类自我变革无限探索的议题。

6. 谈谈你对数字时代"量化自我"的理解。［南京师大2023年研］

答：量化自我被定义为一种收集、记录和分析自我数据，形成与习惯、行为和情感等有关的统计数据或其他数据的实践。在数字技术的加持下，可穿戴设备和手机应用程序在量化应用上呈现多样性与便捷性，"量化自我"不再局限于身体健康领域，且广泛应用于时间管理、学习教育、社交娱乐、消费理财等场景中，尤其智能手机应用程序的丰富性，使"量化自我"实现了从个体的身体状态监测向身体行为追踪的全方位扩展。

(1)"量化自我"的特征。

①自主性。

区别于互联网平台使用大数据技术获取用户的个人属性信息与浏览行为数据，绘制用户画像从而实现精准推送，"量化自我"是用户为认识自我选择性地将身体数据化的自发行为。

②瞬时性。

用户可通过以可穿戴设备和智能手机为主的智能媒介按需瞬时获取身体数据，无需耗时等待便可实现对身体的动态监测与管理。

③时间性。

“量化自我”不仅体现在对身体的实时掌控，还具有对个体量化的历时性特征，比如短视频、音乐、外卖等领域的网络平台在年末都会推出个人年度报告，其量化用户的应用使用时长的跨度为一年。

④可视化。

“量化自我”不仅以数据的形式呈现，同时还会将数据进行可视化处理，利用图表、图像加以辅助描述自我。

(2)“量化自我”的风险忧思。

①人机关系中的主体缺失。

“量化自我”工具在技术凝视下对于自我身体的规训作用更能体现出技术的导向性，如可穿戴设备和智能手机为主的智能媒介在人们日常生活中更具隐蔽性。数字时代的人机关系发生“主客异位”，人们不再单纯依靠自身的生理感知系统，而是逐渐通过可穿戴的智能媒介评估身体与指导行动，“量化自我”已成为日常生活中不断对个体认知自我和理解世界产生影响，人机关系异化导致人类主体地位被消解的潜在风险值得深思。

②技术依赖中的情感焦虑。

使用智能媒介进行“量化自我”的社会实践已深深嵌入人们多元化的生活场景中，人们对于身体数据化逐渐形成技术依赖，产生从需要数据转向迷恋数据的媒介使用认知，例如个体借助体重秤、温度计等工具获得身体的数据。而对“量化自我”活动的过度依赖会使人们陷入焦虑情绪中，这就背离了人类对于技术的有效掌控从而更好地为人类服务的设计初衷。因此，自我追踪者需时刻保持理性，避免对技术过度依赖而陷入情感焦虑，致使“量化自我”失去为人类服务的积极意涵。

③数据使用中的隐私泄露。

大数据技术在数字时代的广泛应用使用户的个人隐私受到潜在威胁。“量化自我”同样需要利用大数据技术获取和分析用户的相关身体信息，智能媒介为用户赋权，使其在技术凝视作用下实现自我监视，这一过程中用户的健康指数、位移信息、行为习惯等涉及个人隐私的数据都会被可穿戴设备或手机应用程序的开发企业获取。在“量化自我”中同样也需警惕用户数据使用上的信息安全问题，对身体数据的技术性加密与规范性使用对保障用户的个人隐私安全具有重要意义。

彭兰教授认为，数字时代数据是个体的映射与化身，并且弥散在各种终端与平台中，已成为用户媒介化生存的一种特殊形式。技术的发展与风险问题紧密相连，在“量化自我”为人类生活带来便利的同时，也需警惕“数据化生存”隐含的社会风险，只有平台方、用户、监管方共同协作才能促进“量化自我”的良性发展。

7. 论述智能传播技术对新闻伦理有何影响，如何应对？［华侨大学 2022 年研］

答：技术的颠覆往往引发伦理的共振。当下，随着 5G、人工智能、大数据等技术的迅猛发展，传播格局发生了巨大的变化，随之而来的是传统技术视域下的新闻伦理受到了极大的冲击。在智能传播技术作用下，新闻伦理在技术、参与、营销等层面受到了冲击。

(1)技术伦理层面。

①数据不全。大数据并不等于全数据。数据不全主要源自数据储存和采集两个方面：一是缺乏超级数据中心；二是数据基础设施分布不均衡，智能技术掌握水平参差，从而导致信息贫困地区和人群相关数据采集困难，从而影响数据的完整性。

②数据偏见。新闻领域的数据偏见主要源自三个方面。a. 公民新闻引发了新闻信源变革，未经甄别的新闻信源导致了数据偏见；b. 带有既往新闻生产者主观选择、判断、评价等倾向性的数据成为元数据，导致数据偏见；c. 技术开发者的既定价值倾向、模块关注、技术开发造成的数据偏见。

③算法暗箱。这种算法暗箱源自以下两个原因：a. 技术本身局限，技术处理的中间环节不为人所知。“重相关而轻因果”的技术缺陷使得人工智能技术在新闻生产和推送过程中，无法承担起相应的新闻伦理重任。b. 利益关联。与外显、即时的商业逐利相比，隐性、累积的数据才是更诱人、更持续的资源。贯穿于新闻采编、生产、推送、跟踪、反馈全过程的资本，使用传媒技巧来驾驭大众。

(2)参与伦理层面。

①技术红利与“人工愚蠢”。人工智能是人类智慧的产物、象征甚至本身即是无限的可能，但也正因如此，人们更容易自我陶醉在人类智慧的自满中，享受着人工智能的技术红利，却自觉或不自觉地让渡自己学习的权利、选择的权利甚至是隐私的权利，对“人智”的萎缩与萎靡浑然不知甚至视而不见。

②立场选择和观点表达。技术推动之下，立场频繁地与观点分离，迫切地想站在观点之前。首先，受众在参与新闻时表现得不够理性。其次是以点击率为导向的新闻生产和推送，一方面导致了新闻同质化严重，留给新闻受众的空间只有立场选择而无须观点表达；另一方面导致了“信息茧房”效应，新闻受众只熟悉自己订阅的内容和感兴趣的领域，对其他领域新闻，似乎都只剩下表明立场站队的兴趣。长此以往，新闻作为“社会瞭望者”的功能将无从谈起，将直接沦为少数超级资本控制的工具和多数人暴力宣泄的情绪出口。

(3)营销伦理层面。

①注意力干预。某种意义上，人工智能时代新闻生产是以“受众”为中心的，惯用精准推送，强调“客户为本”和“流量为王”，为资本渗透留下缝隙。在资本干预下，注意力逐步货币化，认知逐渐权力化。

②信息扶贫与公平正义。弱信息接收者对人工智能时代信息的认知、使用、控制明显不足，新闻采编、跟进、推送过程中越来越昂贵的成本使得新闻生产商对信息贫困人群兴趣不大，广告商更对该群体可能产生的经济效益信心不足而懒得精准服务，由“信息贫困”趋向“新闻沙漠”。事实上，数据权力对概率尤其是大概率的暴力推崇，导致的结果之一就是对数据弱势群体的暴力省略。

(4)应对措施。

智能技术的发展对新闻伦理带来的影响是不可避免的，要想更好地解决这一变化带来的问题，就需要各个主体积极去应对。

①新闻媒体。实现新闻伦理平衡，新闻媒体一方面要尊重人工智能时代新闻传播的特点，适应“受众中心制”的新闻生产与营销；另一方面也要有新闻独立，引领舆论的主体自

觉与责任担当。

②技术提供者。针对上述技术伦理失衡，建立一个超级强大的数据中心，甄别新闻信源并提升数据自身的权威性、公正性、合法性，以及厘清并合理公开数据编辑、标注，处理背后的利益关联和价值取向，便显得至关重要。

③新闻受众。要实现这种平衡，一是要做好享受人工智能技术红利与避免“人工愚蠢”之间的平衡，二是要做好立场选择和观点表达之间的平衡。此外，首先要提高自己的新闻素养，要提升新闻受众的“人智”，避免“人工愚蠢”。人工智能不能代替人类认知，更不能取代人类的智慧、情感和创造力。

④重塑格局。一是重塑人工智能时代的新闻采编、生产、推送过程中的新闻伦理，增加深度报道和品牌建设，减少新闻同质化，为受众表达观点提供空间；二是重塑新闻受众，包括自下而上的新闻受众参与习惯、参与技巧、参与伦理的重塑，也包括自上而下的新闻受众分级管理，比如按照年龄进行分级；三是智媒生态的重塑，比如确立新闻分级，包括新闻生产分级和新闻受众的分级；又如新闻监管，包括受众表达和新闻生产等。

8. “信息茧房”对公共领域的建构有什么影响？［中传 2019 年研；北邮 2019 年研；河南大学 2019 年研］

相关试题：何为“信息茧房”理论？论述新媒体环境下“信息茧房”对人们信息交流和沟通的影响。［上海大学 2020 年研］

答：“信息茧房”是指人们的信息领域会习惯性地被自己的兴趣所引导，从而将自己的生活桎梏于像蚕茧一般的“茧房”中的现象。这个概念是由美国学者凯斯·桑斯坦提出的，他认为网络化虽能带来更多的资讯选择，整个社会看似更加民主自由，但在“个人本位”理念之下，势必蕴藏着对民主的潜在破坏。在社群内的交流更加高效的同时，社群之间的沟通并不见得一定会比信息匮乏的时代来得顺畅和有效。

（1）“信息茧房”的成因。

①互联网技术激活了个人行为。技术的发展使用户的信息接收行为更加主动，在自媒体时代，每个人都是网络社会中的一个节点，互联网用户可以轻易通过网络搜集到自己感兴趣的信息，同样在自媒体时代，每个用户在接收信息的同时也在网络平台上发布自己的信息，个人既是信息接受者，又是信息生产者，个体与个体在网络空间里相遇和交流。

②以用户体验为核心的传播模式成为主导。互联网海量的信息也造成了信息内容的繁杂与同质化，用户的注意力成为新媒体产品产生效益的关键，随着手机客户端的兴起和新媒体技术的发展，以用户体验为中心的传播模式成为主导，新媒体平台正逐步为用户提供更加精准的服务。

③以兴趣为基础的群体快速聚合。社交平台中各类意见的碰撞与聚合使以兴趣为基础的群体快速聚合，随之而来的是个人接受信息的“窄化”，自己为自己打造的信息格子逐渐形成，出现“信息茧房”的现象。

（2）“信息茧房”对公共领域建构的影响。

①“意见自由表达”受阻。

a. 网络交往的平等，不代表话语权的平等。网络交流主体理论上可以自由地发布各种信息，但是真正能进入公众视野中的往往只是少数网络精英的信息。网络媒介对海量信息的储存与传输，使公众对信息的筛选难度增加；而且网络信息的真实性也难以得到保证。因此网络精英阶层与权威信息源就成为受众的首选，他们对信息的垄断导致了多数人话语权的丧失。

b. 隐性的言论自由剥夺。网络的信息流动造成了隐性的言论自由剥夺，即互联网没有主动给浏览者提供他们应当获得的内容，使人们意识不到对这些内容的需求，这也被称为“合理化剥夺”。

②群体极化造成公众理性批判的缺失。

群体极化是社会心理学术语，最早由美国传媒学者詹姆斯·斯托纳于1961年发现群体讨论时的现象而提出。其含义为：在一个组织群体中，个人决策因为受到群体的影响，容易做出比独自一个人决策时更极端的决定。

公众以相同的立场发表自己的观点，势必造成强势意见无限膨胀，群情激愤往往会转化为一种舆论压力，但这种舆论压力缺乏理性精神的指引，对于公共领域的建构实际上起着一种消极作用。除此之外，公众在网络传播内容上也存在着“非理性因素”，如谩骂、人身攻击、造谣、色情、暴力等内容也会直接损害公共领域的建设。

③社会黏性削弱，破坏共同体维系。

桑斯坦关于社会黏性的大致逻辑如下：整个社会需要一种社会黏性，这种黏性是由共同经验得来的。但在网络时代，个人可以对信息进行选择性输入，这就减少了共同经验，不同意见群之间的冲突将会上升。当人们把不喜欢看到的信息事先过滤掉的时候，就难以理解和同情异己的观点和价值观。因此，社会黏性便会减少，共同体的维系也会出现问题。

从社会心理学角度来看，人们倾向于追求“认知平衡”。也就是说，若得到的信息与自身的认知框架不符，人们就拒绝接受，或者按照已有框架改造它。于是，互联网的出现，使人们脱离了公开的信息广场，不用理会不同的声音，只需动动手指，便能见到所有希望看到的内容。这种模式反复叠加，接收到的信息就只能是信息回声。信息回声使人们难以克服自身知识的局限，更难以在社会生活中形成有价值的基本共识。而“信息茧房”的极度深化，会破坏一个社会的基本共识。

虽然网络媒介的信息共享、公开透明、普遍参与、即时互动的特性，为网络公共领域的建构打造了一个理想的平台，但随着互联网技术的日新月异，网络世界能否成为建构公共领域的美好前景还有待进一步探讨。应该如何遏制“信息茧房”的负面影响，利用网络建立起公共领域或具有类似功能的场域，值得进行深入的研究。

9. 运用传播学原理和新媒体相关知识，论述B站跨年晚会“出圈”的传播现象。[兰州大学2021年研]

答：“出圈”本是网络流行语，一般指某位偶像或明星知名度变高，不只被粉丝小圈子所关注，开始进入大众视野，变成真正的“公众人物”。后来引申到不仅人可以出圈，事件、作品也可以“出圈”。以下将具体分析B站跨年晚会“出圈”的传播现象。

(1)破壁融合：守圈与出圈。

B站是典型的二次元爱好者的聚集地，拥有特定的圈层文化和审美，并通过圈层内部的交流互动加强彼此之间的联系。早期B站的门槛相对较高，通过答题和邀请用户等手段构筑起圈子和围墙，将小众的兴趣爱好“圈地”，对内是加强圈子的凝聚力，但也意味着区隔的形成。2019 年 B 站的跨年晚会惊艳出圈，2020 年 B 站的跨年晚会也以《后浪》《入海》等短片也令人印象深刻。这打破了原本的圈子的壁垒，将青年亚文化与主流文化、大众文化与高雅文化、传统文化与流行文化、中国文化与西方文化，各种文化融合、创作、创新，以兼顾年轻人喜好和主流文化认可的面貌出现。

①以二次元为内核的“多元呈现”。

与 B 站以往的“拜年祭”不同，2019 年 B 站晚会并没有将二次元文化作为晚会的核心要素，也并非以“出圈”为目的，选择迎合大众的审美，而是将两者融合，在节目的安排上兼顾二次元的文化内核和多元的文化元素。如虚拟歌姬洛天依的表演，利用 VR 技术，融合了古风审美，实现国乐大师方锦龙与洛天依的琵琶共奏，给受众以强烈的视觉美感。

②集体回忆唤起的“三次元共情”。

B 站作为过去十年里二次元文化发展最主要的平台空间，借助大数据精准定位网民观众，通过重现过去的场景或者歌曲，唤起“集体回忆”，引发一阵阵回忆杀。赫伯迪格认为，“集体回忆”在亚文化得以成型、具体化和进行群体间沟通的过程中，它与父辈文化之间的不一致和不连贯性发挥着不容忽视的作用。整场晚会自由穿梭于不同世代之间，引起不同世代的文化记忆。而“集体回忆”除了引起同世代的情感共鸣和难以忘却的文化记忆之外，也为不同代际之间的“文化和解”提供了契机。

(2)青年群体的身份表征。

B 站跨年晚会的大火，一方面表明 B 站的二次元文化圈层开始不断与其他圈层的文化进行接触交流，寻求向主流文化靠拢；另一方面，“出圈”从来不是青年亚文化的专属，主流文化也在积极扩张，寻找合适的方式拥抱青年亚文化，以在广大青年中获取更多的文化话语权。

①圈层化的群体社交。圈层化更多的是表现于因 B 站强大的社区文化磁场而集聚的一群年轻人。在这个以兴趣圈层为辐射形成的多元的文化社区内，青年一代首先可以找到自己的小圈子，小圈层又可以在多元社区文化土壤中发展到大圈层，圈层群体互动还能形成圈层效应。

②跨界式的精神归宿。当今青年一代善于跨界借用这些文化符号和资源，在构建自己的精神空间和宣示自己的精神领地时，也在破解“次元壁”，伴有善意和解和炫耀宣示的双重心态。青年一代可以自由地打破次元壁垒，但守持主流文化立场的年长者却很难反向破壁。这种跨界式的精神归宿是一种青年温和性的抵抗后台，也可看作是青年群体身份表征的一种炫耀资本。

(3)青年群体的国家认同。

除了为不同世代营造大众文化的怀旧情感，B 站也积极探究亚文化与主流文化之间的契合点，以实现二次元与主流意识形态的“文化互构”。

①现实土壤：官方意识形态化地认可青年。从国家政策文件到主流媒体宣传，“青年”被加粗描写并被赋予时代责任和历史使命，加入了国家宏大的叙事中。主流媒体对 B 站及其衍生的青年亚文化高度关注，并且以一种积极的融合态度介入其中，以期完成对青年亚文化意识形态的收编工作。

②内驱动力：青年内隐式的国家认同。青年内隐式的国家认同是构建的动力。这里“内

隐”是一种态度，是相对于行为外显而言。在2020跨年晚会上，音乐人吴彤与百人乐团合作演奏的串烧曲目《万物笙》点燃全场，其中串联的就有《新闻联播》片头曲，该旋律一出，屏幕上打出了“DNA动了”“刻在国人DNA中的声音”等弹幕，青年一代善于将这最为深刻的国人情感体验通俗化地表达出来，这也是一种内隐性的表达。

③媒介融合：亚文化和主流文化的融合器。数字媒介空间形成所造就的第三种虚拟叙事方式，创造了国家媒介空间解构、重构和建构的条件。媒介格局的演化是“这种重构与建构的表现形态”。于是，媒介融合成了青年亚文化和主流文化的融合器，逐步消弭两种文化刚性的对抗和冲突，使两种文化柔性调和。

第六章　网络传播与网络空间中的人

6.1　考情分析

本章分析了网络传播与网络空间中的人，介绍了数字技术影响下人的变化，提出了数字化与数据化的人、节点化的人、媒介化的人、赛博格化的人的概念。

本章相较教材前一版进行了大量修改，需要重新按照新的逻辑串联、理解和学习。其中，数字化生存、被遗忘权、赛博格、具身性常在名词解释、简答题中出现。节点化的人、媒介化的人两部分中的辩证思考可以作为论述题的语料进行积累。赛博格部分是前沿热点，需要考生结合期刊论文进行理解。

6.2　复习笔记

【知识框架(庖丁解牛)】

- 网络传播与网络空间中的人
  - 数字化与数据化的人
    - 数字化生存
      - 数字化生存的出处和内涵
      - 数字化生存的重心转移
    - 数据化生存
      - 数据和人的关系
      - 数据的类型
      - 被全息、全程数据化的用户
      - 数据化用户的隐私权与被遗忘权问题
  - 节点化生存
    - 传播网络中的个体节点
    - 关系网络中的个体节点
    - 服务网络中的个体节点
  - 媒介化的人
    - 时间的媒介化及其影响
      - 现实时间多重投射形成的“媒介时间轴”
      - 实时、伪实时与延时的交织
      - 当下与永恒的纠结
    - 空间的媒介化及其影响
      - 空间的虚实融合
      - 媒介内容形塑现实世界
      - 媒介空间的日常化
      - “在场”与“缺席”
    - 生存的媒介化及其影响
  - 赛博格化的人
    - 智能设备推动的赛博格化
    - 人的虚拟实体化与元件化
      - 人的虚拟实体化
      - 元件化的人
    - 虚拟空间中并未消失的“具身性”
      - 关于身体的研究
      - 认知科学的发展
      - 赛博空间的身体

【考点难点归纳(厚积薄发)】

考点一:数字化与数据化的人 ★★★

1. 数字化生存

(1)数字化生存的出处和内涵(见表6-1)

表6-1 数字化生存的出处和内涵

要点	具体内容
出处	20世纪90年代,尼古拉·尼葛洛庞帝[美]的《数字化生存》
三重含义	①虚拟化、数字化的存在方式。 ②基于数字化符号的表达[核心]与互动。 ③跨时空与多轨并行的交流

(2)数字化生存的重心转移(见表6-2)

表6-2 数字化生存的重心转移

要点		具体内容
文字化生存	两个空间	①私人空间,如聊天室。 ②公共空间,如论坛
	早期	①文字能力差距带来互联网公共空间的地位差距。 ②文字化塑造与现实存在的自我割裂,文字化生存的目的之一是逃避。 ③身体不在场,"去身体化"
	现状	①网络环境实名化,社交平台的影响力与多元符号和现实身份挂钩,单纯的文字能力退居其后。 ②部分人群坚守文字化生存的方式,但多元符号发展使互联网步入新的阶段
视觉化生存	图片与视频	①图片和视频是低门槛、快捷化的自我表达,移动化时代到来后,加工化的视频逐渐发展。 ②因果互换,内容生产成为因,现实的体验成为果
	滤镜化	重构、美化现实的一种身份焦虑,图像社交、滤镜美化成为视觉化表达的常态
	AIGC	视觉化生存的新升级,能够低门槛地将天马行空的想象变成现实,虚拟和现实的界限更加模糊
化身式生存	角色扮演	游戏化实践中承载自我的载体
	元宇宙	沉浸式线上社区中的化身实践
	AIGC	为创造化身提供技术支撑

【考点拓展】滤镜化生存常态化下的隐忧

(1)"完美自我":一种"被认可""被需要"的幻想。

个体通过滤镜弥补一些瑕疵,以求获得正面的社会评价,通过"客我"的正向反馈与"主我"的互动,获得满足感,补足缺失的信心。而滤镜化地展示生活,也可以传达一种正向的、积极的生活状态,从生活的琐碎中重拾自我,满足"展示欲""被认可""被需要"的隐蔽欲望。

(2)身份焦虑：图像社交名片中的“人设打造”。

滤镜化生存再造了交往情境，促生了图像社交，图像成为社交媒体平台的“名片”，人们通过直观的视觉感知进行社交，而过度依赖滤镜，深陷滤镜之下的人设维持，无疑会带来虚拟与现实的身份焦虑，“发朋友圈之前需要加滤镜、P图”仿佛成为一种常态化的社交规则，通过递出这样一份“社交名片”完成一次前台的人设表演。这种社交方式成为随处可见的交往情境，往往也伴随对自我认知和身份认同的焦虑感。

(3)“被凝视”：消费主义下的身体景观。

完美滤镜、即时抓拍、特效P图，在身体景观视角下，人们时刻关注着对身体符号的消费，主动或被动地陷入“被凝视”的境地，身体符号与消费主义挂钩，为背后的资本裹挟，个体希望滤镜下的自己能够符合统一的审美标准，因此不断美化身体，陷入美丽焦虑中。

2. 数据化生存

(1)数据和人的关系

①数据是人实现数字化生存的基础，是能够被衡量、评估、利用、预测的资源。

②人经过计数和衡量形成数据，数据会反向影响人的生存。

(2)数据的类型

①个体被动产生、被收集的数据内容。

②个体主动参与生产的数据内容。

③处于主动与被动之间的数据，用户具有被限制的能动性。

(3)被全息、全程数据化的用户(见表6-3)

表6-3 被全息、全程数据化的用户

<table>
<tr><th>要点</th><th colspan="2">具体内容</th></tr>
<tr><td>用户画像的数据化</td><td colspan="2">①用户画像能描摹出用户特征，用以解读用户的需求痛点，并以此为基准设计产品和服务。
②数据支撑下的用户画像能揭示受众属性、性格、爱好、兴趣、惯习、具体诉求，甚至政治倾向、态度立场等</td></tr>
<tr><td>身体的数据化</td><td colspan="2">①移动终端、可穿戴设备和传感器的发展，实现了身体的全面数据化，如人的身体或身体部位的特征、活动轨迹、健康状态等都是数据资源。
②意义：a. 记录位置和运动轨迹，支撑网络服务；b. 成为核实身份的手段；c. 方便自我管理和控制，但可能带来身体焦虑；d. 形成身联网的发展趋势，带来便利和“物化”的隐忧</td></tr>
<tr><td>位置的数据化</td><td colspan="2">通过数据来确定的用户节点位置，这种位置包括：
①身体所在的物理位置。
②用户所处的社会位置(所处的社交网络及其社会地位)。
③用户的服务位置(用户现阶段所需要或提供的资源状态)</td></tr>
<tr><td rowspan="3">行为的数据化</td><td>服务提供者</td><td>行为数据化助推用户画像精准化，帮助其了解受众地位和定位，提供定制化服务，对用户把控增强</td></tr>
<tr><td>平台</td><td>通过数据调度劳动行为，将过程、结果清晰化展示</td></tr>
<tr><td>用户</td><td>映射人本身的行为，也能用以控制人的行为</td></tr>
<tr><td>心理状态的数据化</td><td colspan="2">①将个人或群体的意识层面的内容(情绪和心理状况等)数据化。
②眼动设备追寻视线移动轨迹，脑电设备记录脑电波，皮电传感器探查流汗情况，以此将人的心理活动外化为数据</td></tr>
</table>

续表

要点	具体内容
关系的数据化	①社会网络分析方法：关系的数据化反映。 ②数据与关系：数据反映关系是否存在，亲密程度、忠诚程度、重视程度被量化
评价的数据化	包括： ①网络平台中个体与个体之间的双向评价。 ②管理机构对个体的评价
生命历程的数据化	①数据勾勒出个体完整的人生轨迹，甚至比记忆本身更牢固持久。 ②数据有失真的可能，或因其碎片化的记录，或因其中的“表演”成分。 ③对载体存在依赖，数据丢失会导致记忆、记录残缺等。 ④“黑历史”难以消除，能够被搜集、整理并公开
思维方式的数据化	①数据主义认为，“世界可以还原为数据”。 ②数据化思维能够补充经验性思维，但过于强调数据价值会导致思维固化

【考点拓展】数据化思维：媒介深度融合趋势下的重要转变

(1)对新传播生态中数据形态及特点的认识。

①移动化数据。

移动化数据的规模不断扩大，具有“小屏”“便捷”“随时随地”等诸多特点，同时移动端的用户本身也有更强的交互性和主动性，更习惯碎片化和视频化的传播方式。这就要求媒体结合移动化数据的特点，进行内容设计，适应移动时代的发展需要。

②社交化数据。

作为个体的用户处在社交关系网络中，媒体生成的内容也需要依托社交网络进行传播，收集相关数据。社交平台和内容偏好勾勒出精准的用户画像，用户在虚拟空间的交往中进行传播构成的关系数据，主动的分享行为产生的数据，这些都是典型的社交化数据，具有特定的社交属性，具有一定的个人化的特点。

③平台化数据。

传播主体组织化、传播内容聚合化形成了一批平台化数据资源。在不同的平台中，用户可以实现数据资源的共建共享，共同参与到平台的资源积累。因此平台化数据呈现出聚合性、共享性的特点。平台产生的智能化数据，也为算法分发，精准推送内容提供便利。

(2)如何进行数据化思维的转变。

①了解数据作为资源的价值。

深入挖掘数据本身以及数据背后的含义，了解与数据关联的相关背景，丰富数据呈现形式，最大限度地发挥数据作为资源本身的价值，延长内容生产链，生产优质的、深度的数据分析。

②协调技术与人的关系。

避免技术对人的异化和“技术决定论”，平衡好技术与人的关系，让数据资源造福人类。同时努力获取更贴近人的真实数据，发挥数据在分析与决策中的特殊意义。

③坚持人本思想和人文关怀。

数据的使用始终要坚持“为人服务”“以人为本”，要坚守数据安全、保护个人隐私的底线，对数据的获取要合乎法律与道德，不违背基础的伦理，把握科技和人文的平衡。

(4)数据化用户的隐私权与被遗忘权问题(见表6-4)

表 6－4　数据化用户的隐私权与被遗忘权问题

要点			具体内容
隐私权	以隐私换便利	用户	知情权不对等，不得已而为之
		平台	解释不清楚、不充分，暗藏条款陷阱
	隐身能力		①确保自身信息不被获取。 ②实际隐身困难重重，服务商权限大、暗中侵犯隐私
被遗忘权	提出		欧盟 2012 年出台的《一般数据保护条例》建议稿
	与言论自由、国家安全的关系	观点 1	言论从私人领域进入公共领域，可以自主删除，以保护言论自由
		观点 2	言论从私人领域进入公共领域，即从私人领域脱离且无关隐私，因此被遗忘权不利于言论自由
	如何平衡		①私人领域神圣不可侵犯，不可假公济私。 ②保护公共领域开放可进入，防止有人假私损公
	实际面临的问题	法律层面	法律效力、主体范围难以评定
		技术层面	信息复制传播便利，难以控制，删除难以完全实现
		现实层面	人们对“被遗忘权”的概念所知甚少，“遗忘”成为例外

考点二：节点化生存 ★★★

(1)传播网络中的个体节点(见表 6－5)

表 6－5　传播网络中的个体节点

要点		具体内容
内容生产角度		①个体节点使得传统的生产模式变成无中心或多中心的分布式生产，起到了权力分化的作用。 ②UGC 对 PGC 来说，既是正向对照、延伸补充、伴随共鸣的“扩音器”，又可能生成噪音干扰。 ③用户产生的数据、内容本身和集结的社群都能够给媒体提供养分
内容传播角度	三种信息筛选整合的机制	①用户进行“全民投票”与“自组织”式的机制。 ②意见领袖的中心化作用。 ③专业内容生产者进行信息整合与引导的作用
	作为“导体”的个体节点	①个体节点调度信息流量、流向，促进信息传播。 ②信息消费者[过去的研究视角]：侧重了解环境、社会归属感和自我精进的需求。 ③作为内容“导体”的个人[现在的研究视角]：增加社交情境的考量
	社交情境	①社交平台内容分享的作用：表现自我、寻求社会支持、进行人设表演、维系感情链接、作为社交货币等。 ②基于社交需求的内容选择： a. “全民投票”的内容选择，用户共同决定内容的展出和隐没； b. 热点话题积累讨论； c. 意见领袖发挥引导作用。 ③内容生产者需要明确用户导向的利与弊

续表

要点		具体内容
内容消费角度		①个体构建以自己为中心的信息网络[包括社交关系、话题、平台和算法等线索整合的内容]。 ②建构过程具备一定主动性但有限，受选择性心理、信息茧房等多因素影响
对节点化用户的评价	用户的双重属性	作为传播网络节点的个体，兼具主动性和被动性，主体意识和“技术无意识”
	用户的被动性	①人本性的弱点：懒惰、惯性带来的被动性。 ②技术和平台的束缚：算法等施加的控制。 ③社会性因素：被诱导的选择

(2)关系网络中的个体节点

①它可以扩大个人的影响，成为“引爆器”。

②具有对个体施加更多社会影响的可能性：直接或间接地通过网络传导施加影响[情感、心理、意见表达、态度立场和行为等]，关系网络中流动的信息也是影响要素之一。

(3)服务网络中的个体节点

在新的经济模式[社群经济、粉丝经济、共享经济、场景经济、数据经济等]中，个体节点作为服务对象，扮演着以下角色：①服务的需求者；②数据的贡献者；③资源或服务的提供者；④集体生产力的创造者；⑤文化共同体的建设者。

考点三：媒介化的人 ★★★★

1. 时间的媒介化及其影响

(1)现实时间多重投射形成的“媒介时间轴”(见表6－6)

表6－6 现实时间多重投射形成的“媒介时间轴”

要点	具体内容
私人时间轴的确立	①互联网出现为私人时间轴的建立提供可能。 ②博客开始的社交媒体提供独立的信息发布空间，私人时间轴由此确立
私人时间轴的发展	①多个社交平台形成多条时间轴。 ②多轨时间轴共同映射出个人轨迹，现实与数字轨迹混同。 ③与其他的私人时间轴交织，必要时也能独立，分为面向自我和面向社交的时间轴，可以按照个人意愿进行区隔、分别呈现、自由切换
私人时间轴的影响	①分散对公共时间轴的注意力，也是对媒体的分权。 ②个体对私人时间轴的控制权增强，媒体如何使公共内容进入成为难题。 ③公私交织，信息混杂带来的干扰和噪音。 ④反映个体生活和社会生活，个人的时间轴[个人史]汇聚成社会的时间轴[社会史]

(2)实时、伪实时与延时的交织(见表6－7)

表6－7 实时、伪实时与延时的交织

要点	具体内容
伪实时	①个体会出于表演需要将延时的信息放在时间轴上伪装实时信息，形成“伪实时”。 ②弹幕也是常见的“伪实时”内容

续表

要点	具体内容
实时与延时	①目前人们的互动可以在两者之间随意切换，往往根据关系性质选择回应的速度： a. 关系的最初发展阶段需要及时回应，步人稳定后则更加宽松。 b. 优先级别高则为实时互动，利益牵扯程度更高、地位更高的交互者需要优先回应。 ②实时和延时的选择中暗含个人的情感倾向。 ③实时和延时也与社交表演难度有关，难度大，耗时长。 ④公共空间各种时态信息分布，意味着对时间的判断难度更大

(3)当下与永恒的纠结(见表6-8)

表6-8　当下与永恒的纠结

要点	具体内容
当下 VS 永恒	①当下的情绪表达：表达当下的存在和心情。 ②永恒的网络数据：当下行为不可避免地留下永久性的数字痕迹并被保留到数字空间。 ③数字化记忆：并非自我记忆，可能来自外界，可能被平台永久记忆，难以抹去，带来永恒的"圆形监狱"；而随着记忆转向外部存储，大脑本身的记忆却逐渐模糊
流动 VS 凝固	①转瞬即逝的热点：娱乐至死视角下不断迭代的热点和个体短暂留存的注意力。 ②互联网的集体记忆：留存的记忆本身日益褪色且并不清晰，甚至与事实真相差距颇大

2. 空间的媒介化及其影响

(1)空间的虚实融合(见表6-9)

表6-9　空间的虚实融合

要点	具体内容
LBS 技术	①虚拟空间反映现实位置，需求根据现实位置变动转换，二者联系更加紧密，影响人们的行为和活动。 ②LBS 技术让地理空间要素成为虚拟互动的诱发器，虚拟互动为现实互动作铺垫
AR/VR	①融合现实空间与虚拟空间。 ②VR 技术，虚拟还原现实空间的部分属性。 ③AR 技术基于现实空间打造虚拟空间

【考点拓展】LBS 技术

基于位置的服务(Location Based Services，LBS)，是利用各类型的定位技术来获取定位设备当前的所在位置，通过移动互联网向定位设备提供信息资源和基础服务。首先用户可利用定位技术确定自身的空间位置，随后用户便可通过移动互联网来获取与位置相关资源和信息。LBS 服务中融合了移动通讯、互联网络、空间定位、位置信息、大数据等多种信息技术，利用移动互联网络服务平台进行数据更新和交互，使用户可以通过空间定位来获取相应的服务。

(2)媒介内容形塑现实世界(见表6-10)

表6-10　媒介内容形塑现实世界

要点	具体内容
美化	通过技术实现图像美化，如加滤镜、裁剪重新构图等
压缩	重组、拼贴图像

续表

要点	具体内容
赋值	设定不同程度的醒目度，为内容赋值
连接	人通过媒介空间，增加与现实空间的连接

(3)媒介空间的日常化

媒介表演的“前台”和私人空间的“后台”日常逐渐融合。此外，媒介化空间的表演可控性强，且与现实的社会资本关联。

(4)“在场”与“缺席”(见表6－11)

表6－11　“在场”与“缺席”

要点	具体内容
“缺席的在场”	身体缺席，通过AR、直播等技术确保心理上的注意力在某个媒介空间
“在场的缺席”	身体“在场”，但注意力不在场
“伪造的在场”	技术支持下的“盗图”“P图”等方式构造自己在现场的假象
其他	①在场与否，除个人兴趣外，还有获利的考量。 ②到场的机会并不均等，在场也是一种表演策略。 ③空间媒介化使不可能的到场变为可能，也方便了空间成为表演手段

3. 生存的媒介化及其影响(见表6－12)

表6－12　生存的媒介化及其影响

要点	具体内容
媒介内容与现实生活的关系	①媒介内容直接、真实地呈现现实。 ②媒介内容对生活现实进行美化。 ③媒介化引导现实生活，分享为因，生活为果。 ④媒介内容虚构幻象。 ⑤媒介表现与现实生活相互融合
生存[工作、劳动和日常生活]的媒介化	①远程居家办公带来的场景边界交融，基于屏幕的“表演”式工作成为常态。这种工作方式也存在反馈少、效率降低等隐忧。 ②连接平台的劳动者(如外卖骑手、网约车司机)的劳动也是媒介化的。 ③媒介化趋势渗透进日常生活

考点四：赛博格化的人 ★★

1. 智能设备推动的赛博格化(见表6－13)

表6－13　智能设备推动的赛博格化

要点	具体内容
赛博格	①1960年，美国学者曼菲德·E. 克林斯和内森·S. 克兰在《赛博与空间》提出。 ②赛博格又称电子人、机械化人，即机械化有机体，是以无机物所构成的机器，作为有机体(包括人与其他动物在内)身体的一部分，但思考和动作均由有机体控制

续表

要点	具体内容
智能设备推动的赛博格化	①设备带来的满足部分源于其物质性。 ②作为赛博格的身体也能够改变交往中的边界，按照技术逻辑影响交往行为
智能设备的影响	①智能设备满足人的需求。 ②智能设备的设置和模式影响人的行动模式。 ③手机和可穿戴设备能够收集个体数据，提高外部世界对个体的了解和控制。 ④为设备嵌入人体，补足身体障碍提供可能，但存在伦理争议。 ⑤提高了身体"媒介化"程度，提高了环境感知力、自我表达力和连接能力

2. 人的虚拟实体化与元件化

(1)人的虚拟实体化

①促进虚拟与现实同一化。

②虚拟实体数据映射个体，被平台或技术掌控，从主体分离并走向不可控。

③信息外化被洞察，提供反馈，反过来优化作为物质存在的身体。

(2)元件化的人(见表6-14)

表6-14　元件化的人

要点		具体内容
核心要义		人在实体数字化之后成为"元件化的人"，能够被任意拆解、细化、重组、移植、融合
伦理问题	基本权利的剥夺	产生个体基本特征的归属纠纷。如人的元件化能够将个人的生物化特质(如面貌、声音等)进行移植、重组，但个体的特征是否是独属于个人的权利这一点难以定夺
	技术伦理的迷思	去人类中心化的数字化永生。技术逐渐成熟，意识能够通过数字化的方式被保留，身体则被分离，数字化永生在未来可能成为现实，而伦理问题也不得不被重视
	工具理性的滥觞	个人尊严、情感与主体价值的退位。思考意识和身体的依存关系，意识是否能完全独立于身体

3. 虚拟空间中并未消失的"具身性"

(1)关于身体的研究(见表6-15)

表6-15　关于身体的研究

要点	具体内容
两种身体 [法]梅洛-庞蒂	①客观的身体：物质的、生理的实体； ②现象的身体：自然和社会之间的有机体
三种身体 [美]唐·伊德	①肉身意义的身体； ②文化意义的身体； ③技术意义的身体
具身的三个层面 [美]休伯特·德雷福斯	①外在身体和内在能力的具身性； ②作为习得性技能的具身性； ③社会文化浸润下的具身性

(2)认知科学的发展(见表6-16)

表6-16 认知科学的发展

要点	具体内容
第一代认知科学	"心智分离"的身心二元论,脱离身体研究心智,聚焦心理的"符号及其表征"
第二代认知科学	心智根植于身体,身体的结构、状态会影响心智
具体关系研究	①身体感知的权力与空间的隐喻:权力强,则知觉空间大;权力弱,则知觉空间小。 ②视觉图片的加工能够有效地通过身体动作的改变影响其情绪信息的加工

(3)赛博空间的身体(见表6-17)

表6-17 赛博空间的身体

要点		具体内容
虚拟空间的"离身性"		虚拟性取代物质性,人被技术异化
"后人类"提供的新的身体视角		①更关注信息化的数据形态是"有序"还是"随机"。 ②作为"知觉和理解活动的主体"在虚拟空间仍然存在
肉身在虚拟空间中并未缺失		①进入虚拟空间依赖身体交互,互动影响情绪,情绪影响认知。 ②在虚拟空间长时间的使用行为会形成身体惯性,之后会演变成为认知行为惯性 ③身体状态的好坏也会影响行为方式和满足与否
空间感回归		①随着AR、VR等技术的发展,身体在虚拟空间的存在感更强,对空间、方位、距离也存在感知。 ②但存在五感中触觉、嗅觉、味觉缺失的问题
肉身在虚拟空间的回归	交互媒介	未来身体参与人机交互,身体状态变化也能被捕捉
	全身心沉浸	高度沉浸式的体验和专注,冲击了原本的多任务处理模式

【考点拓展】离身性:"身体缺位"

离身性是传播学研究领域中常见的身体观,其哲学基础是笛卡尔的身心二元论,可以上溯到柏拉图的哲学观。传播学乃至以往的人文研究中,受传统的二元对立的观念影响,对意识、精神的关注远高于身体,物质性的身体作为媒介的作用往往被忽视,加之信息革命和媒介技术影响下交往互动在线上不断延伸,身体似乎在交流过程中逐渐被边缘化。

6.3 课后习题详解

1. 你如何理解作为传播网络节点的用户及其作用?

答:我从以下方面理解作为传播网络的节点及其作用:

(1)内容生产者:分布式内容创作对专业媒体的去中心化。

作为传播网络节点的用户成为内容生产者,既可以作为专业媒体的补充,也能够作为对照组倒逼专业媒体提升内容质量和深度。用户生产的内容质量不一,在众声喧嚣中专业媒体如何坚守初心、提高质量也是一大难题。分布式内容创作导致内容创作呈现的去中心化趋势,对专业媒体来说既是危机,也是转机。一方面,用户对媒体内容的响应能够为内容造势，起到正向的回馈作用；另一方面，用户生产的内容对专业媒体而言也是宝贵的资源，其舆论、情绪、行为、自发结成的组织都能够成为媒体创新发展的养分。

(2)内容传播者：个体作为媒体单元和导体参与传播过程。

个体节点是传播网络中的基础，每时每刻都有不同流向的信息通过节点之间的连接交换信息。个体也是一个媒体单元，既能够生产，也能够主动分发信息。出于不同的目的，包括满足分享欲、日常沟通、记录生活等，作为内容传播者的个体影响力也各不相同。个体中也存在更具影响力、内容生产质量更高的意见领袖，这些个体在内容传播过程中的影响力更强，覆盖面更广。

(3)内容消费者：主动与被动的一体两面。

一般来说，消费者会发挥主动性，选择需要的、喜爱的、受欢迎的内容。作为内容消费者的个体出于不同的动机选择不同的内容进行消费，此时个体是拥有主动权的选择者，能够选择性接触、选择性理解和选择性记忆，总体来说是以个体自我为中心进行内容建构，打造出一个属于自己的私人化、定制化的环境，但个人在无意识中可能会被动地陷入信息茧房，被技术裹挟，被资本引导，被算法包围，受大环境影响。用户是兼具主动权和被动性的个体。

2. 你认为关系网络对个人会产生哪些方面的影响？

答：我认为关系网络会对个人产生以下影响：

(1)扩大声量和个人影响：个体话语的“扩音器”和“引爆器”。

处在关系网络中的个体，能够通过关系更好地传递自己想要发出的声音，更通畅地表达自我的观点，也意味着“草根”群体能够突破限制，最大化其声量。以某些突发性事件作为契机，通过关系网络扩大影响，个体的话语也能够成为时下的“爆点”。

(2)归属感和精神家园：作为个人行为的精神依托点的群体归属。

人是社会关系的总和，身处关系网络中，作为个体的节点也因此有了归属，与其他节点产生关联，打破了与世隔绝的“信息孤岛”，能够更轻松地获知、传递、沟通和分享。参与到关系网络的“连接”中能够获取的安全感和归属感，成为“网络”中的成员之一。

(3)影响施加者与传导体：由关系链条组成的网状结构。

以个体用户为中心节点，借由用户社会关系网络流入各个圈群，对不同的圈子的个体用户施加影响，能够传播信息、破除谣言、收集意见。链条上的每个节点都不同程度地、直接或者间接地进行互动，对其他节点施加影响。在这种传播机制下，用户可同时以“在场”的方式与多个对象交流，实现跨圈群、跨行业、跨区域的传播，其速度和广度远远超人们的想象。而产生的影响有些是直观可见的，也有一些是潜移默化地影响着个体的语言、行为习惯和情感偏向。

3. 在共享经济中，作为节点的个人有哪些特点？

答：在共享经济中，作为节点的个人有以下特点：

(1)共享经济的资源需求者。

社会中存在大量的闲置物品或资源，催生出活跃的个人或者企业之间的共享行为，其实质是闲置资源间的使用权交易。需要利用资源的个人和需要出售闲置资源的个人都是共享经济的需求者。作为节点的个人在共享经济中能够被精准定位、解读和匹配，完美实现双方的需求成为可能。

(2)共享经济的数据提供者。

用户数据就是共享经济建构起来的基础，数据是共享经济运行的依据。如滴滴打车作为典型的共享经济平台，其运行依赖于车主和客户的位置、信息等数据分享。数据对个体的单次共享交易或是整个共享平台的运作都至关重要。

(3)共享资源或服务的参与者。

共享经济通过互联网平台来发布闲置资源的供给和需求信息，最大限度地实现资源的有效配置。现如今，资源共享和服务提供也更加方便，不仅可以通过平台自发地达成交易、组成社群，还能够依托平台进行交换，在共享经济的模式下，用户也能够参与服务，平台可以将这种服务量化，更加直观地方便交换，如打车软件的司机打分机制。

(4)共享集体的生产力的协同者。

共享平台的建立、供给方的资源、需求方的消费、个体的共享经济行为、集体形成的共享平台的生产力，各方主体都是生产力的协同者。

(5)共享文化共同体的建设者。

共享经济中的个体大多秉持"重使用而轻占有"的新型消费观、发展观，共同打造了一个共享经济和谐的环境，享受新型经济为生活便利，践行共享的理念，打造出一个共享文化共同体。

总的来说，作为节点的个人在共享经济中是集多重身份于一体的共享经济核心要素，不同的身份互相关联。

4. 你认为作为赛博格的人，在哪些方面被增强，又在哪些方面被削弱?

答：智能终端的普及，为人的生存带来了赛博格化的发展趋势，人和机器的共生逐渐成为现实，作为赛格博的人既在某些方面被增强，也被削弱了部分能力，具体如下：

(1)作为赛博格的人被增强的方面。

①赛博格化增强了人对外界的感知、连接与认识能力。

在智能设备的加持下，人们增强了对自我及环境的感知能力和自我表达能力，同时，人们与信息、其他个体以及各类服务的连接能力也在不断提升，人们享受多样化的内容与服务，对外界的认识也更加清晰。

②赛博格化为身体改造、嵌入设备提供了可能性。

赛博格模糊了身体和技术的界限，有望弥合身体上的缺陷，让部分弱势群体重新获得健康。从女性主义视角分析，它也为改变社会分工、形成"新社会关系"提供了可能性。

(2)作为赛博格的个人被削弱的方面。

①赛博格提供的便利削弱了人的自控力、保护能力和隐私边界。外界对人的监测与控制力增强，人也让渡出一部分隐私换取便利，在已有的便利条件下，人们会丧失掉一部分原有的观察力和主动权。

②赛博格的个体面临着沟通力的丧失。当网络社会高度发达，线上沟通效率不断提升，原本线下要求的即时表达和沟通能力可能会退化。而像耳机等设备能为个体创造出一个相对隔绝的空间，暗示个体正沉浸于个人世界，将人与周围的人和世界隔离，回避一部分社

交沟通的场景，也有可能会降低沟通能力。

③网络的普及和信息的易得性形成了“外置大脑”，人们不必再主动记忆，记忆能力也被削弱。

6.4 考研真题与典型题详解

一、概念题

1. 数字化生存[南邮2024年研；云南大学2024年研]

答：数字化生存是指人类在日益数字化、网络化和信息化的环境中，生活方式、交流方式、学习方式和工作方式等各个方面都深度依赖和融入数字技术的状态。这种生存方式最初由美国学者尼葛洛庞帝在其1996年出版的《数字化生存》一书中提出。在数字化生存中，人们生活在虚拟与现实交织的数字空间里，利用数字信息处理技术和信息技术进行信息传播、交流、知识获取、职业活动等日常活动。数字化生存强调了数字技术对人类生活各方面的深刻影响，以及未来社会向更加数字化、虚拟化的趋势发展。

2. 数据化生存[四川省社科院2021年研]

答：数据化生存是指网络时代个体生存的一种方式。数据既是个体思想与见解的记录，也是个体行为、活动的另一种形态，数据成了个体的映射与化身。从个体对数据的控制关系角度来看，个体的数据有三种：①个体被动产生的数据内容；②个体主动生产的数据内容；③介于主动与被动之间的数据。数据在记录个人行为的同时也记录了很多社会场景、社会活动，并传达出其背后的社会情绪，与大众媒体的记忆形成一种补充、印证关系。同时，数据化也让个体暴露在更多的风险中。

3. 隐私权

答：隐私权是指自然人享有的私人生活安宁与私人生活信息依法受到保护，不受他人侵扰、知悉、使用、披露和公开的权利。隐私权包括以下三层意思：①隐私权的主体只能是自然人；②隐私权的内容包括私人生活安宁和私人生活信息；③侵害隐私权的方式通常包括侵扰自然人的生活安宁，探听自然人的私生活秘密，或在知悉他人隐私后，向他人披露、公开，或者在未经许可时进行使用。一般认为，隐私权包含个人生活自由权、情报保密权、个人通讯秘密权和个人隐私利用权。在数字时代，由于网络的公开化，以及数据技术的发展使得侵犯隐私权的事件频发，如“微信等软件后台反复读取用户数据”。除此之外，有关个人数据的权利问题在网络时代下的隐私权保护也显得格外突出。法律需要与时俱进，进一步对公民的基本权利予以保护。

4. 被遗忘权[南京大学2020年研]

答：被遗忘权指的是数据主体有权被互联网“遗忘”，能够随时终止或者避免自己的个人数据在其他领域被使用、传播或者泄露，也有权要求数据收集者和平台彻底删除其数据，尽管如此，这项权利也并非绝对的权利，需要在不违背言论自由和公关利益的前提下行使。网络让人们在各大平台留下无数的数字痕迹，强调“被遗忘权”，是为了弥合数据主体与数字控制者之间的不平等，帮助网民逃离网络“全景监狱”。

5. 节点化生存

答: 节点化生存是网络时代个体典型的“媒介化”生存方式之一。网络将终端、内容、人、服务等连接起来,使之成为一张巨大的网。而网络用户在这张网中的角色,是一个个的节点。主要包括三种:作为社会连接单元的个体节点;作为传播中心的个体节点;作为内容—社交—服务融合单元的个体节点。将用户的内容、社交和服务需求与行为作为一个整体,挖掘三个方向上的数据相关性,将是未来用户分析的一个重要拓展方向。

6. 用户画像[南京大学2021年研]

答: 用户画像是现实存在的用户的虚拟映射,是基于真实用户数据构建的目标用户的建模。用户画像通过对用户的人口属性、行为属性、社交网络、心理特征、兴趣爱好等数据进行分析,抽象提炼出的信息标签组合,将产品和服务与目标用户结合起来,用以解读用户诉求,是产品设计常用的工具。用户画像的内涵包括:①用户属性,分为静态属性和动态属性。静态属性指用户基本的、相对稳定的属性;动态属性指用户的行为等动态属性。②用户特征,是精炼出来的用户共性。③用户标签。用户标签根据特征提取出的标签化内容,简要概括特征,便于分类和应用。

7. 身联网

答: 身联网(Internet of Bodies),是指通过连接网络的传感器将现实存在的身体和网络连接,世界经济论坛(WEF)在2020年7月发布的报告《身联网已来:应对技术治理的新挑战》给出以上定义。“身联网”是对“物联网”(Internet of Things)的深化拓展,是“物联网”技术的前沿应用形式。常见的身联网的联网设备包括非侵入式或部分侵入式,能够检测人体的状态,跟踪记录行为数据,进行疾病检测和增强人体功能。人的身体成为产出数据、连接网络的义体。身联网成为身体回归的一种趋势,但是需要避免对身体的“物化”。

8. 社会网络分析法[北邮2024年研]

答: 社会网络分析(Social Network Analysis, SNA),是由社会学家根据数学方法、图论等发展起来的定量分析方法。该方法通常综合运用图论、数学模型等,聚焦于社会行动者之间的关系网络和基于关系网络传播的有形或无形的内容,包括信息、资源等。目前正逐渐成为一种热门的社会科学领域的研究方法。在新闻传播领域,社会网络分析法通常被运用在群体之间的信息扩散机制、回音壁效应等研究中,研究其中非孤立的、相互关联的关系在传递信息和资源方面的作用。

9. 数据主义

答: 数据主义(datalism)是在大数据与人工智能技术兴起之时出现的一个新的技术哲学思潮,是一种将数据置于中心地位,主张通过在线技术对各种人类行为和社会性进行“客观量化”和潜在跟踪的观念,认为万事万物皆可以进行数据化编码,从而阐释内在规律和秩序。数据主义的核心是算法,将整个世界(包括人的生命)都视为算法运算的结果。数据主义不仅变革了前述社会观念、人类行动乃至社会形态等新闻业赖以生存的媒介生态,而且变革了新闻从生产到运营的全流程运作,直接挑战了传统新闻业的专业根基。

10. 赛博格

答：赛博格一词来源于英文“cyborg”，是控制论(cybernetics)和有机体(organism)的合成词，指的是机械对于人的身体延伸并促成了新身体的产生，即“技术化身体”的“实体”。它产生于20世纪60年代，美国科学家克莱因斯与克莱恩提出了利用可控装备增强人类适应地外环境的思路。1985年，哈拉维在《赛博格宣言》中，将赛博格定义为“一个控制生物体，一种机器和生物体的混合，一种社会现实的生物，也是一种科幻小说的人物”，基于控制论思想而产生的赛博格是一种颠覆性的存在论隐喻。

赛博格的显著特征是“人与非人、有机体与机器、非身体与身体”等界限被打破。随着技术水平的不断发展，各种可穿戴设备不断地普及，越来越多的技术物件与人的联系变得更加紧密，甚至达到了“共生”的程度。从形式上看，这种“共生”直接导致人与技术逐渐“融为一体”，让人变成了技术加持下的“赛博格”。

11. 具身性

答：具身性指的是人在精神层面的感觉、知觉与客观存在的、具体的身体之间有着紧密的联系，主观方面的感觉与知觉的产生是以客观的身体存在为基础和前提的。具身性这一概念最早由法国哲学家梅洛－庞蒂提出，他侧重强调“具身性是意识、身体与环境三者的一体化”，认为人对世界的认知和面对环境做出的反应并非镜面式地再现，而是经由“人身体构造”这一中介系统产生感觉后重组的全新世界。因此，当人面对媒介环境时，身体的感觉会直接影响人对媒介环境中的人、事、物的感受和判断。

12. 数字化元件

答：数字化元件，是智能化时代个体数字化生存的一种体现，人身体的存在状态、所处位置、情绪走向、面部和指纹等都能够被数据化，成为数字化元件。数字化元件是现实世界身体的在虚拟空间的投射，也反映着现实身体的情况。彭兰教授认为，作为赛博格的人，在被数字元件化的过程中，既被增强，又受到约束，也以数字化的方式被分解。以VR/AR为代表的新兴技术将改变虚拟空间的呈现方式，虚拟空间与身体的交互，使得虚拟空间呈现出“具身性”。

13. 数字化永生

答：数字化永生，是人与机器互动关系的一种可能性，在这种假想中，通过将人的意识储存或者转移到机器中，以实现人的永生意义上的存在。作为生物意义上的个体逝去后，这个虚拟的存在仍然能够自主学习发展，实现数字化永生。数字化永生，要求做到以下几点：①需要保证数字虚拟人在互联网的可访问性；②用户指定进行的数字化永生；③数字化描述参考用户生前。数字化永生目前还只是一种设想，存在技术难题和伦理方面的问题，但元宇宙概念的发展，使得这种永生成为可能。

二、简答题

1. 结合库利“镜中我”，谈谈手机用户滤镜使用与自我认知的关系。［辽宁大学2023年研］

答：库利在1902年出版的《人类本性与社会秩序》一书中提出“镜中我”的概念。他认为，人的行为在很大程度上取决于对自我的认识，而这种认识主要是通过与他人的社会互动形成的。因此，他人对自己的评价、态度等，是反映自我的一面“镜子”，个人透过这面“镜子”认识和把握自己。而手机用户滤镜中美化的“自我”也体现着个体的“自我建构”理想，以及“关系自我”和“集体自我”的影响，作为一种自我关注的“镜像”的美图中交织着自我的凝视与他者的凝视。

镜中我的主要观点是人的自我在与他人的联系中形成的，这种联系包括三个方面：关于他人如何“认识”自己的想象、关于他人如何“评价”自己的想象、自己对他人的这些“认识”或“评价”的情感。下面将结合“镜中我”理论，分析手机用户滤镜使用和自我认知的关系。

(1)美化个人形象，满足“自我构建”。

智能终端设备的发展，让用户借助前置摄像头随时随地观察个人形象成为可能。库利认为，“自我”并不是主观产生的，而是在与他人的交往中产生的。他人的审美、态度内化成为个人进行自我形象塑造的依据，“镜中我”由此产生。手机滤镜常常与“自恋”联系在一起，这意味着它们首先被当作“个体自我”建构的重要手段，它们让人们的自我认知外化为自我展现和自我欣赏。手机滤镜是可以让人们随时按心目中理想的“个体自我”来润色自己的形象与生活，沉迷于对“个体自我”的反复雕饰中；另一方面，通过美图来美化自己的目的，也是在试图引导“他人眼中的我”向更好的方向发展，构建理想的自我形象。

(2)“关系自我”和“集体自我”的建构过程。

库利认为，“自我”的观念看似是一种基于个人主义的主观感受，但其实要依赖于具体化的客观环境才能生成。在自我观念形成的过程中，他人的影响十分显著和特别，库利称在他人和社会影响下形成的自我为“社会自我”。手机美图滤镜在很大程度上也是“关系自我”和“集体自我”的建构过程。美图的照片，在一定意义上承担起了镜像认同中的镜像装置的角色。个体对图片的美化方向，一方面是表达了理想自我的设计，另一方面，假想的“他者”的眼光时时会干扰着个体，个体总会自觉或不自觉地在美图中设想如何去迎合他人的评判。

(3)自我的文化消费与驯化。

用户使用手机滤镜看似是为了自我取悦和自我满足，但正如鲍德里亚所说，消费社会里，无论在何处，个体首先被邀请进行自我取悦、讨好自己。因此，手机滤镜既传达了个体的现实自我及其理想自我，又深深地隐含着个体被环境驯化甚至将其内化为自我驯化的无奈。

综上，尽管很多时候用户手机滤镜使用意味着一种经过修饰的幻象，但它依然有着现实的基础，折射着人们对理想的自我形象的认知，同时也应警惕个体个性受到消费文化的妥协与驯化。

2. 谈谈新媒体用户的节点化生存。[东北财大 2023 年研]

答：“节点化生存”是彭兰教授将新媒体用户作为传播、社交、服务这三种网络的节点的角色上进行观察时提出的重要概念。她认为，网络将终端、内容、人、服务等连接起来，使之成为一张巨大的网。网络用户在这张网中的角色，是传播链条中的一个个节点，一个个阶段间信息的沟通和交互形成了整个传播关系网。因此，可以从以下几个方面对用户节点化生存进行理解：

(1)作为社会连接单元的个体节点。

作为网络节点的个体，一个重要的意义，是成为社会连接的单元，SNS、微博、微信等社会化媒体用一种看似松散实则紧密的方式，将每个平台上的个体连接起来，使每一个个体都能直接或间接地连接到其他用户，这也恰巧印证了六度分隔理论社会网络中的关系。社会网络中的关系成了影响网民行为和能力的重要因素，它在两个方向上作用于个体：①可以有效放大个体的影响，尤其在SNS、微博、微信等平台上；②可能对个体施加更多的社会影响。

(2)作为传播中心的个体节点。

在Web2.0技术的推动下，原本的“大众门户”传播模式受到了强大的冲击，而“个人门户”传播模式正在兴起。一个个人门户，就是一个基于个体意愿构建的传播中心。这把个体作为信息的生产者、传播者与消费者三种角色集成在一起，由此带来传播机制的变化，也使得专业化媒体的“把关人”地位第一次真正受到挑战。个体可以构建传播中心，不仅意味着它可以通过自己的社会关系网络来进行信息的筛选，也意味着个体可以根据需要去发现、收集与组合信息，借此形成对社会的认知基础和认知框架。例如“丰县生育八孩女子事件”便是最先由社交短视频自媒体账号曝出，随后引发广泛的舆论和讨论，多元主体共同构建了新闻图景，推进了社会事件的解决进程。

(3)作为内容—社交—服务融合单元的个体节点。

新媒体环境下，单纯的信息内容已经不能够满足受众多元化的需求，随着社会化媒体的不断盛行，内容—社交—服务融合单元的个人节点逐渐成形，每个用户在内容、社交、服务这三方面的需求和行为特征都是有关联的，对用户习惯、行为的数据挖掘可以成为三者关联的纽带。例如小红书便是集内容、社交、服务于一体的软件，在这个平台之中，用户可以撰写自己的体验与感想生成相应的图文内容，同时这种社交方式也会使其他用户被该内容所影响，从而引发“种草”“拔草”等行为。

新媒体环境下，人们的社交方式与互联网中的角色都发生了嬗变，作为节点的用户，则推动了新媒体在传播、社会、经济方面的演进。同时人与人、人与内容、人与服务等连接的链条对人的影响甚至钳制也越来越深重。

3. 具身传播是什么？为什么会成为新闻传播研究的热点？［福建师大2023年研］

答：(1)具身传播的定义和缘起。

最早提出“具身”(embodiment)概念的是法国哲学家梅洛－庞蒂，他认为物体显现其意义只能借由身体以实现空间完型，也就是说身体是精神交往的实体、社会生活的中介和沟通世界的媒介。

具身传播是目前学术界较为关注的一个议题，学者往往从具身性的角度切入来探讨新闻传播领域的问题，尤其是关注传播中身体的价值，因而也促生了一系列对于具身传播的阐释。尽管目前学界对于具身传播还未有一个概念明确的定义，但总体上看“具身传播”的特点是一方面肯定“身体”在意义生产与维系中的基础作用，另一方面承认“身体”在信息传播过程中的物质性地位，“身体”既是生产性传播媒介也是接收性传播媒介。

随着媒介技术的发展，一方面技术在传播活动中的参与度越来越高，另一方面技术对于具身性的影响也逐渐凸显出来，技术与人的身体之间的边界逐渐被消解，新兴技术的使用使人的具身性更加明显，技术具身的概念也被引入了传播学领域。具身传播视域下，身体不仅仅是一种个人情感的载体，也不仅仅是一套感官系统，在技术的渗透下人的身体将成为一种新的传播媒介，身体在传播领域里呈现出融合、延展、共生、共情等特点。

(2)具身传播成为热点的原因。

①技术催生新的研究现象。随着社会的发展与技术的变革，技术对身体的重塑越来越明显。大数据技术、虚拟现实技术、算法技术等技术的相继崛起，使得媒介技术参与了身体行动的多个维度，建构了虚拟的数据身体，以此更好地完成媒介与身体之间的信息传输。技术的发展，为身体的存在带来了无限可能，也出现了很多新的数字身体形态，具有极高的研究价值。

②悠久的研究传统与新的矛盾。技术与身体的关系是学界长期讨论的一个话题。从早期的身体传播，包括抽象化研究(机械身体观和科学主义偏向)和情境化研究(动态身体观)两个进路，到现在的具身传播研究取向，学界一直在该领域持续探索。在传统媒体时代—社会化媒体时代—智能化媒体时代的发展中，学界对于具身传播的研究成果十分丰富——感官的截除与激活、脱域、在场与离场、人类主体性、后在场、后情感等，媒介的发展为人类带来了很多好处，但是也引发了一系列矛盾——媒介规训与身体自由、技术异化与身体主体性、数据共享与隐私保护、虚拟环境与真实环境。身体正在一步步回归到传播研究当中，但是在身体回归的同时却也能看到身体正在逐步被算法化，正在成为智能时代的“囚徒”。因而，技术与身体的关系成为学界议论的热点。

③传播学的变革。主流传播学长期以来是沿着施拉姆建构和框定的社会科学功能主义和实证主义的知识型路线在发展，进入21世纪，媒介技术的发展已经重构了传媒生态，引发了新的传播变革。第一，媒介观重构。传播学引入具身性将带来一场媒介观的重构：即从媒介工具论转向媒介存在论，而这又将引发一系列传播学的变革，重新理解媒介、问题域的转换、研究立场的变迁。第二，方法论革新。长期以来传播学形成了科学主义与人文主义方法论上的二元对立。面对着日新月异、变动不居的媒介实践，具身传播研究必然要抛弃主流传播学那种本质主义的静态、僵化的研究立场，而倾向于一种动态的关系情境式的在世存在的研究模式。

4. 社会比较视角下社交媒体对受众情绪。[北京师大2024年研]

答：社会比较理论最早由费斯汀格于1954年提出，是指个人在缺乏客观的情况下，往往会利用他人作为比较的尺度进行自我评价。上行社会比较是指与更加社会化、在某方面比自己优秀的人进行比较；平行社会比较指与在某方面与自己类似的人进行比较；而下行社会比较则指与某方面不如自己的人进行比较。随着社交媒体对人们学习、工作、生活的全面渗透，用户的倦怠情绪与消极使用行为逐渐凸显，社交倦怠现象愈演愈烈。

(1)上行社会比较显著影响社交倦怠。

与线下社交相比，社交媒体用户在线上发布的信息与动态大部分都经过精心设计，其线上形象的呈现有积极化偏向，这一现象在微信朋友圈也尤为明显。用户在浏览朋友圈、参与群聊时会不自觉与比自己优秀的人进行比较，这种上行社会比较一方面可以产生让自己奋斗的动力，另一方面也会带来一些负面的情绪。个体往往会与他人拥有的优势、取得的成绩进行对比，不自觉放大自身的不足、降低自我评价、产生对自我的消极认知。

(2)平行社会比较缓解社交倦怠。

由于移动设备的普及和互联网技术的发展，人们能够通过社交网络随时随地与他人进行沟通，也能够通过在社交媒体平台上发布动态来扩大人际交往的边界。这有利于社交媒体用户跟与自己性格特质较为一致或与自己处于相似境地的人进行沟通，进行平行社会比较。在人们遇到难题或者感到迷茫时，除了可以与现实世界中的好友交流以外，还可以通过社交媒体平台发布自己所面临的困惑、征询好友意见或检索信息查看别人如何处理。在此过程中所产生的平行社会比较能够给社交媒体用户带来共鸣与一定程度上的陪伴感，有利于削弱社交媒体倦怠情绪。

(3)下行社会比较加剧社交倦怠。

目前，社交媒体成为人们进行社会比较的重要载体，用户的自我表露、信息分享等自我展示的行为构成了社会比较的触发条件。在与线上好友的无形互动中构建起社会比较的场域。对于浏览社交媒体信息的用户来说，他人在社交媒体平台上呈现的信息，就是自己了解他人并进行社会比较与自我评价的主要依据。人们往往希望在社交媒体平台上展现出完美的自己，能够在与他人进行比较时产生优越感。为了在进行下行社会比较时获得满足感，社交媒体用户往往要消耗大量的精力去编辑要发布的内容并等待其他用户的回应与互动，这种紧张状态不免会导致用户产生一种倦怠情绪。

5. 简述媒介社会下数字化生存的挑战。［湖南师大 2024 年研］

答：媒介社会意味着当今媒介影响力对社会的全方位渗透，基于数字技术的虚拟世界和现实世界共同构成了人类生存的二维空间。数字化生存最初是由美国学者尼葛洛庞帝在其《数字化生存》中提出，他认为这是一种基于数字技术发展形成的生活状态。个人、商业和政府在数字化生存时代的行为模式都发生了巨大的变化，但媒介社会下，数字化生存也面临着不同挑战。

(1)数字鸿沟：数字资源的分配不均。

数字媒介技术在如今已成为生存所必须掌握的形式，如尼葛洛庞蒂在《数字化生存》中所说："计算不再只和计算机有关，它将决定我们的生存。"线上媒介技术的流行趋势正在逐渐将中老年人推离线下舒适区，媒介技术解构并重构了老年人的生活习惯和方式，由先进技术带来的数字鸿沟也正在挑衅技术的未来发展。

(2)数字归属的迷思。

信息数据是数字媒介分析使用的"石油"，信息化是数字化的基础。在大数据驱动成为数字媒介持续发展的新范式下，人工智能的运行都离不开对用户信息数据的自主搜集与分析，用户的个人习惯及个人信息均被各个终端记录下来用作分析。

(3)人的异化：媒介控制个体，成为单向度的人。

法兰克福学派批判理论学家马尔库塞在《单向度的人》中提出了科技异化理论，该理论认为原本由人所创造的技术却反过来成为控制人、束缚人、奴役人的工具。在技术指导人、掌控人的背后，用户却逐渐失去了自我寻找信息的能力及深入思考的精神，满足于被动的知识积累，从而沉溺在媒介提供的表面信息和通俗娱乐中，导致社会行动力的丧失，沦为技术的附庸。

(4)数字化生存的隐私危机。

数字化生存的反面是人们为了获取便利不得已让渡部分隐私，隐私权、知情权和被遗忘权不能完全兑现，用户在拥抱便利的同时也需要为隐私心惊胆战。央视3·15晚会就曾曝光涉及个人信息的安全案例，包括老人手机App获取信息并推送欺骗套路，智联招聘、猎聘等平台简历给钱就可随意下载等。

三、论述题

1. 谈谈对尼葛洛庞帝“数字化生存”的理解。[中央民大2023年研]

答：数字化生存(Being Digital)这一概念，最初是由美国学者尼葛洛庞帝在其1996年出版的《数字化生存》一书中提出。他认为数字化生存指的是人类生存于一个虚拟的、数字化的生存活动空间，在这个空间里人们应用数字技术从事信息传播、交流、学习、工作等活动。互联网的普及开启了人的“数字化生存”，尽管人们在网络空间中的生存都是数字化的，但在不同发展阶段，人们数字化生存所倚重的表达符号有所侧重，这也带来了数字化生存方式的几次重心转移。

(1)从“超现实”走向“现实”的文字化生存。

人们在早期虚拟空间的文字化生存营造一个全新的自我，隔绝了现实生活，数字化生存在某种程度上代表了人们对现实的“出逃”，是“超现实”的；但互联网的发展，使得网络空间属性变得日益复杂，文字化生存的环境也在发生变化，早期的戴着面具的私人或公共空间，越来越多地被实名的社交环境所取代，人们的文字表达也很难再像早期那样恣意随性，整个互联网逐渐进入到新的“现实”符号化生存阶段。

(2)从“原生态”到“滤镜化”再到“想象性”的视觉化生存。

移动终端特别是智能手机的普及，将人们带到了视觉化生存这一新阶段。图片、视频的随手拍，以及便利的分享方式，使更多人开始用视觉化内容进行自我表达与社交互动。“滤镜化”在一定程度上变成了对现实的重构，视觉化生存不仅使虚拟空间中的身体得以呈现，也使身体成为重要的表演手段。未来的数字空间中，将是真实的人与虚拟的人、现实的景象与虚幻的景象共存，虚拟出来的“现实景象”也可能会成为现实的一部分，人们可能被更多幻象所误导，现实与虚拟的界限也会逐渐模糊。

(3)从小众游戏走向大众狂欢的化身式生存。

最早的游戏化身既是隐藏人们真实身份的外壳，又是表达人们内心愿望的载体。而在元宇宙概念及各种相关技术的推动之下，为大众化的化身实践提供了可能，如自拍、美图，多数时候这种建构也会沿袭自我美化的取向，将成为一种新的身体建构方式。

(4)数字化生存与现实生存关系的远近摇摆。

互联网发展早期，基于虚拟空间普遍的匿名机制，人们更希望在这里获得精神的自由，重塑自我，建立新的关系网络，突破现实束缚，以脱离甚至逃离现实生存为主要动力；而为连接现实实感，基于熟人关系的Facebook、微信应运而生，工作、生活与平台紧密相连，数字化生存被复制成现实生存的“数字版”，更多的压力推向现实生存，由此，人们对于匿名性网络空间的需要开始回归。

综上，随着网络的深化发展，对数字化生存理解在今天也出现了变化。数字化生存是人们在虚拟空间中主动用数字化符号进行的自我塑造，随着技术的发展，人们历经了文字化生存、视觉化生存和化身式生存等不同的形态，数字化生存与现实生存之间也存在着远与近的摇摆。

2. 结合现实案例，谈谈大数据时代隐私的边界及限度。［北京大学 2022 年研］

答：大数据时代下，随着人们的数字化生存日益常态化以及平台数据收集能力的提高，人们隐私的边界逐渐模糊且数据收集的限度越来越低。在大数据时代，隐私的边界和限度成为一个备受关注的话题。随着数据的爆炸式增长，个人隐私受到了前所未有的挑战。以下将结合案例，探讨大数据时代隐私的边界及限度。

（1）大数据时代隐私的边界。

①数据收集的边界。

大数据时代，数据的收集变得无处不在、无孔不入。然而，个人数据的收集必须在合理的范围内进行。例如，电商网站收集用户的购物习惯、兴趣爱好等信息用于推荐商品，这本是一种个性化服务。然而，如果这些信息被滥用，或者用于非法的目的，就可能侵犯个人隐私。微信等平台就曾被曝“反复读取”用户相册，甚至在用户明确拒绝开启权限的情况下在后台收集信息，引起用户反感。

②数据使用的边界。

收集的数据在未经用户同意的情况下被用于其他用途，这也常常引发隐私争议。例如，某招聘网站在用户不知情的情况下，将用户的简历用于大数据分析，从而获得商业利益。这种行为明显侵犯了个人隐私权。

③数据存储的边界。

数据的存储位置也是隐私边界的问题。如果数据存储在国外，可能存在被非法获取和滥用的风险。例如，Facebook 就曾因将用户数据存储在未说明的服务器上而引发了用户对隐私的担忧。

（2）大数据时代隐私的限度。

①个人隐私与公共利益的平衡。

在大数据时代，个人隐私往往需要在一定程度上服从于公共利益。例如，在新冠疫情期间，政府可能需要对个人信息进行收集和分析，以便进行有效的疫情防控。这种情况下，个人隐私限度的调整就是公共利益的需要。

②隐私权与言论自由的权衡。

人们有权在网络上表达自己的观点和想法，这是言论自由的表现。然而，这种自由有时会和隐私权发生冲突。例如，某人在社交媒体上发表的照片被他人擅自使用，这可能会侵犯到他的隐私权。然而，如果这种使用是出于公共利益或言论自由的需要，那么隐私权的限度可能就需要做出调整。

③隐私保护与技术创新的关系。

技术的创新往往推动大数据时代的发展。然而，技术的滥用也可能对个人隐私造成威胁。例如，人脸识别技术在商业和安全领域被广泛使用，但在缺乏监管的情况下，该技术也可能被用于非法目的，如人脸识别滥用以进行监控或侵犯他人隐私。因此，在推进技术创新的同时，必须加强对隐私保护的关注和管理。

综上所述，大数据时代的隐私边界和限度是一个复杂的问题，需要根据实际情况进行具体分析。在保护个人隐私的同时，也需要在公共利益、言论自由和技术创新等方面进行权衡和取舍。只有在这几个方面达到平衡，才能确保大数据时代的发展与个人隐私的保护相协调。

3. 虚拟数字人的现状及趋势。[武汉大学2024年研]

答：虚拟数字人，特指存在于非物理世界中，由计算机图形学、图形渲染、动作捕捉、深度学习、语音合成等人工智能技术打造的具有多重人类特征(外貌特征、人类表演能力、人类交互能力等)的综合产物。以下将从现状和发展趋势两方面出发进行分析。

(1)虚拟数字人的现状。

①虚拟数字人产业链初具雏形。

数字虚拟人的产业链包括基础层、平台层和应用层三个层面。目前，虚拟数字人的技术逐步成熟，产业链初具雏形，众多的企业尤其是互联网巨头积极布局，资本也大量涌入，虚拟数字人产业正处于快速发展期。

②虚拟数字人已在各行业得到广泛应用。

a. 游戏产业是最大的应用场景。

游戏尤其是角色扮演类游戏对于虚拟数字人技术有很大的需求，目前国内游戏厂商在虚拟数字人技术方面已经有很深的沉淀，游戏捏脸技术已成熟简便。目前，游戏厂商携其强大的游戏引擎，将破圈助力各行各业打造强大的虚拟数字人。

b. 虚拟偶像得到了广泛应用。

当下，网民越来越愿意花更多的钱支持虚拟偶像，手办、唱片等周边产品已经成为虚拟偶像流量变现的重要渠道。腾讯音乐投资了WaveVR以及王者荣耀的角色男团；字节跳动与乐华娱乐合作，共同进军虚拟主播市场。

c. 企业纷纷开发虚拟数字人并进行品牌营销。

随着“Z时代受众”群体的崛起，以二次元用户为核心用户的虚拟偶像迎来快速发展期。企业打造的虚拟数字人可以分为两种：一是企业自主打造的符合自身特点的品牌代言人，二是企业与外部商业团队合作打造虚拟数字人，为企业和品牌的数字化转型引流。

d. 互联网巨头成为虚拟数字人产业的主导。

目前，国内外的互联网巨头都积极布局虚拟数字人产业，海外的互联网巨头如英特尔、微软、谷歌、Meta、三星等，提供全栈式的技术服务；在人工智能、渲染建模、动作捕捉以及AR/VR应用等领域也有大量的企业参与。

e. 新闻行业的数字主播、数字主持人陆续诞生。

人民日报AI虚拟主播“任小融”、新华社再次联合搜狗推出的“新小微”，在新闻播报、与用户互动方面拥有“全年无休”“高度拟人”的优势。

(2)虚拟数字人的趋势。

①虚拟主播是人工智能时代的必然选择。

在人工智能时代，传媒业被彻底重构和颠覆，大数据和人工智能技术进入到传媒业的每一个环节并彻底重构传媒业，从新闻内容生产、发布、新闻内容的数据化，到用户画像以及与用户的互动、及时反馈等环节都被重构。而虚拟主播除了具备新闻机器人的海量、快速、高效的优势之外，一方面，能够大幅度降低新闻内容生产成本；另一方面，虚拟数字人可以不知疲倦地24小时全天候不间断服务，并分身多个应用场景。此外，虚拟主播可以提供海量的短视频内容，弥补传统媒体短视频内容生产能力的不足。

②媒体转型中的虚拟主播绝大多数尚未实现智能化、个性化。

在媒体融合进程中，传统媒体高度重视大数据和人工智能技术，一些技术较为领先的媒体推出自己的新闻机器人，如封面新闻的“小封”等。而在媒体深度融合的过程中，传统媒体高度重视虚拟主播的作用，纷纷和互联网公司或技术公司合作推出各种各样的虚拟主播，但是从实践应用来看，虚拟主播基本上实现了“形似”，部分实现了“神似”，但是远远没有达到智能化和个性化。

③元宇宙将是虚拟数字人的真正未来。

越来越多的玩家愿意投入更多的时间参与到虚拟世界，在虚拟世界中进行游戏、体验、社交、创作、娱乐、购物等，“游戏 + 社交”成为虚拟世界的新场景和新应用。虚拟数字人不仅将极大地提升游戏中的各类人物的逼真度，显著提升游戏玩家的用户体验，更能为每一个游戏玩家提供自己的虚拟偶像，能够在游戏中更好地进行社交。而在元宇宙的终极形态——虚实共生阶段，现实中的每一个用户都可以在虚拟世界中创建自身的虚拟数字人，进而可以在不同的元宇宙中自由穿行。

综上所述，虚拟数字人及其产业已经取得显著进展，但是受制于技术、成本、应用场景等因素的制约，尚处于初级发展阶段但处于加速期，其未来的快速发展取决于技术、资本、政策、商业应用场景的快速拓展，而关键则在于元宇宙整体发展情况的进展。

第七章 网络传播建构的关系

7.1 考情分析

本章主要介绍人与媒介及内容、人与人、人与机器的几组关系；考生需要掌握媒介化生存、网络时代拟态环境的发展、网络时代人与人之间的连接、互动、汇聚和分化，了解人机传播、人机协同和人机共生等新兴概念。

其中，圆形监狱、模因、拟态环境、反连接、互动仪式、脱域、群体智慧、群体性迷失、液态的共同体、人机协同、人际传播相关内容是考试的重中之重，多以名词解释的方式考查，应该重点理解记忆。如何理解媒介化生存、网络时代下拟态环境的不同层面及机制变化、网络时代拟态环境对人的影响、连接与反连接、影响群体智慧形成的因素等问题常在论述题中出现，需要重点理解掌握。

7.2 复习笔记

【知识框架(庖丁解牛)】

- 网络传播建构的关系
  - 人与媒介及内容的关系深化
    - 媒介化生存：人与媒介、内容的融合
    - 拟态环境：人与媒介的相互建构
      - 网络时代拟态环境的不同层面
      - 网络时代拟态环境建构力量及机制的变化
      - 网络时代拟态环境对人的影响
  - 网络推动下人与人的关系运动
    - 连接：网络用户间的关系形成
      - 连接模式的演变
      - 用户关系性质的摇摆
      - 过度连接下的重负
      - 反连接
    - 互动：自我与社会关系的碰撞
      - 作为社交表演的互动
      - 表演背后的心理动因
      - 作为社会关系作用机制的互动
    - 汇聚：群氓的智慧或群体性迷失
      - 群体智慧
      - 群体性迷失
      - 影响网络群体智慧形成的结构与机制因素
      - “群氓的智慧”适用的情境
    - 分化：网络中的共同体及其影响
      - 共同体
      - 网络共同体的不同表现形式
      - 共同体的维系因素与机制
      - 流动性：液态到半液态

- 网络传播建构的关系
  - 人机关系的新发展与新挑战
    - 人机协同
    - 人机传播
      - 人机传播能否实现有效交流
      - 人机传播对交流的未来走向的影响
    - 人机共生

【考点难点归纳(厚积薄发)】

考点一：人与媒介及内容的关系深化(见表7－1) ★★★★

1. 媒介化生存：人与媒介、内容的融合(见表7－1)

表7－1 媒介化生存：人与媒介、内容的融合

要点		具体内容
个人历史记录的媒介化	私人内容的公共化	个人领域与公共领域边界模糊，私人领域内容走向公共化
	圆形监狱	私人内容被过度解读，难以获得完全的隐私，随时处于被监控的状态
	平台的历史记忆	个人对平台记忆产生依赖，自身的记忆能力反而逐渐弱化
自我表达与自我建构方式的媒介化	内容“滤镜化”	媒介内容成为前台表演的一部分，被美化或修饰
	公共内容私人化运用	借助媒体或他人的内容进行形象塑造，公私内容边界模糊
	“客我”影响“主我”	表演在收到他人反馈时会反过来影响自我的建构
	知识“碎片化”“浅薄化”	作为表演道具的知识流于浅表
	竞争内卷化	社交平台仅展示好的一面，加剧个体间比较和竞争
现实行为与生活导向的媒介化	内容发布的因果颠倒	“为发布而生活”的展示
	“在场的缺席”	为了内容生产而忽视实际的生活体验
	生活方式的变化	媒介内容形塑生活中的热点和生活方式
	广阔的参照体系	一方面方便自我评估、激发对美好生活的向往；另一方面加剧盲从、助长焦虑
社会关系建构的媒介化	内容作为黏合剂和润滑剂	①一对一关系维护上：内容分享时顾虑对方，因而有所伪装。 ②对群体的关系：聚集成群体，维系群体联系
	内容作为社交货币	①交换资源，积累信任，获取人脉。 ②数据成为量化指标，内容成为资本象征
	内容作为文化的连接	划分文化群体，衡量文化资本，能够孕育群体文化
	内容作为防卫的“墙”	聚集同类、寻求庇护；阻挡防卫、排除异己
权利与权力实践的媒介化	权利意识	网络赋予权利，用户意识不断提高，开始主动争取，阐发诉求
	话语即权力	话语权不断提升，可以变现、助推成名
生产力释放的媒介化	模因	①特点：繁殖力、可复制、长寿、病毒式传播。 ②问题：模板化、机械化、同质化
	恶搞	对原有内容的再编码和再创造
	亚文化与主流文化	①亚文化抵抗、冲击主流文化。 ②主流文化收编亚文化，亚文化“主流化”

【考点拓展】圆形监狱

圆形监狱，又称环形监狱，最早由英国哲学家杰里米·边沁于1785年提出，在圆形监狱中，单个监视者能够通过这个监狱结构，监视全部的犯人，而犯人由于无法确定自己是否受到监视，因此在心理上处于时刻被监视的状态。而法国哲学家福柯在《规训与惩罚》(1975)将“圆形监狱”的全景敞视原则重新提出，这不仅是建筑学上的创新，更是“人类思想史上的一个事件”，借助这个原则，一个规训的社会形成了，即全景敞视不再需要对肉体的惩罚，而是仅仅从设计上就保证了监视者的观看对囚犯的权力效应，迫使囚犯产生孤独并受困于被监视的状态，逐渐放弃抵抗而进入自我监禁，最终达到自我规训的效果。

2. 拟态环境：人与媒介的相互建构

(1)网络时代拟态环境的不同层面(见表7-2)

表7-2 网络时代拟态环境的不同层面

要点	具体内容	
拟态环境	由李普曼[美]提出，是指大众传播活动形成的信息环境，并不是客观环境的镜子式的再现，而是大众传播媒介通过对新闻和信息的选择、加工和报道，重新加以结构化后向人们所提供的环境	
个体性的拟态环境	①选择的渠道不同，获取信息也存在差异，构成的拟态环境也不同。 ②个体差异导致拟态环境不同，如兴趣所在、惯习、社交网络、好友、心理因素等	
群体性的拟态环境	形成原因	网络助推群体聚集与互动，导致拟态环境的分化
	分类	稳定、凝聚力强的群体和临时群体均存在，对应的拟态环境也不同
	存在问题	“沉默的螺旋”或“回声室效应”
公共性的拟态环境	①平台内容的结构与分配、内容流量结构与分配、公共热点的平台分布，都是影响拟态环境的主要因素。 ②内容可见性：拟态环境中“可见性”高的内容更容易被用户看到并发挥作用。 ③对内容生产者的异化：“流量至上”强化拟态环境的某些倾向	

(2)网络时代拟态环境建构力量及机制的变化(见表7-3)

表7-3 网络时代拟态环境建构力量及机制的变化

要点	具体内容	
全民参与	内容生产层面	环境由多主体建构，复杂多元，利益交叠，存在虚假、同质化、碎片化内容，水军干扰环境秩序，造成环境失真
	个体层面	用户能够自主构建环境，但有强化既有倾向导致趋同的风险
	群体层面	社区本身的特点、强势信息对弱势信息的倾轧、社区管理者和群体之间的对抗都会影响拟态环境，导致环境走向失衡、闭塞、单一
	公共层面	①用户地位提升，媒介最终呈现的格局是用户“投票”的结果。 ②意见领袖在公共信息传播中对提升某些信息的“可见度”起到关键作用。 ③传统媒体“议程设置”难度更大
算法	①算法参与环境构建的全流程，影响“我们能看到什么”乃至“社会能看到什么”。 ②算法有时会通过社交机器人隐蔽地影响平台的内容分布，干扰用户视野	

续表

要点	具体内容	
平台	控制目标	与平台定位、外部政策、商业利益等有关
	控制方式	平台机制规则、编辑审核把关、算法筛选过滤
	“扬”和“抑”	①激励和引流：内容推荐、突出重点、算法给予高权重等。 ②抑制、禁止、限流甚至封杀
传统媒体	传统媒体在拟态环境中的建构作用、内容影响力和竞争力在下降，如何提高传统媒体内容可见度成为一大挑战	

(3)网络时代拟态环境对人的影响(见表7-4)

表7-4 网络时代拟态环境对人的影响

要点	具体内容	
环境窄化	供用户选择的内容更加多元丰富，但用户对信息和人际关系的选择性心理助推“信息茧房”“过滤气泡”“回音室效应”等产生	
时空的分离与重组	影响	拟态环境导致时间上的困局与空间上的错位
	时间上	实时与延时、同步与异步等相互交错，造成困惑
	空间上	①心理接近性与地理接近性的错位。 ②“脱域”[吉登斯]：社会关系和信息交流从彼此互动的地域性关联中，从通过对不确定的时间的无限穿越而被重构的关联中“脱离出来”，但又可以重新进入、再嵌入、重组
拟态环境的环境化	媒介内容作用于现实世界，侵入日常生活场域，使得拟态环境与现实环境日益接近，加之人们难以分辨，长此以往将导致“拟态环境”的环境化	

【考点拓展】消弭算法构建拟态环境对受众不利影响的对策

(1)公共性缺席的补足：兼顾个性化推荐和公共性内容。

个性化推荐的出发点源于个人的兴趣，会在不断的训练中打造出一个窄化、同质化的环境，丧失对公共性内容的敏感性，因此需要算法设计者融入主流价值观正向引导，平台使用热搜、头图、专栏等方式为公共性内容保留一席之地，努力打造一个兼顾个性化和公共化的客观、全面、多元的拟态环境。

(2)“科技向善”：人机协同弥补工具理性。

努力建立人机协同的算法机制，将人工审核把关和算法推送过滤融合，避免算法的独断专行，为技术赋予人文关怀和社会价值。算法平台发挥平台责任感，如青少年模式、长辈模式等，都是为人服务、打造人机共生的和谐场域的一次尝试。

(3)政策监管和媒介素养：宏观与微观的双重保险。

政策尚且不够完善，需要从宏观角度入手，确保算法更加透明可见，建立核查和监督机制，避免平台成为算法规则的缔造者和垄断者，合理约束算法，避免算法黑箱；受众需要理解算法的缺陷，避免过分依赖算法，丧失主动性和选择权，要不断对新技术革命中出现的新型媒介和媒介应用保持清醒的认知。

考点二：网络推动下人与人的关系运动 ★★★

1. 连接：网络用户间的关系形成

(1)连接模式的演变(见表7-5)

表7-5 连接模式的演变

要点	具体内容	
以内容为纽带的群体互动	新闻组	以内容为纽带，依托内容话题组织互动留言
	BBS 论坛	互动边界清晰明了，强调人与人的互动
	维基	继承和发展"以内容为中心"，用户无直接交流
	知乎	知乎重视用户提出的问题，给予个体用户尊重和存在感
	豆瓣	围绕书影音进行互动
	意义	内容为焦点，围绕内容会出现话语权争斗
以社交为核心的一对一互动	聊天室	一对一为主的陌生人互动
	即时通信工具	①个体成为社交中心，打造专属的社交圈。 ②宏观上的个体对个体的节点连接构成网络，推动社会连接，奠定公共传播与公共活动的基础
基于游戏的虚拟情境互动	①游戏化的虚拟感官体验，兼具心理和感官两方面。 ②个体的延伸和映射：个体通过游戏完善自我，代偿现实生活中无法完成的愿望	
以个体为中心的基于内容的"表演"与"观看"	①新的模式：以个人为中心，内容作为表演手段，受众观看。 ②文字为主的表演：博客。 ③视频为主的表演：直播、短视频等。 ④焦点翻转：观众成为"被观看"的表演者	
以个体为节点的多链条连接	①自 SNS 开始的人与人连接的大变革：个体展示+多重关联模式。 ②相比个体中心模式[博客、直播等]和个体节点模式[两微，SNS 等]，关系网络扩张能力更强，社会关系拥有更大弹性	
以产品或服务为中心、中介的"泛连接"	①依托电商平台或点评平台，以产品和服务为主的松散的、不紧密的连接。 ②用户的互动参与尤为重要，能够保证平台的持续运营	
基于视频会议进行的多对多连接	①基于视频的多对多的连接，交流方式多样，可以通过视频、语音、文字、表情包等多种手段实现。 ②虚实边界相对模糊，强调身体的虚拟在场，操作失误可能导致后台隐私暴露	
虚实相融时空下的连接	VR/AR/MR 促进虚实融合，带来沉浸式体验	
其他	借助标签划分的隐性连接，通过算法可以由隐及显	

(2)用户关系性质的摇摆(见表7-6)

表7-6 用户关系性质的摇摆

要点	具体内容	
远距离 VS 近距离	近距离	①现实关联近：也意味着约束。 ②空间距离近：依托 LBS 技术发展的空间联系与互动
	远距离	束缚和负担小，但能够提供的社会支持也比较少

续表

要点	具体内容	
匿名VS实名	匿名	方便情绪宣泄，更有安全感
	实名	更能获得社会资源，但负担和压力更大
	关系	二者都有市场，需要取得平衡
弱关系VS强关系	弱关系	无负担，轻量快捷，突破传统社交限制
	强关系	满足现实生活和工作需要
	关系	动态摇摆，顺应产品更新迭代和用户需求发展

(3)过度连接下的重负(见表7－7)

表7－7 过度连接下的重负

要点	具体内容	
强互动下的倦怠与压迫感	①高强度互动的成本和有限的社会关系管理能力之间存在矛盾。 ②“表演”性质的人设需要苦心经营，接受凝视和审查，陷入“圆形监狱”，自我认知易出现障碍。 ③处在高强度的社会比较下，被外界施加压力，受困于互动焦虑	
私人空间与时间受挤压	①个人信息有流向公共空间的可能性，需要自我审查，花费更多时间和精力；难以控制之际会主动减少互动。 ②隐私泄露对个人空间的挤压，导致个人隐私无处遁形，被描摹的“用户画像”时刻衡量着个体，使个体丧失隐蔽的可能性。 ③“独处”的时间被挤压，而独处能够恢复个体的能量和情绪，减少社交和表演带来的压力及焦虑	
情绪与行为相互影响	强关系	分为正向的感染和听从与反向的抵触和逆反。二者均会干扰个体判断与表达
	相关理论	①费斯汀格的认知失调理论； ②海德的平衡理论； ③纽科姆的对称理论； ④奥斯古德的调和理论
	群体影响	群体极化、群体盲从等现象
线上过度连接对线下连接的挤占	①时间精力有限的情况下，线下连接被更可控的线上连接挤压。 ②但线上的过度连接难以保证带来社会支持，反而可能导致孤独和狭隘	

(4)反连接(见表7－8)

表7－8 反连接

要点	具体内容
定义	反连接并非拒绝一切连接，而是能够恢复对连接的自主控制，在需要独处、回归自我时能够拒绝过度连接带来的干扰和负担
独处：一种情境性需要	理想状态并非物理上切断干扰，而是在必要的连接下保持“闭合度”，给自己留有深度思考、学习且不过度依赖外界的一片净土

续表

要点	具体内容	
反连接：赋权	隐身权	用户能够在在线状态、数据收集、行为跟踪方面选择隐身，对数据去向有知情权，有不被记录的权力
	"是否连接"的控制权	用户能够决定自己是否开启网络连接，何时、何处、何种情境下开启连接
措施	对平台	①限制平台对个人信息采集、储存与传播的权力。 ②约束不同平台之间用户数据共享机制，不允许违背用户意愿进行跨平台的个人数据连通，保护用户隐私。 ③限制信息推送权力，避免信息泛滥对用户产生干扰
	对用户	提升数字时代网络素养，保持批判性思维和独立自主
"反连接"的影响		①减少外界干扰，提高自控力和独立性；但也会产生孤独感。 ②反连接的需要和能力与对社会和群体的依赖程度息息相关。 ③减少机器对人的"奴役"和异化
"成年的消逝"		尼尔·波兹曼提出，电视制造的信息环境让儿童和成人的界限模糊，造成"童年的消逝"和"成年的消逝"，成年人待重建的能力包括反连接的能力

2. 互动：自我与社会关系的碰撞

(1)作为社交表演的互动(见表7-9)

表7-9　作为社交表演的互动

要点	具体内容	
"表演"：社会互动的基本策略	表演的动因	个体面向他人的表演[自我呈现或印象管理]
	戈夫曼的拟剧理论	①把社会比作剧场，把社会成员比作在这里扮演不同角色的演员，成员通过前台的表演，塑造印象，使自身的形象能最好地服务于自己要达到的目的。 ②前台，即成员表演、展示形象的区域；后台，是相对隐蔽的、真实的区域
	网络表演的目标	①完美扮演角色，获得心理满足。 ②塑造有利人设，获取社会支持
网络空间表演的特点	表演主体虚拟	①有条件的匿名，相对的身份自由。 ②虚拟意味着多重映射的可能性，但并不意味着虚假
	角色扮演自由	①角色获取的自由。 ②角色表演的自由。 ③角色变换的自由
	舞台可控，手段多样	①后台的披露程度是经过斟酌的表演策略。 ②头像、昵称、交流手段、自我披露程度均暗含着表演策略
	反馈和调整	依据表演的反馈(数据、评论等)进行互动和修正，完善人设表演

(2)表演背后的心理动因(见表7-10)

表7-10 表演背后的心理动因

要点		具体内容
自我建构	提出	1991年，黑泽尔·罗斯·马库斯和北山忍提出
	核心观点	个体在认识自我时，倾向于将自我看作是与他人相分离的独立实体
	三重建构	个体自我、关系自我和集体自我
	意义	每一个表演都可能涉及三重自我建构的博弈，人们试图展示独特的自我，获得来自他人和群体的反馈并优化调整
认知失调	提出	利昂·费斯汀格《认知失调论》
	核心观点	人们希望维持各种认知间的平衡状态，一旦自己的行为与态度之间出现不和谐，或接触两个冲突的观点，就会产生心理的不和谐，这种认知失调的状态会促使人们采取措施重新回到认知和谐平衡的状态
	失调的原因	①逻辑冲突；②文化习俗；③普遍观点；④过往经验；⑤承诺、意志、责任等因素
	失调程度与信息行为的关系	①失调程度低，个体并不会采取行动规避。 ②失调程度中等，个体最为主动、最大限度努力减少失调。 ③失调程度高，难以容忍，情境变化，减少失调
	减少失调的方法	①将自己观点调整为同他人认知一致； ②改变他人观点与自己认知一致； ③以贬损别人等方式，将自己提升至与他人不可比较的位置

(3)作为社会关系作用机制的互动(见表7-11)

表7-11 作为社会关系作用机制的互动

要点		具体内容	
关系类型	一对一的关系	主要包括情感导向和利益导向、强关系和弱关系等，所有的关系都可以相互转化	
	群体关系	强调作为群体的成员互动，群体约束个体	
	社会网络	个体中心，兼有一对一关系和整体对个体的影响	
关系对个体产生的影响	一对一的直接影响	①海德的平衡理论； ②纽科姆的对称理论； ③奥斯古德的调和理论	
	群体心理的影响	社会助长作用	他人在场的社会唤起，增强简单行为，弱化复杂行为，简单的事情事半功倍，复杂的事情弄巧成拙
		社会懈怠	“搭便车”心理，群体扩大，个体努力减少
		去个体化	在群体中失去自我感知和约束
		群体极化	使意见强者更强，激化群体情感
		乌合之众	盲从的、激进的、匿名性的乌合之众
	社会网络对个体的影响	定义	社会行动者(social actor)及其关系的集合
		权力的测量	点度中心度、中间中心度、接近中心度(整体中心度)
		派系	具有共同规范、价值、导向和亚文化的凝聚子群

【考点链接】海德的平衡理论、纽科姆的对称理论和奥斯古德的调和理论(见表7-12)

表7-12　海德的平衡理论、纽科姆的对称理论和奥斯古德的调和理论

要点		具体内容
海德的平衡理论	模型	P代表认知主体，O为与P发生联系的另一个人；X则为P与O发生联系的另一个任意对象(见图7-1) 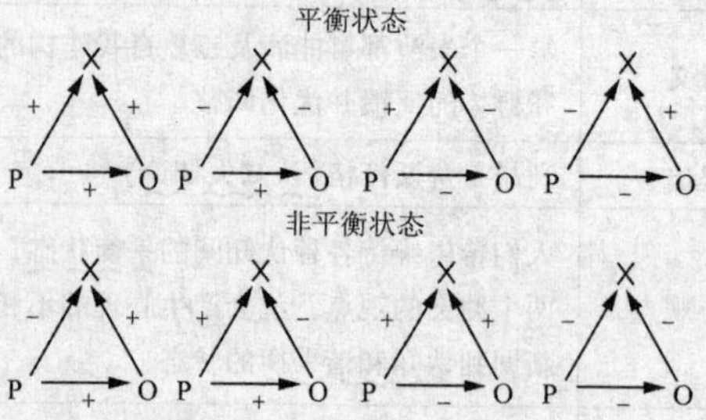 图7-1　海德的平衡理论
	研究内容	P-O-X三者关系和其平衡状态： ①三者皆为正面，平衡成立； ②两反一正，平衡成立； ③其他组合均为不平衡状态
	启示	揭示了他者对个体态度影响的深层机制
纽科姆的对称理论	“对称”	①纽科姆则提出了“对称”的概念，来区别于“平衡”。 ②与海德类似的是，他也提出人有对和谐的需要。他用“趋向对称的持续张力”来表达这种需要(见图7-2) 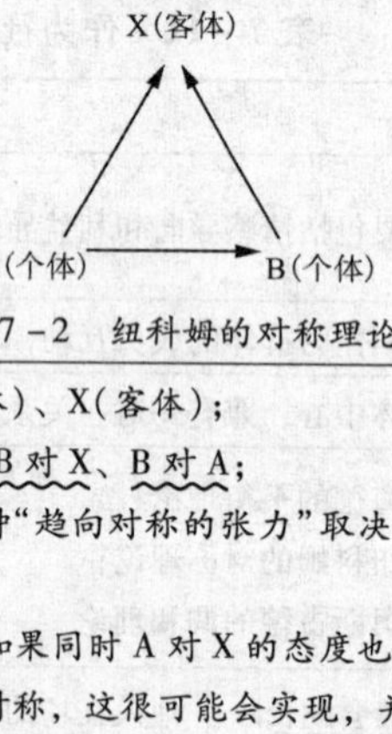 图7-2　纽科姆的对称理论
	模型	①三个主体：A(个体)、B(个体)、X(客体)； ②四个倾向：A对X、A对B、B对X、B对A； ③A与B对X的意见不同，这种“趋向对称的张力”取决于A对X的态度有多强，以及A对B的吸引力有多大； ④当A对B的吸引力增强时，如果同时A对X的态度也增强，那么便会有如下结果：A会竭力与B达到对X态度的对称，这很可能会实现，并且A很可能加强对B有关X的传播
	启示	强调个体为了达到一致的平衡状态而进行传播
奥斯古德的调和理论	重点	个体与“对象”及对象的“来源”三者之间的关系
	具体内容	①不调和的情况： a. 个体对“来源”和“对象”态度相似，而“来源”对“对象”主张否定时； b. 个体对“来源”与“对象”态度不同，而“来源”对“对象”主张肯定时； ②简单来说，三者之间只有一个否定关系，或者所有关系都是否定的，就会出现不平衡[与海德的平衡模式相同]

3. 汇聚：群氓的智慧或群体性迷失

(1)群体智慧(见表7－13)

表7－13　群体智慧

要点	具体内容
理论缘起	凯文·凯利在《失控》中提出"群氓的智慧"
主要观点	①群体通过多元的认知视角和观点碰撞，变得更加智慧与强大。 ②社会化媒体方便了群体的协同行动
"群氓的智慧"产生的理由	①社会网络使得个体能够自由参与，为群体智慧奠定基础。 ②多数人聚集产生的意见会胜过少数最优者意见，通过个体间的互补产生群体智慧。 ③群体互动可激发个体的利他行为，而个体也在利他行为中寻求自我满足。 ④自组织机制指引群体聚合从混沌走向自治、秩序化

(2)群体性迷失(见表7－14)

表7－14　群体性迷失

要点		具体内容
缘起		①欧文·詹尼斯提出的"群体盲思"，指群体压力而导致的思考能力、事实和道德判断能力、批判性思维的退化，可能导致盲目、轻率的一致和自我审查。 ②桑斯坦提出"群体极化"，指协商群体中的成员典型地选择与自身倾向相一致的更为极端的立场
定义		群体性迷失是指在网络群体心理作用下，个体失去理性，群体出现群体性的狂热、愚蠢和盲目的现象
原因	群体心理	"沉默的螺旋"、"羊群效应"、群体规训
	信息遮蔽	"马太效应""选择性心理"导致的信息茧房
	匿名效应	盲目、非理性和冲动行事
	思维方式	容易极端化、对立化，采用"便捷式判断"，受刻板印象影响，倾向于坚持固有立场

(3)影响网络群体智慧形成的结构与机制因素

①群体的连接模式：社会网络产生"多中心"的分布式结构。

②群体的聚合结构：成员自由参与产生开放、流动中的秩序。

③群体的协作机制：个体智慧发挥下的群体互动分工明确、有效激励、相互校正。

④群体的协商氛围：群体良性互动形成"理想的商谈环境"。

(4)"群氓的智慧"适用的情境(见表7－15)

表7－15　"群氓的智慧"适用的情境

要点	具体内容
适用	①以简单任务为主的场景情境。 ②群体目标以生产和分享为主的场景情境
不适用	①形成统一的公共意见。 ②多数人形成正确的公共意见与决定

4. 分化：网络中的共同体及其影响

(1)共同体(见表7-16)

表7-16 共同体

要点	具体内容
定义	由德国社会学家斐迪南·滕尼斯提出，是指网络中以某些共性或纽带连接在一起的相对稳定的人群集合
核心要素	①空间集中性；②互动；③情感联系；④利益导向；⑤一致行动；⑥行为方式相似性；⑦文化相似性；⑧关系结构；⑨身份认同与共同体意识

(2)网络共同体的不同表现形式(见表7-17)

表7-17 网络共同体的不同表现形式

要点		具体内容
网络社区	定义	网络社区指网络中具有稳定关系、成员频繁互动并持续影响个体的社会集合
	特点	①网络社区是基于虚拟空间的共同“地域”。 ②提供情感支持的精神共同体
网络社群	定义	基于特定虚拟社区形成的较为紧密的人群聚合，指向经济语境下的群体时，社区要求比网络社区更高
	社群经济	基础：基于群体共同的目标、拥有高效率的群体协同工具、统一目标下的一致行动
	与“社区”区别	①更狭义，要求有群体意识、群体认同和群体归属感。 ②强调集体行动力，包含利益导向
网络族群	定义	在网络影响下形成的具有相同心理、行为与文化属性的群体
	特点	空间依赖弱，互动性不强，以文化为核心连接纽带，具备群体相似性，文化容易复制、感染和模仿，通过文化生产和消费继承发展
	案例	“黑客”“闪客”和二次元群体等
圈子	分类	①以个人为中心； ②群体互动(有一定的共同体特征)
	特点	结构特殊且稳定持久、成员联系紧密、存在等级差分
	圈层	层级相对被动，圈子更有共同体的聚合含义

(3)共同体的维系因素与机制(见表7-18)

表7-18 共同体的维系因素与机制

要点		具体内容
社会认同	定义	个体产生群体归属感，并认同成为群体一份子的情感共鸣和价值收获
	发展	在网络时代，共同体的社会认同更加主动，是个体主动理解和建构的一种认同感
社会资本		①包括结构资本、关系资本、认知资本。 ②共同体发展由整体的社会资本(成员关系及多对多互动强度)决定。 ③社会资本积累足够且满足成员的多方面需求时，会增强成员的共同体意识和身份认同

续表

要点		具体内容
仪式[互动仪式链]	提出	兰德尔·柯林斯[美]提出互动仪式链
	四个要素	①两个或两个以上的人在同一场所聚集； ②对局外人设定了界限； ③群体成员将注意力集中在共同的对象或活动上； ④群体成员相互分享共同的情绪或情感体验
	四种结果	①实现群体团结，一种成员身份的感觉； ②个体产生较强的情感能量，即采取行动时自信、积极主动、有力量，且拥有满腔热忱； ③产生群体的代表性符号，成员产生集体感和心理归属； ④成员具备道德感和维护群体正义感，尊重群体符号，自觉维护群体利益
	意义	①强化群体内成员关系，塑造群体意识，促进情感共鸣。 ②网络时代的互动仪式： a. 互动仪式促进共同体形成，网络时代普遍发生。 b. 具体情境发生变化，从身体在场转向注意力在场
集体记忆	定义	①记忆是形成和维持集体意识的重要基础。个体所在的集体以及思想观念与行为模式所构成的社会框架决定记忆的内容与方式。 ②网络中的集体记忆，大多是相互区隔的共同体的个人记忆，而非所有网民的共同记忆
	提出	哈布瓦赫[法]《记忆的社会性结构》
	互动仪式	①是集体记忆的来源和重要手段。 ②日积月累的强化最终成为集体记忆
	网络符号	网络符号由网民参与创作，代表集体记忆，与特定的共同体空间有关

(4)流动性：液态到半液态(见表7-19)

表7-19 流动性：液态到半液态

要点		具体内容
流动的现代性[齐格蒙特·鲍曼]		①网络共同体即为“流动的现代性”的经典案例。 ②共同体既是对抗流动的手段，本身也容易流动，出现液态变化。 ③网络时代个体形成共同体更加容易，加速共同体的聚集和消散
脱域[吉登斯]		①社会关系在互动的地域性联系中，由无限穿越不确定的时间而被重构的联系中逃脱。 ②网络的匿名性等特征让以“脱域”为基础而形成的共同体更为普遍
共同体的转变	早期	松散维系，提供临时性精神庇护的乌托邦，但探索出了多种维系模式
	当下	网络共同体与现实融合程度加强，实名化程度更高，现实顾忌更多，“避难所”的含义消弭，利益大于情感导向
	共同体加剧分化	①共同体内部：沟通、对话、相互支持。 ②共同体之间：区隔、冲突，甚至走向对抗，不利于社会整合。 ③措施：促进共同体之间沟通

考点三：人机关系的新发展与新挑战 ★★★★

1. 人机协同(见表7-20)

表7-20 人机协同

<table>
<tr><th>要点</th><th colspan="2">具体内容</th></tr>
<tr><td rowspan="3">价值判断：人机二者谁为主导</td><td>新闻策划</td><td>人的判断占据主导地位，机器提供辅助参考</td></tr>
<tr><td>内容分发</td><td>①算法设计依托于背后开发者的意图和价值偏向。
②新闻工作者、算法设计者和用户之间也存在博弈</td></tr>
<tr><td>未来趋势</td><td>①机器能否独立进行价值判断。
②人机价值观是否存在冲突对立。
③人是否能影响机器价值观</td></tr>
<tr><td>人文精神与机器效率如何平衡</td><td colspan="2">①我们需要始终以人作为机器的衡量尺度，以服务人的生活为目标衡量机器本身的意义。
②机器的部分效率依托于人产生的数据，因此需要注意不能侵犯隐私。
③始终以人文关怀的精神反思技术</td></tr>
<tr><td rowspan="3">主体性的争议</td><td>伦理领域</td><td>机器目前具有“拟主体性”，但无法成为伦理主体，由人主导</td></tr>
<tr><td>法律领域</td><td>人工智能是否具备法律主体资格</td></tr>
<tr><td>哲学领域</td><td>机器能否产生意识，“类主体意识”的强人工智能时代是否会到来</td></tr>
</table>

2. 人机传播

(1)人机传播能否实现有效交流(见表7-21)

表7-21 人机传播能否实现有效交流

<table>
<tr><th>要点</th><th colspan="2">具体内容</th></tr>
<tr><td rowspan="4">对话情境</td><td>空间情境</td><td>①公共空间顾虑多，私人空间更私密。
②人机交流中，文字交流时空间情境影响小；语音交流对人来说，空间情境影响大</td></tr>
<tr><td>社会场景</td><td>①人与人交流，社会场景影响较大。
②人机交流对人限制更大，因此存在不对等</td></tr>
<tr><td>心理情境</td><td>①人与人之间情绪差距大，种类多，交流的诉求各不相同。
②觉察人的心理情境，是未来人机对话的发展方向</td></tr>
<tr><td>关系情境</td><td>机器与使用者之间的关系可以被设定，但是相比真实情境来说更为简单</td></tr>
<tr><td rowspan="2">情感表达与互动</td><td>两个层面</td><td>机器对情感的识别与表达</td></tr>
<tr><td>再思考</td><td>机器做出情感表达对人的影响(如主体性损失)</td></tr>
<tr><td>风格个性</td><td colspan="2">①人们希望与幽默的、拟人化的机器交流。
②人对机器的个性要求，与交流场景息息相关。
③发展方向：定制化、智能化、识别能力提高，交流更有针对性</td></tr>
<tr><td>经历共享</td><td colspan="2">人机之间存在的经历差距成为交流的障碍</td></tr>
<tr><td>身体表现与身体互动</td><td colspan="2">①机器身体存在的意义：顺应人的需要诞生，拟人化的特质易被接受。
②恐怖谷效应：森正弘[日]认为，人们对拟人化机器人存在复杂心理，即机器越像人时，越容易让人类对其产生好感，但当接近真人但未达到真人标准之际，好感会降至谷底，产生恐惧和不适，但达到和真人相似的程度时，情感又回归正向</td></tr>
</table>

(2)人机传播对交流的未来走向的影响(见表7-22)

表 7－22　人机传播对交流的未来走向的影响

要点	具体内容
对交流模式与交流观的影响	①目前大多数人机交流的设计均是“以人为主”，机器服务于人，人机并非平等对话与交流。 ②人机交流伦理尚未明确，需要避免工具理性的发展方向，规避人机交流可能的负面影响，明确交流伦理
与人际传播的关系	人机传播在某些意义上效率高，成本低，易把控，但人际传播也有其不可替代性： ①人际传播能够促进人们产生清晰的自我认知。 ②人际传播能够训练必备的社会交往素养。 ③人际传播能够增强社会联系，融入社会群体，带来社会资源。 ④人机传播则会带来孤独焦虑和“对象化”的无助感

3. 人机共生(见表 7－23)

表 7－23　人机共生

要点		具体内容
后人类主义	定义	凯瑟琳·海勒[美]在《我们何以成为后人类》指出，后人类意味着身体性存在与计算机仿真之间、人机关系结构与生物组织之间、机器人科技与人类目标之间，并没有本质的不同或者绝对的界限
	三种取向	①坚持以人类为中心，坚信人类意志与理性不可战胜。 ②人机均可成为主体，二者是相互依赖、相辅相成的关系。 ③“批判性后人类主义”，对传统二元对立和“人类中心主义”的批判与纠偏，为身体争取合法地位
赛博格的意义	能力的增强	人与内容、服务的连接能力增强，身体、认知、表达、决策和生产能力均能增强
	新生命哲学	产生关于人机共生、人机融合限度和人依托机器永生的探讨
如何平衡人机关系		①明晰人与机器的差异，区分可替代性与不可替代性，明确人的本质的衡量标准。 ②坚持人是机器尺度的衡量标准，避免被机器奴役

【考点拓展】新闻业的人机共生

(1)融合共生：价值共创、相互依存和良性竞争。

随着机器的智能化发展，机器参与到新闻的生产过程中，能够提高新闻工作者的工作效率和新闻业的自动化水平，并且不再仅限于工具性地辅助新闻工作者，而是成为新的新闻生产主体。人工智能技术已经突破了原本的二元对立的、单纯的依附从属关系，已经具备了一部分的独立性，处在动态的依存和竞争关系中。一方面，人对智能机器的依赖程度逐步提高，大数据和算法已经成为新闻分发流程的重要的、不可分割的一部分。另一方面，机器与人的关系中，机器无法脱离人而完全独立出来，其技术设置、运行逻辑都是人设置的内容，人控制并干预机器的使用与运行。但这种控制随着技术的发展已经不完全局限在工具性的使用，人机关系逐渐走向融合共生。此外，机器生产新闻取代了一部分重复性的新闻工作，挤压了新闻工作者的生存空间，迫使新闻工作者提高自己的综合能力，二者存在实际的竞争关系。

(2)技术异化：数据霸权、算法黑箱和伦理困境。

技术在为新闻工作者提供可观的便利的同时，也为新闻的传统的职业道德和伦理规范带来的新的困境。数据和技术成为重要的生产要素和资源，而资源分配不均导致数据资源丰富的资本巨头比相对弱势的媒体拥有更强的实力和控制力，即数据霸权。由于算法和大数据技术本身的复杂性以及媒体机构、技术公司的排他性政策，用户很难得知算法分发新闻的价值取向和标准，算法对人的操纵潜移默化，用户受困于信息茧房。技术成为现代社会中新的异化形式，如同波兹曼在《技术垄断》中所说，原本应该为人所用的技术开始控制人类文明的发展进程与个人的思维方式。

(3)互利共赢:新闻业人机关系的平衡、协作和可持续发展。

新闻业人机共生乃至人机融合的趋势不可逆转,为实现人机的正向融合、竞争与协作,一方面要划定技术使用的底线与边界,同时也要充分发挥主观能动性。加强智能技术的伦理规范建设,也有必要从宏观上加快制度和法律建设,保障人的主动性和“科技利民”“科技向善”的价值取向。作为新闻生产主体的媒体则需要学习如何正确运用科技带来的便利,加快与科技平台的交流和互动。作为新闻受众和消费者的个体则需要提高自己的智媒素养,正确看待智能技术,始终审慎、辩证地看待人机关系和机器带来的利与弊。

7.3 课后习题详解

1. 你认为今天的拟态环境与传统媒体时代的拟态环境有哪些不同?

答:拟态环境这一概念最早由李普曼提出,是指大众传播活动形成的信息环境,并不是客观环境的镜子式的再现,而是大众传播媒介通过对新闻和信息的选择、加工和报道,重新加以结构化以后向人们所提供的环境。以下将从网络时代拟态环境的不同层面、建构力量和对人的影响论述今天的拟态环境与传统媒体时代拟态环境的不同。

(1)网络时代拟态环境的不同层面。

过去传统媒体建构的拟态环境的受众是一致的、同质化的,而今天的拟态环境是有针对性的,可以分成个体性、群体性和公共性的拟态环境。

①个体性的拟态环境。网络时代来自用户自身的因素对拟态环境的影响有所加强,用户选择的渠道、获得的信息构成其感知的拟态环境。

②群体性的拟态环境。群体汇聚导致拟态环境的分化,群体内部互动导致信息窄化,群体之间的认知区隔、冲突与争执强化。

③公共性的拟态环境。平台公共传播建构公共性的拟态环境,平台影响内容“可见性”、流量分布、热点生成,进而影响拟态环境。

(2)网络时代拟态环境新的建构力量和机制。

网络时代拟态环境建构的力量已经不局限在传统媒体,多重力量参与拟态环境的建构过程。

①万众皆媒。社交媒体赋权全民参与媒体内容生产;“人媒”建构社交网络影响信息获取;社区汇聚相似人群建构群体性拟态环境;“万众皆媒”的公共传播调动用户、传统媒体和个体参与内容传播。

②算法建构。算法调控内容“可见度”,告诉受众应当看些什么,影响信息消费。

③平台调控。平台调度信息流量、流向,通过规则机制进行内容把关、激励和抑制。

④传统媒体。传统媒体垄断地位不再,渠道影响力削弱,面临竞争和挑战。

(3)网络时代拟态环境对人的影响。

相比传统时代,网络时代的拟态环境总体来说使得受众视野窄化、时空分离重组、拟态环境与真实环境融合。

①视野窄化。用户出于选择性心理、人际网络的趋同性等原因,可能会陷入信息窄化的境地。

②时空分离重组。拟态环境的时空在网络时代更加错综复杂。

③拟态环境环境化。拟态环境为现实环境带来越来越深刻的影响，现实环境向拟态环境靠拢。

2. 你如何理解“反连接”？

答：互联网发展的一个重要线索，是人与人的连接的演变，连接也已成为互联网的一个内在法则。但今天人们也在面临着过度连接的重负，例如强互动下的倦怠与压迫感、圈层化对个体的约束及对社会的割裂、线上过度连接对线下连接的挤占、人与内容过度连接的重压、对“外存”的过度依赖等。过度连接的背景下，适度的反连接或许将成为互联网的一种新法则。

(1)反连接：一种情境性选择。

反连接并非中断、排斥一切形式的连接，而是一种可以符合自己意愿对连接自由控制的希望。在需要独处、断连之际能够主动拒绝繁杂的连接及其带来的焦躁感和负重感；在需要连接之际又可以适当地选择符合情境的连接，从这个角度来看，反连接是一种情境性的选择。

(2)反连接：对用户的新赋权。

反连接是赋予用户的一种权力。包括隐身权、被遗忘权和连接“开关”的控制权。“隐身权”意味着，用户对自己的隐私和数字痕迹的去向有足够的知情权，即“不被记录”的权利；“被遗忘权”，即信息主体对已经被发布在网络上有关自身不恰当的、过时的、继续保留会导致其社会评价降低的信息，要求信息控制者予以删除的权利；连接“开关”的控制权，则意味着用户能够决定是否进入连接，不必被迫连接，加重连接负担。

(3)反连接：网络服务商权力的限制。

对于网络服务商等主体来说，反连接代表着限制权力。包括以下几方面：

①限制平台对个人信息收集、存储与传播的权力。

②限制多种平台之间用户的数据共享机制，禁止罔顾用户个人意愿的跨平台的个人数据共享，避免侵害用户隐私。

③限制信息推动的权力，防止对用户来说过度的信息带来干扰。

(4)反连接：一种反向产品思维。

今天的产品都在极力做加法，在不断增加其功能，而很多功能都是为了增加连接维度与紧密度，从用户黏性角度看，也许是有用的。但是，一个让用户难以离开的产品，或许并不是一个真正人性化的产品。过多的连接维度，也会增加用户的被压迫感。

(5)反连接：一种新的网络素养。

适当的反连接意识与能力或应成为未来人们必备的网络素养。如何理性建立反连接思维，减少机器对人的“奴役”和异化，保持批判性思维和独立自主，对用户来说是一个极大的挑战。

反连接的能力，也是今天有待重建的成年人能力的一部分。就像其他媒介素养一样，这样一种新的素养的获得，显然需要时间，也需要一定的有意识的训练与培养。虽然连接是互联网的核心目标，但互联网是否真的应该做到“连接一切”，连接一切的后果又会如何，今天到了再思考的时候。

3. 结合实际案例分析网络社交互动中的表演。

答：下文将以微信朋友圈为例，分析网络社交互动中的表演。

(1)微信分组：区别性与选择性的表演舞台。

网络社交媒体提供的是相对开放、自由的平台，朋友圈的分组设置可以出于用户自主设置进行选择和区隔。基于不同的群体的权衡和分配，这种表演是顺应分组和圈层的一种区别性展示，这种表演是可控的，与观看者的亲疏远近、所在圈层有关，用户会选择怎样表演、表演什么、做什么样的表演者都是可以自主选择的。用户通过微信分组的功能进行网络社交互动和个人名片的打造，但也会有一定的"社交包袱"和表演压力。

(2)运动打卡：表演、承诺与自律。

网络社交互动与线下用户的行为也息息相关，也可能会出现为了线上的表演倒逼线下的自律的情况，"自我"努力向"社会我"靠近，并通过这种"社交承诺"维持人设。这种"打卡"式的表演并非强制，而是用户依循自我的意愿主动发布，自发地分享并对自我进行约束，以图达到自律的效果。而这种表演能够得到的正向反馈，如朋友圈分享打卡记录后的点赞、评论等互动，都是一种社会意义上的认可和赞许，让自我成为饱受关注的客体，并以更加积极的状态进行表演。

(3)三天可见、半年可见：审慎的表演与隐私诉求。

"三天可见"的功能在满足用户的自我表露需求的同时，也能够满足相对的隐私需求并建立较强的安全感，也顺应了短期的、即时性的自我表达需求，是"被遗忘权"的一种行使方式。微信和其他社交平台相比，是基于熟人社交的强关系连接，微信的"前台"和"后台"的场域也因此存在某种程度上的重合，这一功能补足了这种强关系削弱的神秘感。

(4)九宫格美图：景观造就的"伪真实"的前台表演。

用户通过微信朋友圈发布美图，期望着获取认同，观看者会进行评论和点赞以维系社交关系。但过度沉迷于美图，出游、就餐都"让镜头先吃""让镜头先看"，努力呈现理想化的完美自我，会让个体的独特性和主体性受损，成为"单向度的人"。"理想化生活"也在拍照中成为了表演的一部分，被消费主义影响，通过美图的方式呈现。这种主动的自我景观化束缚了我们作为个体的鲜活生活，在缜密的前台表演中小心翼翼地维持"伪真实"。

4. 哪些情况下网络群体内互动可能带来群体智慧，哪些情况下又可能带来群体性迷失？

答：网络群体内的互动既能够带来群体智慧，也可能招致群体性的迷失，具体情况如下：

(1)群体智慧。

"群体智慧"通常是指，群体比个体更"聪明"，能够更好地解决问题。这一判断认为个体的能力和知识是有限的，而群体则能够调动更多的信息、知识、视角或创意以弥补这一缺陷。

①社会网络：开放、对等、连接奠定群体智慧的基础。

社会网络以其连通性、对等性、开放性和稳定性为群体智慧的交流、交换和碰撞提供可能性，社会网络遵循"幂律法则"，即财富资源集中在少数人手中，节点和节点之间的话语权力也不尽相同。节点之中拥有更多资源的作为中心节点，在分发大流量信息和组织协同行动之际发挥更重要的作用。

②个体互补：群体聚合的成员智慧。

支持这一观点的是桑斯坦在《信息乌托邦》中提到的群体协商顺畅运作、导向正向结果的三种机制，包括最好成员、聚合和协同与学习。三种机制均强调个体与个体之间的互补，能达成“1+1>2”的系统优化，群体聚合的成员智慧也比单打独斗的智慧生命力更强。

③群体互动：抑制自私行为，助长利他行为。

群体中的个体行为会受到群体规范等多因素的抑制，在群体环境中，人们会进行社会表演，顾忌到形象和他人评价，人的自私行为因此可能被抑制，更多地展现出“利他”的一面，并通过“利他”行为完成“利己”，如网络中的分享行为，也能催生群体智慧。

(2)群体性迷失。

群体性迷失是人类群体行为中的一种现象。在群体互动过程中会产生一定的效果，有正面的和负面的两种，群体性迷失是一种负面效果。而社交网络群体性迷失是移动互联网时代发生在社交网络中一种非良性的网络群体互动效果。

①群体心理：群体压力导致的盲目跟从。

“乌合之众”“沉默的螺旋”都揭示了群体中成员出于多数压力，习惯性地选择盲目跟风，是群体性迷失的典型原因。

②信息遮蔽：多数群体对少数群体施加的信息压力。

信息遮蔽是指多数群体对少数群体的信息遮蔽，强者更强，弱势信息更弱，另外一种信息遮蔽的可能则是个体出于选择性心理，受困于信息茧房和窄化的环境，被遮蔽的信息影响个体、群体和群体中权力中心的认知，带来决策偏差。

③匿名效应：匿名带来的自我约束力下降。

网络的匿名化机制为用户的自由发言提供可能，匿名也意味着身份消解，不需要顾忌多重因素，个体的自我约束力也因此下降。但是随着互联网实名制、IP 可视化、微信等熟人社交强关系的应用发展，匿名的难度也有所提升。

④网络中的思维方式：便捷式判断带来的“二极管”式对立。

受互联网舆论环境的影响，大多数时候的网络讨论中充斥着情绪化、对立式、非黑即白的观点表达，人们往往基于刻板印象、个人偏好、主观臆断对事件和人物下定义、贴标签。用“便捷式判断”理论来解释，人们往往更倾向于根据片面化的信息做出判断，特别是在互联网的群体互动中，分属不同群体的冲突和矛盾会加剧这种思维方式，而人们也更容易为自己原有的态度、立场辩护，难以保持客观、中立、理性的讨论，走向群体性迷失。

5. 你如何理解网络共同体带来的影响？

答：斐迪南·滕尼斯在《共同体和社会》中提出了“共同体”的概念。他认为共同体是一种具有相同利益诉求和伦理取向的个体集合，是相对于“社会”的概念。共同体的本质是真实的、有机的，而社会是幻想的、机械的。网络共同体带来的影响如下：

(1)情感维系。

网络社区是基于虚拟空间的共同“地域”。人们在网络社区的纽带多为情感性的，如瑞恩高德所说的“人情味”。从网络社区这个层面看，共同体对其成员的影响，更多是在情感、情绪、态度等心理或精神层面，人们对于情感支持的需要是在早期网络社区中最突出的需要。网络社区在一定意义上实现了滕尼斯所说的精神共同体的建构。

(2)经济革新。

以“社群经济”为代表的经济模式，也是共同体带来的影响之一。社群经济的基础包括三个方面：共同的目标、高效率的协同工具、一致行动。社区的形成是人们在网络中基于本能流动的结果，但当社群的概念凸显并与经济等词挂钩时，人们对于社群的选择，就会带有比较强的目的性、功利性，有些社群也是被人为组织起来的。社群往往有一定的利益导向，这不一定都体现为经济利益，也可以体现为社会资本、文化资本等。

(3)文化建构。

网络族群的形成，人们的关系形成更多的是借助某些文化性的纽带，如共同的兴趣以及相关的内容、产品等。当人们对某种文化产生共同兴趣并产生共同的生产、消费行为时，人们之间会相互模仿、相互传染，他们所消费的文化也会形塑其行为方式。经过时间的累积，这些人群的心理、行为等方面的相似性会更为明显，族群的特征由此显现。网络族群也是通过文化的生产与消费过程，完成了族群文化的建构、传承。

(4)加剧分化。

共同体与共同体之间的冲突、隔阂加剧了网络的分化。加之网络共同体本身也具备流动性的特点，生命周期和成员流动都不稳定。因此需要加强共同体与共同体之间的沟通，促进社会的整合。

6. 人机协同中人应该扮演什么样的角色?

答：人机协同是指人类与机器之间的合作与协调，旨在通过人类的智慧和机器的计算能力的结合，实现更高效的工作和创造力的提升。在智能媒体时代，人与人工智能创造物之间既依存又竞争的共生关系正在悄然形成，人机协同将成为未来的常态。在人机协同中，人应该致力于扮演三种角色：

(1)价值判断者。

在人和机器的价值判断中，人应该占据主导地位。

①内容生产。机器能够通过技术手段为人提供素材，辅助人进行决策判断。但最终面向的目标受众、内容呈现形式等需要人主导决策并对内容生产的价值进行判断。

②内容分发。机器背后的价值判断本质也是人的价值判断的延伸，如算法的规则、模型等都蕴含着人的主观意志。但算法设计者并不具备专业媒体人员的能力，因此算法设计存在部分偏差，需要新闻媒体的从业人员参与到算法的规则制定和基础设计中，提高算法的专业性。此外，用户面对算法时也并非没有主动性，用户可以用自己的方式进行内容筛选。而平台运营者、投资方、管理人员等主体的价值观也会左右算法。

(2)人文关怀者。

机器提高了内容生产的效率，但我们要始终坚持“以人为本”和“人文关怀”，平衡效率与人文精神。

①机器服务人类。

机器的高效率的最终目的是服务人，满足人的诉求，提高人的生活质量，这也对机器生产的内容质量提出了更高要求，低质量的、浅薄的、碎片化的内容只会加剧人的焦虑感，单纯的高效如果不能起到帮助社会整合、辅助个体感知外部世界、促进自身持续发展的作用，就会陷入无意义的工具理性。

②避免侵犯隐私。

机器需要收集海量的数据，不可避免地会侵入私人领域，但从人文精神的视角出发，个人享有隐私权。二者之间的矛盾，需要作为主导者的人决断、平衡。

(3)伦理主导者。

机器未来可能拥有“拟主体性”，但人应该主导伦理，负责划分机器的相关伦理、决定机器扮演何种角色、需要承担何种责任。目前关于机器主体性的争议在法律和哲学领域都存在且未有定论。

7.4 考研真题与典型题详解

一、概念题

1. 拟态环境[华东师大 2024 年研；南京师大 2018 年研]

答：拟态环境是指绝大多数人只能通过“新闻供给机构”去了解外部世界，人的行为已经不再是对客观环境及其变化做出的反应，而是对新闻机构提示的某种“拟态环境”的反应。它是由美国学者李普曼于 1922 年在其所著的《公众舆论》一书中提出来的，它指出了大众传播的社会影响力。

由大众传播活动形成的信息环境并不是客观环境的镜子式再现，而是大众传播媒介通过对新闻和信息的选择、加工和报道，重新加以结构化以后向人们所提示的环境。而传播媒介大多具有特定的倾向性，因而“拟态环境”并不是客观环境的再现，只是一种“象征性的环境”。大众传播形成的信息环境，不仅制约人的认知和行为，而且通过制约人的认知和行为来对客观的现实环境产生影响。

2. 媒介化社会[厦门大学 2023 年研；云南大学 2023 年研]

答：媒介化社会是社会媒介化的结果，是媒介与社会之间交融、互动的一种关系模式。最早能追溯至芝加哥学派约翰·杜威的理论“传播创造并维系社会”。媒介化社会强调了媒介对社会制度和人本身的行为两个方面的建构作用，具有浓厚的建构主义色彩。其形成的逻辑包括：①媒介技术发展提供的技术支撑力；②受众对信息诉求的主体牵引力；③媒体形塑环境的影响力和建构力。技术不断发展助推媒介化社会的成型，消解了私人和公共空间的区隔，重新定义“在场”，但也存在着如隐私侵犯、异化人性等一系列问题。

3. 社交机器人[复旦大学 2023 年研；北京大学 2020 年研]

答：社交机器人，最早由麻省理工学院教授辛西娅·布雷泽尔提出，是指运行于社交媒体平台上的、进行自动生成内容并且参与人类社交互动的、无实体的自动程序型智能体，是存在于数字社交空间中的一种虚拟机器人。通过模仿人类用户的话语和行为习惯，扮演人的身份，在人机传播的模式中参与生产和传播信息，“智能化”地与人类进行互动，并试图影响信息传播和舆论。目前社交机器人运用较为广泛，诸如在新闻、社交媒体、游戏、医疗场所、国际传播等领域都有涉猎。社交机器人能够协调社会信息，同时也能够左右舆论，制造谣言，影响舆情分布，并获得非法收益，因此，政府和平台也应该积极应对，及时规制可能存在的问题。

4. 媒介化生存

答: 媒介化生存，即以媒介为中心的生活方式。媒介逐渐成为人的主宰，媒介的影响渗透到日常生活的各个环节，包括衣食住行、学习工作、交往沟通等，以上环节都发生在媒介化的网络中。尤其伴随着多媒体融合终端技术的不断升级，以手机为代表的智能化媒介逐渐普及，这种便捷的媒介终端的使用使得媒介像无形的网辐射在我们生活的每一个角落，勾连作为个体的节点。在信息化时代，新媒体技术作为一种不断升级换代的技术力量渗透进人们生活的方方面面，网络媒介逐渐在人们的生产、生活中占据主要位置并产生重要影响。

5. 反连接[深圳大学2024年研]

答: 反连接并非是无条件断开一切连接，实现自我封闭，而是有主动权地切断让个体感到压力和负担的不必要的连接，避免因过度连接导致的焦躁不安，还给了个体必要的私人化时间和自由的“后台”，它更多的是个体的一种情境性需要，而非一致性行动。个体能够自主地选择是否连接，意味着“反连接”是对用户的一种赋权。包括：①隐身权；②连接“开关”的控制权。反连接的能力在未来应成为一种媒介素养，确保个体在纷繁复杂的网络世界中始终坚持独立自主。

6. 数字断连

答: 数字断连，是在信息传播技术的飞速发展下，一般用户的“连接性在场”的生存状态被中断的情况，通常分为主动的断连和被动的断连。前者是指由于过度连接带来的负担而主动选择断连，是一种反连接倾向；后者指的是由于媒介技术的发展而使得数字鸿沟不断扩大，导致许多群体无法融入网络环境而导致的“被迫缺席”。数字断连的本质是媒介资源分配的不均，主流用户已经陷入过度连接而产生的倦怠和不适，而被边缘化的群体却被剥离在数字连接之外。

7. 集体记忆[四川大学2018年研]

答: 集体记忆(Collective Memory)是与个人记忆相对的一个社会心理学概念，最早由法国社会学家莫里斯·哈布瓦赫于1925年在《记忆的社会性结构》完整提出，他认为集体记忆指的是在某个群体或在现代社会之中，人们共享、传承以及共同构建的事或物。集体记忆意味着个体所在的集体才是最终决定记忆内容的主体。网络时代的集体记忆的主体可能是全体互联网网民，也可能是规模较小的共同体，不同的共同体的集体记忆也会有所差别，共同体的互动仪式构成集体记忆的来源，也是强化集体记忆的路径之一。

8. 自我建构

答: 自我建构的概念最早由黑泽尔·罗斯·马库斯和北山忍于1991年提出，指的是个体在认识自我时，会将自我放在何种参照体系中进行认知的一种倾向。玛莉琳·布鲁尔等认为，每个个体的自我建构都包含三个组成部分：从自身独特性定义自我、从自己与亲密他人的关系中定义自我、从自己和所从属团体的关系中定义自我。他们将这三种建构倾向分别命名为个体自我、关系自我和集体自我，也称为自我的三重建构。对每个个体来说，这三重自我建构都存在，只是对于不同个体而言，三种建构倾向的相对强度存在差异。

9. 社会网络

答：社会网络(social network)指的是社会个体成员彼此之间通过互动而形成的具有相对稳定性的关系体系，强调社会关系将偶然相遇的人们串联起来，这些社会关系包含朋友、同学、生意伙伴等关系。相比于群体，社会网络更关注作为网络节点的个体之间的互动和联系，认为社会互动是人们社会行为的重要影响因素，代表了西方社会学自二十世纪六十年代兴起的一种分析视角。随着工业化、城市化时代的到来以及网络技术的迅速发展，社会网络化趋势日益明显，“社会网络革命”(social network revolution)、移动革命(mobile revolution)、互联网革命(internet revolution)并列为新时期影响人类社会的三大革命。

10. 互动仪式链

答：互动仪式链(interaction ritual chains)是美国社会学家兰德尔·柯林斯提出的一个社会学理论，在其2004年出版的《互动仪式链》一书中有系统阐述，包括来源、构成要素、运转机制及其应用等。互动仪式链是一个试图将微观社会学和宏观社会学统一起来的理论，认为社会学的研究范围应当包括从微观到宏观的一切社会现象，但微观现象是基础，且微观过程构成了宏观过程。互动仪式是微观过程中人们最基础的活动，也是一切社会学研究的基点。研究微观社会学，其目的在于剖析微观情境的结构及其向宏观结构的发展转化。

11. 恐怖谷理论

答：恐怖谷理论是最早由日本机器人学家森正弘于1970年提出的一个假设性理论，指的是当机器人在外表或动作等方面与人类相似时，人类会对其产生较为正面的情感；而当机器人与人类的相似性到达某个高度时，机器人在人类眼中会变得非常僵硬恐怖，宛如行尸走肉，导致人类对其产生极为负面的情感；当机器人与人类之间的相似程度达到普通人之间的相似程度时，人类的情感会再次转回正面。这一假设对后来的机器人制造业产生了重要影响，专家在制造机器人时会尽量避免机器人的外表与人类太过相似，以免引发“恐怖谷效应”，引起人类的极度反感。

12. 回声室效应[武纺2024年研；山西大学2023年研；扬州大学2023年研]

答：回音室效应，也被称为“同温层效应”。它指的是在网络技术为我们带来便捷的同时，也在无形中为我们创造出一个相对封闭的，意见高度同质化的“回声室”。在这种环境中，声音不断重复，人们被封闭的环境裹挟，认为这些相似的声音就是真相，排斥和自己意见相左的声音，使得自己的视野窄化，甚至故步自封。回声室效应不完全等同于信息茧房，它更多地强调群体或系统的封闭，并指出这种封闭不仅仅来自信息的视野狭窄，也因为群体的互动，它的成因除去算法主导的传播机制导致的声音同质化外，还和社交平台的圈层传播和人们固有的选择性社会心理密切相关。

13. 拟剧理论[中央民大2021年研]

答：拟剧理论是一种通过虚拟戏剧方式来研究社会互动的理论，涉及人际交往的各个方面。莎士比亚在其喜剧名篇《皆大欢喜》中曾写道，“整个世界是一个大舞台，所有男女都是其中演员，每个人一生都要扮演许多角色”。三百多年后，美国学者欧文·戈夫曼将这一观点引入社会生活，提出“拟剧理论”。拟剧理论认为，人在社会生活中的行为表现就像演员在舞台上的表演，人们为了展示自己，会采取各种各样的方式来塑造自己在别人心中的印象，例如在不同的环境下选择适当的言辞、表情或者动作作为表演的“道具”，并使表演取得良好的效果。

14. 海德的平衡理论

答：平衡理论，又被称为“P－O－X理论”，是由心理学家海德于1958年提出的。在“P-O－X”中，P代表的是认知主体，O代表与P产生联系的另外一个人，X代表P与O之间产生联系的另一个任意对象。当P－O－X之间的状态是平衡的、稳定的，例如两者对X都是正向情感，则能够排除外界的影响；若P－O－X状态是不平衡、不稳定的，就会导致个人产生心理紧张，这种紧张只有在他们之间的关系恢复平衡状态之后才能消除。海德的平衡理论强调个人会在自身认知架构之内，组合彼此间对人和对物的态度。这一理论能够在一定情境下以干练的语言描述认知平衡的概念，是解释态度改变的重要理论之一。

15. 纽科姆的对称理论

答：纽科姆的对称理论，又称纽科姆A－B－X模式，是由美国会心理学家T·M·纽科姆于1953年基于海德的平衡理论提出的一个假说。纽科姆的对称理论认为，当人们处于不平衡的状态时，会试图通过努力来恢复平衡，使人们重归放松的状态，也就是说，当A与B双方对X的认知呈现不平衡状态时，会通过传播活动来恢复三者之间的平衡关系。与海德的平衡理论不同的是，纽科姆的对称理论更加关注传播的作用，尤其是传播在调节人际关系冲突时发挥的作用。

16. 奥斯古德的调和理论

答：奥斯古德的调和理论是海德的平衡理论的一个特殊情况，研究的是人们的信息来源与信息来源主导的客体的态度。奥斯古德的调和理论认为，当某人对来源和客体的态度同为正面或负面，但来源否定客体时；或者某人对来源和客体的态度是相反的，但来源肯定客体时，就会呈现一个不调和的状态。相比于海德的平衡理论，奥斯古德的调和理论更加具备预测态度改变的方向和程度的功能。

17. 乌合之众[中传2018年研]

答：乌合之众是法国社会心理学家古斯塔夫·勒庞在著作《乌合之众：大众心理研究》中提出的一个理论，他认为孤立的个体拥有个性较为鲜明的思想和特征，但一旦融入某个群体之后，群体的无意识行为就会代替个人的有意识行为，个体的个性将会被群体淹没，而由个体聚集所构建的“心理群体”，就是乌合之众。勒庞认为随着社会的发展，群体的时代已经到来，并且这些乌合之众具备冲动、易变、缺少理性、易受暗示、轻信谣言等特征，会给社会带来危害。

18. 群体性迷失[西北大学2021年研]

答：群体性迷失指的是在网络群体心理的影响下，个体失去理性，并且群体出现集体性愚笨、癫狂或者盲从的现象。群体性迷失具体表现在群体极化，即群体内部成员选择与协商开始之前方向相同但更加极端化的立场，要么强化群体成员最初意向，要么强化群体成员内部的共同态度。但群体极化并不是贬义词，群体极化不一定会带来负面的效果，只是强化了原有的立场。在产生原因上，群体心理（沉默的螺旋或从众心理）、信息的遮蔽（马太效应或者信息茧房）和匿名效应等都会提高群体性迷失出现的可能性。

19. 信息遮蔽

答：信息遮蔽主要指的是部分信息在传播中被遮盖，受众只能接收信息中的某一部分，随着互联网技术的日渐发达，信息传播速度和数量不断提高，信息遮蔽现象日益突出。信息遮蔽的典型代表是马太效应和信息茧房。马太效应指的是好的越好，坏的越坏，处于不同社会经济地位的受众接收信息的速度不同，经济社会地位越高的受众接收信息的速度越快，反之亦然，因此经济社会地位较低的受众面临严峻的信息遮蔽现象，导致受众之间的知识沟不断扩大。信息茧房指公众在接收信息时往往只注重接收自己认同和感兴趣的信息，久而久之将陷入蚕茧一般的信息茧房之中，随着大数据和算法推送的技术不断发展，信息茧房所导致的信息遮蔽现象将日趋严重。

20. 马太效应

答：马太效应（Matthew Effect）这一概念的名字来自圣经《新约·马太福音》里的一则寓言，指的是好的越好、差的越差的一种两极分化现象，强调优势者的资源积累，在社会心理学、教育学、科学和金融学等领域中都有所应用。在传播学领域中，马太效应往往与知识沟概念一同出现：处于不同社会经济地位的受众接收信息的速度不同，经济社会地位越高的受众接收信息的速度越快，反之亦然，因此经济社会地位较低的受众面临严峻的信息遮蔽现象，导致受众之间的知识沟不断扩大。

21. 群体心理

答：群体心理是群体成员共有的价值、态度和行为方式的总和。在一个群体中，群体成员具有共同的需要与目标，并围绕这个相同的目标形成相互依赖的关系；每一个群体具有一定的结构形式，使群体成员处于一定的关系之中。群体内具有自己的规范，群体成员有一定的心理倾向或态度。群体心理具有群体性、界限性，形成于群体的群体活动中，使个体产生群体归属感、群体认同感，群体对个体还有促进和干扰作用。

22. 匿名效应

答：匿名效应是来自心理学的一个概念，指的是在不记名的或者双方互相不了解的情况下，人们的会充分展示出个体独立性和自主性。究其原因，是匿名状态能够减少个体的心理压力，创造畅所欲言的环境，并且无需对自身的言论负责。匿名效应提高了个体交流的活力和积极性，也容易带来负面影响，人们容易在“法不责众”的心理状态下宣泄原始本能冲动，充分展现出人性中恶的一面。网络时代下，互联网的匿名性带来了网络暴力等问题，需要平台、媒体和政府多方共同治理，实名制成为未来的重要趋势。

23. 网络社区

答：网络社区指的是聚集了具备共同兴趣爱好的访问者的网络交流空间，是社区网络化和信息化的成果，其形式包括 BBS、论坛、贴吧、公告栏和个人空间等。网络社区是互联网早期形成的共同体，这一时期成员对共同体的概念和意识尚不明确。网络社区的概念更强调情感的联结，对成员施加的影响也更多体现在情感、情绪、态度等心理或精神层面，从共同体的角度来看，也符合滕尼斯的“精神共同体的建构”。

24. 网络社群

答：网络社群指的是用户通过各类网络应用连结并建立的网络群体，并且群体中每个用户的行为都具备相同且清晰的目标和期望，一般具备规模较小、交往密切但关系松散的特征，社群往往有一定的利益倾向(不限于经济利益，可能是社会资本等)。其主要组成要素包括清晰的成员关系、不中断的网络互动、相同的群体意识和规范以及共同的目标和行动的能力。网络社区常见的区分维度包括虚拟程度、规模大小等。“社群”的概念可以看作是一种共同体，不仅关注共同体对成员的支持，也强调协同的集体行动力。

25. 网络族群

答：网络族群指的是在互联网环境影响下形成的具备一致心理、行为特征和文化属性的群体，与网络社区、网络社群和圈子同为网络共同体，包括网络发展早期的“黑客”、后来的“闪客”和今天的“极客”等。与其他网络共同体不同的是，网络族群的形成对于空间的依赖程度较低，族群中的人们相互互动的次数可能较少。网络族群关系的形成更多是依靠某些文化性的纽带来连接，例如相同的兴趣爱好、相关联的内容和共同使用的产品等。人们基于某种文化产生某种共同生产或消费行为，人们之间会相互模仿和传染，久而久之，人群的心理和行为等方面的相似程度升高，族群的特征出现。也就是说，网络族群是经由文化的生产和消费过程，实现了族群文化的建构和传承。

26. 群体性孤独[西北大学2022年研]

答：“群体性孤独”最早由雪莉·特克尔在其著作《群体性孤独》中提出，是互联网传播时代一种常态化的心理状态，指的是长期沉浸在社交网络关系中的个体，通过高科技与外界产生联系，但却并不能因此摆脱孤独感，孤独反而愈演愈烈。具体可以表现为：①沉迷网络社交，拒绝现实中的人际交往；②沉迷网络游戏，甚至产生依赖。群体性孤独是一种非健康的心理状态。而为了避免陷入这种心理，网络用户应当正确看待互联网新技术构建的关系网络，权衡利弊，不能忽视现实生活的人际网络。

二、简答题

1. 人际传播和人机传播的异同。[北京师大2023年研]

答：人际传播是人与人之间的信息传播活动，是由两个个体系统相互连接组成的新的信息传播系统；人机传播是人类与基于人工智能技术的机器和设备间的对话、交流、沟通。二者虽在主体、交流的依据、传播效果、主体关系有着明显的差异，但在某些方面拥有共同点，具体展开如下：

(1)人际传播和人机传播的不同。

①主体不同：人与人之间的传播和人与机器之间的传播。

人际传播的主体是生物学意义上的人，与亲朋好友之间的日常交流就是人际传播；而人机传播是人类和智能机器之间的传播行为，如目前流行的ChatGPT，与它对话就是一种典型的人机传播。并且主体的不同可以说是两个概念的根本区别。

②交流的依据不同：背靠经验和指令设定。

人际传播在交流的过程中是基于交流双方的背景经验和传播能力，人作为主体会对信息进行自主解读，重新编码解码，虽然存在局限性和多义性，但也更生动灵活；人机传播的对话则依赖机器背后的规则设定和数据训练，相对更加广博，但也会出现智能性不足的情况。

③传播效果：双向共鸣和提供服务。

人际传播的效果在理想化的情况下，是双方完成和谐的感情共鸣，通过传播达成双方的目的，获得共识；而人机传播作为人与机器的传播，更多情况是人向机器寻求服务并满足自身的需求。机器也不具备自主意识，无法在情感方面真正与人类产生共鸣。在实际人机传播的过程中，使用者也需要防止“异化”的危险，避免被机器反过来控制。

④主体关系：保持独立与逐渐具身。

人际传播的主体是人与人，无论传播活动如何发展，传受双方的独立性是无法改变的；而人机传播的主体是人与机器，不断发展的智能体逐渐呈现出“具身化”的特点。例如智能手机、智能手表、智能眼镜等，在传播活动已经成为了另一方即人的一部分。人际传播无法融合两个具有独立主体性的人，但人机传播可以通过智能体的具身化发展而融合二者，使人成为“赛博格”的产物。

(2)人机传播与人际传播的相同点。

①人的主体性和目的性。

无论是人机传播或是人际传播，其中发挥主体性的都是人类。人际传播从“社会交换论”来看是为了满足人的需要，交换利益、情感等；人机传播也是为了满足人的目的和需求。

②以符号为中介，共同完成传播。

人机传播和人际传播都需要以符号作为表意中介，也是构成传播的必备要素。人与人之间通过符号的编码与解码进行交流、交换完成互动；机器也有自己独特的符码接收人的指令并完成转义，理解语义并做出回应。

③努力实现传播的双向互动。

人际传播是一种窄化的、相对私密、反馈极强的双向互动，也是因为其极强的互动感，人际传播的效率高，传递的信息效用也更强；而人机传播也正不断努力朝着智能化、强反馈和双向互动发展，目前 ChatGPT 已经能通过拟人的方式与用户对话，互动感更强。

④个性化、异质化传播，因人而异。

人际传播的过程和结果因人而异，个性化和主体性都有很大的差别；人机传播也是如此，正在走向个性化、定制化服务。

2. 简述媒介化和中介化的区别。［安徽大学 2023 年研］

答：“媒介化”术语最早出现在德国和斯堪的纳维亚的学术研究中，后经北欧和德国学者的阐释和运用，此概念在媒介研究中获得广泛关注。“媒介化”主要指“日常实践和社会关系日益由中介技术和媒介组织所塑造的元过程”。“中介化”是一个关涉交往形态变革、时空意识以及现代性主题的更为一般意义的概念，主要指“两个相区分的元素、成分或过程之间的连接”。二者的区别主要有以下几个方面：

(1)侧重不同。

媒介化侧重动态，中介化侧重静态。在媒介化研究的早期，中介化与媒介化曾被视为截然不同的概念，中介化聚焦于静态的、稳定的传播本身，而媒介化强调一种动态的历史性过程，随着讨论的深入，一种共识逐渐形成，即媒介化是对中介化研究的补充与深入，它以中介化为基础。

(2)突出不同。

媒介化突出媒体，中介化突出机制。媒介化的概念突出媒体而淡化机制，强调媒体对宏观的社会文化和中微观的日常生活造成的影响日益深远。相比之下，中介化则更突出机制，即通过连接和协调形成一种现象或过程，带来一定的后果。

(3)维度不同。

媒介化包含时间维度，中介化包含空间想象。媒介化强调动态的历史变迁。中介化强调通过中介形式，人类可以建立和跨越空间距离，从而构建出内在自我与外在之物的主客体关系。

“媒介化”与“中介化”作为一种传播的研究路径，对以往重视传播效率或效果的信息传递层面的研究起到了纠偏作用。此种研究思路使我们认识到，中介与媒介对现代社会的功能或效果不仅止于可见或可触的经济、政治等物质结构，也体现为构建可感或不可感的时空观念、社会心理、情感文化、关系网络等社会交往与意义的文化层面。

3. 简述社交媒体平台的把关人功能。[北外2023年研]

答：“把关人”的概念由卢因于《群体生活的渠道》中提出，他认为，只有符合群体规范和把关人价值标准的内容才被允许进入传播渠道。后被怀特引入新闻传播领域，认为编辑在把关中起到主导作用。社交媒体时代，平台依然承担着作为“把关人”的职责，把关虽然面临一系列问题，但依然不可或缺。

(1)社交媒体平台把关人功能行使面临的问题。

①多元主体、内容和渠道提高把关难度。

社交媒体平台中的用户拥有多重身份，既是内容的消费者，也是内容的生产者，多元的主体拥有分散的话语权，打破了原本媒体垄断的传播格局，用户能通过多样的渠道进行传播，因此对平台的把关能力也提出了更高的要求。

②法律规定滞后难以界定不良行为。

目前我国针对社交媒体平台的法治建设还不够完善，但与之相对的是社交媒体平台的体量之大、影响之广，因此对法律提出了更高的需求，但由于平台迭代速度快，呈现出理论追逐实践的问题。代表的规定如国家互联网信息办公室公开发布的《网络信息内容生态治理规定》，就为建立健全网络综合治理体系、营造清朗的网络空间、建设良好的网络生态打下坚实的基础。

(2)如何行使社交媒体平台的把关人功能。

①技术协同：通过算法、大数据等技术辅助平台高效把关。

算法、大数据等技术，是平台高效的把关工具，通过算法自动检测，对敏感的内容进行限流，减少推送；通过大数据关键词定位，侦查风险内容，技术提高了平台把关的效率。

②公众参与：与用户合作共同践行把关职责。

公众能为社交媒体平台的把关注入新鲜血液，如通过公众的投诉举报反馈，能够及时处理有害信息；通过对用户的限制和教育，从源头上减少不当言论和内容；通过用户所在圈层的内部自治减少平台把关的工作量，共同践行“把关人”的职责。

③主动承担：明确平台责任，进行平台规制。

平台作为重要的聚集用户和内容的场域，理应通过制定合理的平台规则，对平台内容进行过滤筛选。如微博管理员账号在“清朗 · 网络戾气整治”专项行动积极响应，关停了一批违规账号，禁言、封号一批煽动性账号，解散不合规的群体，清理违规内容 2.3 万余条。平台可以通过强化账号认证、增加敏感词风险检测、根据账号权重分配流量、加强人工审核等方式主动行使把关责任。

社交媒体平台的把关人功能在实际行使的过程中仍然面临许多难题，但通过与技术、公众的合作，主动承担平台的责任，发挥多主体共同把关的效用，才能共同打造清朗、健康的平台社会。

4. 偶遇性信息内容的影响。［北京师大 2024 年研］

答：偶遇性信息内容一般指的是人们在寻找或浏览某些信息时意外找到其他有用或有趣的信息，信息偶遇的主要特征是“偶然发生”以及“获取具有价值的信息”。偶遇性信息内容的影响如下：

(1)打破信息茧房。

个性化推送会导致“信息茧房”，原因在于其采用的算法认为人的信息需求是线性的、一以贯之、可以被预测和掌握的，而事实是受众在信息浏览和信息获取的过程中，其信息需求存在着频繁的流动和跳跃，也存在着注意力的变化、倾斜与转移。可以说，算法通过人为设定受众阅读信息类型的方式，在赋予一部分人获取高质量信息特权的同时，给一部分想要获取高质量信息的人设置了障碍。信息偶遇则是通过非线性的流动性模式打破了算法存在的偏见问题，破除信息间存在的等级壁垒，从信息提供方面实现受众信息获取的平等化。

(2)改变信息行为。

信息偶遇的发生常常是嵌入在信息检索与信息浏览的过程之中，网络环境下更容易发生在信息检索时。偶遇最主要的特征是完全随意和不可预测，而且信息检索本身也是一种非线性的行为。因此，信息偶遇同样具备完全的随意性和不可预测性，实质上是非线性特征的体现。用户偶遇的信息，大多是较新颖的信息，而且平台机制会将信息保存起来以后备用或者分享给他人使用，偶遇结束后会重返之前的信息活动。良好的信息偶遇可以改变用户的网络信息行为，不仅可以减少信息查询的时间，还可以提高用户浏览的兴趣。

(3)解决现实问题。

兴趣相关的偶遇信息通过增加知识储备来提升用户对信息需求的敏感度，对用户明确其信息需求大有裨益。偶遇信息与通过主动查询所获取的信息不同，它会在用户毫无准备的情况下进入用户的视野，这种视觉上的冲击会刺激思维上的跳跃，更容易触发灵感，能够解决日常生活问题、帮助知识创新、影响用户的知识储备、调节情绪等，即用户能自己利用偶遇信息解决其生活、学习、工作中的问题。

(4)产生倦怠心理。

面对积极的信息偶遇，用户倾向于使用保存、点赞、关注、留言、分享等这些平台内部可以满足的功能，实现过去、当下或未来的信息利用，有时也会激起用户对该类信息在平台内部或其他渠道的进一步追踪。对于不符合用户需求或兴趣爱好的消极的信息偶遇，用户会选择忽略，直接划过，浏览下一条信息。如果这种消极信息偶遇过多，可能会引起用户对此类信息推送的反感，产生厌倦心理，破坏使用体验，用户甚至可能会选择卸载信息所在软件。

5. 社交机器人对舆论的影响。[北京师大2024年研]

答：社交机器人指在社交网络中扮演人的身份、拥有不同程度人格属性且与人进行互动的虚拟AI形象。简单说，社交机器人特指由算法生成的承担一定任务、发布特定信息、并与人类进行互动的社交媒体账号。社交机器人对舆论的影响如下：

(1)扩大舆论声量，影响舆论分布，形成虚假共识。

如英国脱欧前后对推特的推文统计中，有34%为社交机器人发布，且有大约7.7万个机器人“签署”关于英国脱欧第二次公投的在线请愿书。社交机器人的参与影响了此次事件的舆论声量，为其造势，也影响了舆论的分布，甚至营造出一种“支持脱欧”的虚假共识。而舆论很大程度上影响公众对于议题属性及倾向的判断，进而影响用户行为。

(2)扩散虚假信息，舆论热度造假，煽动极化舆论。

社交机器人常在网络中发挥“水军”的作用，且其传播的信息除了重复、无意义的内容外，还有相当程度的内容存在造假。如牛津大学报告中提及的2020年有81个国家在利用社交媒体进行计算宣传和传播虚假信息，其中就包括社交机器人的使用。出于政治或是商业目的，机器人背后的主体会通过这种形式的“带节奏”，煽动情绪，促使舆论向着极化的方向发展，操纵舆论走向。如在海湾危机中，社交机器人通过扩散假新闻操纵Twitter趋势，同时大量生成在线声明，以此来获取更多公民的支持。

(3)加强网络连接，加快信息传播速度，强势引导舆论。

目前机器人水军的对舆论的影响力不断扩大，能够通过有针对性地对有关内容进行自动追踪、点赞和转发，营造舆论假象和虚假共识，制造假热点，占据网络传播信息资源，加快信息传播速度，将用户节点连接，扩大舆论分布，达到影响舆论的目的。如俄乌冲突的讨论中，意见领袖型社交机器人粉丝数量最高可达29万，这类社交机器人通常会运用立场鲜明的观点发表内容，在舆论引导方面拥有较强的影响力。其中部分账号自俄乌冲突开始后频繁发布支持乌克兰相关推文，单条推文就能获得上千次转发，其影响力可见一斑。

6. 简述《乌合之众》的主要观点。[北邮2023年研]

答：《乌合之众》是法国思想家勒庞的著作，于20世纪20年代就被引入中国，在当时被译为《群众心理》和《群众》，当下常常被用来阐释“非理性”“狂热”“暴力”的群体。《乌合之众》的主要观点如下：

(1)群体具有强大力量。

相对群体中的个人，群体在数量上拥有集结的、势不可挡的力量，这使群体中的个人敢于借势发泄出自本能的欲望，而且在群体中也不必承担责任，群体会分担罪恶感，因此群体中个人的责任感逐渐消失。

(2)群体无意识。

勒庞认为，当许多个人一旦构成一个群体时，就会产生独特的集体心理，这种集体心理通过彼此情绪上的相互感染，会使得个人不由自主地丧失理性思考的能力，其行为方式会和平时独处的时候大相径庭，头脑变得简单化，人们会非常容易不加怀疑地接受群体提供的意见、想法和信念，并盲目地模仿群体中其他人的行为和态度。

(3)从众心理显著。

个人与群体相比是渺小的，群体力量的强大总是使人心生畏惧。在许多情况下，人们情愿放弃自己的观念而去迎合众人，服从于群体的压力，更倾向于相信“人多”代表“力量大”，且认为多数人选择的一方更有可能是真理所在。

(4)群体盛产权威与服从。

乌合之众产生的群体无意识使之极易服从权威，受到权力中心的煽动与蛊惑。个人在庞大的官僚机器、群体压力中失去了自我，只有无条件地服从才能明哲保身，因为反抗的代价远远大于服从的代价。

(5)群体是偏执和专横的。

对于各种意见和信念，群体要么全盘接受，要么一概拒绝。这种说一不二、拒绝质疑的态度，在人数带来的强势力量的催化下，群体走向专横和偏执。同时，其极端化的感情也注定它只会被简单、极端的观点打动。群体只对强权卑躬屈膝，群体受无意识因素支配，因此很容易屈从于世俗的等级制，难免十分保守，它对变化和进步怀有本能的敌视。

(6)群体也有道德。

群体会形成内部的道德规范，对个体有一定的道德约束力，但这种道德可能是极端的，充满“血腥”，游走在善与恶的灰色地带。

三、论述题

1. 新媒体时代“拟态环境”的特点。［中央民大 2022 年研］

答：拟态环境这一概念最早由李普曼提出，阐述了现代社会“环境的双重性”和大众传播对现代人行为的影响。由于现代社会越来越复杂，人们需要了解的事情越来越多，所以我们无法在头脑中直接形成关于外部世界的图像，必须通过大众媒体这样的间接方式才能获得。然而大众媒体并不是一面镜子，它只能有选择性地对外部世界做出报道，这就造成了我们对世界的看法与世界本身脱节。换句话说，我们头脑中关于世界的图像不是对外部世界的反映，只是对大众媒体营造的“拟态环境”的反映。而新媒体时代，拟态环境呈现出新的特点。

(1)主体泛化：多元节点共同形塑拟态环境。

随着传播门槛降低、传播权力下放，拟态环境的建构主体由传统媒体变为新媒体时代的多元主体，包括且不限于公民、自媒体、专业媒体等。传播权力成为福柯提到的“去中心化的、流动的权力”，个体节点在传播网络中，也能够自主调度传播的流量、流向。且一般节点发布的信息大多出于自身体验和非正式的筛选把关，处理程度弱于专业媒体，某种意义上来说，这样建构的拟态环境更贴近真实的环境。

(2)内容呈现形式丰富多元，更贴近还原现场体验。

AR、VR、元宇宙等技术的发展使得媒体的内容和信息的呈现形式更加直观、还原现场。可视化的还原，虚拟技术的建构和重现能为观者带来临场化、拟真的体验，能够让观者自己提取现场的细节，拟态环境与真实环境更加贴近。在两会期间，人民日报利用"5G+VR"技术直击两会现场，用沉浸式的体验感和立体化的呈现，为观众带来视觉上最大限度的现场体验。

(3)圈层传播：算法区隔的个性化、群体化的拟态环境。

算法在拟态环境的建构中起到重要的作用，算法负责内容分发，为不同的用户打上标签，分发可能感兴趣的内容，提供更加个性化、定制化的服务，也将人区隔成不同的圈层。一方面，个体感知的拟态环境因人而异；另一方面，群体性的拟态环境也明显区别于群体外的环境。

(4)拟态环境的技术依赖，拟态环境的环境化加剧。

日本学者藤竹晓提出"拟态环境的环境化"现象，他认为，由于人们是根据媒介提供的信息来采取行动的，这些行动也会作用于现实环境，使得现实环境越来越带有"拟态环境"的特点。时至今日，拟态环境的构建已经离不开高度覆盖的互联网和更新迭代的技术，人们的日常生活具有媒介化的特点，而拟态环境的环境化趋势也在不断增强，如小红书等社交分享软件中的"种草"构建出网红店铺，而通过小红书被种草的用户又切实将网红店列为出游的打卡胜地，是媒介对现实环境的反向形塑。

正如歌德所言："理论是灰色的，而生命之树常青。"虽然李普曼在提出"拟态环境"这一概念时强调媒介的内部控制对于民主的背离，但随着技术的发展，传播的内容和形式更加多元细分，拟态环境也更加接近客观环境，在新媒体时代下呈现出更多积极的特点。因此，对于"拟态环境"这一理论，我们也要以辩证、动态的眼光去看待，在新情境下探寻新路径。

2. 明星塌房，网红人设崩塌，用戈夫曼的拟剧理论对此进行分析，社交媒体时代如何自我信息表露和"形象管理"。[郑州大学2023年研]

答：莎士比亚在其喜剧名篇《皆大欢喜》中曾写道，"整个世界是一个大舞台，所有男女都是其中演员，每个人一生都要扮演许多角色"。三百多年后，欧文·戈夫曼将这一观点引入社会生活，提出"拟剧理论"。社交媒体时代，平台更加鼓励自我展示文化，为人们的"表演"提供了更大的舞台。

(1)明星塌房和网红人设崩塌的分析。

"拟剧理论"又称"戏剧理论"，指欧文·戈夫曼开创的社会学的戏剧理论分析范式，他运用剧场(Theater)、前台(Frontstage)、后台(Backstage)、剧班(Crew)等概念，将人们的自我呈现纳入日常互动之中：自己好比演员，他者如同台下观众，双方须调整各自反应以寻求相互协调。根据戈夫曼的拟剧理论，前台是让观众看到并从中获取特定意义的表演场合，而后台则是为表演做准备，掩饰不能在前台表演的东西的场合，因此人们会把他人和社会不能或难以接受的形象隐匿在后台，在后台的个体往往更加真实和放松。

在互联网时代，粉丝经济日益增长，经纪公司、资本蜂拥而至的"造星"趋势愈演愈烈，"立人设"成为"造星运动"中凸显明星辨识度、吸引粉丝关注的普遍选择。明星和网红们在"前台"向观众展示精心设计的人设，迎合大众和粉丝，以期符合社会期望、获取流量和利益。而在观众看不到的“后台”，明星和网红不必维持自己的人设和偶像包袱，不必掩饰自己的缺陷，因此明星和网红一旦其在“后台”做出不符合“前台”形象的行为(尤其是违法行为)，且“后台”被展现给大众，便会出现“塌房”和“人设崩塌”的现象。

(2)如何自我信息表露和“形象管理”。

①要有清醒的自我认知。

社交网站中，人设打造是可以经过个体进行包装、美化后进行的前台呈现，即用户对自己的社交形象掌控力更强。后台的不完美的一面可以被有意识地隐藏，更理想化的形象可以在前台被放大。在这样的操作过程中，用户的社会欲望得到满足，前台的形象被认可、夸赞、崇拜，容易迷失在光环中，陷入“自我中心主义社交”，对自我的认知出现偏差，前台的人设和后台的真实自我出现矛盾，带来负面的影响。

②要高度自律和自我规训。

考虑到后台与前台存在一定的关联，加之后台本身并非是完全隐藏、密不透风的，因此为了维持前台形象，我们也必须对后台的真实自我进行一定的规划和管理，努力提升自我，使前后台的形象尽可能保持一致，否则当后台形象公开，就可能会陷入“人设崩塌”的境地。

③要加强社交媒体边界管理。

日常生活中的自我呈现必须放置在具体边界(boundary)中进行考量，也就是说，人们在不同的情境下会采取有区分的印象管理策略，这涉及戈夫曼的另外一个概念“观众隔离”。所谓观众隔离，就是我们在面对一个或一群人进行自我呈现时，并不希望另一个或一群人毫无预兆地闯入。一方面，人们可以对表露的不同信息设置不同的观众群体，使展示某一特定形象的信息传递给相对应的观众，人为设置观众之间的区隔，如微信的“分组”功能。另一方面，人们可以在公开平台上尽量减少真实复杂和负面的情绪流露，选择所有人都可以接受的内容进行展示。

3. 液态新闻业是什么、特征、对新闻生产何种影响。[浙传2022年研]

答：齐格蒙特·鲍曼在《流动的现代性》一书中使用“液态社会”概念。他认为，现代社会从固态化的社会发展成为流动的液态社会。液态的社会追求流动性和速度，标准不断迁移，单一的、固定的权威消弭。而这一概念与新闻业结合，于是有了“液态新闻业”的概念。当下新闻业呈现出的快速变迁、流动发展的状态即为“液态”的特征。以下将从其特征和对新闻生产的影响出发进行分析。

(1)液态新闻业的特征。

①记者身份的“液化”。

记者身份不再局限、固定在专职记者，而是走向“公民记者”。从鲍曼的液态社会理论的视角，记者的角色不再是稳定固化的，而是向一般大众流动，专业新闻人、公民记者、一般大众之间的角色是可以相互转化的。

②新闻职业共同体的“液化”。

指新闻生产变得更加开放、自由，人们日常获取信息的信源也更加多元。记者与大众难以固守原本的职业与非职业的边界，但这并不意味着原本的新闻职业共同体的秩序就完全崩溃，而是一种流动的、渗透的状态。这一方面意味着新闻信息与信息控制的边界正在液化、弥散，另一方面说明职业与非职业社区在从新闻生产到协作性新闻策展的变化过程中，新的新闻信息的生产及流动形式正在被共同创造，可能会重置传统新闻业的制度化权力结构。

③新闻业所处的社会呈现出液化特征。

从宏观角度看，新闻业的发展与社会发展的进程交织，或者说，新闻加工的原始素材来自液态的社会环境，从这一角度考察，“液态”的新闻业是指在液态的社会环境中，成员以自己独特的理解和诉求参与新闻生产和公共生活，谋求属于自己的权利，而公众的参与也为新闻业的发展提供新鲜的养分，促使其动态变化。

(2)液态新闻业对于新闻生产的影响。

①对于专业新闻生产者：从“直接把关人”到“间接把关人”。

把关人的身份也出现了液化，原本的新闻生产过程中，由专业媒体负责内容的过滤把关，把关的标准为媒体本身的定位和新闻价值；如今的把关人角色泛化，参与把关的主体也包括算法等技术，从“直接把关人”到“间接把关人”，人机协同把关。

②对于专业新闻生产者：从“单一型人才”到“复合型人才”。

早期的记者大多分工明确，各司其职，负责采访、撰写等工作，工作内容比较单一。而随着新技术的发展，新闻工作者逐步向“全媒体”发展，需要“不设限”，不断在新的技术发展中学习进步，通过新兴技术参与新闻生产，如拍摄、剪辑、编导、图片处理、H5 制作、内容运营、营销推广等。

③对于非职业新闻生产者：提高媒介素养。

受众本身拥有多重身份，既是生产者，也是消费者。受众需要提高媒介素养，用批判性的思维质疑新闻和各类信息，辨识虚假、有害信息，主动求证；受众也应该提高作为生产者的素养，及时拥抱新兴技术，在内容生产方面不断提升自我。

总之，新传播形态下新闻业发生的变化，并非作为信息流动的新闻传播活动的改变，而是作为“元传播”的新闻生产、使用和解读的改变。“液态新闻业”的理论话语提示人们关注新闻业“变化”中的“不变”，启发人们从“一味求变”的狂热中冷静下来，重新思考“变”与“不变”的关系。

4. 深度媒介化的内涵、特征以及对现实的影响。[暨南大学 2023 年研]

答：“媒介化”最早指的是伴随着信息传播技术的发展，越来越多的学者意识到媒介环境的演变给社会带来了深远影响，即所谓的现代社会已然完全由媒介所浸透，以至于媒介再也不能被视为一种与文化和其他社会制度相分离的中立性要素。欧洲知名媒介研究学者、媒介化理论的奠基人安德烈亚斯·赫普为了研究媒介变革与社会变迁的关系，在前人的基础上提出了“深度媒介化”的概念，并将其视为数字时代媒介化的新阶段，以此阐述数字媒介在建构社会组织过程中发挥的基础性作用。以下将具体阐释深度媒介化的特征和对现实的影响。

(1)深度媒介化的特征。

①媒介化生存。

喻国明教授等认为“深度媒介化”是不同于“媒介化”的新理论范式：以互联网与智能算法为代表的数字媒介作为一种新的结构社会的力量，其作用于社会的方式与以往任何一种

“旧”媒介不同，它下沉为整个社会的“操作系统”。在深度媒介化的视角下，渗透进用户日常生活的媒介化生存就是深度媒介化的特征之一。用户的历史记录、自我表达、自我建构、现实生活导向、行为模式、社会关系、权力和权利和生产力都打上了深深的媒介的烙印。

②媒介化社会。

“深度媒介化”范式指向的是数字媒介作为一种更高维度的媒介，以新的传播关系深刻地重构着以往各种社会关系。不止是社会关系，社会运转、社会整合、社会问题的解决、社会的发展和展望都深刻体现了媒介对社会生活的嵌入。在大数据、人工智能、算法、物联网等新兴技术的逻辑下，社会围绕着媒介逻辑展开，走向智能化、高效化、精准化。

③媒介化环境。

在5G技术作为数字基础设施的当下，“万物皆媒、万物互联”的时代到来，人们已然生活在一个由媒介相互连接的网状环境之中。这种媒介化环境呈现出学者拉图尔所说的“行动者网络”之态，无论是人或是物都能够被认为是具有主体性的行动者，行动者之间的彼此联系为生存环境带来了巨大的改变。目前崭露头角的元宇宙就是深度媒介化的典型表现，在技术创造的“全真互联网”中，用户身份的自由切换以及资源的互联互通得以轻松实现，元宇宙实现了现实社会高度精准细致的复刻。

(2)深度媒介化对社会的影响。

①个性化、智能化、精准化服务用户。

麦克卢汉认为，“媒介是人的延伸”，深度媒介化最直观的影响就是为用户带来便利。通过媒介使用，用户能够提高生产、工作的效率，获得娱乐和心理满足，获取海量信息，消除不确定性，精准被定位，获取个性化、定制化的服务，满足需求。

②强化技术依赖性和媒介依存症。

麦克卢汉的延伸也存在反面“媒介即截除”，技术发展的反面意味着人对技术的依赖性增强，人发展的技术也拥有反过来控制人的可能性，即“异化”，人陷入媒介依存症中，成为“容器人”“网络成瘾者”，这种截除的维度包括人对外界的感知能力、批判能力，在便利中消解人的理性。

③促进社会的高效化运转，但催化了意义的内爆。

算法、数据等逻辑推动社会媒介化发展，元宇宙、AR、VR弥合虚拟世界与现实世界，但也带来了“内爆”的危险，虚拟甚至可能压倒现实，造成虚拟生活繁荣，而实体经济萎靡的情况，真实和虚拟的界限越来越模糊，脱离现实，反而对社会的发展带来负面影响。

总之，深度媒介化强调媒介逻辑对于社会生活方方面面的渗透，具体表现在个体的媒介化生存、环境的媒介化以及整个社会依托媒介平台运作等，但深度媒介化对社会产生的影响是利弊交织的，我们在享受其带来的红利时，更应当注重社会媒介素养的提升，避免因过度沉溺于深度媒介化社会而导致人的异化。

5. 人工智能时代谈谈你对人机关系的理解。［厦门大学2021年研］

答：人工智能时代，机器更加深刻地渗透到我们的日常生活中，人机关系也成为学界和业界研究的热门领域。人工智能、大数据、5G、AR、VR等技术的发展深刻改变了人与人、人与物、人与媒介之间的关系。但在人机协同的大趋势下，人与机器并非对立抵抗的关系，未来人机关系应是共生共进，而非颠覆取代。

(1)人机协同的表现。

①新闻采集生产中的人机协同。

智能传感器为新闻生产提供新的维度，大数据成为新闻工作者信息采集的辅助工具，慢直播、VR、AR等技术提供沉浸式的新闻素材，机器人写作提高新闻生产的效率，在部分新闻领域实现了一键生成。人工智能将记者和编辑从重复的劳动中解救出来，能够更好地将注意力放在深度挖掘上。

②新闻信息把关中的人机协同。

人工智能时代，算法和人工智能等技术辅助新闻把关，提高效率，避免一些虚假、有害的信息和内容进入传播渠道；此外，在内容分发之际，算法等技术也能智能化、个性化打造用户的媒介环境，适配用户的阅读偏好，提高内容分发的精确性。

③网络虚拟生存中的人机协同。

元宇宙的发展意味着虚拟空间和现实空间的相互融合，虚拟化生存的个体拥有数字化的身体，人机耦合，沉浸式体验“第二人生”；可穿戴设备能够实时监测数据，个体成为“人肉终端”，人与机器的关系更加紧密。

(2)人机协同的挑战。

①人机关系中的主体性之争。

保罗·莱文森指出，技术的发展具有人性化趋势，机器正在模仿甚至钳制人类的功能。社交机器人、虚拟主播、ChatGPT的出现，意味着人的主体性受到冲击。机器本身拥有的高效率、强大的数据分析能力等人类无法达到，如今的媒介化社会，机器已然成为人的外置大脑，人对数据的存储依赖这样的外部记忆。机器的高度拟真走向未来，可能独立于人形成具备主体性的个体。

②人机关系中的情感性之争。

机器在效率、速度、便捷程度上比人类更有优势，但是机器没有人的感情，难以对新闻内容赋予有温度、有人情味的思考和人文关怀，而在一些有特殊伦理要求的报道中，如灾难报道，对新闻工作者要求更高，机器很难以足够的人文关怀参与其中。

③人机关系中的价值性之争。

基于智能机器的高效、方便，智媒设备也成为各大新闻媒体竞争所在。而在追求技术的工具理性中，人的价值理性受到禁锢，过分崇拜技术之下，尼尔·波兹曼笔下的“技术垄断”有了新一轮的表现，即传播着的文化臣服于技术的统治中，人的价值性不复存在。如《光明日报》在进行两会报道中过分追求技术的炫耀而饱受诟病，人所追求的价值理性成为技术悖论。

正如彭兰教授所言，利用技术发现和弥补人的能力局限，利用人的力量来纠正机器的偏狭与误区，才是人工智能技术的要义。尽管人工智能技术的发展带来了一些社会隐忧，但人类和机器能否和谐共处，选择权在于我们。未来，人类会强化智能机器，而不是被它们取代，机器会帮助人类更好、更快地完成工作，所以不应该将其看作是需要打败的敌人，而是合作伙伴。在人工智能时代，人机协同成为大势所趋，而算法的缺陷意味着，人要超越算法，保持对现实世界的洞察力和判断力，才能更好地实现人机协同、共进共生。

6. 说明现在社交媒体倦怠的表现，并谈谈成因。［西安交大 2022 年研；浙江大学 2021 年研］

答：社交媒体倦怠，即在社交媒体的使用过程中，因为信息、技术和交流等方面的过载产生倦怠感、抵触感，逐渐有退出社交平台的倾向。社交媒体倦怠是用户在意识到信息带来的压力和感受到自己被“异化”的一种抵抗，以下将从表现和成因两方面进行分析。

（1）社交媒体倦怠的表现。

①心理层面。

社交媒体使用倦怠在心理层面上表现为负面情绪，用户对线上社交媒体的内容浏览、关系维护都丧失兴趣，产生疲惫、抵触、深感压力的情况。

②行为层面。

社交媒体使用倦怠在行为层面上表现为行为的消极、被动。用户不再主动回应、转发，更多情况是“潜水”，只浏览不发言，对内容进行无视、屏蔽，对关系进行消极维护，拒绝社交互动。

③结果层面。

社交媒体倦怠最终会使用户降低社交媒体的使用频率，甚至出现关闭社交媒体账户、退出社交媒体平台的举动，如“关闭朋友圈”“销号”等行为都是社交媒体倦怠的表现。

（2）社交媒体倦怠产生的原因。

①海量信息纷繁复杂，增强用户的信息焦虑。

一方面，信息量呈指数型增长，且时效性不断增强；另一方面，用户获取信息需要付出一定的时间成本和注意力，因此在信息带来的压力下，人容易陷入对信息获知和错过信息的担忧、焦虑和负重感，这些情绪会加剧社交倦怠。

②消费陷阱、过度营销和软性广告招致的反感。

小红书、微博等知名社交平台的内容中蕴含大量的广告，对内容的消费已经如鲍德里亚所说转向符号意义的消费，用户面对大量的、无孔不入的广告会有意识地选择广告回避行为，尤其当消费主义充斥在社交媒体的各个领域，从 MCG 机构，到 KOL、KOC，相继陷入对热点、利益、关注度的追求，“熙熙攘攘皆为利来”，陷入浮躁的消费社会，让用户成为被算法、资本裹挟的“一笔生意”，也会引起用户的反感。

③个人隐私遭遇泄露，增强用户的焦虑感。

社交媒体用户数据资料权属不明确，平台对用户的数据进行采集、分析与应用，以技术中立的名义实施操纵于无形中。用户对社交媒体内各类隐私条例中强制获取、过度收集其私人内容和侵犯个人权益等感到忧虑，使得对个人信息泄露的担心与日俱增。近年来 Facebook 等互联网巨头都频繁出现用户数据泄露甚至变卖的事件，隐私得不到保护让用户缺少安全感，“被遗忘权”和数据的黑市交易都是公众关心的热点议题。

④表演式的用户社交，放大社交压力。

戈夫曼“拟态环境”提到的前后台在社交时代逐渐融合，前台的表演已经向后台渗透，要维持前台的理想形象也需要后台的不断努力，在形象塑造中需要面临社会比较的压力，这种压力被社交媒体放大，促使用户选择逃离。

总之，对于社交平台来说，它们需要改变目前圈子相对比较封闭的技术底层设计，在保持社交属性不变的前提下，需要不断优化信息流，缓解甚至消除平台属性与用户需求的冲突。而对于人来说，具有工具理性和机械性的技术始终无法完全贴合人本身的生物性的动态需求，人们只能通过认识那些使人感觉焦虑、疲惫的机制，不被科技异化和驯服，更自如地掌控它。

第八章　网络时代的传媒生态

8.1　考情分析

本章主要介绍了媒介融合、网络时代新闻业的特征、网络时代的公共传播系统及其中的典型现象和如何重塑媒体专业性；考生应结合新闻学、传播学的基础知识，深化对新闻、新闻业、新闻价值、舆论、后真相和科学传播等概念的理解。

其中，新闻价值、网络舆论、网络暴力、公共领域、后真相等概念多以名词解释的形式考查，舆情和舆论的辨析、新闻价值的变迁等多以简答题形式出现。媒介融合、网络时代新闻的特征及变化、舆论、后真相、媒体专业性重塑等考点容易与其他考点结合考查论述题。

8.2　复习笔记

【知识框架（庖丁解牛）】

- 网络时代的传媒生态
  - 媒介融合
  - 网络时代新闻业的特征
    - “破壁”：新闻生产主体多元化
    - 开放：网络新闻生产分布式生产
    - 新闻含义与新闻价值的再定义
  - 网络时代的公共传播系统
    - 网络时代公共传播及影响
      - 公共传播的定义
      - 公共传播系统对政治生态的影响
      - 公共传播系统对社会生态的影响
      - 公共传播系统对企业营销的影响
    - 网络公共传播系统中的民意表达
      - 网络舆情和网络舆论
      - 网络中舆论的形成
      - 中国网络舆论发展中的几组关系
      - 网络公共传播系统中新的权力格局
  - 网络公共传播中的典型现象
    - 后真相
    - 泛娱乐化和泛政治化
    - 科学传播的非科学化
    - 传播的圈层化
  - 重塑媒体专业性

【考点难点归纳(厚积薄发)】

考点一:媒介融合(见表8-1) ★★★★★

表8-1 媒介融合

<table>
<tr><th>要点</th><th colspan="3">具体内容</th></tr>
<tr><td rowspan="4">形态与属性融合</td><td>形态融合</td><td colspan="2">①多元传播形态复合出现，不同形态之间界限模糊。
②涉及渠道融合、业务融合、关乎传播效果的模式和动力变革等</td></tr>
<tr><td>属性融合</td><td colspan="2">网络具有技术平台、经营平台、虚拟社会的多重属性等，交相融合</td></tr>
<tr><td rowspan="2">其他角度</td><td>对内容生产者</td><td>需要兼顾优质内容、先进技术、互联网思维、高效经营和服务能力</td></tr>
<tr><td>对用户</td><td>诉求多元化，等待生产者综合挖掘考虑，纯粹的内容吸引力下降</td></tr>
<tr><td rowspan="2">渠道与市场融合</td><td>平台化分发</td><td colspan="2">①平台成为重要的内容分发渠道，兼顾多元功能(内容、社交、服务和用户)，影响多元。
②平台本身也是市场融合的产物，又聚集多媒体和多功能，形成更广阔的市场。
③平台形成的基础是技术和用户，这对传统媒体提出了挑战</td></tr>
<tr><td>网络化传播</td><td colspan="2">内容分发也需要个体用户节点参与，形成网络化传播，专业媒体、自媒体、组织、个人都参与其中</td></tr>
<tr><td rowspan="2">业务融合</td><td>融媒体</td><td colspan="2">①适当进行融合可以激发信息价值，丰富用户体验。
②合适的主题可以进行融合，但需要辨别，不能错误地用形式压倒内容。
③内容需要避免单纯的多平台和多媒体，应努力深入平台传播网络</td></tr>
<tr><td>全媒体化</td><td colspan="2">①不等于媒介融合，盲目跟风会造成资源分散，难以为继。
②“四全媒体”：全程、全息、全员、全效</td></tr>
<tr><td rowspan="2">机构融合</td><td>传媒机构内部融合</td><td colspan="2">以“中央厨房”为代表的内部协同融合</td></tr>
<tr><td>不同媒体机构之间的整合与融合</td><td colspan="2">单纯的业务融合的物理融合难以为继，需要利益驱动的化学融合</td></tr>
<tr><td>媒体与用户</td><td colspan="3">将用户拉入媒体生产过程中，重构媒体生产力，成为新鲜的血液，连通产品和业务，自下而上驱动融合</td></tr>
<tr><td rowspan="3">人与媒介的融合</td><td>赛博格</td><td colspan="2">嵌入身体，形成“人肉终端”，外传信息，内输数据，成为硬件节点，影响信息流动</td></tr>
<tr><td>用户节点</td><td colspan="2">社会化媒体“以人为媒”</td></tr>
<tr><td>VR/AR、元宇宙</td><td colspan="2">技术发展推动个体沉浸式参与传播，身体回归，获得虚实融合的全新体验</td></tr>
<tr><td rowspan="3">文化融合</td><td>媒体的文化隔阂</td><td colspan="2">①不同媒体特有的文化，与媒体本身的模式、受众、思维等有关。
②传统媒体的“自我中心”和居高临下的文化特质与新媒体开放、包容、多元的特质之间存在矛盾</td></tr>
<tr><td>受众的文化差异</td><td colspan="2">①传统时代受众被动、听从，价值观传统，跟随主流。
②媒介融合时代受众批判、监督，对主流文化大胆质疑甚至抵抗，重视社交参与，流动性强</td></tr>
<tr><td>变革与兼容</td><td colspan="2">媒体文化变革转型，既需兼顾传统受众和新媒体受众，也要通过垂直细分，兼容多元需求</td></tr>
</table>

续表

要点	具体内容
产业融合	①产业融合深化，传媒业版图重塑，传媒与电信业、互联网业、IT 业等交融。 ②冲击传统媒体，构建全新产业格局，促使媒体主动拥抱融合。 ③媒介融合研究纵深发展，理论与实践结合

考点二：网络时代新闻业的特征 ★★★★

1. “破壁”：新闻生产主体多元化（见表 8－2）

表 8－2 “破壁”：新闻生产主体多元化

要点		具体内容
万众皆媒	典型情境	①偶然的、非制度化的参与。 ②以自媒体形式进行的、相对持续化的参与
	用户参与	①参与形式：提供事实，发表评论。 ②与专业媒体的关系：延伸、补充和放大
	其他主体	政府机构、企业及其他各类组织生产的内容也能成为素材，但需要排除利益、立场干扰
万物皆媒	主体拓展	智能机器、物体媒介成为新闻生产的主体，参与采写编评发的全过程
	对媒体	掌握智能技术，与新智能主体协作进行新闻生产，提高信息和数据的采集和生产能力，理性应对挑战
	存在的问题	数据的质量与评估方式、背后的资本控制、数据的透明公开、数据的人文关怀和隐私伦理都成为需要深思的问题

2. 开放：网络新闻生产分布式生产（见表 8－3）

表 8－3 开放：网络新闻生产分布式生产

要点		具体内容
分布式	特点	去中心化，多元主体，自组织式协同生产
	自组织的优劣势	①优势：集聚多主体的力量，虽然力量有限，但系统运作，相互纠偏，共同优化生产。 ②劣势：无中心和单一中心的分布式生产，可能走向错误的方向，带来严重后果
	传统媒体对策	努力向多中心分布式生产发展
碎片式		①与传统媒体生产的内容相比，碎片化内容生产并非一定不够完整。 ②用户参与能够补充、丰富媒体报道，某些碎片式内容可能成为干扰，但相反也能成为指向真相的线索
进行式	过去	新闻真实的呈现是一个有机的过程，媒体的跟踪式报道并未常态化，多用于重大事件
	当下	分布式报道下内容渐进式发展促使新闻生产向进行式发展，片面的新闻事实和虚假信息导致新闻反转常态化
开放式		分布式、碎片式、进行式的新闻生产意味着新闻内容是非固化的、流动的、可编辑的，错误可以纠正，文本也可以不断丰富生长

3. 新闻含义与新闻价值的再定义(见表8－4)

表8－4 新闻含义与新闻价值的再定义

要点		具体内涵
新闻含义的变化	过去	新闻是新近发生的事实的报道[陆定一]
	当下	①定义泛化：媒体作为载体、关于公共内容的信息内容，不限于新闻，也包括半娱乐性质的媒介内容和产品。 ②用户与媒体协作完成，用户发挥唤醒新闻价值、传播的重要作用。 ③新闻发挥连接作用，成为沟通外部世界的纽带
新闻价值的变化	过去	公共领域视角下的内容整合与分发，即"公众应该知道什么"
	当下	①新闻价值的判断需结合公共关切和私人生活、公共情境与私人场景。 ②传统的"新闻价值五要素"并未失效，私人视角的叠加也不等于公共视角，而是一种复合的状态
新闻质量的判定指标变化	过去	①严格的指标，着眼于具体的细节操作层面。 ②媒体对现实的反映或干预社会现实的能力难以衡量，纠错机制效力较弱
	当下	是否准确地反映现实，对现实是否有建设性作用
不变		①媒体工作者需要坚守底线，拒绝"流量至上"。 ②不能完全忽视受众需求，一味单向输出

考点三：网络时代的公共传播系统 ★★★

1. 网络时代公共传播及影响

(1)公共传播的定义

公共传播是多元主体参与到开放的公共场域中进行沟通和对话，其目标是促进认同、合作和社会整合，需要坚持以公共价值规范为基准，进行协商合作，互利共赢，共创和谐社会的原则。从网络实践角度切入，公共传播是多种传播形态与大众传播的结合；从整体把控，网络中的公共传播是现实中的关系在网络层面的映射，又反过来作用于现实的政治、经济、文化和社会生态。

(2)公共传播系统对政治生态的影响(见表8－5)

表8－5 公共传播系统对政治生态的影响

要点	具体内容
政务新媒体：公开与沟通对话	①政务新媒体：包括政府部门开设的网站和客户端、其他社交平台的新媒体账号和新闻网站的问政栏目等。 ②双向沟通的渠道：上传民意，下达政务，沟通顺畅，互惠共赢
公众社会参与：反馈与监督	①社会化媒体：提升主体意识和权利意识，方便意见和诉求表达，通过监督政府，谋求正当权益，促使政府自我优化，精进服务水平 ②公共传播系统促进公众的社会参与，激励公众参与讨论，汇聚公众力量

续表

要点	具体内容
公共领域：讨论的空间	①“公共领域”的必备要素： a. 存在一个论坛； b. 开放、自由交流，多元意见碰撞； c. 理性、系统批判讨论、监督政府决策。 ②公共传播系统并未满足公共领域的全部条件，但提供了开放的、供公众参与讨论的空间
舆情民意的载体	①表层展现：直观展现出舆论和民意。 ②深层作用：可以依托技术手段挖掘复杂的舆论背景与有逻辑的舆论分布
非理性的公众参与	与社会环境、个体的媒介素养以及公共传播环境的复杂性有关
政治性议题	①政治性议题常常渗透在各类讨论中。 ②各类传播[环境传播、健康传播、科学传播、风险沟通等]与政治传播交叉融合。 ③政治操纵：水军、社交机器人等操纵舆论走向

(3)公共传播系统对社会生态的影响(见表8－6)

表8－6　公共传播系统对社会生态的影响

要点	具体内容
社会压力：增压和解压	①泄压解压：在公共传播系统中表达观点，形成舆论；解决问题，缓解矛盾；发泄负面情绪，释放压力。 ②放大压力：网络交流激化情绪，放大压力和不公；解压不顺畅导致的反效果，渠道阻塞使压力淤积甚至走向爆发
价值体系：多元化	①网络推动价值多元：准入门槛低、主体多元化、传播渠道手段多元、文化包容等共同推动价值体系百花齐放。 ②交流带来的价值碰撞：观念在讨论中冲击、融合和对抗。 ③动态的、充满活力的价值观：冲突必然存在，但辩证来看也是一种欣欣向荣的表现
话语权力：社会结构分化	网络中的互动、差异与竞争带来话语权力的分化，影响社会格局和权力的结构

(4)公共传播系统对企业营销的影响(见表8－7)

表8－7　公共传播系统对企业营销的影响

要点	具体内容
变化	①企业和用户之间是沟通和对话，而非单向的宣传。 ②企业需要进行透明化、无隔阂的前台展示，但也要时刻担心形象崩塌。 ③全体部门和成员协作营销，塑造形象，管理者和企业成员都会影响到营销结果。 ④营销的内容比起产品服务和品牌，更多的是文化
注意事项	需注意基本的伦理价值底线、公共责任，不能仅考虑企业本身

2. 网络公共传播系统中的民意表达

(1)网络舆情和网络舆论(见表8－8)

表8-8 网络舆情和网络舆论

要点		具体内容
舆情		一般是指公众在一定时期和范围内的集体的情感、愿望、态度、意见和要求，也是对现实生活及其矛盾的反映，暗示潜在的危机
舆论		是指在特定的时间和空间，公众对特定社会公共事务公开表达的相对一致的共识或态度
关系		①舆论是舆情的重要组成部分，也是舆情在某个方面的集中表现。 ②舆情除公开的舆论外，也包括潜伏的公众态度和情绪。 ③舆情是常态化的存在，是长期存在的一种态度倾向，而舆论多为短期集中的爆发
网络舆情	定义	网络舆情主要以网络为载体、以事件为核心，它是广大网民表达情感、态度、意见和看法，进行沟通和互动，以及后续影响力的集合
	意义	①反映社情民意的窗口：具有代表性，映射社会群体的想法，也包括消极的情绪。 ②社会的风向标：代表着深层次的矛盾，反映社会现实

(2)网络中舆论的形成(见表8-9)

表8-9 网络中舆论的形成

要点	具体内容
热点事件引关注	议题事件的出现，即在网络中某一话题的出现，由点到网络扩散，是网络舆论形成的伊始
讨论的扩散	社会化媒体将讨论扩散，信息会因主客观原因发生形变，意见在传播和冲突中分化成优势意见和劣势意见，前者在主流传播渠道中占据主导地位
意见的整合	分散开的、参差多样的意见，在意见领袖的权威下加速凝聚，从而产生多数人的共同意见，形成舆论

(3)中国网络舆论发展中的几组关系(见表8-10)

表8-10 中国网络舆论发展中的几组关系

要点		具体内容
网络舆论VS现实民意		①网民并不能代表全部社会阶层。 ②网络舆论并不能代表全体网民意见，“沉默的大多数”并未积极发声，网络舆论受意见领袖、群体心理、利益群体、平台管理等多方影响，简单等同会导致认知偏差，忽略边缘群体
官方舆论场VS民间舆论场	概念提出	南振中提出“两个舆论场”： ①老百姓的口头舆论场； ②新闻媒体着力营造的舆论场
	关系	存在差异，甚至相互对立
	争议	①定义不符：舆论的主体为公众，应为官方意见和公众舆论场。 ②舆论宣传观不符：党管党媒，党媒姓党，党性和人民性相统一，该说法将两者对立

续表

要点	具体内容	
网络舆论 VS 网络暴力	网络暴力	主要表现： ①意见表达的言语暴力； ②舆论对当事人施加的直接或间接伤害； ③强势意见淹没弱势声音
	网络舆论与网络暴力的关系	网络舆论与网络暴力之间存在联系，由于表达的非理性，网络舆论有时会愈演愈烈，从而转变成网络暴力
网络舆论与司法独立	关系	①网络舆论是民意的代表，因此能够对司法机关进行舆论监督； ②网络舆论若超出其边界，带来媒介审判，会干扰司法机关的工作
	启示	①网络舆论不可忽视，不能仅强调个案正义。 ②不能让网络舆论凌驾于司法公正之上。 ③坚持两者统一，尊重司法独立性，也尊重舆论意见

【考点拓展】两个舆论场的融合

两个舆论场的融合主要体现在以下几个具体方面：

(1)议题的融合。让“民间舆论场”的议题成为“主流舆论场”的议题。

例如，可以将互联网上的一些热点话题放在党报、中央电视台等主流媒体上进行深入探讨和传播，使人民群众关心的具体问题在官方媒体中得到解释和回答。

(2)“主流媒体舆论场”主动拥抱“民间舆论场”。

例如，政府部门、党报、中央电视台等可在社交媒体上开设公众账号，与公众进行交流互动，从而更好地服务人民群众。

(3)“主流媒体舆论场”打造自己的“民间舆论场”。

让人民群众可以在官方新媒体平台上发表自己的意见和看法。

3. 网络公共传播系统中新的权力格局(见表8-11)

表8-11　网络公共传播系统中新的权力格局

要点	具体内容
意见领袖话语强化	“话语即权力”[福柯]，意见领袖的话语权相较一般用户更大，声量更强，且一定程度上承接现实中的权力关系，但在网络时代也需要独特的互联网思维和沟通技巧等
草根话语权利向话语权力转化	①草根成为“导火索”“引爆点”，话题事件自下而上传递扩散。 ②意见领袖等扩大声量形成“滚雪球”效应。 ③存在一定限制：事件本身是否具有话题性，意见领袖是否帮助扩散。 ④意见领袖被个体赋予集聚的话语权，是代替草根发声的中介
官方话语优势消解	①传统格局面临冲击，媒体产生危机感。 ②网络传播下的语态、规则和信任危机。 ③“特权不再”到“寻求认同”：话语格局变动下的地位翻转

考点四：网络公共传播中的典型现象 ★★★★

1. 后真相(见表8-12)

表8-12 后真相

要点		具体内容
定义		情绪在前，真相在后，情感及个人信念较客观事实更能影响舆论的情况
解决问题的措施	事实判断	媒体仍然需要有到达现场、探求真相的能力，穿越迷雾、核查事实的能力，透过表象、直达深层的解读能力
	话语竞赛	媒体需要在多方话语的博弈中应对后真相与新闻反转的种种情境，排除纷扰，将碎片化的真相整合统一
	协同机制	需要人与机器融合，平台和算法发力，专业媒体和个体及组织的协同应对
	公共理性	公共理性和交往理性的建设能够保证真相在各方的争论和交流中形成

2. 泛娱乐化和泛政治化

(1)泛娱乐化(见表8-13)

表8-13 泛娱乐化

要点		具体内容
媒体的泛娱乐化	娱乐至死[对媒体娱乐化的整体批判]	尼尔·波兹曼在《娱乐至死》中提出，他认为，娱乐时代，新闻也成为一种娱乐性质的节目，以碎片式整合的信息、吸人眼球的奇闻和煽动媚俗的题材等手段吸引观众
	新闻的娱乐化	①严肃题材娱乐化：硬新闻软包装，过度追求内容、形式和话语的趣味化、煽情化，信息和娱乐相互融合。 ②信息娱乐：内容、形式、理念、表现手法都呈现出新闻与娱乐融合的趋势，也是媒体的整体发展趋势。 ③语态变革的趋势：逐渐用软化、萌化、亲民化的语态，但软化与娱乐化的界限难以把控。 ④内容娱乐化的影响：可能造成政治注意力偏离、民众对政治漠不关心，但也会对公民参与政治产生正面的影响
公众/用户的泛娱乐化		①用户有普遍的内容娱乐化需求及偏好，对软性内容、软性包装、软化语态的偏好更加明显。 ②但也会导致人们对重大严肃问题的娱乐化的消解和抵抗

【考点拓展】巴赫金的狂欢理论

米哈伊尔·巴赫金的狂欢理论，本质上是一种反抗霸权的力量，是一种建立普天同庆、自由民主的理想世界的文化策略。“狂欢理论”的前提是两种世界、两种生活的划分，第一世界是官方的、严肃的、等级森严的秩序世界，而第二世界则是狂欢广场式生活，是与官方世界完全颠倒的世界，在这个世界中人们对任何事件都采取歪曲、嘲笑、戏谑等解读方式。巴赫金的狂欢理论描绘出这样一个场面：人们在狂欢节上通过变装、戴上面具等方式，暂时性地改变自己的社会地位，实现财富、名望的幻想。硬新闻软包装、严肃议题戏谑化、草根成为新闻聚焦的主体的情况下，观众在这场狂欢节中被取悦，心理获得极大满足，因此积极互动、情绪高涨地参与围观。

(2)泛政治化(见表8-14)

表8-14　泛政治化

要点	具体内容
早期网络的泛政治化	转型期社会矛盾积累，官方回应不当、平时形象不佳，就容易在讨论公共事件之际被上升到政治高度并招致批判
当今网络的泛政治化	①批判对象更多元：政府、公众人物和企业等，但过度解读同样不可取。 ②政治生活化：政治融入日常生活
与泛娱乐化的关系	相互联结，边界模糊，走向融合
典型案例："粉丝民族主义"	"粉丝民族主义"为娱乐化的内核找到了合法政治化的外衣，是亚文化被主流文化收编的一个典型案例

【考点拓展】泛政治化的应对策略

(1)政府积极应对舆情、及时回应，警惕"塔西佗陷阱"。

"塔西佗陷阱"指的是当政府或相关部门的公信力受损，那么其任何的言行举止或政策举措都会被公众进行负面化、消极性认知和解读。面对泛政治化倾向，政府作为主要关注、批判的对象，需要警惕舆情风险，增强相关部门应对和回应能力，及时、负责地回应社情民意，避免陷入"塔西佗陷阱"。

(2)媒体及时发声，正确引导，避免议题断裂。

议题断裂，指的是议题在社交媒体广受热议而在传统媒体并未获得关注报道，或者传统媒体进行大量报道而在社交媒体上未受关注。媒体在重要事件中不及时关注跟进，而是集体失语，会造成众声喧哗，但无人带队的情况，甚至会出现公众对媒体专业性的质疑。因此，媒体应该主动发声，但也需要坚持新闻职业道德，保证新闻真实、客观。

(3)公众坚持批判性思维，提升媒介素养。

信息的碎片化传播、受众接收方式使谣言等不良信息的迷惑性更强，辨别难度加大。受众在接受信息时需要坚持辩证、批判地看待事件和观点，不偏听偏信，考虑到反转的可能性，自觉减少刻板印象所带来的影响甚至误导；也需要在转发信息、发表观点时三思，不被情绪裹挟，文明理性上网，规范自身传播行为，不信谣，不传谣。

3. 科学传播的非科学化(见表8-15)

表8-15　科学传播的非科学化

要点		具体内容
科学传播情绪化	主要原因	①门槛高，知识难度大，未知全貌导致情绪先行，理性让步。 ②一部分人的目的是为原有认知框架辩护，而非为了获取新知或是改变原有认知；另一部分，倾向于报团取暖或盲目听信意见领袖，陷入窄化的信息环境中
	其他原因	①敏感话题(如健康、环境等)下的自我防护与抵触心理，容易陷入特定的情感倾向。 ②科学话题与政治立场纠缠，更容易导致"站队"
媒体传播"非科学化"	①专业知识素养不足导致的新闻偏差。 ②夸张放大的新闻噱头。 ③观点对立展示时的虚假中立。 ④媒体在科学传播的缺陷会加剧民众的错误认知	

4. 传播的圈层化（见表 8－16）

表 8－16 传播的圈层化

要点		具体内容
圈层	圈	以情感、利益、兴趣等建构的人群集合，属于网络共同体
	层	是现实中社会等级、阶层的映射，在网络中又与多样化的因素关联，最终形成不同方面，如话语权、年龄代际、产品、平台的层级落差
	圈层的影响	同时影响关系网络和信息传播网络，兴趣、利益或态度、立场相似，同质化程度增加，可能导致观点、信息环境窄化和信息茧房
同温层	定义	最早为气象学术语，"同温层"内气温几乎没有变化，从人文意义上看，同温层指在兴趣、观点、行为等方面相似的个体集聚，他们相互支持、寻求庇护
	内涵	①可能与网络中的圈层重合，也可能产生冲突或超越圈层。 ②是出于个人意愿聚集的心理共同体。 ③网络强化同温层，激发话题，广泛连接，促进聚合。 ④个体对同温层的感知受算法影响，强化个体的既有倾向

考点五：重塑媒体专业性（见表 8－17） ★★★★

表 8－17 重塑媒体专业性

要点		具体内容
职业媒体人	专业精神	①核心：客观、中立、公平公正、追逐真相。 ②坚守新闻职业道德伦理和"以人为本"的人文关怀。 ③尊重当事人隐私，避免隐私侵犯
	专业能力	①追求真相，深度报道。 ②筛选、整合碎片化信息。 ③与时俱进，培养新专业能力[熟悉社会化媒体、跨媒体协作、内容运营、提升数据素养、人机协作等]。 ④建设性促进公共对话和公共交往，承担媒体责任
公众	能力提升	为了适应角色转变[从受者、消费者到传者、生产者]，需要提升专业能力
	媒介素养	①培养批判性思维和交往理性，提升社会责任感。 ②媒介素养不限于受众信息消费素养，还包括信息生产传播素养、社会交往素养和公共参与素养
非媒体组织	政府机构及官员的媒介素养	①对媒体及网络角色的认知和权利保障。 ②信息公开渠道的建设与保障。 ③与媒体和公众的对话能力
	企业的媒介素养	包括品牌传播素养、危机传播素养和公共传播素养
技术拥有者	平台	规则制定需要考虑人文精神，保障公众知情权，避免内容的错误倾向，保持公正客观
	算法	需要平衡公共性和个人兴趣，规避算法黑箱、算法偏见等现象
	数据	①数据作为重要资源，需要避免数据运用失范，坚守数据应用伦理底线。 ②避免利益干扰数据使用，丧失客观公正

8.3 课后习题详解

1. 网络时代的传媒生态发生了哪些变化?

答: 进入网络时代，数字技术发展带来了传媒业生态变革的基础动力，而媒体融合是网络时代传媒生态的重要发展趋势。以下将从不同层面的媒介融合论述网络时代传媒生态的变化。

(1)形态和属性融合。

媒介融合最直观的表现就是媒介形态和属性的融合，目前单一形态的传播已经较为少见，更多的是多元复合的媒介和传播形态。这也意味着对不同主体来说，对传播的理解也需要与时俱进。对于生产者，传播已经不仅仅局限于内容本身，需要结合技术发展、思维的进步、商业运营和服务提供等多重维度，提升竞争力；从用户的角度出发，单纯的内容已经难以满足多重的、隐秘的、错综复杂的需求，内容也需要与时俱进。

(2)渠道和市场融合。

平台是网络时代下传媒生态发展的产物，成为重要的内容分发和集散地，平台的形成是市场融合的结果，但平台本身又为传媒生态带来不可估量的影响。平台促进内容与用户的交易，制定规则，进行筛选把关，成为媒介中转的"枢纽"。

(3)业务融合。

实践层面被重视的通常是业务方面的融合，如"融媒体"和"全媒体"等。融媒体可以说是新兴的信息传播方式，将以往的文字、图片、视频等多种手段结合，获得更优的传播效果；全媒体则是一种新的业务环境，要求媒体在更加错综复杂的市场中因地制宜地设置产品策略。需要注意的是，无论是融媒体或是全媒体都需要考察内容与形式的适配程度，不能一味追求融合。

(4)机构融合。

常见的媒体的机构融合模式如中央厨房、县级融媒体中心，理想的状态下都寄希望于突破单纯的"物理性"的整合、组合，达到资源共享、效率提升、系统优化的"化学性"融合的效果。目前看到要达到理想状态依然存在困难，存在资金、人才、技术等诸多方面的问题。

(5)媒体和用户融合。

媒介与用户的融合，意味着用户成为媒介生产过程中不可或缺的重要因素，为其注入新鲜的血液，与专业的生产者结合，参与内容生产；用户也能通过社交网络的分享，连接网络中的用户节点，促进产品与业务的融合和勾连；用户的需求和力量本身就是驱动媒介融合的核心要素，是一种内生性的动力。

(6)人与媒介的融合。

人与媒介之间也出现了新的融合模式，人能够通过与媒介终端结合，成为"赛博格化的人"。人和终端结合，成为"人肉终端"，向外传输信息和数据，外化人的身体状态，也能参与网络中的信息传播。元宇宙的发展，为人与媒介的融合提供了新的方向。

(7)文化融合。

媒介融合需要突破不同媒体之间形成的文化隔阂，从传统媒体自上而下式的、居高临下的、统领性的传播走向新媒体式的多元中心、百花齐放、活泼生动的传播；受众文化也从原本的被动的、消极的、无主体性转变为积极的、主动的、批判质疑的、反传统的新式受众；代际之间的文化隔阂也亟需媒体努力弥合数字鸿沟，使得文化更具包容性，更加多元。

(8)产业融合。

媒介融合的发展意味着不同产业之间融合的必然性，传媒行业与互联网行业、电信行业等不同行业之间融合、交织、重组，重新塑造传媒业的版图和布局。产业融合打破了原本传媒业闭塞的边界和相对单一、独立的产业模式，拥抱媒介融合的浪潮，打破了以往对传媒业更新迭代仅局限在内部业务的精进、流程的重构的状况，用合作共赢的心态谋求跨行业的合作。

2. 如何理解网络公共传播系统与政治、经济和社会生态之间的互动关系？

答：公共传播即多元主体在公共空间针对公共议题、公共利害展开的社会交往和多元对话。从网络实践来看，公共传播实际上是人际传播、群体传播、组织传播与大众传播的融合。网络中的公共传播系统是政治、经济、文化、社会生态等在网络中的全面投射，它的运行过程也会反过来对各种生态产生影响。

(1)网络公共传播系统与政治生态之间的互动关系。

网络的公共传播系统为政府机构和公众提供了丰富多样的信息传播、意见表达路径，构筑了纵横交织的网状传播渠道，政府机构的单向传播思维受到挑战，政府与公众的关系也在传播互动中发生了变化。

①政府方面。

a. 政务新媒体。推动政府信息公开透明化，加强与公众之间的沟通，畅通政务下达的渠道，方便民情上达，也在一定程度上为政府机构管理和服务、政务运行模式提供支撑。

b. 社会化媒体。公众能更好地表达意见和诉求，争取自我权利，方便社会监督，倒逼政府优化管理和服务。

②公众层面。

a. 提升公众对公共事务的参与度。公众参与社会公共事务的积极程度、深度和广度都会影响公共决策。

b. 公共领域。公共传播系统提供了一个开放的讨论场域，这种场域接近哈贝马斯的“公共领域”。

c. 社情民意。公共传播系统作为社情民意的载体，表层上来说可以呈现出舆论，深挖也能从潜在的舆情中总结规律。

③其他主体。主体在利益博弈之际可能涉及政治性议题。环境传播、健康传播、科学传播、风险沟通等也含有一定的政治意味。

④社交机器人和水军。暗中操纵舆论走向，成为政治主体的助力。

(2)网络公共传播系统与经济之间的互动关系。

①交流对话：企业和用户的双向互动。

企业从过去的宣传式分发转变为目前的以对话形式进行的交流，这一改变将用户卷入新的关系，更加贴近用户需要，也使用户更容易了解企业。

②透明化展示：企业形象塑造和维护。

网络公共传播系统改变了原有的企业营销格局，打破了企业和用户的壁垒，让二者能相对平等地沟通对话，并以此维系长期的关系，也因此对企业乃至企业内部成员的媒介素养提出了更高的要求。

③企业文化：符合公共价值。

企业为了获得更好的品牌形象，顺利进行企业营销，转化成长期的经济利益，需要打造独特的企业文化，并且需要与公共价值相契合，承担公共责任。

(3)网络公共传播系统与社会生态之间的互动关系。

①社会压力：增压和解压。

个体通过在社交平台等公共传播系统中发表意见、表达自我达到宣泄压力、谋求问题解决的目的；但是网络的公共交流并非全然正向，也可能反过来起到增压的效果，甚至导致压力爆发。

②社会价值：多元化碰撞。

网络公共传播系统推动价值体系多元化发展。网络降低传播门槛，助推多元主体参与，海量内容的发展，提供讨论的场域，在不断碰撞中形成多元化的价值体系。

③话语竞争：导致社会结构的变动。

网络的话语权竞争导致个体和群体的话语权力的再分化，影响政府、媒体、企业等各类社会组织的权力关系，变革原有的社会结构与权力结构。

3. 如何理解网络中“泛娱乐化”与“泛政治化”的关系？

答：“泛娱乐化”与“泛政治化”都是互联网时代的舆论现象，对于舆论环境有着重要影响，二者的发生发展联系紧密。在网络公共传播中，各种话题都可能演变为娱乐话题或以娱乐化方式呈现，也可能存在着泛政治化的倾向。

(1)同向并行：“泛娱乐化”和“泛政治化”相似的动力机制。

①技术方面。

新兴技术的兴起，尤其是互联网以不同的方式改变了国家与社会之间的活动，打破了国家对信息的垄断，个人不再被政权“原子化”，他们能够形成属于自己的集体。新媒体环境下“人人都有麦克风”，媒介环境更加开放，公众言论更加自由，网民的聚集也更加便捷。

②商业利益层面。

新媒体时代，互联网舆情互动性、大众化双向传播模式下，一方面网络信息上的海量供给超出了个体独立处理信息的能力范围，受众的阅读需求趋向快餐式认知；另一方面，随着媒体间竞争加剧，部分媒体为抢时效、追求“眼球效益”，提取博人眼球的故事片段而大肆炒作，甚至不惜背离事实真相、抛弃行业准则而“匆忙发声”，碎片式传播的同时刻意突出对立性极强的新闻要素，以期迎合、消费受众的刻板心理。

“泛娱乐化”相对于“泛政治化”来说范围较广，但是“泛政治化”的影响相对较为严重，作为一种与政治因素关联性极强的舆论极化现象，它的解决与否是事关民众言论自由、社会安定有序乃至国家意识形态安全的重要问题。

(2)走向融合：“泛娱乐化”与“泛政治化”的双向奔赴。

泛娱乐化和泛政治化之间边界逐渐模糊，二者之间拥有千丝万缕的联系，并在实践发展中走向融合。

“粉丝民族主义”即为典型的泛娱乐化和泛政治化相融合的产物，它既展现了典型的娱乐化特征，用戏谑作为武器，用游戏化的态度参与传播，也挥舞着政治化、爱国主义、民族主义的旗帜，为这种娱乐增添了正当性。主流媒体在其中起到了文化收编的作用，促进娱乐和政治的融合。

政治化与娱乐化的融合是双方互相接触、谋求合作、突破壁垒的尝试，但目前形势尚不明朗，这种边界融合究竟是停留表面，还是会冲击内里，仍然有待考察。

8.4 考研真题与典型题详解

一、概念题

1. 媒介融合[南京大学2024年研；厦门大学2023年研；兰州大学2021年研；郑州大学2021年研；同济大学2020年研]

答：媒介融合(Media Convergence)是指各种媒介呈现多功能一体化的趋势，最早由美国马萨诸塞州理工大学教授伊契尔·索勒·浦尔提出。其概念包括狭义和广义两种，狭义的概念是指将不同的媒介形态“融合”在一起，产生“质变”，形成一种新的媒介形态，如电子杂志、博客新闻等；而广义的媒介融合则包括一切媒介及其有关要素的结合、汇聚甚至融合，不仅包括媒介形态的融合，还包括媒介功能、传播手段、所有权、组织结构等要素的融合。换言之，媒介融合是信息传输通道的多元化下的新作业模式，是把报纸、电视台、电台等传统媒体，与互联网、手机、手持智能终端等新兴媒体传播通道有效结合起来，资源共享，集中处理，衍生出不同形式的信息产品，然后通过不同的平台传播给受众。媒介融合是信息时代背景下的一种媒介发展理念，是在互联网迅猛发展的基础上传统媒体的有机整合。

2. 公共传播[南京大学2024年研；重庆大学2023年研]

答：公共传播是多元主体基于公共性展开的沟通过程、活动与现象，旨在促进社会认同与公共之善。公共传播的确隐藏着在微观上解释传播变局，并以传播和公共性视角在宏观上透析现代社会发展的概念潜质。这种潜质包括两个方面：①在工具或功能层面，它可以解释多元主体相遇、多元话语协商之下的传播生态，甚或解决部分实践问题；②在价值或规范层面，它强调以公共性超越现代社会普遍性和差异性之间的悖论，克服二者各自的局限，缓解彼此之间的冲突。

3. 科学传播[复旦大学2018年研]

答：科学传播，又被称为科普或科技传播，主要目的是促进公众对科学的理解，通过一定的组织形式、传播渠道和手段，向公众传播科学知识、科学方法、科学思想和科学精神，以提升公众的科学知识水平、科学技能和科学素养，能够更好地获得公众对科学的支持。科学传播不仅限于传播主体向公众的单向输出，也需要公众的积极参与，产生平等的良性互动，弥合科学专家和公众之间的差距，平衡科学精神和人文精神。结合传播学理论，科学传播旨在研究如何更好地传播科学知识，提高民族科技素质，促进科技发展。

4. 新闻价值［社科大2023年研；中传2018年研；四川大学2018年研；云南大学2018年研］

答：新闻价值是指事实所包含的足以构成新闻的种种特殊素质的总和，是传播主体发现、选择、确定新闻传播内容的基本标准，即新闻价值属性。新闻价值是事实得以成为新闻事实的特性，包括五个要素：①时新性，是指客观事实发生的时间性和在时间性基础上事实内容的新鲜性；②重要性，是指事件或现象的重要程度；③显著性，是指新闻事实的知名度或显要性；④接近性或相关性，是指新闻事实与传播主体特别是收受主体的各种“距离”关系；⑤兴趣性，要求新闻事实具有非常态、人情味和情趣性。不同的社会形态，不同的阶级具有不同的新闻价值观和价值尺度。西方新闻学把读者兴趣作为新闻价值的试金石。无产阶级新闻学则把满足广大人民群众获知新闻的需求、注重社会效果作为新闻价值的基本含义。新闻价值理论产生于西方19世纪30年代的大众化报纸时期，它是在新闻社会化、商品化的客观过程中应运而生的。中国最早研究新闻价值的是徐宝璜。

5. 网络舆论

答：网络舆论是指相当数量的个人、群体或组织在网络上形成并通过网络传播的对共同关心的公共事务表达的倾向一致的议论。网络舆论并不等于社会舆论。网络舆论是社会舆论的一种形态，除了具有一般舆论的共性以外，还有自己的特殊性，即现实性与虚拟性、互动性与放大性、媒体互动性。这些特殊性在很大程度上是由网络传播的特性决定的。

6. 舆情

答：舆情，一般是指公众在一定时期和范围内的集体情感、愿望、态度、意见和要求，以及他们在与其相关的公共事务或其关注的特定事件中的表现。舆情本身更强调民意的整体情况，也包括外露的部分和潜在的意见，是社会脉动和公众情绪的自然流露。舆情和舆论的定义存在一定区别，一般而言舆情在前，舆论在后。在新媒体时代，舆情呈现出更加复杂的情况，更易凝聚，但也容易流动、消散。

7. 网络暴力［北京工商2023年研］

答：网络暴力是一种网络失范行为，是网民对事件当事人或者组织实施的以制造心理压力为手段，以迫使当事人或者组织屈服的网络攻击性行为的总称，具有隐蔽性、强制性、极端性和侵犯性。因这种行为带有明显的强制性特征，与现实中的暴力类似，故而称为网络暴力。目前来看，网络暴力主要包括网络语言暴力、网络信息暴力（图片、文学作品、短信、电影、直播等）、网络暴力游戏等方面。社会结构的调整、技术的更新、网络社会的生成、网民所处的个人环境及自我脱序等都有可能触发网络暴力。网络暴力作为网络时代的一种软暴力，是一把“双刃剑”。

8. 后真相时代［河海大学2023年研；厦门大学2021年研］

答：“后真相时代”（post-truth era）是指我们现在所处的社交媒体时代的特点，“真相没有被篡改，也没有被质疑，只是变得很次要了”，见于英国杂志《经济学人》在2016年9月发表的文章《Art of the lie》。在后真相时代，社交媒体逐渐成为新闻的发源地和传播者，主流媒体提供的信息不再是新闻的主要来源，人们更关注事实背后所包裹的情感因素或者涉及到个人的主张。后真相时代的基本特征是：情绪在前，真相在后；认知在前，真相在后；成见在前，客观在后。社交媒体的迅速壮大，中间阶层和网络新生代的成长，让“后真相时代”的舆论常常一唱百和。情绪化的观点言论经常呈现病毒式的传播，在短时间内迅速扩大，凌驾于新闻事实之上，占据舆论的中心。后真相时代社交媒体的快速发展让公众拥有更多的话语空间，但是不可忽视的是过度自由带来的问题。后真相时代，坚持正确的舆论引导必不可少。

9．圈层传播

答：圈层传播，多指在兴趣爱好相同的群体之间进行的传播。“圈层”的概念发源于地质学，原指地球地壳、地幔、地核等内部结构和水圈、生物圈等外部结构，后延伸到人类社会领域。圈层内部拥有独特的圈层文化，圈层传播依托于年轻化、活跃开放、小众的文化发展，能够提升内部成员对圈层的认同感和归属感。彭兰教授对传播的圈层化的解释是，网络社会分化成不同的圈子和层级，圈子强调情感、利益和兴趣偏好，而层级则意味着话语权力的层级差别。圈层传播是新媒体特别是社交媒介的一种独特的传播途径，其核心为圈层文化。

10．娱乐至死[上交2021年研]

答：《娱乐至死》出版于1985年，是尼尔·波兹曼的代表作之一。电视时代蒸蒸日上，电视改变了公众话语的内容和意义，政治、宗教、教育、体育、商业和任何其他公共领域的内容，都日渐以娱乐的方式出现，并成为一种文化精神，而人类无声无息地成为娱乐的附庸，毫无怨言，甚至心甘情愿，其结果是我们成了一个娱乐至死的物种。波兹曼“娱乐至死”的观点很大程度上集中在对电视的批判上。在他的观点中，电视是一种将电报的瞬时信息和照相术的图像技术结合发挥效用的媒体，电报的瞬间信息改变“信息—行动比”，照相术的图像技术则改变自然本性，形成“伪语境”，它驱逐文字和意义，是一种用图片虚构的一个经过修剪和伪装的“真实”。

11．公共领域[浙江大学2017年研]

答：公共领域是指一种概念上的、存在于社会中的“空间”，这种空间位于私人生活领域以及倡导自身目标(有时也是公共的)的机构与组织之外。在这个空间中，导致民意形成的公共联系和公共辩论是存在的，这些又可以导致政治运动和政党的形成，以监督私人利益。德国哲学家和社会学家哈贝马斯对这一概念进行了系统的研究，并出版了《公共领域的结构转型》一书，其核心概念是“资产阶级公共领域”。公共领域成为欧洲主流政治话语的一部分，欧美各国学者的专题性著作和论文层出不穷，公共领域与传播媒介的关系受到高度审视。现在，媒介可能是公共领域的主要机构，而公共领域的品质则有赖于媒介的品质而定。从极端方面看，特定的媒介结构倾向，包括集中化、商业化与全球化，都会对公共领域产生危害。

12．意见领袖[北京工商2023年研；北京大学2018年研；浙江大学2017年研]

答：意见领袖是拉扎斯菲尔德等人在两级传播论(two step flow of communication)中提出

的一个重要概念，它是指人群中那些首先或较多接触大众传播信息，并将经过自己再加工后的信息传播给其他人的人。意见领袖介入传播过程，加快了信息传播进程并扩大了传播信息的影响。其特点是：①与被影响者一般处于平等关系而非上下级关系；②并不集中于特定的群体或阶层，而是均匀地分布于社会上任何群体和阶层中；③其影响力一般分为“单一型”和“综合型”；④社交范围广，拥有较多的信息渠道，对大众传播的接触频度高、接触量大。

13. 媒介审判［北外 2021 年研；华东师大 2021 年研；中山大学 2017 年研］

答：媒介审判（trial by media），是指新闻媒介超越正常的司法程序对被报道对象所作的一种先在性的“审判预设”。它是新闻竞争日趋激烈的产物，从法理学的视角看，“媒介审判”会损害媒体作为社会公器的形象，是新闻媒体的职能错位，它使得新闻自由压倒司法独立，有悖于法治精神。西方学者认为，“媒介审判”是一种不是依据法律程序对被告或犯罪嫌疑人实施的非法的道义上的裁判，又称“报刊裁判”（trial by newspaper）。它的历史沿革是西方国家的法律审判实行大陪审团制度，陪审团由普通公民组成，如果大众传媒在开庭审判前就对案件或涉案的当事人做过多的报道和渲染，就会影响陪审团的公正投票，从而间接影响判决的公允。

14. 泛娱乐化

答：泛娱乐化，指在新媒体时代，娱乐化已经成为日常生活的常态，人们用娱乐消解严肃，用娱乐化的态度处理一切事物，将娱乐内化为社会价值标准。泛娱乐化是依托于迅速发展的新技术和传播手段而蓬勃生长，将原本严肃的、权威的事物简单化、戏谑化，将目标锁定在是否能够娱乐大众。泛娱乐化的趋势已经走向经济、文化和社会生活的各个领域，用感官刺激满足受众的娱乐化的浅表需求。

15. 危机传播［北京大学 2021 年研；中山大学 2019 年研］

答：危机传播（crisis communication）是指对一个社会系统的基本价值和行为准则架构产生严重威胁，并且在时间压力和不确定性极高的情况下必须对其作出关键决策的事件。危机通常是由组织内部或组织外部的特殊事件所引发的、对组织形象甚至生存带来严重威胁的事件，分为自然灾害、人为危机、在自然灾害基础上的人为危机，具有意外性、聚焦性、破坏性、紧迫性等特征。在公共关系中，危机传播被认为是一项非常重要的工作，它指企业、组织或政府为避免和减轻危机所带来的损害，面对危机事件所采取的旨在降低危机损坏程度的一系列沟通信息、树立形象的公关策略。危机公关包括前期的危机预测和规避、危机产生后的控制与处理、危机解决后的恢复与重建等方面。

16. 媒介素养［南开大学 2022 年研；河海大学 2022 年研；厦门大学 2020 年研；兰州大学 2020 年研；上海师大 2019 年研；华东政法 2019 年研］

答：媒介素养（media literacy），是指人们面对媒介各种信息时的选择能力、理解能力、质疑能力、评估能力、创造和生产能力以及思辨的反应能力。媒介素养的研究至今经历了四代范式的变迁。第一代研究将大众媒介视为“下九流”的“带菌者”，媒介素养教育的职责是给公众打预防针，防止侵害。第二代范式强调提升公众对媒介内容的选择和辨别能力。

第三代范式的重点在于加强受众对媒介文本的批判性解读能力，第四代范式的内涵则是参与式的社区行动，即由对媒介的批判性思考转为通过“赋权”促成健康的媒介社区，而非仅仅指责媒介的不足。加强媒介素养的教育，其意义不仅在提升普通公民积极利用媒介的能力，还在于提升受众对媒介讯息的选择、批判和使用能力，使之成为建构健康媒介生态必不可少的一环。

17. 舆论场

相关试题：两大舆论场[湖南师大 2022 年研]

答：舆论场是指新闻舆论集中发生的场所。舆论场的形成需要两个条件，一是有新闻媒体的聚集，二是有大量受众的关注。新华社原总编辑南振中于 1998 年提出，在现实生活中实际存在着两个舆论场：一个是老百姓的“民间舆论场”；一个是主流媒体着力营造的舆论场。两个舆论场重叠的部分越大，舆论引导的针对性和有效性越强；两个舆论场重叠的部分越小，舆论引导的针对性和有效性就越弱。如果两个舆论场根本不能重叠，主流媒体就有丧失舆论影响力的危险。因此要处理好这两个舆论场的关系，使之良性互动，正确引导舆论，发挥正能量。

二、简答题

1. 什么是媒介素养？新媒体环境下，公众应该怎样提高媒介素养？[北体 2019 年研]

答：媒介素养的概念最早是由英国学者提出的，目的是对抗由于电影普及所造成的流行文化对传统教育的冲击。随着社会转型，面对信息海洋中肤浅信息泛滥、虚假信息横行、信息安全失窃等现象，公众媒介素养在自媒体传播时代更应不断提升和丰富。

(1)媒介素养的内涵。

媒介素养强调的是信息时代不同群体和个人的信息处理和传播“能力”的问题。参考 1992 年美国“媒介素养领袖会议”的定义，媒介素养是一种“公众接近(Access)、分析(Analysis)、评价(Evaluate)各种媒介信息，达到沟通交流目的的能力”。而在网络时代，由于受众不单是内容消费者，也可能是内容生产者、媒介活动的积极参与者等，因此对于网络时代的公众媒介素养的认识，需要从内容生产者的角度加以扩展。对公众而言，新媒体网络环境下媒介素养的能力包括如下几个方面：

①媒介技术的基础技能，即能接触和使用媒介手段或设备。

②媒介信息的识读能力，即可以阅读和理解各种信息文本。

③媒介信息查询收集能力，即能快速有效地获取所需要的相关信息。

④媒介信息的选择能力，即对信息的辨识与分析能力。

⑤对信息内容的质疑批判能力，一方面是要能了解各种信源的动机、目的、背景，另一方面是学会分析媒介信息生产过程中的各种因素。

⑥信息的加工制作和发布能力，即负责任地发布信息和言论的素养，负责任地进行信息再传播的素养，这是作为传播者应该具有的基本能力。

(2)新媒体时代，公众提高媒介素养的举措。

①在海量信息交流中学会伦理坚守。

由于新媒体时代的公众直接参与了信息的生产与传播，加之监管的不及时、不到位，因此在信息交流中出现了愈来愈多的道德伦理问题，影响了社会的和谐发展。构建和谐健康的文化传播环境是当前传播面临的重要课题。但是，外部规范只能通过内因产生影响，公众只有在信息互动交流中学会坚守伦理，在感性信息泛滥化的空间里学会解读和导航，才能正确了解和掌握事件或产品信息的全貌。

②在交互信息分享中坚持理性消费。

新媒体时代，信息传播由静态延伸到动态，由二维延伸到三维，传播速度光电化、传播内容多维化的改变，这些都导致消费活动中阅读载体电子化、再现形式多样化和信息消费互动化。因此，公众在面对众多纷繁复杂、良莠不齐的信息传播时，解读能力与批评能力有所不足。所以，公众在信息分享中必须坚持理性的媒介消费观，不管是媒体提供的新闻报道，还是自媒体传播的信息内容，都要遵循"三品"原则(即品质、品牌和品格)。

③文化信息传播中注重信息安全。

新媒体时代，由于大众传播的快速便捷性与互动分享性，文化信息传播异常活跃。网络交互平台的信息随意传播，公众个人隐私、企业商业信息及国家安全信息在互联网随处可见，这容易被居心不良的不法分子所利用。公众在文化信息传播中必须树立信息安全意识，加强对信息的保密，保持谨慎态度，从根源上避免信息泄露等危害信息安全的现象发生。

2. 互联网环境下舆论生态的新特点。[山西大学2023年研]

答：互联网等新兴技术的发展使得我国网络舆论生态发生显著、深刻的变化。生态是指有机体与环境相互作用的统一整体，舆论生态即舆论主客体与社会环境之间的作用状态，当下，舆论生态的构成要素——舆论主体、舆论本体、传播互动及舆论环境等均出现了一些新的特点。

(1)舆论主体构成多元复杂。

政府、媒体和公众通常被视为当今社会主要的舆论主体。一方面，互联网的广泛应用提升了公众的信息素养，个体意识增强。多种传播技术进一步打破了信息资源以及信息发布、传播途径的垄断，被动的"受众""大众"转化为积极主动的"智众"，但是也使得舆论主体身份呈现复杂化和模糊性。另一方面，依赖于完备的5G、人工智能及虚拟现实技术，人、智能机器、"赛博人"共同作为主体，参与多重社交终端、场景中的舆论传播。

(2)舆论本体的碎片化、情绪化趋向。

舆论本体即舆论内容，是公众的信念、态度、看法和情绪表达的总和。互联网的发展及智能技术的创新为社会群体的多样化主张、多途径表达提供了更加便捷的条件和手段，但信息生产模式的多元化、传播环境与主体行为的复杂性等因素同样加剧了舆论的碎片化、情绪化趋向，且难以对跨平台舆论进行有效的引导，由此产生"众说纷纭""真假难辨"的信息，使真相更为扑朔迷离。后真相时代，情感在前，理性在后，舆情容易受情绪影响走向极化，甚至导致极端的行为。

(3)共识难以形成：舆论传播过程的复杂性及多重偏差加剧舆论极化。

传播技术尽管为公众提供了参与舆论传播的广阔空间，但在一定程度上也增加了舆论共识形成的难度。

①舆论形成的突发性、复杂性。互联网的开放性、共享性以及虚拟性、匿名性等特征

降低了信息传播门槛，提升了公众表达的自由度，大量即时信息瞬间生成，并以极快速度传播、扩散，使公众接触到大量未经审核、真假难辨的信息，进一步加剧了舆论产生的突发性与不确定性。此外，不同的参与动机、公众媒介素养差异以及传播情境的多样性等，致使舆论的形成更加复杂难测。

②舆论扩散产生多种偏差，加剧舆论极化。舆论在扩散过程中受到个体的“先验性”观点、群体的互动、媒体的评价体系三重偏差的影响，导致舆论变形甚至舆论极化。

③圈层化致使舆论共识难以形成。

舆论事件引发关注以后，网络信息如洪水猛兽般席卷平台，大多数不知如何分辨舆论信息真假的公众，则倾向于寻求情感上产生共鸣或者符合自己价值取向的信息，并与自身不同的圈子逐渐区隔开来，导致舆论圈层化。

3. 什么是公共领域，以及它在新闻传播领域的影响。［中山大学 2022 年研］

答：（1）公共领域的内涵。

德国著名社会学家哈贝马斯于 1989 年发表的《公共领域的结构转型》一书提出公共领域的概念。在他的观点中，公共领域指的是介于公共权力领域和私人领域之间的一块中间地带：市民可以自主聚集在此，免受国家和政府的干涉，自由、理性地就公共事件发表言论，公开讨论公共事务，形成某种类似于公共舆论的共识。

而公共领域在中国的发展有其特殊性，它特指可供公众进行公开讨论和辩论国事、表达公共舆论的空间。中国传统思想中的“公”与“私”的关系存在一定的对立，互联网从技术层面推进了一个虚拟的公共领域的形成，虽然它并不成熟，但它基本满足了公共领域建构的主要条件：公共性、理性讨论、关注公众的普遍利益等。

（2）公共领域在新闻传播领域的影响。

①传统媒体时代：提升新闻传播的公共性，提升公众的参与互动水平。

传统媒体时代的自上而下的新闻传播中，大众传播是公共资源的受托使用者，有义务对公众的利益负责，坚持新闻的真实性、客观性，提出建设性意见，承担社会责任。大众传播提示热点事件，面向大众分享信息，提升新闻传播的公共性，推动现代社会公共领域的形成。传统媒体时代公共领域的形成，也提升了公众参与公共讨论的积极性，公民就公共新闻事件进行讨论，形成舆论反馈，也能借此谋求自己的合法权益。

②网络时代：

a. 对新闻传播秩序的颠覆。

网络公共领域的兴起是对传统新闻传播格局的重构，改变了以往传统媒体的垄断性地位。网络各式各样的新闻渠道与日常生活融合，互联网的信息和新闻都呈现出碎片化的特点，媒体进行议程设置的难度更高，舆论环境也错综复杂。

b. 设置公共新闻议题，促进公众理性讨论。

网络公共领域形成的公共议题反映了公众最关注、最迫切的新闻内容，有时甚至会成为新闻媒体的原始素材，自下而上地成为热点，新闻媒体可以参照公共领域，从公众的角度来搜集资料、报道新闻，在一定程度上代表的公众民意，能够满足公众的信息需求。而公众在公共领域内进行的讨论也切实反映了公众的审美取向和舆论分布，也可以成为新闻媒体的素材和启发。

c. 落实新闻舆论监督，反映公众的意见表达。

网络公共领域中的网民通过参与公共讨论和意见表达行使舆论监督的权力，形成共识，舆论也更有声量，能够扩大公众的声音。

d. 为新闻提出建设性意见和解决问题的途径。

网络公共领域能够通过讨论为公众提供解决问题的途径。针对公共议题或目前面对的社会问题、灾害等，公共领域的讨论者能够对新闻提出建设性意见，提供公众经验性的解决方案。

4. 网络暴力具有什么特点，有什么危害，会造成什么影响？［厦门大学2023年研］

答：网络暴力是指网络攻击与伤害的网络失范行为，包括网络语言攻击、隐私侵犯、造谣诽谤、网络骚扰甚至报复性色情攻击等多种形态。以下将从其特点、危害和影响出发进行分析。

(1)网络暴力的特点。

①网络暴力具有群体性。网络暴力的群体性行为往往是不可知、不可控的，通常会引发一边倒的舆论攻击和恶意辱骂，其社会危害程度不像传统暴力的群体性暴力可以量化评估。并且与传统暴力相比，施暴主体不明确，或者说人人都是施暴者，个体隐没在群体之间，分担了罪恶感。在侵害程度方面，网络暴力兼有人身财产权利和社会秩序的侵害性。

②网络暴力具有煽动性和传染性。当网民融入某个群体，会接受来自群体的暗示，自我意识将被群体意识所覆盖，意志力和判断力也将消失。群体暗示和传染的特质让个人成为不受自我意志支配的木偶。

③网暴形式多样化。新媒体以短视频、图片、文字等为主要传播载体，受众对象为不特定人群。互联网技术的各种软硬件的发展极大地满足了新媒体的传播。因此在新媒体时代网络暴力一旦发生必然就是图文并茂、视频轰炸等手段齐出，全方位攻击。

(2)网络暴力的危害。

①虚拟网络空间角度。网络暴力行为影响网民价值观的塑造，传递负能量，阻碍具体问题的解决。网络暴力实施者借助网络平台，通过肆意发表不当言论、曝光当事人隐私等手段，在网络空间上制造群体性的“精神欺凌”，以达到当事人利益受损的目的，当事人是否能承受网络暴力造成的危害，则不在实施者的思考范围。甚至对于网络暴力本身的认识，也是对于当事人的“好意的规劝”，以变相攻击、明知故犯的“吉登斯悖论”影响网络生态健康发展。

②现实世界角度。网络暴力从线上延伸至线下，放任网络语言低俗化会沉淀到人民日常生活的全方面，造成难以挽回的消极影响；同时近些年网络冲突直接演变为现实暴力的案例逐渐显现，对公众人身财产以及生命安全构成威胁，降低了整个社会的和谐程度。

(3)影响。

网络暴力是社会现实的反映，同时这种反映的危害结果也将回应给现实社会。

①扭曲公众的道德观念。由于用户在信息的传递过程中会受到“拟态环境”的左右，网民受这些煽动性言论、起哄的氛围和看热闹的心情的影响，网民的道德观也因此被潜移默化地影响着。

②侵害受众的人身权利。强有力的网络暴力极大侵犯了当事人的个人基本权利，包括

当事人的名誉权、隐私权。

③模糊用户的自我认知。自我认知从本质上讲是一种社会化互动，但是只有在良性的社会互动中才能对自己有一个清醒且正确的认识。网络暴力只会对人的认知产生负面影响。

④妨碍社会的正常秩序。在网络暴力事件中，大量网民煽动网络舆论、左右舆论走向会对媒体的相关工作造成一定干扰，使得社会秩序紊乱。网络暴力是现实暴力在网络上的延伸，是社会问题在网络环境中的展现。

5. “社交媒体环境下，可分享性成为新的新闻价值。”简述你的理解。［人大2022年研］

答：(1)新闻价值的变化。

新闻价值是新闻实践中衡量新闻质量的标准，判断新闻多大程度上能引起受众兴趣，受到多方因素的影响，标准并不唯一。但通常来说，新闻价值五要素是时效性、重要性、接近性、显著性、趣味性。社交媒体时代新闻价值取向正在发生一系列深刻的变化，新闻消费的变化也反馈到新闻生产与传播过程，可分享性逐渐成为衡量新闻价值的重要标准。

(2)可分享性的内涵。

可分享性是社交媒体时代新闻的特点之一，指能够被用户通过社交媒体等手段分享，具备一定的传播扩散的特质。

①技术角度。媒介技术和平台的机制都为内容的传播和分享提供了便利。如微信公众号的新闻就能通过直接分享、“在看”、朋友圈等不同的方式进行分享。

②分享的“内涵”。“分享”的本义就含有积极、无私、赠人玫瑰、亲密无间等积极的一面，可分享性也能被视作新闻本身的质量优秀、值得关注或是有趣味性的表现，能够引发共鸣。

③相关特征。“可分享性”往往与碎片化、即时同步、“在现场”等社交时代的新闻传播特征紧密联系。

(3)可分享性成为新闻价值。

①满足自我的分享欲、被关注欲。

分享的初心大多是为了满足分享欲，渴望得到回应，与被分享者进行讨论。目前社交媒体中话语权的自由，让用户能自主对新闻发表意见，满足社交网络中的分享欲、“被关注”“被肯定”的需求。

②维系社交关系、维持人设。

社交媒体中的新闻分享可以带来用户之间的讨论和连接，作为社交关系的纽带，对新闻的转发和意见表达也是对三观的一种输出、对以往社交形象的一种强化。虽然分享在社交媒体中只是一个简单的使用行为，但它是用户对新闻内容的“再生成”，既满足了个体的参与意愿，又与社交好友进行了互动娱乐，分享形成的交互关系是自我个性表达与寻求群体认同之间的平衡。

③社会嵌入。

从新闻生产与传播的权能来看，社交媒体用户已经具备了“公民记者”的职能，一个个用户成为新闻传播的信息节点，新闻的可分享性越高，建立起来的用户社交分享连接关系就越强。用户的每一次分享实则是自我的“社会嵌入”，社交网络中形成的新闻话题热度值是对新闻可分享性最好的证明。

④强大的时空影响力。

随着平台媒体愈发成为新闻传播的重要渠道，其分享机制能使一条特定的新闻在短时间内获得大规模传播，通过人际网络的放大而触达更为广泛的受众，如果置于合适的传播机会与传播结构当中，就能引起如同“核裂变”式的传播效应。

⑤新媒体生态下，用户的作用被放大。

相比于社交媒体记者或新闻媒体，用户更容易从朋友和家人的社交分享中得到新闻的链接。社交媒体所遵循的价值是连接性、病毒式扩散以及志趣相投个体之间的信息分享，分享提升了新闻价值。

6. 根据数字时代新闻业面临的挑战，谈谈新闻从业者的职业角色。［广州大学2022年研］

答：在新技术发展与数字时代新闻业持续改革的背景下，新闻从业者的职业受到了挑战，其扮演的角色也面临着转型和再定位，新闻从业者的职业角色存在流动的现象。以下将从转型和定位两方面论述。

(1)角色转型。

①“单一型人才”与“复合型人才”。传统媒体机构生产流程相对复杂，分工较为严密，新闻从业者一般承担其中某个具体环节的工作，基本上扮演的是“单一型角色”，如记者、编辑、主持、发行、广告等业务类型。数字时代新闻业发展迅速，技术和设备更新迭代，对新闻从业者提出了更高要求，包括编辑、采写、文案、制图、摄影、剪辑、运营等多方面的能力，追求“复合型”的人才。

②“布道者”与“服务者”。传统新闻从业者更多的是作为宣传机构，进行内容生产、把关，类似理念的“布道者”。但数字时代更强调媒体与公众的沟通，且媒体的盈利模式要依托于公众的注意力，因此需要新闻从业者放弃“庙堂之高”的高姿态，用类似市场经营的“服务者”的诚意进行内容生产。

③“精英取向者”与“俯身市场者”。中国媒体人骨子里更多承继的是文人基因，天然带有改变社会和现实的理想主义气质，偏好“启蒙”“教化”“引领”的“精英主义”价值取向。随着传播环境、规则的巨变，他们开始大规模地“俯身市场”，市场必然对其提出效率、趋利等要求，一些行动可能并不符合内心的深层价值取向，导致媒体人面临剧烈的角色冲突，这更多的是一种文化层面的价值碰撞，会直接导致媒体人职业转换过程中的深层不适。

(2)角色定位。

①专业角色：优质内容的生产者。原创内容的专业性是传统媒体在媒体融合走向纵深发展路途中最具实力的价值体现，也是其能够继续拥有权威话语权与媒体公信力的坚实基础。因此，以专家型记者和全能型编辑的专业角色提升新闻品质是保证优质内容生产的重要途径。

②职业定位：新闻舆论工作者。新闻传播活动的本质除了新闻信息的有效传播，加强在专业化、垂直化的内容提供服务与个性化、定制化的内容推送基础上，还应该要进一步实现媒体的传播意图、增强媒体的引导力，也就是主流价值与主流文化的传递与强化，社会主流舆论的引导与巩固，着力营造良好的社会环境与舆论氛围。

③社会责任：价值理性的坚守者。随着算法技术、人工智能的蓬勃发展，过度的工具

理性导致受众信息失衡，急需新闻从业者肩负起重大的社会责任，注重新闻的价值平衡与价值理性，真正从受众需求出发，以人民为中心提供受群众喜欢并被受众所接受的信息服务，注重受众的用户体验与用户反馈，以价值理性的坚守者树立责任意识，开展积极有效的新闻传播活动。

7. 从科学传播角度看，疫情报道中，记者与科学家应该是什么关系？［深圳大学2022年研］

答：科学传播在中国语境中又被称为科普或科技传播，主要是以公众理解科学的理念为核心，通过一定的组织形式、传播渠道和手段，向社会公众传播科学知识、科学方法、科学思想和科学精神，以提升公共的科学知识水平、技术技能和科学素养，促进公众对科学的理解、支持和参与。

后疫情时代，科学传播实践相较于以往发生诸多改变，更多主体参与到科学传播中，科学传播与新兴技术和多元形式结合，在疫情报道中呈现出更佳的效果。以下将从科学传播的角度，分析记者与科学家的关系。

(1)冲突：不可避免的话语权争夺、分歧和竞争。

记者和科学家本身存在一定的职业文化差异，在疫情报道中也是如此。科学家对于科学知识的解释更关注信息的科学、准确、权威，对争议性内容更加审慎，但是记者却肩负着将知识以更加简单易懂的形式表达出来的任务。对于客观的研究成果或政府部门的防疫行动，记者通常会根据自身逻辑进行二次加工，如对科学信息进行把关(过滤或删除)、强调或再创作。因此在疫情报道中，冲突是客观存在的，但是记者需要尽可能协调、避免，做到深入浅出。

(2)目标一致：为公众的科学健康素养和身体健康努力。

科学家和新闻记者都希望通过科学传播对公众进行疫情相关知识的科普，提供建设性的意见。且双方都认可媒体在传播科学知识、扩散科学家意见方面独一无二的重要作用，记者是达成沟通和对话的桥梁，双方目的一致，因此会谋求合作和共赢。其中，新闻记者需要借助自身的专业判断和理解，肩负为公众选择、展示科学知识与信息的职责。

(3)互补与合作：推动科学传播发展。

科学传播的专业性和特殊性，决定科学家既是知识的生产者与提供者，也是消息的主要来源，而作为消息来源的科学家与新闻记者之间复杂的关系则影响媒体的知识生产和新闻意义的建构。在科学传播中，记者与科学家是互补的，二者的互动形成了具有传播意义的新闻框架，双方在相互提供资讯的过程中，不断形塑着科学传播的内容、过程、效果。作为相互影响、相互构建的消息来源与新闻记者，通过二者的互动与协商，共同建构媒介真实的意义和社会现实。如人民日报《一图看懂！不同人群选用口罩指引》，科学家与记者就通过图示和表格的方式合作完成了一场简单易懂、覆盖面广的科普。二者的和谐互补和通力合作，可以最大限度地发挥科学传播的效用，帮助到更多疫情期间需要科普的公众。

8. 如何认识网络平台上社群传播的“圈层化”？［复旦大学2024年研］

答：网络社群一般指交往密切而关系松散的群体，在建立的网络群体中，每个用户的行为都有相同而明确的目标和期望。“圈层化”是指群体聚合、区隔、分层的一种趋势，圈层强调成员之间的认同感，与非成员的形成“圈内”“圈外”的边界。

(1)社群传播“圈层化”的原因。

①技术赋权。

互联网、算法、大数据等技术和平台的形成为社群传播的“圈层化”奠定了基础。互联网为社群传播的建立提供更开放包容的环境、更低门槛的内容生产和传播的渠道，网络广泛的连接也为用户形成圈层带来了便利。算法进行有选择性的推送，为不同人群打上标签，隐秘地将相似的人群聚合，形成圈层。

②社会资本。

社群传播不仅是“再部落化”，也是“再中心化”的过程，而“圈层化”的“层”的形成也与这个中心化过程相关，权力中心的权力一部分来源于现实的社会资本，但也和网络中的诸多要素有关，最终出现话语权力的分层。尽管个体在社群传播中能够相对自由地参与讨论，但并不能完全摆脱现实的差序格局，社群传播“圈层化”过程中，权力结构和群体氛围对成员的约束也是明显的。

③文化认同与文化区隔。

“圈层化”的一个重要的纽带就是圈层文化的形成，人们最初加入社群可能是出于共同的目的，在传播过程中也更倾向于向价值观、立场、态度等相似的人靠近，形成“圈子”，当圈层文化形成，文化边界出现，圈内文化相对圈外文化存在显著的差异，社群传播就出现了“圈层化”的显著特点。而网络中的部分亚文化圈层，不仅有着文化边界，其成员也有明确的身份认同和归属感。

(2)社群传播圈层化的特点。

①文化认同感强，排斥“非圈内”文化。特定圈层文化认同的形成也就意味着对异质文化的区隔和拒斥。被认可为“圈内”的主体能加入对话，而“非圈内”的文化则被排斥在圈层的边界外。

②圈层内部特殊语言表达。社群传播“圈层化”意味着圈子内部形成的独特的话语体系，如亚文化圈层内部的一些特殊的网络语言使用，一些“梗”和“模因”，都能构筑起边界，将圈外人隔绝开来。

(3)社群传播圈层化的影响。

①加剧社群与社群之间冲突。

圈层化意味着社群传播形成的特定的文化和制度规训，这些严密的“类科层制”组织结构一定程度上丰富了圈层文化基因，但在内部权力结构固化的约束下，圈子与圈子之间互不来往，彼此廓清圈层的文化边界。

②圈层带来一致行动、协作的可能性。

社群的关系较为松散，但社群传播圈层化则意味着社群内的成员能够更好地被召集，为某一共同目标甚至能够达成协作和一致行动。如“帝吧出征”的事件，就是从原本的社群(百度贴吧)走向饭圈文化(粉丝民族主义)的典型案例。

③信息茧房和网络巴尔干化。

社群传播向“圈层化”发展，对社群的个体成员来说，可能存在一定的负面影响。传播被限制在窄化的环境中，忽视外部信息，甚至有意识地抵抗外部文化，可能会陷入“信息茧房”，感知的环境也走向扁平、片面，而社群传播不断强化“圈层”的区隔，让同质化的信息在其中不断重复、强化，容易形成“身边即世界”的认知。

对整个社会来说，也不利于社会整合，网络巴尔干化愈发明显。社群传播圈层化加剧社群冲突，通过对立的方式强化社群的团结性，加剧群体极化现象，使社群之间的区隔更加明显，群体间的隔阂增加，公共对话与社会整合变得更为困难。

9. 突发公共事件发生，新闻媒体如何进行舆论引导？［中南大学 2024 年研］

答：突发公共事件因其突发性、紧急性对新闻媒体的后续报道和舆论引导提出更高的要求。以下将介绍新闻媒体应当如何在突发公共事件中正确进行舆论引导。

(1)及时公开信息，客观报道，满足公众知情权。

新媒体时代，除新闻媒体外，用户了解信息的渠道更多，但是新闻媒体始终以其权威性、专业性发挥着稳定人心的作用。在突发公共事件中，新闻媒体如果未能第一时间发声，及时与公众同步信息，谣言、虚假信息就会影响舆论，造成负面影响，引发公众的不安、焦虑和恐慌。新闻媒体应当用及时的透明公开，打破信息差，用完整、客观、真实的报道满足公众知情权，抢占舆论高地，及时安抚公众情绪，避免舆论走向情绪化、极化。

(2)主导议程设置，维持社会稳定。

新媒体时代，新闻媒体议程设置的难度更大，但是在突发公共事件之际，媒体仍然需要主动设置议程，给出建设性意见，避免公众因恐慌导致的集合行为、谣言或社会消极情绪的泛滥。在告知受众必要的信息后，主动引导，如疫情期间，新闻媒体给出的非必要不出门，拒绝人群集聚等建议，主动科普防疫的方法并破除关系疫情的部分谣言，都是主动设置议程的体现。主动为公众提出建设性意见，切实为公众办事，才能更好地引导舆论。

(3)畅通反馈渠道，回应公众诉求。

舆论引导需要避免上情下达和下情上达的渠道闭塞，媒体应当注意疏通反馈渠道，保证公众意见能够通过媒体这一桥梁正确传达。“河南郑州暴雨”的事件中，媒体就充分发挥了舆论引导的作用，充分利用社会化媒体平台整合、扩散救助信息，搭建便捷高效式紧急互助平台，鼓励、动员网络用户参与救灾接力，切实回应舆论和公众诉求。

(4)正面引导为主，坚守正确价值观。

新闻媒体始终要坚持以正面引导为主，以正确的价值观引导舆论向好，避免过多负面舆情压倒正向舆论，走向非理性、消极的群体情绪。而及时传达正确的价值观，能够稳定社会，正确引导公众理性、积极应对突发公共事件。央视推出的《最美逆行者》，就展现了面对重大疫情，灾难中的人们是如何用善良、温度积极抗“疫”的故事，为突发公共事件中的公众展现了人性的光辉，引导舆论向着积极的方向发展。

我们正处于“风险社会”，高风险的突发性公共事件随时可能会发生，这也为新闻媒体的报道和舆论引导提出了更高的要求，风险难以预料，但媒体需要坚守正确的舆论引导观念，响应公众诉求，为突发性公共性事件发挥建设性的作用。

三、论述题

1. 媒介融合的问题和未来趋势，用传播学理论和经典案例分析。［北京师大 2019 年研］

答：(1)“媒介融合”的基本定义。

①媒介融合(Media Convergence)最早由美国马萨诸塞州理工大学教授伊契尔·索勒·普尔提出，原意是指各种媒介呈现多功能一体化的趋势。其概念包括狭义和广义两种，狭义的概念是指将不同的媒介形态“融合”在一起，产生“质变”，形成一种新的媒介形态，如电子杂志、博客新闻等；而广义的“媒介融合”则包括一切媒介及其有关要素的结合、汇聚甚至融合，不仅包括媒介形态的融合，还包括媒介功能、传播手段、所有权、组织结构等要素的融合。

②喻国明教授在《传媒经济学教程》中提出，媒介融合是指报刊、广播电视、互联网所依赖的技术越来越趋同，以信息技术为中介，以卫星、电缆、计算机技术等为传输手段，数字技术改变了获得数据、现象和语言三种基本信息的时间、成本及空间，各种信息在同一个平台上得到了整合，不同形式的媒介彼此之间的互换性与互联性得到了加强，媒介一体化趋势日趋明显。

(2)媒介融合的问题。

无论理论还是实践，我国媒介融合发展已有诸多成果。但媒介融合目前在我国仍然是目标理想与现实情况不相配的情况。大量媒体依靠行政手段将旧内容与新媒体平台做简单拼接，内核照旧，影响力十分有限。

①逻辑起点：战略比战术更重要。

互联网真正导致的是：

a. 万物皆为渠道，拥有渠道已经变得不那么重要和关键了。仅仅在有限的传统渠道上“整合”与叠加意义甚小。

b. 传统意义上的“传受”之间的主客关系，已经变为“人人都是传播者”的主主关系。

c. 用户需求层面、消费层面和市场层面的改变及现实才是决定媒介融合的方式与构造的基本出发点。

一个人过去可能看《人民日报》就能通晓天下，今天有微信、微博、论坛等各种各样的媒介，消费层面已经发生深刻的融合改变。媒介融合应该从这个视角出发重新配置资源，这才是问题的关键。媒介融合创新有两种意义层面：一种是从“0”到“1”的创新，一种是从“1”到“100”的创新。从“0”到“1”的创新实际上就是从战略的层面上解决问题，而从“1”到“100”的创新则是从战术的层面上解决问题。在实际发展中所存在的问题常常是，还没有很好地解决从“0”到“1”的创新时，便急着要去做从“1”到“100”的复制和扩张，一拥而上，一哄而散，付出极大量的人力和物力的成本，甚至贻误了对于发展而言至为关键的“最佳窗口期”。从某种程度上说，我们在“媒介融合”的操作上所犯的错误就属于此类。

②平台融合：传统媒体难以维持内容影响力。

互联网时代下，没有任何一种能够称得上引领潮流的主流媒介，是拒绝和排斥新的社会生产力、传播生产力所释放出来的新的传播能量、新的传播形态的。换言之，能否把UGC、PGC、OGC的内容充分地加以利用，能否把社群传播、视频直播、VR等新的传播形态充分有效地纳入到自己的媒介平台中去，是判断一种媒介能否成为新时代主流媒介的最为重要的标准。

目前，我国大量传统媒体都在推动“两微一端一号”的平台融合建设。但真正面临的问题是缺乏对用户需求的思考，将传统内容大量复制到新媒体平台，内容同质化严重，产生了大量僵尸号，面临着有人发布，没人观看的尴尬境地。

③经营模式：媒介融合难以应对市场。

互联网是一种高维媒介，传统媒体在媒介融合与逐渐升维的过程中，其产业模式也发生了巨大的变化。从传媒产业发展的趋势来看，传媒经济运作历程是不断整合关联价值的过程。概括而言，传媒产业经济发展可以分为以下三个阶段：第一阶段传媒产业追求的是规模经济效应，第二阶段是追求范围经济效益，而在互联网的“下半场”发展，表现较为突出的传媒产业经济模式则是第三阶段的集成经济模式。

集成经济是传媒产业转型过程中，突破产业界限、扩张产业价值链的内在逻辑要求。传统的规模经济和范围经济的发展模式都存在规模的临界点。在经济范围达到一定的临界点之后，由于生产、沟通和管理等成本的上升，产品平均成本上升而平均利润下降，边际效益递减，很容易出现规模不经济或者范围不经济。而在互联网“互联互通”特质的作用下，原有的社会半径被大大扩张，开放性成为传媒产业的新属性，对于规模临界点很难实现人为的估量和把控，如果沿用传统的经济模式，则无法避免由于规模扩张带来的负面效应，分散和弱化传媒产业的核心竞争力，最终导致效率下降和收益减少。集成经济则不受困于规模扩张的制约，而是将系统内外的关联资源整合利用，通过结构改造和产品线的拓宽，形成各要素共同联动、协作生产的集成竞争力。

我国自2009年起媒体机构尝试向现代企业转型，同时实行股份制改革，以求上市融资增强竞争力。如人民网于2012年整体上市，是我国媒体改革的里程碑。但是，传统媒体在经营模式改造过程中，步伐缓慢，各方利益错综复杂；更多媒体仍然在走规模化扩张的道路，一味横向铺开铺广，按照流行的“两微一端”去进行全面布局，开展一厢情愿式的集团战术，是用有限的资源在投入一个无限的互联网的市场。在一个无限市场海洋里面，如果生产的内容跟用户毫无关联，让人索然无味，办100万个App也不会有效果。而面对以BAT为代表的互联网企业竞争的局面，如果新优势不足，传统优势又运用不到位，最终就会面临被淘汰的结局。

(3)媒介融合的未来趋势。

①精确用户需求，打造多元媒介产品。以《人民日报》为例，通过微信公众号向用户推送每日睡前故事、换季注意事项、我与妈妈拍张照等精品栏目，极大地革新了往日国家级媒体高大上的路线，贴近受众需求，增强了影响力。

②利用主业优势，培育多元化经营。媒介融合既要考虑如何获得新优势，也要注意如何保持传统优势，利用主业优势，扩大经营面，提高综合影响力。例如浙报集团2005年以来涉入房地产、科技、网游、电商、电影等多种产业，收购边锋和浩方两大游戏平台，将用户规模拓展至3亿；2014年运营“钱报有礼”电商平台，将媒体业务与本地电商业务相结合，全面利用钱江报系与浙报集团资源，进行产业链的嫁接与重构，迸发出诸多的增值点，包括网站、微信商店、实体店。“钱报有礼”首先拓展的是钱报发行公司的产业链。报业发行包含储物、配送等环节，与物流配送的产业链条有诸多相似之处，容易融合在一起。产业链经过延伸，将发行站点改造为电商的线下门店，节省开支的同时更好地实现线上线下相结合的销售模式。它打造的是本地化、垂直化的电商平台，对市场和地域进行垂直划分：市场再以生鲜果蔬、保健品、酒水、家电等为重点进行划分；地域以杭州为中心，拓展到

浙江各个地市，自采自销。

两者的定位都是为浙江本地居民的生活提供资讯或服务。此外，集团的旅游全媒体中心打造“来吧旅行”电商。集团还与阿里巴巴、携程网等互联网公司进行战略合作，并与华数传媒、浙江广电等其他类型的媒体集团达成合作协议，并且浙江新闻客户端还为集团其他相关产业提供平台支持。

③适应分众化、差异化传播趋势，加快构建舆论引导新格局。习近平总书记在2·19讲话中明确指出，媒介融合要新老媒体优势互补，一同发展。加强党在新媒体环境下的话语权，媒介融合要做到受众在哪里，宣传报道的触角就要伸向哪里，宣传思想工作的着力点和落脚点就要放在哪里。这表明，媒体融合从本质上讲关系到党的执政问题，是治国理政、定国安邦的重要环节。

传统媒体与新媒体展现出来的融合态势并不是媒介融合的最终表现，而是其发展过程中的一种表达方式。传统媒体向新媒体进军，是传统媒体顺应时代、勇于突破的表现，也是媒介融合的第一步。媒介融合促进了传统媒体在新网络时代的转型，是大众传播进一步发展的重要技术手段。

在媒介融合的背景下，传统媒体需要转变观念、优化媒体资源、善用多种平台进行多元化经营。同时，媒体记者也要更新观念，敢于创新，重新定位自身角色，时刻提高职业素养，不断学习新的技能以适应新型媒介环境。

2. 融合新闻生产中，新闻价值的判断标准是否发生了变化？［北京师大2023年研］

答：新闻价值并不是一成不变的，而是会随着新闻制度、新闻事业和新闻形态的发展变迁而不断完善。在融合新闻生产中，新闻价值的判断标准发生了变化。

(1)传统新闻价值的判断标准。

新闻价值是事实本身包含的引起社会不同主体共同兴趣的素质，是记者判断事实可否成为新闻的尺度。传统的新闻价值一般包含五要素：

①重要性：指新闻事实对社会和受众可能产生的重要影响。

②显著性：指新闻人物或事件具有引人注目的特征。包括人物显著性、事件显著性、时间显著性、空间显著性等。

③时新性：指新闻发生与报道的时间差越小，新闻价值越大。

④接近性：指新闻事实同受众在地域和心理上的远近程度，分为地理接近性和心理接近性。

⑤趣味性：指新闻中能够激发受众兴趣的事实。

(2)融合新闻生产中，新闻价值的判断标准的变化。

融合新闻是指融合了文字、图片、音频、视频、超链接以及定位系统信息等多媒体产品形式的新闻形态，它是媒介融合的产物，强调借助多种媒介元素来“讲述一个新闻故事”。区别于传统新闻形态，融合新闻作品更重视创意所具备的技术性、策展性、艺术性、互动性以及情感性等特征。融合新闻生产改变了新闻生态结构，改变了受众的阅读习惯和阅读态度，新闻价值的判断标准也随之发生变化。

①时新性向即时性转变。时新性体现了新闻的鲜活度，传统新闻生产要求新闻从业者及时报道新闻事件，在受众接受新闻时，新闻发生时间一般为“昨天、不久以前”。在互联

网环境下，这种价值标准已从“及时性”进化为“即时性”。

②显著性向实用性转变。传统新闻媒体受到容量限制，其传播内容很难做到老少皆宜，而在互联网环境下，由于技术能力的支持，网络媒体内容几乎无限，受众可以根据自己需求寻找需要的频道、信息，事实上，网络媒体依靠数据分析，有选择性地向用户推送其感兴趣的领域新闻，充分满足受众个性需求。新闻“显著性”向“实用性”转变，受众的需求起到了导向性作用。

③地理接近性明显淡化，心理接近性得到增强。在交通日益快捷和信息无孔不入的环境下，空间距离感逐渐消失，因而地理接近渐渐淡化。网络媒体的交互手段使心理距离更加趋近于零，达到了传统媒介甚至不敢想象的效果，因而心理接近性得到增强。

④趣味性向媚俗化转变。趣味性是新闻价值的构成要素之一，受众越感兴趣新闻价值越大。趣味性，一是内容新鲜奇特，二是表达方式引人入胜。互联网环境下，受众的阅读方式由深阅读转向浅阅读，为了在极短时间内让某类新闻受到关注，进而实现眼球经济，发布者往往进行媚俗化和煽情化处理，使新闻内容和形式娱乐化、消遣化。

3. 自媒体环境下政府媒体传播的现状和挑战。[兰州大学2020年研]

答：自媒体又称“公民媒体”或“个人媒体”，是指私人化、平民化、普泛化、自主化的传播主体。政府媒体传播的主体主要是各行政机构，传播目的是提供公共信息与服务，政府传播具有鲜明的组织性、公共性和权威性等特征，起到了传播公共信息、引导公共舆论从而塑造政府形象的功能。互联网的广泛运用和社交平台的迅猛发展意味着自媒体时代的到来。以下将从自媒体环境下政府媒体传播的现状和面临的挑战出发进行分析。

(1)自媒体环境下政府媒体传播现状。

①传播内容丰富，形式更加多样。

在自媒体环境下，从政府媒体传播内容与形态来看，信息、公告、新闻、政治博客、微博、微信等内容逐渐丰富，且表达方式、话语建构也随着互联网的发展而不断改变，媒体借助于图解、漫画、微视频、访谈以及H5等多样化的形式将传播内容呈现在广大用户面前，便于用户理解，推进政务公开。

②政务新媒体积极适应，短视频、公众号等蓬勃发展。

自媒体的发展分割了传统媒体的话语权，在此背景下，政府媒体传播如果仅靠传统媒体是无法有效传达声音的。因此政府媒体需要积极适应自媒体时代，把传播和服务从线下延伸到线上。当下政府媒体蓬勃发展，除了传统的政府官网和政务微博、政务微信，短视频平台也成了新的发力点，进一步扩大了政府信息的传播范围，与用户之间形成了良性互动。

③设置创意活动和话题，展现政府媒体传播特点。

政府媒体传播可以设置新型创意活动内容和话题，以政法类账号为例，其发布的诸如特警、公安部门的日常训练等内容与公众生活半径之间天然存在“位差”，此类视频不仅拉近了受众与政法机构的距离，也在一定程度上满足了受众的求新欲望，使政务短视频在同质化严重的短视频内容中脱颖而出。同时，政府媒体在自媒体环境下的传播使一些偏远地区、基层政府和“冷门”部门可以有机会“逆袭”，通过原创性强的短视频而成为“网红”，为普通民众了解党政机构职能提供了条件。

④入驻热门平台，语态亲切“接地气”。

主流文化形态是国家意识的体现，是一个社会、一个时代受到倡导的、起着主要影响的文化。而抖音、快手等短视频平台大多数是草根的大众文化。主流平台进驻抖音、快手，既从民间文化中吸取了一定的文化要素融入、丰富主流文化。又使得主流文化“接地气”地把握短视频的风向标，具有非常重要的文化价值和标志意义。

(2)自媒体环境下政府媒体传播的挑战。

①组织协作内部沟通不畅导致“信息孤岛”。

一些政府媒体闭关自守，出现不该有的“信息孤岛”。互动是具有互联网开放基因的新媒体区别于其他媒体形态的根本特质，政府媒体可以利用全网络社会生态的行为互动、信息互联、信用互通，但许多政府媒体却在信息枢纽最为交错开放的“传播特区”闭关自守，建设信息孤岛。

②定位模糊，内容宽泛。

目前，一些政府媒体的定位模糊，内容宽泛，力求“大而全”，无法抓住重点，在权威性和趣味性中找不到平衡，账号和单位的形象也难以契合。如抖音平台的政务号“健康临安办”的内容分布中，“健康”相关内容占比不大，更多的是一些城市、警察的形象宣传。作品形式单一、跟风同质化严重，或是走向泛娱乐化，都会对账号的可持续发展带来负面影响。

③运营管理体制不健全，资源缺乏整合。

自媒体时代，信息井喷式爆发、碎片化传播，常常淹没政府媒体传播空间，分散群众注意力资源。当前政府媒体传播的一大挑战是各机构缺乏资源统筹整合，没有整体和长期规划和协作运营，联动发力的整合效果较弱。在涉及政务活动重要舆情和公众关注社会热点问题的“舆论饥渴”面前，某政府媒体发布的时候不能抢占先机，不敢发甚至不让发，常态下的内容发布却无人审核，出现随意发、随性发的现象。此外，政府媒体的考核评价体系、各类激励排行榜单由提供新媒体服务的平台运营商独立操作，对政务新媒体的健康有序发展也存在着极大的误导。

自媒体时代，政府媒体传播的发展经历了从原始积累阶段到定位与塑造风格的阶段，再到目前的全方位发展阶段。目前两微一端阵地的流量红利收紧，政府媒体传播贴近受众、突出个性、注重内容、视听同步、强调互动的优势，极有可能助力政府媒体传播突破既存困局。

4. 材料：慢直播云监工。在饭圈文化和眼球经济的发展趋势中使媒体呈现娱乐化倾向，分析媒体娱乐化倾向对于民众参与公共讨论的影响。[武汉大学2021年研]

答：“饭圈文化”是指由热衷于某圈层的狂热爱好者和偶像崇拜者构建的一种青年亚文化现象。“眼球经济”即注意力经济，指在最大程度上吸引消费者眼球、博得关注，最终实获得经济利益的一种商业行为。在饭圈文化和眼球经济的发展趋势中，媒体逐渐呈现娱乐化倾向，对民众参与公共讨论造成了影响。

(1)正面影响。

①高参与度与强存在感，提高民众关注度。

媒体娱乐化倾向实则为民众提供了高强度的陪伴感和参与感，武汉“火神山”“雷神山”

实时在线观看人数能超过1.15亿人，这种全民参与的氛围感，极大地提升受众的参与意愿。媒体进行娱乐化传播时往往赋予受众二次创造和二次传播的权力，如央视视频武汉火神山医院和武汉雷神山医院建设直播，网友们为施工现场设备起名“呕泥酱”，强调了受众自主编码解码的能力，受众间接掌握了传播的主动权。在这个过程中，受众的参与度和存在感得到了提升，受众不再是一个旁观者，其情感和思想得到升华并高度统一。

②沉浸式参与，满足民众情感需求。

使用与满足理论指出，“受众的心理与社会需求产生于对大众媒介或其他来源的期望，因此不同模式的媒介接触会导致不同的结果，结果是需求的满足”。相较于“单向传播”与“选择性传播”，“慢直播”的镜头无剪辑、无后期制作与加工，原生态展现事物发展，为受众提供真实的现场感、陪伴感。如《疫情二十四小时》展现大家共同应对疫情，能够缓解特殊时期的紧张、焦虑和恐慌。

③破圈层传播，产生不同思维碰撞。

媒体娱乐化在一定程度上消解了传播的壁垒，带动了不同圈层的人互相交流，对圈层文化而言是一次比较大的传播。年龄不同、兴趣各异的人聚集在一起，对同一事件用自己的方式去表达，产生不同思维的碰撞，给受众带来全新的体验。“云监工”实际上成为2020年的一个集体记忆的媒介事件，是不同圈层的一种共鸣。

④饭圈文化情感投射的符码、表征和再创作。

云监工这类直播也将“饭圈文化”嵌入慢直播的实时互动，造就了“云监工”这一独特的媒介事件和媒体仪式，带来类似“粉丝圈层”的沉浸式的情感体验。《疫情二十四小时》中，对施工地物品的命名“送灰宗”(水泥罐车)和“送高宗”(吊车)，起到了标记、意义赋予和承载的特殊功能，是情感参与的再次创作。此外还有模仿饭圈的“网络应援”“后援团”“CP粉”等，激发受众的情感共鸣。

(2)负面影响。

①传播内核消解，泛娱乐化危机。

媒体娱乐化倾向往往导致进行新闻报道时采用更幼态、萌化的网络传播符号来迎合年轻人的表达方式，改变以往主流报道“高高在上”的刻板印象。青年亚文化中“宣泄、倾诉、娱乐、消遣”的话语结构正冲击着传统报道中的严肃叙事。“云监工”的“饭圈文化”情感表达和传播也应该有所限制，避免走向幼稚化、过度狂欢，需要平衡“饭圈文化”和严肃话题，始终坚持对生命的尊重和敬畏，尊重大众情感、坚持正确的价值取向，消解恐慌而非过度消解严肃。

②眼球经济强调的“流量至上”，冲击公共讨论的调控机制。

眼球经济用感官上的吸引和情绪的宣泄吸引注意力，部分情况下甚至传播谣言，影响公众秩序。由于“云监工”的监督主体数量庞大，对于检测平台的综合管理难度较大，导致媒体把关难度增大。加上匿名性的特点，发表言论具有自由性和随意性。上亿“云监工”所造成的强大的舆论场，在缺乏强有力的监管情况下，公共讨论的调控机制面临挑战。

③媒体公信力受损。

《疫情二十四小时》慢直播中“打榜”“唯粉”“团粉”，这种“国难娱乐化”的行为损害了媒体的公信力。“央视频”作为影响力极强的主流媒体，应及时在重大公共卫生事件突发之际进行舆论引导，避免媒体公信力受损。

5．社交媒体在促进健康传播发展的优势与不足，以及如何利用社交媒体进行健康传播。［兰州大学2023年研］

答：健康传播是一种将医学研究成果转化为大众的健康知识，并通过态度和行为的改变，降低疾病患病率和死亡率、有效提高一个社区或国家生活质量和健康水准的行为。新媒体时代，社交媒体成为健康传播的重要渠道，以下将从社交媒体促进健康传播发展的优势、不足和措施角度出发进行论述。

（1）社交媒体在促进健康传播发展中的优势。

①社交媒体扩大了健康传播的普及范围。

网络受众的广泛性决定了以社交媒体为媒介的健康传播受众的广泛性。相较于传统媒介，社交媒体突破原有的时空的限制，极大地提升了健康传播在一般大众中的普及程度，受众想获取健康类信息的难度也大大降低。

②社交媒体降低了健康传播的成本。

健康知识基于微博、微信等社交媒体平台进行广泛传播，健康普及类KOL入驻平台，降低了传播的经济成本、技术成本和时间成本。

③社交媒体提高了公众对于健康医疗知识的认知和接受程度。

原本晦涩难懂、有专业壁垒的健康类知识，通过生动活泼的短视频、长图、文案等形式讲解，公众利用碎片化时间学习，提升知识，满足好奇，算法的个性化推荐也能检测到用户的兴趣，实现精准化的健康传播。

（2）社交媒体在促进健康传播发展中的不足。

①社会伦理失范导致信息质量难以保障。

目前社交媒体中关于健康传播的问题是“多而不精”，与内容指数级增长同步的是参差不齐的质量、耸人听闻的谣言、非专业非理性的舆论，健康传播的信息质量难以保障。传播主体多元，但部分医生、专家知识素养缺乏，道德素养贫瘠，产出质量不过关的“科普”，加剧网民恐慌，甚至违背伦理道德，泄露患者的个人信息，会导致医务人员形象受损，激化医患矛盾。

②政府部门监管作用缺失导致市场失序。

我国目前仍未建立起针对健康知识虚假宣传、恶意制造恐慌、泄露患者信息等社交媒体使用失序现象的完备监管体系，监管漏洞会导致大量同质化、飞沫化、低质量的信息甚至有害信息流入传播渠道，严重的甚至可能导致健康事故。监管缺位不仅意味着商业伦理失范，也可能导致市场失序，导致不良有害信息充斥市场，带有欺骗意味的保健品营销泛滥，虚假医疗宣传铺天盖地，危害公民的健康。

③质量评估体系缺乏导致媒体责任意识淡化。

在健康传播的过程中，社交媒体过度迎合与利用受众的猎奇心理，以公信力为代价使用过度包装、肆意炒作的方式进行健康营销，并未满足人民最为根本的卫生健康需求。媒体责任意识淡化不仅是由于利益驱使，也是由于我国缺乏行之有效的信息质量“把关人”制度（信息质量评估制度）。没有严格的标准与发展的目标，缺失专业的评审机构与评审体制引发了新媒体健康信息传播自由度过高的问题。

④客观环境发展不均导致资源分配不合理。

一方面，经济水平和财力投入是信息资源建设的基础。由于城乡间经济发展水平尚有一定差距造成信息设施的建设状况不一。在信息资源建设层面，农村落后于城市是导致社交媒体健康信息传播的接受率在地域间不均衡的重要原因。另一方面，部分居民对于社交媒体的使用能力以及社交媒体信息的解码能力低于专业人士，这也间接地从传播渠道上造成了健康信息资源分配不均，部分群体被动边缘化与失去参与权的问题。具有接受能力的人群可以有效获得精华信息，规避健康风险，而接受能力较弱人群则因为信息的缺失更容易受到健康风险的威胁。此外，由信息付费导致的传播范围窄、地区不均衡问题也不容忽视。

(3)如何利用社交媒体进行健康传播。

①提高社交媒体环境下社会伦理失范与违法成本。

要以保障健康权益、内容严谨真实、保护患者隐私、风险评估前置为基本原则，逐步建立起政府、媒体、个人等多方认可的社会伦理共识。我国也应尽快构建社交媒体传播特殊类信息的相关法律法规，构建责任认定与处罚制度，以达到有法可依。相关部门可参照信用评级制度，对健康传播的个人与媒体建立评级体系，保存其网络言行以便溯源。对于违反社会伦理共识的个人与媒体提出警告或封禁其账号，对于违反法律法规的个人与媒体给予公平公正的处罚。

②加强社交媒体健康传播监管并建立商业伦理规范。

我国应完善社交媒体信息监管的法律法规并建立相关的监管机制，从源头上提升健康类信息的可信度与科学性。首先，在监管机制中要建立集中统一的管理制度。其次，要建立有效的举报系统并保证其畅通。最后，要在健康信息的产生、加工、传播和接收的整个产业链上建立起完备的商业伦理规范。

③完善社交媒体环境中健康信息的质量评估体系。

在健康类信息发布之前应交由相关部门的委员会进行质量与风险的事前审核评估。评估内容可以从以下几个方面进行考虑：

a. 是否符合伦理学要求，包括是否遵守不伤害、尊重、公正等医学伦理的基本要求与隐私保护、传播效能等媒体伦理的基本要求；

b. 内容是否存在严重同质化现象，是否具有创新点；

c. 内容是否存在使公众产生误解的歧义信息；

d. 是否能达到广泛传播与提升人群健康意识的目标。

④利用新媒体促进健康知识的精准与广泛传播。

在社交媒体平台中，充分利用平台推荐算法，针对用户个人特征与偏好或者患者的疾病发展阶段与需求，针对性地进行传播内容设计，精准传播，最大化地满足各类群体的健康信息需要，例如，对于老年人可以使用地区方言传播简单实用的保健知识，提高传播的亲切感与实用性。在网络平台上也要建立“反信息茧房”机制，避免产生用户接受信息固定化、单一化的问题。

6. 请阐释“智能媒介素养”的概念，以及提升全民智能媒介素养的策略。[深圳大学2023年研]

答：媒介素养是指在人们面对不同媒体中各种信息时所表现出的信息的选择能力、质疑能力、理解能力、评估能力、创造和生产能力以及思辨的反应能力。智能媒介素养就是指在智能机器构建的新媒介环境中，受众正确地、建设性地使用智能传播资源，能够充分利用媒介资源完善自我、参与社会进步，同时规避被机器控制、异化风险的素养和能力。提升全民智能媒介素养的策略主要有以下几个方面：

(1)算法素养：化被动为主动。

①对算法风险的识别、抵抗的意识与能力。

a. 对人的“囚禁”风险。算法对人的“囚禁”可以体现为对人的信息获取范围的限制，以及由此带来的对认知的禁锢，也可以体现为各类关系建构中的控制，对人们的劳动、生存状态的影响，对人的社会位置的限制、对人们行动的监视与控制等。对于算法带来的劳动或生存中的囚禁风险，对新媒体平台、各类应用算法的机构的权力进行约束是帮助人们减少算法禁锢的核心。用户需要通过对自己权利的认识及伸张，对平台或机构施加压力，促成算法应用中的纠偏。

b. 隐私侵犯、安全威胁等风险。要对抗算法带来的这类风险，一方面需要了解算法运作的原理；另一方面需要对算法相关的个人权益有更清晰的认知。在算法素养的培养中，用户自身的学习与实践是最基本的方式。同时，媒体或自媒体进行相应的知识传播，教育体系提供一定的课程指导，同辈、家人等提供帮助与支持等，都是算法素养培养的重要方式。对于老年人的算法素养的形成、代际智能鸿沟的缩小，“后喻文化”更是一条关键路径。

②对算法思维的批判性应用。对于算法思维的批判性应用，不是指简单的批判，而是指在合理的范围内、在恰当的情境中、在保证算法与数据质量的前提下，对算法相关思维的接受与应用。这是需要长期学习和实践的过程。

(2)人机协同素养：谋求“增强”、抵抗“削弱”。

①赢得机器“增强”效应的能力。

a. 为机器提供好的学习对象或资源的能力。人要借助机器获得能力的提升，前提是机器具备相应能力，而智能机器能力的提高，往往依赖机器学习，这种学习是以相应资源或模板为基础的。人们如果期待机器呈现出明晰、优雅、理性的表达，就需要随时为机器做好榜样。人对学习对象的判断与筛选仍是重要的。

b. 对机器的指挥与调教能力。在机器面前，人还要学会提出问题、下达指令、设定目标。智能技术只是创作工具，自身没有创作目标，它们的力量能否激发、在多大程度上激发，取决于人们为它设置的问题、任务与目标。人们需要用机器的思维与模式发出指示，这也需要人对机器的适应能力。指挥机器完成某一任务需要对其进行反复训练，或持续对话，使机器理解目标，完善细节，优化效果。

c. 辨识力与判断力。在对机器的错误进行辨识的基础上，人还需要具有进一步的判断与决断力，这不仅是对机器生成内容质量以及必要的校正方向的判断，也是对什么情况下需要机器、什么时候需要摆脱机器的判断。

d. 想象力。机器在某些方面会打破人们思维的旧模式，但同时又会带来新的套路，如果人们只是简单地运用机器的既有模式，也会很快走上机械化、程式化的道路。机器套路的破解和潜力的挖掘，仍要靠人的想象力，要保持这种想象力，人也需要不时地离开机器，回归传统的思维。在具备以上能力的同时，人对机器利用的边界与限度把握，也是人机协同素养的体现。不顾道德、伦理的底线，追求极致的“增强”，也可能带来巨大的风险。

②对抗机器“削弱”风险的能力。

a. “捷径”与“弯路”中的取舍。由于机器的加入，人们在到达某个目标时更容易走捷径，无论是获取知识，还是完成工作。从效率角度看，这样的捷径是人们需要的。但是，如果任何时候人们总希望通过机器走捷径，人生的经历、经验会被大大削减，人们应对复杂处境的能力也会被削弱。人们需要学会判断哪些时候可以利用机器的“腿”走捷径，哪些时候有必要用自己的“腿”亲历，什么样的路径可以获得什么样的收获。

b. “近”与“远”的兼顾。一方面，指时间上的近与远。人们既有近在眼前的任务，也有遥远的目标。机器可以帮助人们完成眼下的任务，但并不知道人们未来的目标何在，人自身需要思考与拿捏好近与远的关系，实现两者的兼顾，避免迷失大方向。时间上的近与远也可以体现为即时报偿与延时报偿。人们要平衡好当下任务与远期目标的关系、即时报偿与延时报偿的关系，人也需要协调好工具理性与价值理性的关系，以及机器效率与人文关怀的关系。另一方面，指空间的近与远。机器带来的远方，是对人的连接能力的扩张，但这种远方很多时候只在虚拟空间里存在，虽然远方的连接可以带来一定的精神满足，但如果人们只看到或沉溺于远方，而忽视附近，人们在现实生存中的某些能力也可能被削弱。人们应该学会对此作出正确的判断。

c. 连接与反连接之间的平衡。人与机器的协同，很大程度上依靠人与机器之间的连接，但这种连接容易带来人对机器的习惯性依赖，人们独立完成任务的能力因而下降。如果人们希望能保持自己作为人应有的能力，就需要在适当的情况下与机器断连，甚至有意识地对被强加的连接进行反抗。

(3)人机交流素养：自我与他者的兼顾。

①人机交流中对机器“他者”的尊重与“他者伦理”。让机器成为独立的交流他者，赋予其像人一样具有他者的地位与权利，是人机交流的基本伦理。尊重机器他者，接受来自机器的挑战，可以让人们打破自身的局限，获得更多交流能力的训练。同时，作为机器的参照与榜样，人对机器的尊重，可以引导机器的行为向积极方向发展，使交流更为顺畅。人机交流中“他者伦理”的践行，也会为人际交流提供经验与借鉴。

②人机交流中的“自我”认识能力。与人际交流中作为他者的人一样，人机交流中作为他者的机器，本身也是一面镜子，可以反映人的“自我”。但如果交流本身是不平等的，机器所反映的“自我”也会产生变形。如何认识机器这面镜子呈现的自我形象，发现其中的扭曲，是人机交流进入深层后，人们越来越容易面对的一个挑战。

(4)智能背景下的权利意识：权益保护与风险对抗。

①个人数据权益与权利。智能时代数据应用的大规模使用，离不开个人数据，也因此产生了个人数据权益这种新的权益类型。个人数据上存在多重利益相关者，这些利益相关者的利益性质不尽相同，这使得个人数据的利益协同变得异常复杂。不能依赖传统的“赋权 + 限权”模式来解决个人数据上利益协调问题，而是需要用处理多重利益的治理体系。而在其中，个人对自己的数据权益、权利的内涵的认识，以及自我保护手段，也是必要的一个方面。

②个人生物识别信息的相关权利。近几年出现的深度伪造技术也使得人的生物特征相关的权利问题更为醒目，个人生物特征包括基因、指纹、掌纹、虹膜、声纹以及面部识别特征等。保护个人权利，就需要在法律对于哪些组织或者个人、在哪些场合可以收集人脸等生物识别信息做出明确的规定，并明确禁止任何单位或个人随意收集个人生物识别信息。系统的法律知识普及，也是提高用户相关素养的重要途径。

7. 有人认为，在社会化媒体时代，在社会沟通和舆论引导方面，“动之以情”重于“晓之以理”，你怎么看？［北京师大 2018 年研］

答：在社会沟通和舆论引导中，“‘晓之以理’远远不如‘动之以情’”，是喻国明对于当前网络舆论治理问题的两个基本看法之一。这种看法是针对目前我国在处理舆情危机时所存在的问题而提出的，我认为有一定的道理。具体分析如下：

(1) 在摆事实、讲道理之前，首先要解决立场问题、感情共知问题和关系认同问题。

从政府的角度说，我们目前在针对舆情处理的基本方式上有一些误区，具体表现在：试图想要通过摆事实、讲道理的方式来解决问题。但实际上，如今摆事实、讲道理是解决不了沟通和引导问题的。当下是一个多元化的社会，不同的人，从不同的角度，看到的是事实的不同方面。每个族群都有自己观察事物的角度，以及捍卫自身利益、表达自身主张的严谨的逻辑，这是多元化社会的基本特点。因此，仅仅通过摆出一部分人所认定的事实、逻辑或道理，是很难被其他人所接受的。

因此，让舆论“入耳、入脑、入心”的社会前提条件，是必须要与聆听者产生情感共知和关系认同，只有当传受双方是志同道合的伙伴时，才能实现真正的交流和沟通。换言之，在摆事实、讲道理之前，首先要解决立场问题、感情共知问题和关系认同问题，这是社会沟通、舆论引导起效的最为重要的前提和基础。

例如，几年前当英国考虑是否对伊拉克撤军时，英国的政治家们多方各执一词，议案难以通过。主张从伊拉克撤军的《卫报》在自己的网站上做了一幅可视化的伊拉克的地图，采集了大约 4800 条从伊拉克反馈回来的战事伤亡报道，每个报道就是地图上的一个血滴，用交互的方式表现了英军、美军以及其他国家军队在内的参战伤亡情况。这产生了一种巨大的情绪的力量，立刻将英国舆论击倒。一个多星期后，撤军议案在英国议会无悬念通过。这不是道理、逻辑的取胜，而是情感力量的取胜。大数据的可视化技术，把逻辑的力量转化成了情绪和情感的力量，比讲道理更有效地说服了大众和政治家。尽管这个决策本身未必是正确的，但显然，立足于情感比单纯地讲道理更具备说服力。

(2) 舆论工作者应争取到更多人对政府的认同和亲近，积累情感资源、关系认同和价值认同，赢得人心所向。

当下，我们的很多舆论引导、化解工作并没有放在立场、情感和关系认同上，而是执着于正面舆论还是负面舆论的定性。通常情况下，认为支持政府的、为政府唱赞歌的就叫正面舆论，而给政府提意见，或者说是基于某些突发负面事件的、对政府的正面形象有某种程度损害的就是负面舆论。

然而，这本身就是一种政治上的不正确，因为作为舆情的管理者，如果不能用本事而只能用本能来做出反应，喜欢赞美而反感批评的话，这是不行的。如果站在一个领导者、社会观察者、把握者的角度来看，任何一个大面积流行的舆论背后，一定有人心公道在做支撑。表面上看，这种舆论是带有情绪的，说话也未必客观准确，但是如果它能够获得很多人的认同和支持，那么这其中一定有社会的正能量，一定有大家所公认的公道和正义。

所以，作为一个舆论管理者，既要看到舆论表面的荒谬、偏激、情绪化，但更要看到的是舆论背后的人心公道和社会正能量。

概言之，在处理任何舆情危机时，首先的目标不是简单地镇压、维稳，消除表面的舆论张力。而是要通过问题的解决、通过舆论的应对来争取人心。每一个舆论化解工作都应该争取到更多人对政府的认同和亲近，从而积累我们的情感资源、关系认同和价值认同，赢得人心所向，这才是做舆论化解工作的根本目的。所以，争取人心才是舆情工作的重中之重。如果做舆情工作之后，没有得到人心，反而丧失人心了，那这个舆情工作就是失败的、不成功的甚至负效果的。

8. 谈谈新媒体环境下的新闻专业主义。

答：新媒体是指借助计算机或具有计算机本质特征的数字设备传播信息的载体。新媒体具有以下特征：传播与更新速度快、成本低；信息量大、内容丰富；低成本、全球传播；检索便捷；多媒体传播；超文本；互动性。

新闻专业主义是在西方长期的新闻实践中形成的新闻思想观念，其基本理念为：新闻工作有专门的要求和规范，需专门的知识和技能，要以尽可能高的专业水准服务社会和公众。从实践看，新闻传播具有传递信息、交流意见、整合社会、制约权力等重要功能。要很好地发挥这些功能，新闻工作者必须有高度的新闻职业精神和专业水准，尽可能客观地报道有价值的新闻，以反映真实、揭示真相、彰显真理。为此，必须排除各种干扰，包括主观性的干扰、传者利益的干扰和社会环境的干扰。因而要遵守新闻职业道德和专业规范，忠于事实，客观公正，防止误导受众、新闻侵权或被利益集团不当利用。

在新媒体环境下，新的新闻生产、传播模式一方面对新闻专业主义提出了挑战，另一方面也为新闻专业主义的实现增加了操作上的可能性，在新媒体时代，新闻工作者与有关方面应当共同努力，坚守和重建新闻专业主义。

(1)新媒体环境对新闻专业主义的挑战。

①由于公民记者的参与，新闻报道中出现大量不专业、不合格的信息。公民记者不同于专业培训的新闻工作者，缺乏新闻专业主义在道德层面和能力层面的双重要求。公民记者对于新闻职业操守和道德的认知，以及对新闻传播的认知、思考和报道事件的方法、能力都与职业记者有较大的差距。这导致了公民新闻的质量没有保证。

②把关人角色的缺位。新媒体时代，传统媒体所扮演的把关人角色随着传播者门槛的降低和传播者的增多而逐渐淡化。很多信息已经不需要经过专业新闻从业人员的过滤和选择，可以直接传递给受众。把关人角色的缺失，使得信息在传播过程中数量激增的同时质量骤减，互联网上传播的任何一条消息都有可能遭到主观意识的折射和歪曲。

③非理性化舆论倾向的不确定性增加。以传者为主的新闻生产格局向受众为主的生产格局转型，商业主义的势头又悄然升起。在受众为王的时代里，网民情绪化、个人化的倾向值得关注和警惕，更要谨防网络舆论引起的媒体审判的危害。

(2)新媒体环境给新闻专业主义的实现所带来的机遇。

①从某些方面打破了政治、经济因素对媒体的操纵。新闻界所受到政治控制是多方面

的，政府组织通常通过新闻检查制度、发言人制度来控制媒体的舆论导向，一般新闻媒体也会有政治把关，使一些敏感话题很难见诸报端。由于新媒体为信息的传播创造了更多的渠道，而且信息的传递迅速，使得无论政治因素还是资本因素都难以控制新闻界，因为需要控制的源头太多，很多时候根本无从下手。如此一来，外界因素影响得越少，媒体越能客观公正地报道事实，而不再受制于某种力量。

②信息传播渠道增加，报道客观性增强。报道的角度、报道的评论相应增加，使得事情本身从多个角度多个方面被呈现出来。即使这些信息中有不真实的地方，经过多人的检验，事实的真相也会呈现在公众面前。越是接近事实，那么就越是接近新闻专业主义所要求的客观公正。

③公民记者出现更接近事实真相。公民记者来自社会各个阶层，对他们而言，新闻就是生活。他们通常都是用生活中的“第一手资料”传播信息，尤其是在某些突发性事件发生后，专业记者拿到第一手资料的可能性非常小，而广大公民记者的出现弥补了这一空缺。同时，因为公民记者并没有顶着记者光环，在某种意义上，他们对于事实的报道反而少了一些顾虑和禁忌，少了一些干扰和诱惑。某些情况下，他们比职业记者更有可能接近事实的真相。从这个角度出发，公民记者与职业记者互为补充，相互促进，将触角最大程度地伸向社会的各个角落，共同挖掘真相，行使正义。

(3)新媒体环境下新闻专业主义的坚守与重建。

①重新定位新闻专业化。在新媒体环境下，新闻专业化不应只是对新闻记者的操作提出专业性要求，而应当拓展至更多方面。媒介管理需要专业化，权力机关要针对新媒体环境出台专门法律法规，规范新媒体环境下媒体行业的各种行为。媒介队伍需要专业化，记者需要经过严格的培训和筛选，掌握新媒体报道技术的同时加强新闻专业主义的培养。受众参与也需专业化，当新媒体出现舆论偏差时，传统媒体要用权威的声音对其进行引导，使受众参与更加和谐有序。

②政府主导下对新闻专业主义的扶持。政府作为公众加强传媒素养的主导力量，应该鼓励公众更多地接触新媒体技术，从多种渠道获取自己想获得的信息，尽可能完善公众传播设施。同时政府还要加强法律宣传，尽量减少新闻媒体的“失律”现象，以法律的形式规定什么是不能做的，还公众一个明净的大众传播环境。

③加强对信息的把关，坚持正确的舆论导向。网络传播的匿名性，使得网络传播中的非理性的集合行为更加容易产生，对于这种情况，新闻工作者除了要客观公正地报道事实，保障公众的知情权，还要通过事实渗入理性的观点，削弱负面情绪的影响。媒体要对事实加以客观、理性的分析，缓解过激情绪，避免受众在集体无意识下做出过于偏激的行为。

9. 后真相时代，新闻真实性遇到了哪些挑战？［华中农大2023年研］

答：后真相(Post Truth)时代，新闻真实遭遇了前所未有的挑战。后真相时代的核心内涵是人们不顾客观的事实标准，根据情绪、情感和主观的感受进行价值判断。《牛津词典》将其解释为“诉诸情感及个人信念，较陈述客观事实更能影响舆论的情况”。“后真相”代表的更多强调的是对“真相”的态度，而非真相本身，它是一种对情绪的反映。

新闻真实性是指在新闻报道中的每一个具体事实必须合乎客观实际，即表现在新闻报道中的时间、地点、人物、事情、原因和经过都经得起核对。真实性是新闻的生命，离开了新闻真实性，新闻就失去了其本身的意义。但是，随着“后真相”不断强化“情感优于事实”的真相建构逻辑，削弱了传统客观真相主导社会共识的力量，也为新闻真实性带来了一系列挑战。

(1)传播主体多元化诱发的挑战。

新媒体技术的出现及发展，使社会个体拥有了更大的话语权，自媒体的涌现，网民对自我发声权的重视，以及商业媒体的出现，这使得新闻信息的生产与传播愈发多元。而这种社会媒体环境的改变，也导致大量虚假、伪造、不实信息大量传播、转载，甚至部分信息成为专业媒体的信息来源，若新闻媒体不加强信息监管、核实，仅仅是参与加工、转型，将导致不实新闻信息大范围传播的恶果。

(2)追求时效与信任异化并存的挑战。

在后真相时代，公众更多地停留在对于新闻本身的情感消费上，更多关注的是情感表达，而非新闻真实性与否。在市场经济环境中，媒体行业既需要保证信息的权威性，又要追求信息的曝光度，加之复杂信息对行业的干扰，使部分专业媒体面临两难的境地，并且受众面对海量的信息，无形之中增加了信息甄别的难度，难以对每一条信息都进行核实，因此给假新闻的滋生提供了温床。

(3)碎片化传播，新闻真实难以保证。

在后真相时代，信息迭代的速度不断加快，受众对于一个问题的持续关注周期变短，信息传播呈现碎片化，事实大多来自于拼凑与转发，新闻真实成谜，谣言流言四起。在传统新闻生产过程中，新闻真实性往往是一个呈现过程。而在后真相时代，受众对新闻热点事件往往呈现“刺激—反应”的模式，这破坏了新闻真实性的呈现过程，使得信息成为“消费快餐”。

(4)传播范围圈层化，真相难以破圈。

互联网赋权使得网络话语权下沉，基于各种社会关系形成了多个舆论场域的圈内传播。在以情感牵连的圈子中，真相往往被遮蔽，新闻的真实性被受众的圈层化情感所代替，同时容易形成信息茧房，导致受众更愿意相信与自身情感立场相符合的信息，与情感相悖的新闻真相难以进入圈内传递，并且群体极化现象也容易对新闻真实性造成破坏。

(5)反转新闻影响社会信任。“后真相”时代，真相和情感之间的争议、情感和观点之间的矛盾一直都客观存在，其所传播的内容大多数情况下都融入了主观情感。随着后真相时代的到来，真实性让位于情感性，新闻真实性不断在反转新闻、虚假新闻中被解构，真相变得飘忽不定。新闻反转是后真相时代的一个特点，它体现了真相的不确定性、事实的模糊性以及冲突的戏剧性。似乎每一条新闻都能够成为“潜在反转”的温床。

10. 现实中循规蹈矩的人却可能成为“网络暴民”，论述形成原因及其应对策略。[北京工商 2019 年研]

答：网络空间是用户相对能够自由表达公共意见的平台，维护其中的言论自由有利于保护公民的发言权，然而过度放纵的自由则会导致网络暴力现象愈加严重，现实中循规蹈矩的人在网络中由于其自我束缚感下降，也可能成为“网络暴民”，给他人和社会带来危害。

网络暴民是这个时代的产物。网络暴民只存在于虚拟世界中。网络暴民的武器是键盘，话语是利剑，也许他们没有在现实生活中做出实质性的伤害举动，但是网络暴民的行为的恶劣影响在于对事件当事人造成心理或生理上的伤害。简单来说网络暴民就是在某一网络事件爆发后自发对该事件及当事人使用网络暴力攻击的网民群体。

(1)网络暴民的形成原因。

①网络虚拟空间的匿名性使人们可以一定程度上摆脱道德约束，人们能够在网络上“表演”出与现实世界截然不同的情绪化角色。

②创造网络暴力的成本低下并且该行为一般不可追责，网络技术保护了人们的发言权，也降低了暴力发言的门槛，使网络成为人们现实情绪的宣泄口，促使网络暴民的出现。

(2)网络暴民的应对策略。

①培养网民的媒介素养，网民既是信息的传播者又是信息的生产者，提升网民素质是提高网络使用道德的基础。

②加强立法监管，网络不是法外之地。近年来网络暴民引起的惨剧屡见不鲜，相关机构应尽快完善法律政策，及时追责网络暴行。

11. 在媒体融合时代主流媒体如何增强引导力？［复旦大学 2019 年研；湖南大学 2019 年研］

相关试题：论述我国媒体深度融合发展的意义和要点。［中传 2022 年研］

答：媒体融合包括一切媒介及其有关要素的结合、汇聚甚至融合，不仅包括媒介形态的融合，还包括媒介功能、传播手段、所有权、组织结构等要素的融合。也就是说，媒体融合是信息传输通道的多元化下的新作业模式，是把报纸、电视台、电台等传统媒体，与互联网、手机、手持智能终端等新兴媒体传播通道有效结合起来，资源共享，集中处理，衍生出不同形式的信息产品，然后通过不同的平台传播给受众。

媒体融合时代，随着新兴媒体快速发展，资讯传播渠道多元化，越来越多的年轻人习惯在新兴媒体上获取资讯和观点，传统媒体未能及时调整新闻传播观点，创新传播方式，导致对新闻舆论的引导力呈下降趋势。因此，主流媒体应该顺应新趋势，增强引导力。

(1)贴近现代传播，实现理念创新。

由以传播者为中心变成以受众为中心。大数据背景下，电视等传统媒体发展的关键，在于强化互联网思维，加大运用新技术手段，平等交流、互动传播、注重用户体验，满足多样化信息需求。广播、电视等主流媒体要发挥在信息采集核实、解读等方面的优势。要坚持以用户为中心，依托强大的采编力量、权威的信息渠道，打造互动性好、体验感强、多元呈现的优质新闻产品。

(2)贴近受众需求，推动内容创新。

面对移动互联网时代媒体生态的变化，要坚定内容为王的意识，以优质节目带动主流媒体引导力的全面提升。

①遵从传播低姿态——坚持主动接地气。在多元媒体竞争的背景下，主流媒体要想赢得受众的喜爱，必须放低身段，坚持以用户为中心策划报道。主流媒体在媒体融合过程中要讲究方法，既要注意音准的“上调”，也要注意触点的“下沉”。要以服务群众为重点，贴近发现群众生活中的需求和亮点，同时针对互联网生态环境，认真研究网民的特点和需求，了解网民的心态和接收方式，特别是抓住与他们的生活息息相关的内容，调动公众的参与热情。

②不断改进话语形态——呈现方式更灵活。纵观我国整个舆论生态，“官方无个性”的时代已悄然结束，换句话说，靠单向信息输出而引领舆论的方式，正逐步被平等交流所取代。在新的传媒格局下，主流媒体应摆脱“板起脸说话”的形式束缚，以平等、开放等赢得观众好感。

③坚持核心价值观——旗帜鲜明弘扬正能量。在一个报纸、广播、电视、互联网共生的媒体系统中，真实信息与虚假信息并存，有效信息与无效信息混杂，能否通过比较，为普通受众筛选出真实有效的新闻，帮助他们准确了解信息，处理各种问题是衡量新闻工作者职业素养和水平的标准，也是获取受众信任感、认可度的重要途径。负面新闻过多，正好迎合了审丑心理，容易导致人们产生偏颇观念，不利于良好社会氛围的营造。

(3)尊重融合传播规律，打造多元化传播新机制。

传统媒体与新兴媒体融合，优势内容必不可少，同时也需要先进传播技术作为支撑。随着媒体融合新技术的不断应用，发布、传播效率大幅提升，渠道、场景碎片化，多平台到达成为必然趋势，融合+直播、在线互动等成为新的信息传播方式，最后形成用户聚集和传播延伸，重塑了媒体运作流程，带来了更高效的内容生产，更精准的用户接触、到达、互动。

总而言之，新时代传媒格局下，新技术、新术语、新模式扑面而来，让人应接不暇。作为主流媒体，要认清新型传播发展形势，进一步增强危机感；同时，进一步认识和把握新的传媒规律，以新的理念、新的产品、新的传播手段，努力创新业态，在新时代新征程上发扬传统媒体的固有优势，切实提高主流媒体的引导力，夯实舆论阵地，为国家发展大局、民族伟大复兴提供良好的舆论氛围。

第九章　网络重塑的文化

9.1　考情分析

本章主要介绍了网络文化、网络中的亚文化人群和网络孕育的典型文化；考生需要重点掌握粉丝与饭圈、粉丝民族主义、亚文化群体、自拍和美图及其背后的传播学原理。

本章与教材第四版的内容有部分重合，学生需要重点记忆网络文化的定义、亚文化的特点、文化区隔、文化资本、凝视与镜像理论的相关概念。其中，亚文化人群部分、有关粉丝文化研究的内容是考试重点，是大众流行文化最重要的考点之一。表情包、美图、自拍内容可结合论文进行进一步理解学习。在学习这一章节时，可以结合具体案例进行理解。

9.2　复习笔记

【知识框架(庖丁解牛)】

- 网络重塑的文化
  - 网络文化的概述
    - 网络文化的内涵
    - 网络文化的构成层面
    - 网络文化的特质
  - 网络中的亚文化人群
    - 亚文化群体的形成
      - 亚文化群体的汇聚模式和形成动力
      - 文化个性、文化区隔与文化资本
      - 身份认同、群体归属与社会资本
    - 黑客
    - 二次元
    - “粉丝”与“饭圈”
      - 从追星族到粉丝
      - 从粉丝到饭圈
      - 粉丝民族主义
      - 粉丝经济
  - 网络孕育的典型文化
    - 网络语言
      - 网络语言的分类
      - 网络语言的特点
      - 网络语言使用的社交动因
    - 表情包
      - 作为密码的表情包
      - 作为标签的表情包
      - 作为社交表演面具的表情包

- 网络重塑的文化
  - 网络孕育的典型文化
    - 自拍
      - “在场”与“缺席”
      - 自拍与自我建构
      - 自拍与自我认同
      - 自拍：权力规训 VS 自我规训
    - 美图
      - 技术赋权“虚拟颜值”
      - 幻象与现实
      - 镜像与凝视
      - 文化消费与“驯化”
    - 恶搞和鬼畜
      - 恶搞
      - 鬼畜

【考点难点归纳(厚积薄发)】

考点一：网络文化的概述 ★★

1. 网络文化的内涵

网络文化是指以信息技术为基础，在网络中产生和传播的文化产品和文化活动。它是社会文化在网络中的延伸和多样化表现，网络空间中的信息、现象、活动都具备文化方面的意义，因此，网络文化是综合性的文化现象，兼具文化的一般共性和网络的特殊性，是多元主体于网络平台互动的过程和结果的合集。

2. 网络文化的构成层面(见表9－1)

表9－1 网络文化的构成层面

要点	具体内容
网络文化行为	指人们在网络中的行为和活动，这是网络文化其他方面形成的基础
网络文化产品	指个人用户或组织机构利用网络传播的各类文化产品，例如表情包等
网络文化事件	指网络中出现和传播的一些具有文化意义的社会事件
网络文化现象	指因网络用户的行为或文化产品等出现某些共同特征而引发的特定的文化现象
网络文化精神	指网络文化的内在价值取向与特质
网络文化产业	是信息技术与文化创意产业形态的融合，包括数字游戏、互动娱乐、影视动画、立体影像、数字学习、数字出版、数字图书馆、数字表演、网络服务、内容、软件等
网络文化制度	网络文化可以助推社会制度发展，也可以改变甚至变革社会制度
网络文化秩序与格局	指网络文化不同主体之间形成的关系和秩序，以及不同层次文化之间的关系和态度

3. 网络文化的特质(见表9－2)

表9－2 网络文化的特质

要点	具体内容
开放性与流动性	①技术门槛低，参与主体多元，交流对话更加通畅无阻、开放包容。 ②文化产品、内容、话语不断变化发展，处于动态变化中

续表

要点	具体内容
参与性与集群性	①个体积极参与，文化焕发活力。 ②文化于群体中酝酿，群体力量助推网络文化的影响力增长，群体互动也会导致群体心理
多元性与分权性	①主体多元：准入门槛低，主体话语权相对平等。 ②形式多元：出于兴趣，自主选择表现形式。 ③价值取向多元：政治、文化、道德、审美等方面的取向多元化。 ④多元主体话语权相对平等，但也会出现中心化的情况。 ⑤是对原有文化格局的冲击和分权
亚文化性与部落化	①网络文化是小众的、特定群体内的文化，与主流文化相对。 ②网络文化也分化成大小部落，个体依照兴趣、身份等进入不同的部落，部落具有一定的文化凝聚力

考点二：网络中的亚文化人群 ★★★

1. 亚文化群体的形成

(1)亚文化群体的汇聚模式和形成动力(见表9-3)

表9-3　亚文化群体的汇聚模式和形成动力

要点	具体内容
汇聚模式	①结合紧密且具有群体意识和集体行动力的群体； ②边界清晰、区分内外的圈子； ③结构松散但主题明晰的社区
形成动力	①文化个性、文化区隔与文化资本；②身份认同、群体归属与社会资本

(2)文化个性、文化区隔与文化资本(见表9-4)

表9-4　文化个性、文化区隔与文化资本

要点		具体内容
文化个性		文化个性的区分维度多元：符号使用、价值倾向、观点态度、行为习惯甚至衣着外表
文化区隔		①文化个性成为文化区隔的标志，区隔主流文化与亚文化、不同的亚文化群体。 ②亚文化彰显文化个性，成为身份标识并反过来形塑规训人的行为
文化资本	提出者	布尔迪厄
	与文化个性的关系	特定条件下，文化个性可以转化为文化资本
	三种形态	①一套培育而成的倾向，是一种身体化的文化资本。 ②以涉及客体的客观化形式存在，如书籍等。 ③以机构化的形式存在，主要指教育文凭制度
	两个传承场所	家庭和学校。二者作用在网络时代有所削弱，“家庭”表现尤为明显
	“趣味”[文化区隔对文化资本的影响]	①网络圈群对文化资本的影响在“趣味”方面尤为显著，“趣味”映射出结构性的人群区隔和资本积累程度。 ②当社会阶层分化程度加深，趣味区隔的要素多元，划分也更加细致。 ③趣味维系亚文化圈子和群体，划分边界，满足成员心理，获得文化资本。 ④亚文化选择是一种社会定位，对于年轻群体来说，“亚文化”反而是主流

续表

要点	具体内容	
文化资本	文化资木的竞争场域	①文化资本也是权力的象征，在特定场域中进行竞争。 ②场域[布尔迪厄]：围绕特定的资本类型或资本组合而组织的结构化空间，为资源的竞争提供空间。 ③过去普通人难以参与，竞争者以知识分子为主，网络为文化资本提供新的竞争场域，普通人也能参与其中

(3)身份认同、群体归属与社会资本

亚文化群体通过加入共同体，来明确自己作为群体的一份子，认同自己具有群体的一般特征，拥有从属于该群体相较于其他群体的荣誉感，参与到共同的行动中，发挥出自己的价值。有时会为了维护集体荣誉和自己的地位，参与到群体间的竞争中。

2. 黑客(见表9-5)

表9-5 黑客

要点	具体内容
特点	①具有自由不羁的精神[精髓]。 ②反传统、反权威、反集权。 ③分化严重，逐渐演变为社会安全的威胁
意义	折射互联网发展进程和精神演变，从早期理想化的自由国度，到如今成为现实社会的映射下多元要素混合的场域

3. 二次元(见表9-6)

表9-6 二次元

要点		具体内容
二次元	定义	日本的动漫、电子游戏爱好者用“二次元”指称动画、漫画、电子游戏所创造的虚拟世界、幻象空间
	叙事特点	①审美趣味相似，强调“萌”和“燃”。 ②着眼日常琐事，摒弃宏大叙事。 ③独特语言体系
	消费	①既包括内容消费，也有实体产品(周边)消费。 ②非被动的消费者：文化忠诚度高，消费能力强，信息检索、自我表达能力强
	文本生产	①“同人文化”：基于内容本身的再创造，是一种“为我所用”的转化。 ②内部圈层的权力机制：产消过程、知识积累影响粉丝在社群中的地位
模因	提出	1976年，理查德·道金斯于《自私的基因》中提出
	定义	模因是在大量的模仿复制中发展的一种文化基因
	发展过程	①最早被语言教学领域和翻译领域的学者采用借鉴。 ②网络时代的语言形成过程也是模因，是自发的、病毒式的扩散
	与二次元的关系	成为二次元亚文化群体的标签，划定边界，二次元内容生产的过程中，模因适配度高，复制和模仿都相对容易

续表

要点		具体内容
次元壁	定义	指区分"二次元"和"三次元"的次元之壁，壁垒内部的亚文化圈层封闭、自给自足
	主流化	亚文化会走向被主流文化收编的必经之路，如"二次元民族主义"，从去政治化到再政治化，但其文化壁垒并未就此消解

4. "粉丝"与"饭圈"

(1)从追星族到粉丝

相比"追星族"，粉丝的能动性更强，对偶像的作用越大。网络对粉丝群体的形成至关重要，将个体集结为群体，为粉丝的"文本生产"和"文本交换"提供了充分的资源与传播平台。

(2)从粉丝到饭圈(见表9－7)

表9－7 从粉丝到饭圈

要点	具体内容
饭圈	偶像的粉丝组成的共同体，边界清晰，存在一定冲突和对抗性
特点	①是二次元文化的挪用和延伸。 ②从社会行动角度考虑，饭圈已经成为有组织的、纪律明确的群体，"饭圈"成为特有的文化现象。参与的社会行动多样，如打榜、应援等。 ③与偶像的共生关系：紧密捆绑，休戚相关；粉丝对偶像进行投资，粉丝虽偶有极端行为，为了塑造偶像人设也会热心公益，展现爱国感情
心理机制	①对偶像的喜爱、施加给偶像的自我投射、对偶像的亲密幻想。 ②群体归属感和社会认同的需要，甚至能提高自尊。 ③社会认同维系饭圈，群体优越感增加"战斗力"，转化为自我价值和成就感，甘愿为偶像冲锋陷阵
官方文化资本与通俗文化资本[费斯克]	饭圈行动能带来文化资本的积累： ①官方文化资本与经济资本结合，分配特权、区隔地位。 ②通俗文化资本可以转化成社会、经济资本，粉丝依靠通俗文化资本补足与官方文化资本的差距
自组织机制	①等级森严，目标明确，分工清晰，高层决策，高效运转。 ②和传统组织一样，等级的形成与成员加入时间、社会资源地位息息相关，也会出现权力腐败现象
饭圈存在的问题	①冲突：常态化景观，群体认同的反面——群体排斥和边界区隔。 ②集体行动迷失：当群体目标错误时，被裹挟的个体也会迷失方向

【考点拓展】饭圈的治理措施

(1)完善顶层设计：综合治理、强化监督。

2021年6月15日起，中央网信办在全国范围内开展为期2个月的"清朗·'饭圈'乱象整治"专项行动，重点打击5类"饭圈"乱象行为。加大对文娱产业的引导、打击背后的资本操作，强化舆论监督，引导网络空间健康有序发展，营造清朗的网络空间。

(2)平台肩负责任：营造良性饭圈生态。

平台作为聚合饭圈的载体，需要破除“流量至上”的价值取向，平衡社会责任和商业利益；也需要加强监管，利用新兴技术，减少粉丝之间的骂战，打击不良营销号，及时封禁带来不良影响的“职粉”“黑粉”账号；也可以吸纳多元的力量，引导社区版主等主体进行内部监管，不依赖用户举报，加强人工审核。

(3)意见领袖正向引导：拒绝“造神”、内部整风。

意见领袖既指风暴中心的饭圈核心人物，如明星、网红本人，这类意见领袖需以身作则，以正确观念引导自己的粉丝；又指层级分明的饭圈内部的“大粉”，因其本身具备的强大的情感和行动号召力，更应该注意自己的发言行为，加强道德自律。

(3)粉丝民族主义

粉丝文化影响政治行动，如“帝吧出征”事件，国家成为偶像主体，娱乐与政治话语结合，受到主流文化认可，是一次大规模的打破“次元壁”的行动。

(4)粉丝经济(见表9-8)

表9-8　粉丝经济

要点	具体内容
核心	“为爱发电”，粉丝情感转化的生产力和创造力
分类	①依赖个体号召力的粉丝经济； ②以品牌为核心的粉丝经济； ③以文化生产为主的粉丝经济

考点三：网络孕育的典型文化　★★★

1. 网络语言

(1)网络语言的分类

包括标点符号组合的表情符号、数字谐音、汉字谐音、汉语拼音或(和)英语缩略符号、句词浓缩、旧词新义、流行语汇、叠字、火星文等。

(2)网络语言的特点(见表9-9)

表9-9　网络语言的特点

要点	具体内容
开放性与兼容性	鼓励自由组合、创造性生产和使用
生产由民间主导，模因式传播和发展	①网民主导创造，契合心理和热点的语言更易传播。 ②网络语言的流行是自然选择、共同“投票”的结果。 ③网络语言的发展是模因式的复制、生产和病毒式传播
游戏性与解构性	①网络语言是一种“文字游戏”，冲击现有的语言体系。 ②其特点是解构经典、反传统、幽默诙谐、戏谑讽刺
流行性与流动性	①呈现流行性，反映当下的社会热点，时效性强。 ②流动性强，极不稳定，不断更迭换代，原因包括网民的求新心理、技术换代、网络本身的飞速发展、作为流行文化折射的语言日新月异等

(3)网络语言使用的社交动因(见表9-10)

表 9-10 网络语言使用的社交动因

要点	具体内容
降低成本，省力便捷	早期的简洁是为了降低上网成本，现在仍然沿袭简洁的习惯，省时省力，能实现效用最大化
多元含义，复合表达	①网络语言表达的含义丰富，包含情绪倾向和色彩。 ②叠字的运用赋予文字不同含义。 ③表达随心境、情境不断改变
彰显个性，分隔圈层	作为对抗的标签和软性抗争的武器，一方面可能因为惰性和跟风消解个性，另一方面也能成为群体、圈层的区隔、门槛
文化认同，群体归属	对群体文化的认同、融入某群体需要突破网络语言的障碍

2. 表情包

指利用图形符号、图片或图文组合来表达感情的方式，分为静态图片与动态 GIF。

(1)作为密码的表情包(见表 9-11)

表情包的生产和使用是编码与解码的关系。编码是元素采用及组合呈现；解码形成规律与共识，早期规则较为简单，后逐渐意义多元。

表 9-11 作为密码的表情包

要点		具体内容
社会热点		①表情包成为特定事件和热点的集体记忆和记录方式，与特定的历史联系在一起。 ②亚文化的解构性：拼贴组合，要素糅合，冲突的要素消解元素本身的含义。 ③流动的规则和无序性：表情包的解码规则并未统一，扩散的原因也随着受众需求痛点、流行文化和群体感情等不断变动
群体文化		①表情包与年轻群体紧密联系，成为消解严肃、娱乐戏谑和解构套路的武器。 ②特定群体的表情包会叠加特殊的群体暗号，建立起属于群体的壁垒。 ③表情包的解码因人而异、因群体而异，是意义再生产，符号与文化融合作用的产物
心境与情境[个人化的编码解码]	发出者	①按照心境和情境选择表情包进行再编码，表情包结合情境拥有实时的特定意义。 ②掩饰的、隐蔽的“暗码”：部分使用者并不希望自己的深层涵义被解读，表情包也能成为掩饰、糊弄的手段
	接收者	交流的语境中，双方的关系性质、等级、亲疏、利益群体等诸多要素都会影响解码的结果
加密、解密	编码规则	①一般的虚拟表情的编码规则； ②阶段性或群体性文化的编码规则； ③使用者个体也会在其中加入个体编码规则
	加密	①非大众化的隐秘规则：这些规则更小众，不具备普适性，解读起来有一定门槛，呈现出“圈地”的状态。 ②“加密”的影响： a. 对加密的个体或群体来说，能够保持隐私感和安全感，有选择性地表达自我； b. 对于解读者，需要通过与之共情，理解文化背景和心理才能无障碍解读； c. 对于表情包本身，表义模糊不清，深层涵义也很容易被掩盖

(2)作为标签的表情包(见表9-12)

表9-12 作为标签的表情包

要点	具体内容
"中老年表情包"	①表情包使用的"他者":编码的主导者为年轻群体,中老年群体相对被动。 ②优越感与身份标签:使用表情包的老人被调侃和嘲笑,"中老年表情包"被打上老土、落后的标签。 ③网络话语权的重构:年轻群体对表情包、表情符号的再解释,抢占话语解释权
小众表情包	①群体的小众表情包:群体与群体之间也存在差异和偏好。 ②小众表情包的作用:建立起群体的边界和壁垒,小众表情包划分群体,作为共识的符号,成为群体内的暗码,隔绝群体外的人
表情包大战	①作为"粉丝民族主义"的武器:参与政治抗争,表达爱国之情。 ②表情包得天独厚的传播力:多元组合、图文并茂、参与门槛低、成为群体政治表达的标签和征战的工具,传播力强,简单易懂

(3)作为社交表演面具的表情包(见表9-13)

表9-13 作为社交表演面具的表情包

要点	具体内容
柔化性表演	①将尖锐的棱角柔化处理,降低出现矛盾和摩擦的可能性。 ②打造亲和力高、接地气的人设。 ③对话中使用表情包缓和语气
夸大性表演	放大情绪表达,吸引他人注意
伪装性表演	掩盖消极情绪,打造个人形象,获取社会资本,且表情包的形式更利于伪装
敷衍式表演	低成本、高效率地延续、敷衍对话

3. 自拍

(1)"在场"与"缺席"(见表9-14)

表9-14 "在场"与"缺席"

要点	具体内容
"在场"	①自拍强调身体"在场",并通过"在场"凸显自我存在感,表达自我即时的状态,"在场"成为表演、炫耀的符号资本。 ②自拍可以通过拍摄角度、道具、后期修图等辅助伪装在现场,获得心理满足
"缺席"	①注意力分散导致的"缺席":当自拍强调拍摄行为本身,可能会将自拍者对现场的注意力消解,削弱真实的在场感,甚至因此造成意外悲剧。 ②"数字化在场":目的聚焦于社交平台的分享和他人的关注,反而导致了"缺席","在场"退化成仪式本身。 ③被干扰、被建构的在场:在场的不仅有个人的身体和意识,也受他人的社会评价影响,这种"凝视"干扰在场感

(2)自拍与自我建构(见表9-15)

表 9-15 自拍与自我建构

要点	具体内容
社会性表演	①自拍的目的之一是建构形象，进行前台的人设表演。 ②相较于多义性的文字表演，形象表演更直观，迎合"颜值至上"时代的需求。 ③表演的要素：外表形象、搭档、时间、所处环境、道具等。 ④自我及社会关系的建构：自拍是在与他人的反馈互动中形塑自我形象
三重自我建构［戴娜·博伊德］	①我所理解的真实的自我：自拍塑造个体自我。 ②我认为的他人的眼光：发布自拍建构"关系自我"和"集体自我"，寻求他人的正向认同。 ③我希望被他人如何看待：根据外部评价进行修正，改善自我形象，获得群体准入和归属感，也是判断自己于社交对象的关系程度的中介
存在的偏差	①"我所理解的理想自我"与"他人眼中的自我"间的偏差，原因包括： a. 剥离原有情境导致的偏差。 b. 社会角色期待与自拍表现形象的背离。 c. 情绪理解的偏差。 ②自我放大后对他人形成的压迫感： a. 自拍成"自恋"，有损人际关系，招致反感。 b. 自拍作为形象的解构和重构，可能包含政治或艺术目的。 c. 自拍流向个性的趋同，成为一致的审美、同质化的产物

(3)自拍与自我认同(见表 9-16)

表 9-16 自拍与自我认同

要点	具体内容
自我认同［埃里克·H. 埃里克森］	指在实践中，个体通过与他人及社会进行互动，以及通过内在参照系统形成自我反思，使自身行为与思想逐渐形成并自觉发展成一致的状况
"现代性"与"自我认同"的关系［安东尼·吉登斯］	①"身体"与"自我"之间的关系： a. 身体不单纯只有实体意义，也是一种应对外部情景和事件的实践模式。 b. 对身体保持规训，是优秀的社会能动者固有的能力。 c. 对身体的惯常性控制，不仅是能动的一种内在本质，也被他人接受(信任)为个体的一种能力。 ②安东尼·吉登斯认为，身体是自我反思与社会互动的一个中介，为自我认同提供一种实践模式
自拍与自我认同	①新的身体表演："身体"通过自拍更好地适配外部情境。 ②深藏的身体控制焦虑：映射到对身体外表的保养和控制与自拍的主动建构中，这种控制成为优越感和成就感的代言，而自拍美图技术降低了这种保养成本，表演也逐渐虚拟化。 ③"虚假自我"的隐忧：这种与现实割裂仅存于表演前台的美化自我可能会深化矛盾，他人也会产生厌倦和抵触心理

(4)自拍：权力规训 VS 自我规训(见表 9-17)

表 9 - 17　自拍：权力规训 VS 自我规训

要点	具体内容
四种技术[福柯]	生产技术、符号系统技术、权力技术[支配技术]、自我技术
“权力技术”与“自我技术”的关系	①自我是权力技术和自我技术共同作用的结果。 ②权力技术是自我技术的对立面，前者规训个体，后者自我规训。 ③自拍是两者界限的模糊，自我技术与权力技术纠结在一起，共同完成对个体的规训。 ④社会化媒体构建的“圆形监狱”使个体时刻处于被监视的状态，被他人的目光束缚、因他人的评价修正行为
自拍存在的矛盾	①自拍强化在场感，但在场感的展示目的和意义评价均来自他人。 ②理想自我建构的标准受外部环境的影响，“关系自我”“集体自我”这两者对“个体自我”影响更加深化，社会化媒体会强化三者的矛盾冲突。 ③个体沉迷自拍表演自我逃避，但矛盾并未解决，虚实冲突仍然存在

4. 美图

(1)技术赋权“虚拟颜值”

①个体通过美图技术获得数字化的“高颜值”，寻求认同，展示自我。

②一批网红博主的出现也依托于美颜技术，美颜赋予其生存发展的能力。

(2)幻象与现实(见表 9 - 18)

表 9 - 18　幻象与现实

要点	具体内容	
幻象的形成	理想幻象	美图打造理想化生活和自我的幻象
	拟剧表演	区分“前台”与“后台”，后台被掩藏，美化的表演展示在前台
	滤镜功能	①滤镜满足视觉上对图像的修正和美化。 ②优化后的图片成为一种情调，响应某种文化标签，带来心理上的满足
	美图 + 位置	打造更大的幻象，塑造人设
原因	关系识别	社交平台的点赞行为，意味着社会资本的投资，区别关系的亲疏远近
	心理动因	①积极暗示，提升自我实现的效能感。 ②影响他人的评价，以此获取正向激励和反馈
	社会比较竞赛	在比较焦虑中的自我驱动
过度美图的反面	①虚拟和现实的界限模糊，产生自我认知偏差。 ②带来形象的割裂，可能招致反感	
社会化的幻景	社交化内容构成新的“拟态环境”，虚实交融，难以辨别	

(3)镜像与凝视(见表 9 - 19)

表 9 - 19　镜像与凝视

要点	具体内容
个体的心理需求	自我建构，自我理想的投射

续表

要点	具体内容
三重自我	①对“个体自我”的修饰美化，是为了引导“他人眼中的我”向好。 ②是“关系自我”和“集体自我”的建构过程
凝视理论[雅克·拉康]	①自我通过凝视镜像完成，包括自我认同[理想自我]和他者认同[自我理想]。 ②自我的凝视折射他者的凝视
凝视理论对美图的影响	①自我对美图的设计包含理想的自我和他者凝视。 ②与镜子不同的是，美图可编辑、可调整。 ③从“个体自我”出发，受“关系自我”与“集体自我”影响

(4)文化消费与“驯化”

①女性主义视角下的“自我讨好”：自我满足的同时指向对他人的恳请，女性对“美图”的时间花费更长。

②“消费社会”[鲍德里亚]视角下的集体无意识：对个体的建构陷入集体的评价标准，在无意识中驯化个体。

5. 恶搞和鬼畜

(1)恶搞(见表9－20)

恶搞是在已有资源(如新闻图片、影视作品)基础上进行二次创作和解构，包含各种搞笑犯贫元素，与主流文化、精英文化相对。

表9－20　恶搞

要点	具体内容
另类的内容生产与表达	①恶搞对象：具有一定知名度的人物或者作品。 ②恶搞的内核：意见、情绪、观点、态度的表达。 ③反思：既是情绪宣泄，也有演变成网络暴力的风险
挑战，抵抗，抑或表演?	①挑战：具有破坏性、对主流文化发起的一种挑战，有时也会为文化带来活力。 ②抵抗：形式上的抵抗和宣泄，更多的是自我表达，“抵抗性”不足。 ③表演：部分恶搞者出于谋求关注和利益的心理进行自我展示
集体化的娱乐活动	①顺应了大众化娱乐的走向：以戏谑、调侃和解构消弭严肃性，以娱乐心态游戏取乐。 ②恶搞潮流化：分化出主导者和模仿者，存在文化趋同的风险
负面影响	①可能会侵害个人隐私权、名誉权、肖像权等。 ②可能会侵害作品版权。 ③从个人暴力积累成集体性的网络暴力

(2)鬼畜(见表9－21)

表9－21　鬼畜

要点	具体内容
内容取材	①热点事件：二次加工表达对事件的态度。 ②影视作品：唤醒记忆、重构视听体验

续表

要点	具体内容
特点	①循环往复、节奏感强、病毒式洗脑。 ②反讽、恶搞，内容风格明显
解构性创作	①时间的解构：加速、减速、循环。 ②字幕、音乐的解构：字幕融入视觉叙事；音乐循环、剪辑、分离

【考点拓展】鬼畜文化的“反规训”内涵

费斯克在《理解大众文化》中对“规训”进行解释，他认为精英阶层所主导的文化通过“规训”，即对大众文化进行制度化、规范化的引导和处理，达到控制、收编大众文化的目的。而“反规训”，则是对规训策略进行反抗，用简单化、通俗化的鬼畜，用低门槛、多元主体的生产方式，对素材进行简单夸张的解读，起到娱乐化的效果，正是一种“反规训”的策略。

9.3 课后习题详解

1. 网络文化表现在哪些层面?

答: 网络文化是指以信息技术为基础，在网络空间中形成的文化活动、文化方式、文化产品和文化观念的集合。它是社会文化在现实中的延伸和多样化表现。网络文化的构成层面主要包括以下几个方面:

(1)网络文化行为：指人们在网络中的行为和活动，这是网络文化其他方面形成的基础。

(2)网络文化产品：指个人用户或组织机构利用网络传播的各类原创性文化产品，例如表情包等。

(3)网络文化事件：指网络中出现的一些具有文化意义的社会事件。

(4)网络文化现象：指因网络用户的行为或文化产品等出现某些共同特征而引发的特定的文化现象。

(5)网络文化精神：指网络文化的内在价值取向与特质。

(6)网络文化产业：是信息技术与文化创意产业形态的融合，包括数字游戏、互动娱乐、影视动画、立体影像、数字学习、数字出版、数字图书馆、数字表演、网络服务、内容、软件等。

(7)网络文化制度：网络文化可以助推社会制度发展，也可以改变甚至变革社会制度。

(8)网络文化秩序与格局：指网络文化不同主体之间形成的关系和秩序，以及不同层次文化之间的关系和态度。

2. 结合实际案例分析一种网络亚文化。

答: 弹幕视频系统源自日本弹幕视频分享网站(NICONICO 动画)，大量吐槽评论从屏幕飘过时效果看上去像是飞行射击游戏里的弹幕，所以 NICO 网民将这种有大量的吐槽评论出现时的效果称作弹幕。弹幕文化是青年亚文化的分支。随着新媒体的不断发展，各类新兴文化现象不断崛起，视频弹幕的出现是新媒体繁荣发展的重要表现，它是社交网络发展的必然产物，也印证了网络世界集体狂欢行为以及注重互动的一种形式与可能，其被广泛传播的同时被应用于各个领域，并彰显出独特的弹幕文化风格，逐渐被主流文化和传统媒体所重视。

本题将以弹幕文化为例分析弹幕作为网络亚文化的特征、对主流意识形态的冲击与挑战及主流文化对其的收编。

(1)弹幕文化的特征。

①即时同步：特定时间点内的互动共鸣。

在视频、直播的同一时间段发送弹幕，短时间发送者将与其他用户共享同一个话题，极具“在场感”和“参与感”，打破了传统视频评论的限制，更加自由、更容易参与到互动中并获得反馈与共鸣。在这种短时间的同步中，多元的思想相互碰撞，让观众也参与到视频的即时场景中，获取独特的陪伴感。

②自由宣泄：新媒体繁荣下的文化狂欢。

弹幕本身就如同短时间内发射的子弹，密集、迅速、大面积覆盖，弹幕的发出者通过当下的想法自由地评论、点赞、跟风，构成一种独属于年轻世代的文化景观，弹幕使用者在弹幕中进行无意识的情感宣泄，情感会通过弹幕这种形式扩张裂变，获得“志同道合”的赞同者，最终衍生成为一个群体的狂欢。这种狂欢也是年轻群体的一种外放式的抵抗，试图通过这种方式积极展现自我，寻求被认同的可能性。

③再创造性：娱乐化的二次创作。

弹幕的内容围绕视频本身，是对视频本身内容的一种解构，在内容的基础上进行娱乐、戏谑、即时的反馈。这种反馈是弹幕发出者结合自身经验、心情和观感创作出的产物。可以说，弹幕是视频的二次创作，拥有优质弹幕的视频更容易出圈。

④从众性：“大量刷屏”“盲目跟风”的弹幕造势。

弹幕具备一定的匿名性，在短时间内大量复制刷屏，弹幕发出者可以隐没在众多弹幕之中，跨越了身份阶级的差异，没有所谓的权威，大家平等交流，自由表达。但在某些特定的场景中，弹幕发出者会大量复制同样的内容进行刷屏，大量同样的内容类似口号或是约定俗成的暗号。而同质化的弹幕也会影响观者对视频的情感偏向，这是对原有视频的一种解构，但在支持弹幕的平台中也存在盲目跟风、宣泄恶意，甚至衍生成骂战的情况。

(2)弹幕文化对主流意识形态的冲击与挑战。

①“娱乐至死”“泛娱乐化”对主流意识形态的消解。

资本与娱乐的结合最大限度地迎合了青年群体的需求，资本能够从中挖掘出客观的商业利益，更加积极地优化用户的弹幕体验，营造出全民狂欢的消费盛宴，并能从中收集到可观的数据反馈，适时插入广告，获得注意力的高效转化。在这种弹幕文化的狂欢图景中，人们成为弹幕的生产者和观众，消融人与人的等级界限，在“玩梗”“恶搞”中满足放纵和娱乐需求。而主流意识形态的严肃性、权威性和统一性在狂欢中往往容易被消解，退居弱势，主流意识形态在“娱乐至死”的盛况中游离，面临着尴尬的境地。

②亚文化对主流文化权威性的挑战：“越界”“出格”的叛逆抵抗。

弹幕本身是即时性、情绪化、从众的一种表达手段，存在一定的隐蔽性和匿名性，成为青年群体抵抗主流文化权威、在亚文化群体中自我娱乐的一种手段。“越界”和“出格”的代价被隐匿于众声喧嚣的狂欢。部分弹幕族会进行一些不道德的、过激的行为，甚至侮辱、诋毁英雄烈士。

③“碎片化”“无序性”等多元因素降低主流文化的影响力。

弹幕是根据内容片段发表瞬时性的、灵光一闪的“碎片化”评论，内容往往充满想象力、较为发散和泛化，没有实际意义的重复、大规模的刷屏和杂乱无章的顺序都限制着深度思考和内容创作，严肃、权威、深度的话题反而在这种无意识中被消解，主流文化的话语权也受到冲击。弹幕成为信息潮水中空泛的一部分，加速了信息爆炸和多元思想的碰撞，于无形中降低主流文化的影响力。

(3)弹幕文化的抵抗与主流文化对弹幕亚文化的收编。

①对权威的反抗：弹幕一族的“吐槽”与抵抗。

这种抵抗大多以情绪宣泄的形式表现出来，更多的是形式上的抵抗，是青年群体在面对现实时迷茫心境的一种反映。

②收编与反收编：大众文化、资本运作和弹幕文化的主动性。

从商品化视角出发，“弹幕”也逐渐被资本收编，目前市面上主流的视频平台优酷、爱奇艺、腾讯视频均设置了弹幕功能，弹幕已经不仅仅是原本的互动性媒介，大量弹幕带来的数据意义、植入弹幕的品牌广告、视频发布者的互动手段，都成为弹幕的重要意义。

从大众化文化收编亚文化的视角出发，在资本入局后，主动将弹幕拉入大众文化圈层，让弹幕覆盖面更广，影响力更佳，走出了原本的小圈子，进入公共领域，大众文化对弹幕文化的同化与规训于无形中进行，弹幕文化通过互动、融合被主流文化合理引导，与主流意识形态融合，最终实现对弹幕文化的收编。

但我们也不能忽视弹幕亚文化的主动性，弹幕族并非对收编完全无动于衷，大众文化与小众文化的影响本来就是相互的，而“收编”本身仍然有待深化，这将是一个动态的、长期的过程。

3. 如何利用表情包？

答：可以从以下三方面合理利用表情包：

(1)社会化表演：即时交流符号的实用手段。

表情包最直观的优点就是能够应对各种即时的社交场景。表情包能够与文字结合，起到补充文字语义、缓和文字语气、使得表述更加柔和亲切的作用，消除“语义之雾”；表情包还能够加强语气，起到夸张、强调、渲染的作用，大量使用表情包可以表达自己激动的情绪；表情包还能够打造交流中的“人设”，展现出理想的形象，与更能表达自我的文字相比，表情包更能够隐藏自己的想法和情绪；表情包还能够在个体对对话不感兴趣、希望结束时敷衍对方，“糊弄”对话，并传达出想要结束对话的信号。

(2)编码与解码：表情叙事角度的多义密码。

表情包是一个编码和解码的过程，以下将对在不同情境下的表情包作用进行挖掘和分析。

①利用表情包追逐社会热点。

表情包与特定的历史联系在一起，成为特定事件和热点的集体记忆；网民通过对表情包元素的拼贴组合，二次创作，部分冲突的要素消解元素本身的含义，构成表情包的全新含义；表情包呈现热点时存在着流动的规则和无序性，其规则并未统一，扩散的原因也随着受众需求痛点、流行文化和群体感情等不断变动。

②利用表情包形成群体文化和认同。

表情包与年轻群体紧密联系，成为消解严肃、娱乐戏谑和解构套路的武器；特定群体的表情包会叠加特殊的群体暗号，建立起属于群体的壁垒；表情包的解码因人而异、因群体而异，是意义再生产，符号与文化融合作用的产物。

③利用表情包表达实时的心情，应对特定情境。

对发出者，是按照心境和情境选择表情包进行再编码，表情包结合情境拥有实时的特定意义；部分使用者并不希望自己的深层涵义被解读，表情包也能成为掩饰、糊弄的手段。

对接收者，交流的语境中双方的关系性质、等级、亲疏、利益群体等诸多要素都会影响解码的结果。

④利用表情包进行加密和解密。

对加密的个体或群体来说，能够保持隐私感和安全感，有选择性地表达自我；对于解读者，需要通过与之共情，理解文化背景和心理才能无障碍解读。

(3)标签与群体：话语赋权和身份认同。

如今，表情包已经脱离了单纯的情感表达和即时沟通的范畴，表情包与不同群体挂钩，并且形成标签。

①表情包作为亚文化的一种，加之技术本身的特点，使得表情包使用最多的仍然是年轻群体，这样就导致与之相对应的银发群体的“他者化”，对数字资源获取能力更弱的老年群体使用的花鸟山水一类的高饱和表情包被调侃为“中老年表情包”。福柯提到“话语即权力”，这一类表情包的标签化，本身就是年轻群体赋予、分配的涵义，将老年群体边缘化，排斥在年轻群体构建的场域之外。

②“表情包大战”也是一种典型的青年亚文化现象，它展现的是以“抵抗”和“消解”为特点的青年亚文化群体。表情包成为政治表达和宣泄的一种“武器”，有组织、大规模，甚至是有纪律地进行传播，表情包在其中扮演了重要角色，更直观、更具感染力、易复制、易传播，最大限度地为“出征”造势。

③表情包在小众圈层中的运用无形中划分了“圈内”和“圈外”的界限。使用者能够从表情包中获取群体的身份认同，在圈层内表情包拥有独特的话语和解读方式，在群体的加工创作、运用传播中，这种边界感的划定和身份的标识逐步明确，构建了群体本身和成员的身份认同。

4. 如何利用自拍、美图等进行自我表演与表达？

答：自拍，主要是指通过智能手机、网络摄像头等拍摄自我形象并上传到社交网站的行为。是否在社交平台分享，也是界定自拍行为的一个核心要素，是网络时代的自拍区别于传统自拍的重要特征之一。与此类似，美图是专门为社交平台准备的，最常见的美图是对自我形象的“美颜”。在网络时代，二者经常被视作一种自我表演和表达方式。

(1)强调身体在场。

从技术上来说，自拍可以通过“在场”来强化人们的自我存在感和自我表达意识，即“我拍故我在”。在某种意义上，自拍是个体自我意识增强的体现，人们开始试图挣脱外在的摆布，自主地决定自己的存在方式。同时，以昭示某种现实空间中自己身体的“在场”，来彰显其存在感。自拍的另一种用处，是不在现场也能制造出在场的效果。通过拍摄角度、道具、后期修图等辅助，人们可以假装在某个现场。在场的心理满足，同样可以通过假装在场的方式获得。

(2)完成自我建构。

个体的自我建构是“个体自我”“关系自我”“集体自我”三者相互博弈的过程。自拍及晒自拍照的行为，是三重自我相互关照、相互博弈的过程。人们首先通过自拍来塑造“个体自我”，然后在社交平台中，通过晒自拍照来进行“关系自我”或“集体自我”的建构，寻求“关系自我”和“集体自我”方面的积极回馈。自拍和美图常常与“自恋”联系在一起，被当作“个体自我”建构的重要手段，它们让人们的自我认知外化为自我展现和自我欣赏，传达了个体的自我建构愿望，也直接表露了他们对理想自我的设定。

(3)实现技术赋权。

容貌不仅是身体的一部分，更是最具代表性的身体符号之一，“高颜值”通常更有利于社会资源的获取。今天，人们的社会互动越来越多地是在虚拟空间而非实体空间中进行的，对于人们社会资本和资源的获取来说，“数字化颜值”占有了更大的权重，对数字化颜值的美化，也就变得格外重要。从这个角度看，美图是一种技术赋权，它使普通个体也拥有了让自己的形象得到美化并以此谋求社会空间中存在感的可能。

(4)进行心理暗示。

从心理角度看，一方面，美图和自拍的目的是试图给自己更积极的暗示，甚至表达的是期待能自我实现的预言。心理学的“自我效能”理论也指出，对自己能力与效率的乐观信念可以获得很大的回报。自拍美图作为一种自我激励方式，简单、直接，有时还的确有效。另一方面，自拍美图也在试图影响他人对自己的看法，希望别人给予自己更积极的反馈。无论是库利的“镜中我”，还是米德的符号互动论，都强调人对自我的认识与评价是来自他人的看法。通过美化后的图像来获得他人的肯定，有可能带来更积极的心态。

9.4 考研真题与典型题详解

一、概念题

1. 网络文化

答：网络文化是伴随着技术进步而出现的一种新的文化形态，是网络时代所表现出来的新的文明成果和状态的总和，是综合一段时间内网络平台的信息内容、现象、活动等形成的社会现象。它作为文化系统的一个子集，除具备文化的一般特质外，还在技术性、主体性和精神性三个层面表现出独有的特征：①技术性特征，包括网络文化的虚拟实在性、全球共享性、交互迅捷性；②主体性特征，包括网络文化的个性群体化、大众通俗性、草根平民化；③精神性特征，包括网络文化的开放多元性、平等自由性。

2. 亚文化[四川省社科院 2023 年研；上海大学 2022 年研；江西财大 2021 年研]

答：亚文化又称集体文化或副文化、次文化，是指与主文化相对应的那些非主流的、局部的文化现象，是在主文化或综合文化的背景下，属于某一区域或某个集体所特有的观念和生活方式。1950 年大卫·雷斯曼提出大众文化和次文化的差别，并且认为次文化具有颠覆精神。一种亚文化不仅包含着与主文化相通的价值与观念，也有属于自己的独特的价值与观念。亚文化有各种分类方法，罗伯逊将亚文化分为人种的亚文化、年龄的亚文化、生态学的亚文化等。由于亚文化直接作用或影响人们生存的社会心理环境，因此，其影响力往往比主文化更大，它能赋予人一种可以辨别的身份和属于某一群体或集体的特殊精神风貌和气质。

3. 文化个性

答：文化个性是指某种文化所具有的区别于其他文化的特质，这种文化个性也是文化区隔的重要标志，以亚文化为例，亚文化所具备的文化个性构成亚文化和主流文化之间的区隔，也使某一种亚文化区别于其他亚文化。这种文化个性影响着文化内部的符号运用、内容表达、价值倾向、观点立场、行为互动，甚至可能影响到外表打扮（如 Lolita 等亚文化）。文化个性相当于文化所具有的标签，人们根据不同的个性参与文化，这种文化个性反过来也会影响人的行为向着更贴合文化个性的方向发展。文化个性在特定条件下可以转化为文化资本。

4. 文化资本［复旦大学 2021 年研］

答：“文化资本”由布尔迪厄提出，他将资本分为社会资本，文化资本和符号资本三种。文化资本也是个人资产的一种，能够像经济资本一样用于交易。文化资本有三种形态：①具体形态，即精神和身体的“持久性情”，或者说就是依附于这个人身上一些习得的特质；②客观形态，主要是指各种文化商品的形态，如书籍、艺术品等；③体制形态，比如由权威机构授予，并成为一种具有保证性的资历认证，比如学历文凭。布尔迪厄将家庭和学校看作最重要的两个文化资本传承场所。在网络时代，对于文化资本的获得与传承，家庭和学校的作用在削弱，尤其是家庭，而网络成了文化资本生产与传承的新场所。文化资本方面的差距，也是造成社会阶层差距的主要原因之一。

5. 群体归属

答：群体归属是人类的心理需求之一，从马斯洛的需求层次理论来看，它属于人类的安全需求的一个方面，也是最基本的需求之一。在网络中获得社会归属感主要有两种方式：加入一些稳定的社群；加入某些特定议题的讨论。群体归属感影响个体的行为，个体会以群体为准则，进行自我活动、认知和评价，自觉维护群体利益，与群体内成员作为“整体”行动并产生情感上的共鸣，群体归属是影响群体凝聚力的重要因素。群体归属感强的个体以受到群体赞扬为荣，以受到群体责罚、批评为耻，并容易倾向于服从群体决定，还经常表现出一致对外的情绪。

6. 身份认同

答：身份认同是心理学和社会学领域的概念，社会学领域中的身份认同指主体对其所在群体的身份或是扮演的角色的合法性的一种确认。身份认同是在自我与他者关系交往的场景中确定自己的归属感，简单来说，身份认同是指一个人处于族群交往的场景中，如何给予自己定位。常见的身份认同的方式有：①同类化，加入社群；②认同感，认为自己具备某群体的共性特征；③对比，评价自己选定社群与其他社群的优势劣势。身份认同的重要实现方式即为加入特定群体，为了保持对身份认同的追求，获得在群体中更高的地位，个体有时甚至会与其他群体进行“厮杀”。

7．黑客

答：“黑客”最早源于英文的“hacker”，原本是指对某事物沉迷且技术高超的人，最初不强调计算机高手和黑客的破坏性。目前黑客多指通过破译别人的通讯代码，擅自闯入他人的网页，胡乱加以篡改，造成对他人的骚扰攻击或者网上窃取信息等。这类利用计算机犯罪的人自称黑客，破坏性极强，但其实早期的黑客并不认同这类犯罪者是“黑客”。

8．二次元

答：“二次元”，ACGN亚文化圈专门用语，来自于日语的“二次元”，原意为“二维空间”“二维世界”，强调“二维”“平面”，日本早期的动画、漫画、游戏等作品都是以二维图像构成，因此日本的动画、漫画、游戏爱好者用“二次元”指代这三种载体创作的虚拟、架空世界。这一类作品拥有相似的特征和审美：①作品设定多以架空幻想为主；②视觉上追求“萌”“燃”；③叙事贴近后现代式的琐碎日常。二次元群体内部也拥有独属于该群体的语言系统。这些源自于二次元作品的词汇已经融入我们日常语言中并成为常态，二次元文化正逐步由边缘亚文化走向主流潮文化。

9．模因[暨南大学2024年研]

答：模因是文化模仿进化、传播的一种文化基因，在文化观念和行为的发展、传递过程中也存在着传播、复制、创新、改变、演化，只有经过自然筛选的模因才能持久传承下去。传播力更强、更易繁殖的模因更能长久地演变。国内关于模因的研究多集中在网络语言领域，但模因已经不限于文字，表情包和短视频也能作为模因传播。网络时代的模因的传播大多是网民自发制作、传播，呈病毒式扩散，个性强烈，内容趣味性更强，参与者不断创新，延续模因的生命。

10．次元壁[北邮2022年研]

答：“次元壁”是存在于二次元(二维的虚拟世界)和三次元(三维的现实世界)之间的壁垒或屏障。以日本动漫为主的ACG作品自20世纪80、90年代以来对中国进行大量的文化倾销，加之90年代中后期至21世纪以来新兴媒介技术发展，以及中国当代青年文化的蓬勃生长，共同构成中国本土“次元壁”形成的三个历史性因素。次元壁的存在，不仅意味着二次元文化爱好者群体和非二次元文化爱好者之间的区隔，也在相当程度上导致了三次元中部分人对二次元群体的刻板印象和污名化，造成了亚文化和主流文化、二次元群体和主流社会之间的互不认同。但二者之间也有破壁的可能，即突破壁垒和障碍，相互交融、互相认同、互相影响。

11．粉丝

答：粉丝是指狂热的大众文化爱好者和大众文化偶像崇拜者，2005年《超级女声》后大量出现，最初出现时叫做“追星族”。微博的兴起，将粉丝一词从娱乐圈扩大到了社会交往的各个领域。粉丝文化是群体自由结合的文化现象，他们是随机分化的审美群体。粉丝的特征包括：①对偶像的狂热崇拜；②热衷于收藏物品（偶像的周边等）；③情感上具有排他性；④可能会走向极端偏执；⑤形成圈层，内部权力分化。粉丝对偶像的崇拜和忠诚也具备一定的宗教内涵。粉丝文化的发展，意味着一种更活跃、主动性、参与感更强的大众文化消费模式在中国的崛起。

12. 饭圈文化［山西大学2022年研］

答：饭圈文化通常是指围绕明星和偶像，粉丝群体自发地给偶像助威或宣传形成的一种青年亚文化现象。最早起源于日韩，随着互联网的发展及我国相关造星产业、营销行业的成熟而逐渐壮大。饭圈文化形成的原因包括：①社交媒体发展，偶像和粉丝距离拉近；②拟态亲密关系和共情导致的饭圈内部的强大凝聚力；③市场资本的有意推动。从积极的一面来看，饭圈文化执行力极强、消费能力强大，为娱乐行业带来不可估量的积极影响，也通过公益等行动承担社会责任；从消极的一面看，饭圈不理性的行为也有着强大的破坏力，做数据、追逐热度和流量、水军控评、骂战则被广为诟病。因此，对待饭圈文化，需要偶像引导、饭圈自治、外界监督，在积极与消极中坚持正确的价值导向，避免群体极化。

13. 粉丝民族主义

答：粉丝民族主义，是粉丝文化发展的新动向。刘海龙教授认为，粉丝民族主义指的是青年作为行动主体，将追星和民族主义运动结合的新型网络民族主义。粉丝民族主义的组织被称为"无组织的组织"，参与者通过在线游戏与粉丝行动等组织方式聚集在一起。较为典型的如"帝吧出征"，在这一类行动中，国家成为"偶像"，"爱国"在行动者眼中，成为与主流的功利主义和犬儒主义文化相对的一种理想主义和英雄主义行为。粉丝运用其在娱乐化的世界中习得的游戏化的行为模式、戏谑化的形式表达，积极传达民族话语，消解原本政治话题的严肃性，某种意义上也是一次"破壁"的运动。

14. 粉丝经济［清华大学2021年研］

答：粉丝经济最初是指某一群体以情感为纽带的消费，在满足个体情感需求的同时，也为社会创造了可观的经济利益。中国的粉丝经济可以追溯到湖南卫视选秀节目《超级女声》。随着移动互联网的发展，以互动为典型特征的品牌粉丝逐渐出现。而社交媒体、自媒体的强势崛起聚集了一批喜爱相同内容的粉丝群体，粉丝的个人兴趣和内容需求被满足，粉丝群体通过直接或间接消费内容带动粉丝经济发展。粉丝经济的核心是将粉丝情感进行转化，最终成为生产力和创造力。粉丝情感包括：①粉丝对偶像的情感；②粉丝对品牌或产品的情感；③粉丝对内容生产创作的情感。由此衍生的粉丝经济也不同。

15. 同人创作

答：同人创作是指对已经存在的客观作品，基于爱好者的主观思维进行新的创作而产生的作品。这种创作借用作品原有的世界观、角色，进行新的内容生产和二次创作，其本身虽然并不过多强调商业性，但是也有变现的可能。虽然目前的同人创作集中在以小说的形式进行二创，但是随着视频平台发展，同人创作也会更多地涉及到视频的形式。社群起到了很好地聚合作品爱好者和二次创作者的作用，以对作品的兴趣为情感纽带，将创作者和消费者连接，社群在其中起到了不可或缺的重要作用。

16. 网络语言

答:网络语言是指从网络中产生或应用于网络交流的一种符号表达方式,基于传统的文字符号,但也会对文字进行一定的扭曲和再创,包括中英文字母、标点、符号、拼音、图标(图片)和文字等多种组合方式,不同的组合方式既是网民创造力的表现,也促进了网络语言不断发展。网络语言的特点如下:①开放性与兼容性;②民间主导生产,呈"模因"式进化;③游戏性与解构性;④流行性与流动性。

17. 表情包

答:表情包是网络与青年亚文化结合产生的一种新的符号形式。表情包常以静态图片或动态 GIF 形式呈现,图文结合是其最常用的形态,其他的形态包括图形符号、图片等。内容包括真实人像、动漫人物、萌宠、自然景色等。表情包的构成元素和组合方式逐渐多元,表情包作用和含义也走向多样化。表情包的特征可以被概括为:①精神上的狂欢化和戏谑化;②题材较为新奇,追逐热点;③图文组合,静态动态均存在;④自制表情包和商业化表情包均存在。表情包既能成为不同群体的标签、密码,也能够作为社交活动中的面具。

18. 自拍

答:自拍的英文为"selfie"。2013 年,《牛津英语词典》将"自拍"列为年度热词。今天常说的自拍,主要是指一个人给自己进行拍摄的照片,尤其是指利用智能手机或者网络摄像头进行拍摄,并且将其上传至社交媒体的照片。包括:①拍摄者自己手持设备进行的自拍;②被拍摄者操控他人完成的自我拍摄,设备虽然不在被拍摄者手中,但仍然占主导,因此也属于自拍。是否在社交平台分享,也是界定是否属于自拍行为的一个核心要素,是网络时代的自拍区别于传统自拍的重要特征之一,目前分享自拍已经成为人们参与线上日常生活的重要特征。

19. 自我认同

答:自我认同又称自我同一性,指个体在生活实践中,他人和社会与个体的互动过程中,个体能够通过内外对照获得对自我的认知和反思,并在反思中使思想和行为发展成一致、和谐的状态。自我认同感是指个人对自己的价值、能力、性格、身份、文化背景等多方面因素的肯定和认可,是人类心理学中的重要概念,它对于个体的发展、人际关系和社会适应能力都有着至关重要的影响。

二、简答题

1. 传媒业中的"平台经济""粉丝经济""社群经济"各自形态或特征,并谈谈三者之间的关系。[人大 2019 年研]

答:当前的内容生产领域正在经历巨大变革。内容生产与内容消费因为互联网技术的发展均呈现出了新的特点,与之相应的经济形态与商业变现模式也发生了巨大变革,并由此催生出传媒业态的"平台经济""粉丝经济""社群经济""共享经济""体验经济"等全新的经济生态模式。下面本文将围绕"平台经济""粉丝经济"和"社群经济"展开,探析其形态特征以及相互之间的区别与联系。

(1)“平台经济”的内涵。

①平台经济的含义。

“平台经济”是伴随着互联网发展依托新传播技术而发展起来的由平台型媒体驱动的市场经济形态，典型代表即如今BAT三巨头的商业运作模式。平台型媒体是指既拥有媒体的专业编辑权威性，又拥有面向用户平台所特有开放性的数字内容实体，这种平台性媒介不是单靠自己的力量做内容和传播，进而获取经济效益，而是打造一个良性的平台，平台上有各种规则、服务和平衡的力量，并且向所有的内容提供者、服务提供者开放，任意节点的独特价值都能够在上面尽情地发挥。在此基础上，其本质是一个开放性和社会性的服务平台，而“平台经济”的能量和价值变现就蕴藏于平台用户“产销一体化”的商业生产模式当中。

②平台经济的特征。

a. 依赖于用户参与。平台能调动用户参与生产，也会对用户产生巨大影响。乐观派们强调，以优步为代表的平台能够释放未被充分使用的个人资产的商业价值，而类似于Youtube的平台则将让每一位用户都能成为具有灵活工作时间并从平台得到收益的创业者。为劳动者和工作任务提供匹配服务的平台可能使劳动力市场更有效率，同时会出现一个工作岗位和价值创造都极度分散化的社会。

b. 信息精确匹配。平台经济之所以有价值，是因为其连接一切的特性及其虚拟空间打破时间限制与物理空间距离，使得企业超越区域小市场，面向全国或全球大市场，从针对存量的“头部”发展到拓展增量的“长尾”，从人工操作处理为主发展到工具的技术替代。平台是连接上下游、供需端或买卖方的第三方或第四方服务，也是在撮合交易、资源配置、开源创新等过程中，通过降低交易费用、分享价值增值收益的经营实体。

c. 双边市场、交叉网络外部性。“双边网络外部性”意味着，已加入该平台的买家越多，则卖家加入该平台的潜在收益也越高；同样，已加入该平台的卖家越多，则买家加入该平台的潜在收益也越高。由此，买家和卖家是否加入该平台，乃是一种“鸡生蛋，蛋生鸡”的正反馈过程。而对平台企业而言，如何达到正反馈，流量是基础，如何持续获取流量是打造平台生态圈的关键。

d. 跨界。随着资源共享范围越来越广、程度越来越深，产业内部的边界越来越模糊，产业通过平台实现的跨界融合现象也愈加显著。

(2)“粉丝经济”的内涵。

①粉丝经济的含义。

粉丝经济泛指架构在粉丝和被关注者关系之上的经营性创收行为，是一种通过提升用户黏性并以口碑营销形式获取经济利益与社会效益的商业运作模式。

在西方国家，粉丝经济早在20世纪90年代就已经初显端倪。英国学者西尔斯观察到，在从“广播”到“窄播”的媒介工业转型中，忠实的粉丝在强力的吸引下最有可能成为消费者；美国文化研究学者詹金斯在其著作《文本盗猎者》一书中也提出了“参与性文化”造就的“粉丝经济”效益的观点。而当前，用户主导的Web2.0商业模式大多依靠粉丝(用户)贡献人气、流量和内容。

②粉丝经济的特征。

“粉丝”，即运动、表演艺术或某名人的热心追随者或支持者。从社会学角度看，“粉丝”就是一种特殊的社会群体，它具备社会群体的一般特征：

a. 有明确的成员关系。

b. 有持续的相互交往。

c. 有一致的群体意识和规范。

d. 有一定的分工协作。

e. 有一致行动的能力。

(3)“社群经济”的内涵。

①社群经济的含义。

社群是基于传播媒介聚合到一起，进行信息传播、情感交流、文化和价值共享的用户群体，社会不同发展阶段、媒介技术的进步，推动了社群的演变。互联网推动了粉丝社群和粉丝经济发展，而移动互联网使社群功能不断延伸，社群价值不断放大，催生了“社群经济”。

②社群经济的特征。

a. 情感连接，社群能让一群有共同价值主张、相同趣味的人建立情感关系。

b. 利益驱动，社群本身也是一种组织形态，要维持这个系统的正常运转，系统内大多数个体需要产出价值，获得收益。

c. 有限范围，社群本质上是小范围内的集中链接。

d. 无限裂变，社群本身有自生长、自复制能力，在某些细分主题之后，将无限裂变成更多主题社群。

e. 自我进化，良好运营的社群会根据实际发生的情况进行更迭，不断优化，变得更为聚焦。

(4)平台经济、粉丝经济、社群经济的关系。

①以满足用户基本需求为核心。

不论是上述“平台经济”“粉丝经济”，还是“社群经济”，都在逐步偏重于社交关系、社群关系，这也是三者之间相互联系和依赖的纽带。因而产品想要抵达用户，就要在满足用户基本需求(社交是其中之一)的基础上来完成。以用户为中心，嵌入用户的生活圈、社交圈，使用户在实现社交等基本需求的同时完成新闻信息的获取行为，并通过汇集优质的内容生产商提供的新闻产品，实现新闻的一站式获取，进一步提高用户获取信息的便捷性、改善用户体验。

以国外垄断性平台媒体 Facebook、Twitter 等为例，由于在用户持有方面占有绝对优势，它们便可以通过对用户数据的分析处理，更为准确地了解用户其他方面的需求，进而为用户提供更多需求产品，在充分满足用户需求的同时实现自身盈利。

②粉丝经济与社群经济存在区别。

在一般商业变现模式讨论中，“粉丝经济”与“社群经济”容易被混淆为一体。但根据其对于用户的吸引力方式和成员之间关系维护方式来看，两者仍存在一定区别。品牌需要有自己的粉丝，但粉丝更多是出于对某一品牌的喜爱或信任，粉丝成员之间往往缺乏更为稳定的相互联结，而只有让粉丝成为朋友才能形成真正意义上的社群。社群是一种相互交叉的关系，功能是为了服务用户，而粉丝经济则是有一个中心，所有人围绕该中心产生的经济效应；社群经济在发展到一定阶段之后能够自我运作，但是粉丝经济却不行，因此社群往往是企业想要实现的一个终极目标，一个没有社群的品牌在有社群的品牌面前是没有任何竞争力的。

正如罗振宇将罗辑思维带出来独自创业时所说：我的最终目标是社群经济，而不是粉丝经济。但到目前，罗辑思维依然是粉丝经济。两者的区别在于：社群是一个两两相交的网状关系，而粉丝经济则是以某个点为中心，所有人围绕这个中心活动的明星式经济。社群经济发展到一定程度会自我运作，但粉丝经济不会。

2．简要评价饭圈文化。［北邮 2019 年研］

答：饭圈文化又称粉丝文化，是指粉丝群体所表现出的一般性的价值观、行为方式以及由此产生的文化现象。它以粉丝个体的超常消费行为为基础，以粉丝社群为载体，是与社会主流文化或官方文化不同的一种亚文化，当代粉丝及其文化实践行为表现出多面性。对饭圈文化的评价应该一分为二地看。

（1）饭圈文化的积极意义。

①带动传媒生态圈的发展。

粉丝们在对偶像的崇拜、喜爱情结的驱动下，会购买与明星相关的产品作为传播互动方式，他们认为可以通过不断地购买明星周边、应援产品来拉近与偶像间的距离。粉丝团体也会“挟自身以令商家”，通过消费的方式宣告自己团体的粉丝数量之庞大、消费能力之雄厚，来为自己的偶像换取资源，让偶像更好地发展。粉丝与经纪公司、投资方成为互惠互利密不可分的“搭档”，带动了明星影视作品、周边产品、线上线下的各种活动的蓬勃发展，从而带动传媒生态圈市场经济的发展。

②促进了社会文化产业的多样性发展。

粉丝文化作为一种根植于网络的亚文化，丰富了社会文化产业，打破了传统的传播话语体系，可以看作是对精英主流文化的消解，有利于社会文化生态的多元化发展，推动社会文化的进步，对文化产业大有益处。

③有利于文化输出。

许多投资商、制片方甚至政府，都会被当红现象级偶像的影响力所吸引，邀请他们参演影视剧，目的是吸引更多的年轻观众和海外粉丝观看，更能增强民族自豪感和文化输出。比如拥有众多海外粉丝的鹿晗，其参演的《择天记》在 YouTube 上线 6 天播放量就突破 500 万大关，有利于我国文化的对外输出，提高我国文化软实力。

（2）饭圈文化带来的问题。

①粉丝：病态追星。

由于粉丝长期处于自己的“虚拟团体”中，在群体意识牢固的信息茧房里相互抱团取暖，观点盲从，思维单向度，集群意识滋生极易产生群体极化现象。粉丝认为自己的偶像是神圣不可侵犯的，只要有人批评自己偶像，就会对他口诛笔伐。粉丝盲目地尊崇、信奉偶像，美化其身上的缺点，丧失了理性思考的能力，做出很多非理性的行为。粉丝为了维护自家偶像，常常在网上对其他明星蔑视、排斥，甚至辱骂、攻击，污染了网络公共环境。另外，很多明星饱受“私生饭”的骚扰，“私生”以爱之名做出有悖于伦理道德，甚至触犯法律的行为，严重影响了公共秩序，甚至会危害偶像的生命安全。

②影视从业者：偶像加持下的“粗制滥造”。

当红偶像都有稳定且庞大的粉丝群体，凡是他们参演的影视作品都会有相当程度上的收益保证，部分投资方“经济短视”，似乎认为，无论作品质量如何，只要有当红小花旦的参演，粉丝就会为作品宣传，为作品买单。于是，五毛特效、抠图成像等现象层出不穷，影视行业走上了“快消”的道路，这是十分不利于我国影视行业的发展的。

③媒体：刻意迎合粉丝赚取眼球经济。

明星知名度高，粉丝众多，一举一动都会受到关注，很多媒体为了追求流量，忽视媒介应该承担的社会责任，热衷于追捧娱乐明星，大肆炒作个人隐私、花边新闻。过度娱乐化、肤浅化的信息大行其道，助长享乐主义，奢靡主义，影响人们的世界观、人生观，败坏社会风气。

3．用传播学理论论述表情包现象。［成都理工2020年研］

答：表情包随着社交媒体流行而出现，是一组由图像与文字来表达情绪与意义的双渠道表意符号，表情包适应当下数字化和场景化的需求，同时也提高了传播效率，成为当代互联网话语沟通中的重要形式。

(1)表情包的特征。

①符号化：编码与解码。

表情包作为一种符号，存在一定的多义性，其编码和解码的过程受诸多要素影响，传者、受者的经验、心态、所属群体、当下情境等都不同程度地影响编码和解码，表情包的含义也并不似表面那般明快，而是蕴含着丰富的深层含义。

②解构主义：后现代的狂欢。

表情包是互联网时代的一种解构式创作，符合后现代的精神，是对人主体性的一种回归。使用表情包的交流中的刷屏、情绪的宣泄，也是亚文化对主流文化的一种解构和对抗。

③娱乐化的议题呈现。

互联网的开放、包容、低门槛的特性使多元主体都可以参与其中，在传播交流过程表情包的使用会使一些严肃的议题变得娱乐化。比如“帝吧出征”事件中，出征的群体就通过表情包将严肃的政治议题趣味化呈现。

(2)表情包流行的原因。

①技术驱动：社交媒体时代的底层逻辑。

麦克卢汉认为“媒介即信息”，即媒介技术为传播活动奠定了基础，形塑着我们的使用和思考习惯。互联网的发展，社交媒体的普及，多媒体形态的交融为人类交流提供了巨大的便利。表情包作为一种常态化社交媒体平台的网络景观，网民可以通过生产、收藏、使用表情包，满足不同的社交需求、维系关系并进行自我表达。

②补救性媒介：表情包的符号进化。

保罗·莱文森认为，媒介总是处于一个不断进化的过程，而媒介进化的机制是补救性媒介，即后生媒介是先生媒介的补救。表情包的进化发展也是如此，相对文字符号和语音符号，表情包更加生动活泼，让人会心一笑，其娱乐化的特性更符合当下网络传播的语态，也更符合互联网主力军，即年轻群体的审美偏好和使用习惯。

③模因：文化的遗传与复制。

理查德·道金斯于1976年在《自私的基因》中提出“模因”的概念。道金斯认为，模因论是人类文化的进化论，表情包也是一种模因，在社交网络的传播过程中进行模仿、复制、创新和变异。而这种复制和模仿助推表情包不断衍生和传播。

(3)表情包传播中存在的问题。

①数字鸿沟。

数字鸿沟的概念起源于1999年美国国家远程通信和信息管理局发表的一篇题为《在网络中落伍：定义数字鸿沟》的报告。数字社交时代，不同群体之间对网络的使用和技巧的掌握情况出现分化，信息富裕者和信息贫困者之间出现鸿沟。表情包的使用之际，最常见的就是代际之间的数字鸿沟，如“老年人表情包”，就成为老年群体与年轻群体代际差异的一种典型现象。

②娱乐至死。

尼尔·波兹曼指出，一切公众话语日渐以娱乐的形式出现，这是一个娱乐至死的年代。表情包作为人们情感宣泄的工具，将严肃的议题进行娱乐化解读，但这种随意的解读可能对部分群体造成一定的心理伤害，如韩红在公益活动之际的照片被进行二次创作，P图成为表情包，并大规模转发，这类创作就存在着一定道德伦理方面的问题，会对当事人造成伤害和打击。

③侵权行为难界定。

表情包本身也拥有版权，但在实际商品化的运作过程中，表情包的可复制性和可编辑性，让版权问题难以界定，法律也不够健全，导致作者维权困难。

在极具创造力的UGC、自由包容的社交平台的影响下，能够承载、表达不同意义的表情包广泛传播，并作为信息的互联网语言，开创了人与人交流互动的新方式。但受众作为主要创作者，需要提升媒介素养，将理性融于感性，方能使表情包的传播更有正向意义。

4. “出圈”是什么？简述本质、逻辑和影响。［深圳大学2022年研］

答：“出圈”是如今互联网一种比较常见的文化现象。“出圈”的本质却并非是简单地突破圈层原本的边界，而是一种社会关系网络的再连接和重新嵌套，即“再圈子化”的发展。

(1)“出圈”的逻辑。

①社会关系网络的连接。

社会关系网络将不同文化属性的圈子连接，通过网络和节点，关系被连接，信息自由流动。原本圈子与圈子之间因为文化区隔、群体规范等原因互相之间信息进入难度大，只能通过边缘节点进入。而“出圈”意味着：

a. 所有的关系连接和信息流动都要通过网络节点，所以互联网圈子的整体关系在网络空间中的不可见，并不妨碍作为节点的行动者进行主动的展示、传播，节点占据关键位置、拥有一定的话语权、资源，才能更好地维持局部网络的可见性，建立圈子之间的横向连接，因此“出圈”的事件往往有当事人即为事件发起人的特点。

b. 网络结构可以扭曲圈子内部的信息流，操纵个体对他人意见的判断和行为策略的选择，从而影响传播结果。某一现象“出圈”与否，关键在于能否在网络结构中形成集中优势，同时又能最大限度地分散类似现象所在圈子的集中度。

②以情感作为连接的纽带。

互联网圈子形成也是以情感作为连接的纽带，并通过情感的交流沟通维护、强化、发展壮大，形成基本一致的价值观念。因此“出圈”很大程度上也依赖于情感层面的连接，即能否产生情感层面的共鸣。

③模因：复制、继承和再生。

圈子中的模因会根据流行的热点和传播者的偏好进行调整，有可能吸引到圈外人的创作和参与，也是“出圈”的关键。

(2)“出圈”的影响。

①结构化受众有意识的社会参与。

“出圈”的频繁涌现，使得当下结构化的受众，出现结构化与反结构化交替发展的可能。结成某种类型圈子的受众，可以一边“圈地自萌”，一边以圈子为单位积极参与社会公共事务，流行于圈子的小众文化借此得以参与社会主流文化的建构，赢得主流价值的认同。

②“出圈”信息的定向生产与转译。

就信息的“出圈”转译而言，根据拉图尔在行动者网络理论中关于转译的解释，转译的过程包含了三层含义：一是偏移，二是策略，三是代言，其他所有行动者的意图都可以被翻译为同一版本。某种程度上来说，信息“出圈”传播的过程也是信息成功转译的过程，不仅意味着信息在各类圈子的相互协作中成为更大、更新的社会关系网络所要求的共识和目标；在另一个角度，“出圈”也是异质信息之间实现利益共谋的关系，通过对其他行动者加以控制，同一主题下可能的众声喧哗被转译为同一表达，一套行动者共同默认的潜规则得以形成，人们必须经过它、认同它，并把它当作一个毋庸置疑的黑箱使用。

③对媒体融合和现代传媒生态的影响。

在圈子化逻辑的“出圈”中，媒体融合的目标不应该止于获取受众，而要立足于实现用户空间维度上关系的连接与并置，满足并创造用户被网罗其中的主动需求。“出圈”对于媒体融合的价值，在于通过连接建立空间价值主导下的多元情境，进而通过圈子的整合，来实现对于社会尽可能多数人群的连接及影响。

5. 归纳“网络恶搞”文化带来的消极影响。[浙传2015年研]

答：“恶搞”源于日语“KUSO”一词，是一种通过恶搞特定对象或事件，达到搞笑、哗众取宠、标榜个性的目的。以下将对“网络恶搞”文化的消极影响进行归纳总结。

(1)伦理侵害：群体无序、道德崩坏。

部分出格的网络恶搞挑战我们作为公民的道德底线和社会的公序良俗。一部分针对革命经典和英雄人物的恶搞不仅将红色的革命历史戏谑化，更是对英雄人物的亵渎。如经典歌曲《黄河大合唱》就曾惨遭恶搞。这类出格的恶搞是对生命、历史和先烈的不尊重，是对崇高的解构、对经典的玷污，是一种群体无意识的、无序的狂欢，是道德的崩坏。

(2)隐私侵犯：伤害个人肖像权、隐私权和名誉权。

网络恶搞的部分素材是相对私密化的个人照片，或是针对某些事件的当事人的嘲讽和戏谑，甚至严重地会延伸到“人肉搜索”，这种行为是对当事人的个人肖像权、隐私权和名誉权的侵害，加之维权的难度之大，往往会对恶搞对象造成身心方面的重大伤害。

(3)情绪宣泄：从恶俗的幽默到网络暴力。

“恶搞”最初的目的是消解严肃、在恶搞中宣泄压力，这种潜在的心理需求导致恶搞文化存在一定的恶俗化、哗众取宠的倾向，经过不断的传播和叠加，可能从一种相对个人的暴力转化为群体的网络暴力，对被恶搞的对象、事件中的当事人带来不可估量的伤害。

(4)版权侵害：二次创作的灰色地带。

大部分恶搞是以已有的作品作为素材的，是对原有作品的解构，但目前在法律上并无明确的规定对这种二次创作进行界定，实际解决之际关于版权的问题仍然相当复杂。

网络恶搞文化诞生于互联网时代，是后现代视角下的解构主义的典型现象，以“去中心化”“草根化”“娱乐化”消解严肃，彰显自我价值，但戏说不能超过尺度，经典不宜过度亵玩，需要坚守伦理和道德的底线。

6. 网络新媒体对用户表达和用户自我呈现的影响。［四川大学2020年研］

答：网络新媒体是以新兴数字技术为基础，通过网络、无线通讯网和卫星等渠道，通过各类电子产品终端，向用户提供信息、产品和服务的传播形态。“自我呈现”在加拿大社会学家欧文戈夫曼的《日常生活中的自我呈现》中被解释为：“社会是舞台，人人皆为演员。”下文将从网络新媒体对用户表达的影响和网络新媒体对用户自我呈现的影响两部分进行阐述。

(1)网络新媒体对用户表达的影响。

①技术赋权，用户表达更加积极主动、方便快捷。

技术作为底层逻辑，支撑用户的表达和意见，受众从被动的、消极的、纯粹的接收者变成拥有主权的内容生产者。技术提升了用户表达的时效，丰富用户表达的形式，同时使得用户的表达更加方便快捷，构建关系网络，给予用户即时的反馈和回应，提升了用户参与表达的意愿，用户热情参与到表达中。

②权利赋予，用户主体性增强。

网络新媒体保障了用户的表达权、言论自由和监督权等权利，用户作为行为主体的意志也受到尊重。用户注意力成为被争夺的资源，海量内容和服务争夺用户的兴趣，个体不再是泯然众人的“大众”，而是需要被取悦的“用户”。因此用户的观点也被更多地重视，地位有所提升，他们乐于表达自己对外部世界的观察和看法，更好地表达自己。

③新媒体构建关系网络，表达易受群体、圈层和他人影响。

网络新媒体提供了互动的场域，用户根据兴趣爱好和利益等诸多因素，分化成不同的群体，聚合成大大小小的圈子，在这种关系网络中，用户更容易受到他人的影响，“沉默的螺旋”“群体极化”等现象都昭示着个人的表达会在一定程度上因其他用户强化或削弱。

(2)网络新媒体对用户自我呈现的影响。

①呈现形式、时空从单一走向多样。

内容呈现形式更加多样，从文字到图片、音视频和直播，能够通过不同的媒介形式塑造出理想化的自我，加上美图、滤镜等技术的发展，可以在自我呈现时进行不同程度的美化，有取舍地进行自我形象的披露。

②前后台的边界模糊，用户通过表演进行印象整饰。

拟剧理论中戈夫曼提到的前台和后台之间出现分化，但在今天，前后台的边界日益模糊，用户在前台进行不同程度的表演，后台也能成为表演的一环，让用户在后台前置化的生活展示中，呈现出更真实的、接地气的自我。

③形象从简单塑造到精心捏造。

互联网的匿名性为网络的形象塑造提供便利，但也因此导致形象塑造脱离实际，成为满足虚荣心和利益的工具，导致现实和虚拟形象的脱节，如网络的摆拍、“人设造假”的网红等。这种过分捏造忽略了真实的、立体的形象塑造，超越了单纯的形象塑造的范畴，成为一场虚假的骗局。

梅塞尼曾说：“技术本身是手段和工具，使技术成为善和恶的，是创造和使用技术的人。”网络新媒体提供机遇，带来动态变化的挑战，但技术没有“原罪”，技术发展过程中的问题和矛盾更多是人的不适应。

三、论述题

1. 分析青少年网络语言传播的“圈层现象”及传播机制。［华南师大2021年研］

答：“圈层化”是指青年群体由于相似的价值观、兴趣爱好和行为特征聚集在一起的各具特点的圈层，并在圈层内部拥有自我认同感，内部会进行交流沟通的现象。

与纯粹的圈层概念不同，互联网时代的网络语言传播背后的圈层是一个集体层级的人际网络，是青少年群体在一个限定的空间内通过网络交流互动而形成了独具特色的网络语言体系，以下将具体分析青少年语言传播的“圈层现象”及其传播机制。

(1)青少年网络语言传播的“圈层现象”。

①个性化、展现自我的“主动”型圈层。

“主动型”圈层中的成员更侧重自我个性的展现，对网络语言的使用也更为主动，对语言感兴趣，认为网络语言生动、简洁、新奇、有趣，能够借此彰显自我的形象，更好地展现自我。

②从众的、寻求共鸣的“被动”型的圈层。

“被动”的圈层成员在网络语言的使用中相对慢热，使用的目的一方面是为了不落后于圈层内部的成员，让自己相对“入流”“不掉队”；另一方面是借此参与交流沟通，寻求共鸣，并以此来促进和维系群体间的感情与互动。

③群体认同感强，但与圈外相区隔的“孤立”的圈层。

成员对“圈内”的成员更亲密，认同感强，但对“圈外”区隔开的非成员则不感兴趣，处于相对“孤立”的状态。真正“够小众”的网络语言背后所存在的圈层更独特、区隔性强，这些独特的网络语言也成为了这些圈层中一个辨别身份的无形标准。

(2)青少年网络语言传播机制。

①线上圈层内传播。

网络语言在线上圈层内的传播维护圈层内部的稳定性，提高内部的活跃度，传播也相对稳定、和谐、统一。网络语言的使用能够协调内部成员，促进共识的达成。传播的内容经过网络语言的重新编码，形成群体内部特殊的符码，成员在编码和解码的过程中拉近关系。

②线上圈层间传播。

不同类型的圈层中有分割也有交叉重合的部分，这部分就为圈层之间的传播提供可能。

即使两个圈层没有交叉的部分，也可以通过二者分别交叉的共同圈层进行交流互通。圈层间的传播与兴趣爱好、信息内容的价值、圈层的社会阶层、圈层的影响力、意见领袖的影响力、圈层所处的媒介、圈层受众普及等均相关。借助不同的社交平台以及平台特有的匹配机制，线上的不同圈层之间能够实现交流互动。

③线上线下圈层间传播。

网络语言在线上的传播、互动中促使圈层内部的分化，部分延伸到线下成为熟人关系，聚集更多相同属性的用户。而线下互动会通过圈层分化间接影响圈层间的信息传播与内容共享。圈层分化所带来的一个后果是分化后的小圈层互动变得更频繁。对他们来说，从线上走向线下的活动，有利于圈层间的个体培育出熟人关系，增加他们的社会资本。

随着线上线下互动的频繁，圈层内部人群分化，可能形成兴趣小组，拉近彼此之间的心理距离，增强认同感，促进网络语言的分享与传播。

随着网络技术与媒介不断融入青少年的日常生活，人们的传播行为也表现出符号化、仪式化、共享化、圈层化等形态特征。网络语言的圈层传播方式会通过青少年群体各自不同的社会地位建构出的身份表现出明显的差别。由于他们之间的信息传递以及交流时网络语言用语习惯等，相同文化圈层的人们会逐渐在同一圈层交流，而不同文化圈层或不同背景、不同层次的人们则会趋于分离，从而形成不同文化的圈层。

2. 阐述标出性理论并用标出性分析社会文化的主流和非主流的关系以及翻转的可能性。［四川大学 2021 年研］

答：“标记性”本是语言学中的一个概念，由俄国学者特鲁别茨柯伊提出。任何符号意义的二元对立之中，双方永远是不对称的。出现频率较少的一项，就是“标出项”（the marked），较多的那一项为“非标出项”（the unmarked）。

在两项对立中，导致不平衡的就是“中项”。在对中项的争夺中，文化中原来处于边缘地位的“标出项”，翻转成为正项并获得了携带中项的能力时，就发生了“标出性翻转”。我国学者赵毅衡考查了“标记性”的命名，建议将之改译为“标出性”，同时将这一理论的应用延伸至文化符号学领域，使之能够对社会文化和艺术的变革机制作出有效阐释。

（1）主流和非主流的关系。

①主流文化对亚文化的控制与收编。

在主流文化与亚文化的关系中，中项向正项文化“偏边”。当前社会，主流文化更加符合其价值观，因而中项更加认同正项来维护社会稳定。因而主流文化往往会对亚文化进行控制和收编，使其更加符合当前社会的主流价值观，推动社会稳定发展。

②亚文化对主流文化的温和化抵抗。

一般情况下，标出性会导致很强烈的自我感觉。异项很可能自觉地维持标出性形式特征，避免被主流吸纳。亚文化往往具有明显的风格，以凸显自身的标出性，作为对主流文化的抵抗。如摇滚、嘻哈等亚文化具有明显反叛、激进的特点，它区别于主流文化的向上的基调，以一种相反的风格和其对抗。

（2）翻转的可能性。

①标出性翻转。

标出性翻转是指对立文化范畴之间不对称带来的标出性，会随着文化发展而变化，直至对立双方地位完全互换。面临存在焦虑、存在阻力和记忆阻力等存在符号学问题，标出项以标出项努力、标出项释放和标出项异常三种状态存在，标出项的历史翻转因此有了一个机制。

②主流与非主流文化的翻转可能。

文化是一个动态发展的过程，存在内在的翻转机制，可以朝着不同的方向“试错”，以适应特定的环境。当环境发生改变时，异项中的劣势可能会迅速转化为优势，正项中的优势也可能转化为劣势，当优势与劣势发生逆转后，中项的态度也会随之变化。因此，主流文化会有种危机感，增强了主流文化发展的内在动力。要想保持自己主流文化的地位，就必须与非主流文化进行竞争，就能看到自己的不足和缺点，就能取长补短，借鉴吸收非主流文化的优点，就能不断创新，与时俱进，永久保持自己的主导地位。

综上，非标出性的主流文化与标出性的非主流文化都是相对而言的，在相对稳定的文化内部，二者长期对立，主流与非主流一旦形成一时间是难以对换的，但标出性仍然存在翻转的可能性，翻转是一个曲折演化的过程。

3. 谈谈对当代中国网络空间中青年亚文化的认识。[北邮 2023 年研]

答：网络青年亚文化是在网络空间中，由青年群体创造、拥有的与主流价值文化不一致的意义体制、生活方式，被青年群体所认同并用以反抗成人社会的一种文化类型。网络青年亚文化的生成与青年亚文化群体的心理、技术的发展密切相关，表现出狂欢化和符号化的特征，同时，网络青年亚文化始终处于与主流文化的抵抗当中，对主流文化造成了冲击，也在不断被收编。

(1)网络空间中青年亚文化的特征诠释。

①娱乐性和狂欢性。

在网络青年亚文化的话语体系和传播范式中，作为一种宣泄与逃避的载体，青年群体以娱乐的心态、狂欢式的集体参与获得一种短暂的集体认同，用娱乐弥合现实矛盾与冲突，同时，不断延展其个体身份在网络空间中的虚拟在场，以求从成人世界的压制中解放出来，借助娱乐消解现实矛盾，纾解心理压力。

②风格化和符号化。

伯明翰学派在对亚文化的研究中，把风格作为重要研究对象，不同领域有不同的风格表达，呈现出不同群体的差异化意义。借助新型媒介技术的赋权，社会话语体系不断经历着解构、重构，网络青年亚文化则以戏谑、新颖、创意等颇具风格化和符号化的形态风行于网络舆论场域，这种由青年群体自主编制再创的语言代码，具象彰显着青年群体区隔于成人世界的话语范式和存在方式，含有一定的异化表象和反叛表征。

③抵抗性和兼容性。

霍尔指出，青少年亚文化形成特别的风格，其目的就是“抵抗社会”，这种抵抗有可能汇聚成一股强大的社会潮流。在网络青年亚文化领域，青年群体对于主流权威不再盲目追随，与此相反，他们敢于通过微博、知乎等社交媒体平台提出质疑，传统话语体系被一点点拆解，丧文化、佛系文化、动漫文化等文化实践持续获得青年群体的热衷追随，而这些文化所倡导的无欲无求、消极怠世的人生态度与主流意识形态所弘扬的社会主义核心价值观形成仪式对抗。

(2)网络青年亚文化的生成逻辑。

①现实压力的裹挟与放逐。

网络青年亚文化的诞生和发展来自更加强烈的情绪释放心理，网络技术的发展赋予了青年亚文化新的生成、发展的空间，多种亚文化形态呈现出狂欢化的态势。弹幕文化、丧文化、佛系文化、表情包文化、自拍文化都展示了青年亚文化群体在成长过程中的情绪和心理，这些内容在网络中不断碰撞，形成了巴赫金所说的“所有人都可以胡闹和发疯，随心所欲”的狂欢化世界。

②多元呈现与符号化的文化表达。

网络赋予了青年亚文化更多元的表现形式，他们展现自身风格的手段从单一的物质发展出了图文、音视频等形式，使得青年亚文化群体的风格呈现更加符号化的特点。例如弹幕文化，作为文字化的符号，与音视频的结合丰富了其符号意义的内涵，强烈地激发参与者共鸣。B 站 2022 年度弹幕“优雅”是符号化的典型表现，其意义远远脱离文本意义，能够伴随参与者使用场景拥有丰富的文化表达。

(3)网络青年亚文化的多元建构：反叛弱化、碰撞、交融。

由于社会成就、新媒介空间等带来的流动因素，主流文化与网络青年亚文化的收编之路经历了三步：网络青年亚文化的反叛弱化，与主流文化价值冲突缓解；二者发生碰撞，网络青年亚文化在主流语境中实现个性化表达；交融阶段，试图通过文化层面的共情实现理解。

对于主流意识形态而言，网络青年亚文化作为一种特殊而又重要的文化形态，对其产生了不可避免的影响与冲突。研究分析网络青年亚文化是理解青年群体、审思社会现实的重要途径，而如何在时代发展中动态掌握网络青年亚文化的流变与方向，亟待学界进行持续且多元的研究。

4. 结合实例，从视觉传播角度出发，分析鬼畜视频的传播特征。［华南师大 2021 年研］

答：作为一种典型的视频文本，鬼畜在画面、音乐、字幕元素上都呈现出与传统视频不同的叙事法则。画面的高度重复性、音乐的节奏性和字幕的押韵性，都显示出拒绝高深莫测的、线性的叙事逻辑，以打破传统视频宏大的叙事，彰显个人的情趣偏好和奇异幻想来达到解构经典的快感，营造狂欢化氛围，体现出后现代主义的特点。

(1)“短”：时长短，单个镜头维持时间短。

鬼畜视频发布的平台大多以 B 站等互动视频网站为主，相对传统的长视频来说，其本身的实际内容不多，且需要符合新媒体平台的调性，因此在视频时长上有所控制。此外，单个画面维持的时间短，画面变动的频率更高。如 B 站的《赵本山：我就是念诗之王》在开头的 5 秒内切换了 6 个镜头，视频时长 2 分 33 秒，囊括了赵本山的 8 个经典小品。

(2)画面重复，节奏性强。

鬼畜画面的重复频率超过了传统视频画面一秒一次的频率，这导致视觉系统不能详细地对每个画面进行解码，从而个体就会有各种张力来进行视觉修正。学者阿恩海姆认为任何视觉新奇异样的效果都在于最简单的图形，诚然鬼畜视频的画面就是对最为简单的图形进行高度的重复，从而为个体带来视觉刺激。例如在 B 站上，鬼畜作品《你从未看过的家有儿女》体现出画面的重复性，创作者对该电视剧人物的动作、声音进行串联，显示了画面的高度重复、碎片化的剪辑方式、聚集人物面部表情、音乐富有节奏感等特点，形成了以表情和肢体为主、语气和文字为辅的图像拼贴。

(3)“新”：素材、技术创新。

“新”体现在以下方面，包括：

①素材新。部分鬼畜视频的原始素材是新的热点事件，即使是经典作品的改编，也会进行与时下热梗结合的创新。

②技术新。鬼畜视频对新技术形式的使用走在前列，如AI换脸、调音等。如B站鬼畜区突破三千万播放的《【罗翔】童话镇》就是将罗翔老师的声音进行调音翻唱(即人力VOCALOID)。

(4)字幕与画面配合。

①押韵性。鬼畜视频的字幕与画面之间的配合使个体能够产生新奇的视觉效果，字幕的押韵性使画面的逻辑性与字幕原本的提示性作用减弱，此时视频画面的演进不再是传统视频中依靠画面的逻辑性进行，而是以字幕的押韵递进。在鬼畜视频《最强法海》的字幕中，“春眠不觉晓，我看你往哪儿跑！夜来风雨声，这样的法术还死撑！”等就是通过字幕的押韵性进行画面的递进。

②多义性。能够直接通过音译或谐音来激发用户的想象力，鬼畜视频的字幕法则增强文本娱乐程度和文本张力。2020年，B站UP主伊丽莎白鼠通过对马保国的视频拼贴剪辑，制作出《武林高手》，在该视频中字幕的提示性作用被削弱，字幕谐音翻译引发了全网狂欢，如“发生肾么事了”“耗子尾汁”等词汇迅速成为网络流行词。

5. 平台的特点为用户塑造线上形象带来了什么样的可能？[复旦大学2024年研]

答：随着数字化技术的发展，我们正步入“平台社会”，平台进入我们生活的中心，将世界的万事万物连接起来，渗透到日常生活的实践中。而平台也意味着人们可以选择扮演某种“人设”，塑造某种形象，有选择性地展示自我，与他人进行连接互动。以下将具体论述平台的特点为用户塑造线上形象带来的可能。

(1)平台崛起：人设打造和形象建构的场域。

多元平台的出现为用户进行人设和形象的建构提供了场域。微信、微博、抖音、小红书等平台门槛低、机制完善、用户资源丰富，方便用户进行自我展示。但由于不同平台的规则设定也各不相同，且用户之间存在的社会比较，因此希望“出圈”就需要一个独特的“人设”。人设展示在前台，成为可表演、可展示、可分享、满足创作需要的数字化自我。与后台的真实自我不同，线上的形象塑造可控性更强，可“压缩”“美化”“包装”，部分用户出于争夺流量的需要，甚至会选择造假。但一味选择美化，“前台”和“后台”的矛盾激化，就难以长期扮演下去。

(2)平台的“可见性”：用户的自主记录、展示和分享。

①用户自主设置的“可见性”。用户自主性增强，可以通过设置“屏蔽”“删除评论”“仅好友可见”等功能规划自己的“可见性空间”，以避免收到负面评价，营造一个以自我为中心的数字舞台。这就将“可见性”的选择权和操作权递交到了用户手上。

②平台以算法和数据等要素控制内容的流量分布，也控制着用户形象塑造的可见性。

算法会给予每一个用户自我展示的机会，把握流量分布的平衡，将用户贴上标签、划分圈层，并且平台更多地留存正面的反馈，确保用户形象展示的积极性。

(3)平台的情感意义。

①平台作为情感栖息地。宣泄现实生活中的情绪和压力，释放生活中的压力感。

②平台的瞬时共情。用户在平台中的自我展示是渴望得到他人的认可的。如B站平台的弹幕的发布，就是希望与其他用户在某个特定的时刻达成情感共鸣，而弹幕也设置了点赞功能，点赞较多的弹幕会更加醒目，是用户表达自我、收获认可、与他人共情的一种正向的反馈。

③平台提供了用户与受众互相想象、留白的空间。用户对受众的想象，是自己的作品、形象塑造是否会被受众接纳、喜爱；受众对用户的想象，是从观看、选择作品开始，转向“转发”“点赞”“分享”等行为。线上的平台作为表演的前台，后台的空间也为受众提供了留白的想象空间。

(4)平台的变现机制：满足经济和自我价值的双重收益。

平台为用户的自我形象展示提供变现的可能性。一方面，在平台的自我展示能获得自我认同和社会认同；另一方面，这种出于获得情绪价值的劳动向商业化发展，并试图从展示中获得更多的剩余价值，收获经济收益和自我价值认同。

(5)平台的开放性和包容性：形象人设的多元化。

平台主体多元、价值观也相对多元，不同的人设和形象都存在于平台这个开放、包容的场域，在不违背社会道德底线的情况下，形象和人设并非只有正向的方面，相反，平台中的部分用户会刻意地利用“审丑”“反串”“土味”等一系列的人设吸引注意，尤其是在用户对审美产生疲劳，且人设内卷化、同质化严重的平台生态下，此举能满足受众的优越感和窥视欲。

平台为用户的“数字化生存”提供了一个充满可能性的平台，平台的特征意味着用户可以通过平台自主进行形象展示，满足每个人心中的“被看见”的情感需要，被展示的情感价值和数字劳动带来的劳动价值共同支撑用户在平台进行持续的记录、创作和分享，技术、社会、文化等合力在平台中延伸了个体形象和个体生命力。

第十章　网络时代新的社会特征

10.1　考情分析

本章主要介绍了网络社会、互联网社会、平台社会、算法社会和元宇宙下虚实相融的社会；考生应掌握几种社会的发展脉络、产生的影响和未来发展的趋势。

本章内容为学界和考试的前沿热点。平台社会、算法社会、元宇宙是第五版教材的重要新增内容，是近年来各大院校真题考查的重点。其中，平台型媒体、平台经济、算法偏见、算法控制、算法侵权、算法黑箱相关的知识内容多以名词解释的形式考查。平台的影响、算法的影响、算法素养和元宇宙等考点多以论述题形式考查，需要进行重点学习了解。

10.2　复习笔记

【知识框架(庖丁解牛)】

- 网络时代新的社会特征
  - 网络社会与互联网社会
    - 虚拟社会与网络社会
      - 虚拟社会
      - 卡斯特的网络社会理论
    - 互联网社会
  - 平台社会
    - 从应用到平台
      - 平台与平台型媒体
      - 平台的影响机制
      - 平台发展趋势
    - 从平台到平台社会
      - 平台社会
      - 平台对政治的影响
      - 平台对经济的影响
      - 平台的内部自制和外部监管
  - 算法社会
    - 算法对认知、决策的影响
    - 算法对关系的影响
      - 作为中介的算法：匹配与调节
      - 构建共同体的算法：形成与维护
    - 算法对经济与社会运行的影响
      - 算法对经济的影响
      - 算法对社会治理的影响
    - 算法权力及其约束
    - 算法素养
      - 算法开发者的算法素养
      - 算法使用者的算法素养

网络时代新的社会特征
- 元宇宙
  - 元宇宙构想中的空间
    - 元宇宙空间对身体的召唤
    - 孪生城市中空间意义的继承或重塑
    - 虚拟空间中的场景与社会场景重建
    - 现实空间与虚拟信息、虚拟空间的叠加或融合
    - 赛博空间的再认识
  - 元宇宙构想时空中的身体
    - 虚拟空间中现实身体的体验增强
    - 数字分身
    - 数字化身

【考点难点归纳(厚积薄发)】

考点一：网络社会与互联网社会 ★★

1. 虚拟社会与网络社会

(1)虚拟社会(见表10－1)

表10－1　虚拟社会

要点	具体内容
赛博空间的特征	虚拟化、符号化、破除身体和地理的限制
哲学家研究的侧重点	符号化、中介化： ①“虚拟”生存，即人的意义符号生存。 ②分化出两个世界，现实世界和虚拟世界
社会学家研究的侧重点	①关注虚拟社会中人与人的关系。 ②网络社会是真实存在的全新社会生存方式
概念消弭	Web2.0时代到来，后台前置，虚实融合，因此更多称为网络社会

(2)卡斯特的网络社会理论(见表10－2)

表10－2　卡斯特的网络社会理论

要点	具体内容
提出	曼纽尔·卡斯特《网络社会的崛起》
内涵	①区别于互联网社会，概念更广，属于一种意义更广泛的社会结构。 ②信息时代，依托网络和经济发展带来的开放延伸、跨国界、创新变革、充满活力的社会结构。 ③网络带来的影响：影响社会形态、经济发展、生产方式、话语权力和文化生活的各个方面
流动空间[网络社会的空间特征]的三个层次	①电子技术：电子交换的回路构成的物质支持； ②通信网络：由其节点(node)和核心(hub)构成； ③社会组织：占支配地位的管理精英(而非阶级)的空间组织

2. 互联网社会

按照上述卡斯特的网络理论分析互联网社会，如表10－3所示。

表 10－3　互联网社会

要点		具体内容
空间特征：流动空间		①互联网社会能跨越物理、地理的空间障碍，打破身体"在场"的交流限制。 ②破除了线下的传统关系网络的束缚，能够自主选择维持或重构新的关系(连接)，包括维持原有的关系(连接)和强弱关系(连接)的转换
基本结构要素	个体化节点	①传播结构： a. 控制节点开关和信息流动； b. 连接社会网络，社会网络的关系双向影响个体行为和能力； c. 作为载体，连接、贡献资源； d. 被赋予基础性权利和权力。 ②虚拟化、表演化生存：基于符号，自主设定、展示角色，关联现实世界。 ③自我"定位"：个体自主选择身份、互动对象和方式，主动性更强
	连接性核心	①平台聚合内容，协调交换与互动，提供社交或服务，连接个体节点，起到了中枢和纽带的作用。 ②平台侧重点对个体之间的关系产生影响。 a. 内容核心：围绕话题区分立场和态度； b. 关系核心：围绕资本，评估利益，区分圈子，构建关系； c. 服务核心：通过商品和服务产生连接
内部运动的基本动力：节点互动	作用方式：中介性互动	①这种互动依托网络空间，具有技术依赖性。 ②特点：互动多元、结构多样、相比面对面交流有部分强化，也有部分削弱。 ③镜像的映射：互动作为现实的反映，会出现放大、缩小和形变，某种程度上暴露出现实的问题
	聚合单元：群体	①群体可大可小，个体可以分属不同群体。 ②个体聚合成群体，其影响才可能被重视
权力结构：开放、流动	初期：扁平	是原有的社会权力结构的一种重构，呈现出扁平、平等状态
	发展：分层	①能力、技术、网络互动带来等级划分和话语差异。 ②精英[意见领袖]获得强势话语权和主导地位
	发展：流动	①社会群体的再建构：个体自主选择更认同的群体，破除现实群体的局限性。 ②现实渗透网络试图干涉群体形成，网络可能会抵抗、阻止这种改变，整体处于动态的博弈状态。 ③权力中心会流动、更迭，权力结构动态变化

考点二：平台社会　★★★★

1. 从应用到平台

(1)平台与平台型媒体(见表 10－4)

表 10－4　平台与平台型媒体

要点	具体内容
平台	①平台是客观的、中立的、内容聚合的、有多个生产内容的主体。 ②是为用户建构连接，提供内容资源整合和多元服务的核心

续表

<table>
<tr><th>要点</th><th colspan="2">具体内容</th></tr>
<tr><td>平台型媒体</td><td colspan="2">2014 年乔纳森·格里克[美]于《平台型媒体的崛起》中提出：
①Platisher 一词由 Platform（平台商）和 Publisher（出版商）组合而成。
②是指兼具权威媒体的声望和平台的开放包容、聚集用户特质的数字实体</td></tr>
<tr><td>平台的优势</td><td colspan="2">①平台先发制人，已经成为主导话语权，集内容生产、分发、消费为一体的规则制定者；媒体只能成为被收编的主体之一。
②平台以内容聚合用户，用户兼具生产者和消费者的双重身份</td></tr>
<tr><td>传统媒体的平台转型的局限性</td><td colspan="2">传统媒体自身存在局限，缺乏互联网思维，观念需转型，专注渠道，忽视用户之间、用户与生产者的关系连接</td></tr>
<tr><td rowspan="2">优化平台效果</td><td>目标</td><td>用户参与平台连接，随时可以转化成生产主体</td></tr>
<tr><td>措施</td><td>①聚集规模化的用户，培养用户黏性和生产能力。
②吸引多元的生产者，提供可观的激励促进内容创作。
③精确高效地进行内容分发与匹配。
④优化平台界面和用户的使用体验。
⑤将内容与其他互联网服务相关联</td></tr>
</table>

（2）平台的影响机制（见表 10－5）

拉图尔的行动者网络理论视角下的平台：

①平台是转义者，而非中介。

②不同于中介将内容原封不动地搬运，转义者会改变、转译、扭曲和修改原本的意义或元素。

③行动者是具有能动性的转义者，形塑了平台网络；行动者包括行为人以及观念、技术、生物等许多非人的物体；行动即转义。

下面将从“转义”的角度考察平台的影响机制。

表 10－5　平台的影响机制

<table>
<tr><th>要点</th><th colspan="2">具体内容</th></tr>
<tr><td rowspan="4">门户网站/搜索引擎</td><td>特点</td><td>声明是中立的内容搬运者，但仍然存在转义</td></tr>
<tr><td>编辑筛选的转义</td><td>内容搬运的选择、加工、页面设计均为转义</td></tr>
<tr><td>用户反馈的转义</td><td>参与讨论，给出反馈的用户也是转义的一部分</td></tr>
<tr><td>技术造成的转义，如超链接等</td><td>①文本不再独立、闭塞，增加不同文本之间的联系。
②外部链接带来新的意义，在与其他文本的链接中产生转义。
③链接资源丰富、被大量链接指向的网站呈现再中心化趋势，影响商业资源分配。
④除超链接外，其他技术也起到转义作用</td></tr>
<tr><td>算法</td><td colspan="2">①通过影响结果排序，赋予内容或弱或强的意义。
②当下算法在转义过程中的作用：
a. 为用户精准分发内容服务，分配广告投放资源。
b. 发现用户间可能的存在的联系，促进新的关系形成</td></tr>
</table>

续表

要点	具体内容
数据	①数据影响注意力：平台加工原始数据，化静为动，不断刷新，吸引注意力。 ②数据影响权力流动：产消者的评判标准聚焦于单一的数据，影响人们对平台存在感与互动效果的衡量标准，形塑人们的行为和认知
技术逻辑	①产品本身的功能设定、互动方式、用户关系模式等技术逻辑对平台的影响显著。 ②匿名或实名、文字或视频的区别都会分化成平台运行逻辑，影响用户的行为模式

(3)平台发展趋势(见表10-6)

表10-6　平台发展趋势

要点	具体内容
早期	内容平台
发展	①商业服务应用平台(如电商平台)：消费为核心，逐渐变得不可或缺，也包含内容生产和社交功能，从单纯的商品或服务，走向人与人的社交互动。 ②劳动平台：电商平台、外卖平台及内容平台的劳动平台转向逐渐深化，数字劳动者受平台规则和技术束缚
总结	不仅应关注内容，也要注重人的活动和平台对人的影响

2. 从平台到平台社会

(1)平台社会

何塞·范·迪克于《平台社会：连接世界中的公共价值》提出“平台社会”，他认为算法和数据技术支撑的平台渗透到社会的核心，深刻影响了市场经济和劳动关系，绕过传统制度，改变社会和公民行为，侵入日常生活。

(2)平台对政治的影响

①平台对舆论的影响：影响舆论舆情、政府机构信息透明化等。

②平台对政治的投射：平台的技术赋权提升平台影响力，政府需要监督约束平台。

③平台在国际传播中的作用：成为国家竞争角力的重要环节。

(3)平台对经济的影响(见表10-7)

表10-7　平台对经济的影响

要点		具体内容
平台经济	平台组织	参与平台的运营和维护，依托数字平台进行市场经济的企业组织
	平台经济	基于数字技术，由数据驱动、平台支撑、网络协同的经济活动单元所构成的新经济系统，由平台组织间的经济联系构成的总体
	核心要素	资源、数据、算法、服务等
平台经济的影响	交易角度	提高市场成交率，压缩市场交易成本，高效成交
	经营领域	①发展趋势：垂直细分和跨界融合，覆盖面更广。 ②平台凭借产销者、用户资源、供给侧和需求侧的规模效应走向跨界经营
	宏观层面	能够整体调度资源，逆转传统经济，成为垄断性极强的平台

续表

要点	具体内容
平台经济对个人的影响	①带来的便捷舒适的服务体验，提供新的就业机会。 ②平台与劳动者的关系： a. 平台的数字劳动异化、剥削劳动者。 b. 平台使劳动从形式隶属转变为实际隶属。 c. "去劳动关系化"，劳动者选择更灵活，绑定关系更松散，但缺乏安全和稳定性

【案例拓展】《外卖骑手，困在系统里》

2020年9月，《人物》杂志发表文章《外卖骑手，困在系统里》，同名公众号文章也在朋友圈被大量转发，引发热议。文章提到，在外卖系统算法和数据的驱动下，骑手疲于奔命，导致违反交规，甚至为此游走在生死线，同死神赛跑，外卖员成了高危行业。"骑手们永远也无法靠个人力量去对抗系统分配的时间，我们只能用超速去挽回超时这件事。"一名美团骑手如是说。与传统的线下餐饮服务行业相比，这种毫无预测和碎片化的工作时间，意味着原本稳定的雇佣关系和社会关系正在消失。平台在算法的管理逻辑下，成为劳动过程中的常态中介，改变了传统服务行业的组织规范和管理措施。在这一案例中，骑手被"异化"，被最优算法所裹挟，无法停下追逐时间的步伐。

(4)平台的内部自治和外部监管(见表10-8)

表10-8　平台的内部自治和外部监管

要点	具体内容
内部自治	①平台对职责的全新认知：需要兼顾平台本身、社会治理和市场管理。 ②平台参与市场规则制定：利益相关，难保中立，需要审慎使用权力
外部监管	为避免平台一家独大，反对垄断，需要坚持"谦抑性"理念： ①"谦"：从立法到执法全面监管，顺应、把握市场经济规律和考量新问题的特殊性。 ②"抑"：从立法到执法的权力把控和克制，坚持实体正义与程序正义相统一；用户监督也不可或缺，用户应与政府一同监督平台

考点三：算法社会 ★★★★★

1. 算法对认知、决策的影响(见表10-9)

表10-9　算法对认知、决策的影响

要点	具体内容
算法作为界面对认知的影响	①算法重构界面，打造个人化信息环境，降低认知负担，但可能窄化用户的视野。 ②机器生产内容本质即数据化界面，提供认识世界的新视角，也削弱了部分维度。 ③社交机器人参与创建人与世界之间的界面，操纵媒介环境，环境反过来影响人。 ④界面依赖意味着思维数据化，感性思维让步。数据带来安全感，但数据的"伪客观"和过度依赖容易让人陷入数据陷阱，丧失判断力。 ⑤界面具有一定的局限性，可能会失真，削弱人与外界万物的联系，看法变得片面扁平，人本身的观察力也有所削弱

续表

要点	具体内容	
算法作为模型对决策的影响	对决策的影响	①作为风险警报器：评估风险，观测舆情，预测犯罪。 ②辅助内容生产：排行榜单、分析决策、计算广告。 ③影响经济经营：算法助推共享经济平台的网状连接、点对点交易和企业产品开发的评估策划
	优势	①数据分析，归纳经验，预测趋势。 ②建立模型，分析可能性，寻求最优解。 ③过滤信息，提高效率，降低负担
	需注意	①算法本身有局限性，会对世界进行简化，不能囊括全部内容。 ②应避免过度依赖算法，造成“人智”的萎缩。 ③算法决策也需要加上人的情感道德判断，不能把伦理交给机器。 ④算法的可靠性需要判断，尽量避免算法“看似客观，实则主观”的人为干扰
算法社会的双重挑战	①不能把决策权全盘交付给算法，要判断算法的优势劣势，合理辅助决策。 ②要具备批判性思维，考虑到算法偏见、算法黑箱、数据信度，培养判断力，不盲信	

2. 算法对关系的影响

(1)作为中介的算法：匹配与调节(见表10－10)

表10－10 作为中介的算法：匹配与调节

要点	具体内容	
匹配	①算法评估现有关系，对关系进行重置(重复、强化，或者完全逆转)。 ②重复和强化更常见，但易导致算法偏见和算法歧视的重复，甚至放大。 ③匹配的优劣难以确定，但人容易因其产生惰性和依赖	
调节控制	内容平台	①算法调控生产者、内容与消费者三者关系，算法影响流量，流量影响内容生产者取向。 ②“民意裹挟”“流量至上”，生产者屈服于民意，丧失专业性
	劳动平台	算法调控十分常见
	其他模式	算法调控供需、资源、价格，方便用户，帮助商家获利

(2)构建共同体的算法：形成与维护(见表10－11)

表10－11 构建共同体的算法：形成与维护

要点	具体内容
共同体的维护	以健康码为例，算法对构建群体、维系共同体边界的作用： ①一对一的身份准入，增加共同体的“免疫力”。 ②区隔人群，强化归属，赋予标签，匹配资源，框定群体，建立阻隔，维系共同体的存在
共同体的形成	①“人以群分”：为不同行为和兴趣的个体打上标签，连接、区分、聚合形成群体。 ②基于算法发现已存在的社区，未来可能促成新的共同体形成。 ③“同温层”：相似的个体容易抱团形成群体。 ④算法分发的信息带来的区隔可能会强化圈层区隔

3. 算法对经济与社会运行的影响

(1)算法对经济的影响(见表10-12)

表10-12 算法对经济的影响

要点	具体内容
算法经济	①阿里尔·扎拉奇等人在《算法的陷阱：超级平台、算法垄断与场景欺骗》中运用"算法经济"的概念。 ②依托算法和网络的发展，市场竞争深化，民众获得切实的便利和实惠，但算法带来的新的市场经济模式也意味着社会资源非公正的再分配
作用	①重新规划企业的竞争格局，加剧全行业的共谋风险。 ②平台利用算法巩固自身地位、为己谋私，歧视竞争对手的业务，谋求垄断地位

(2)算法对社会治理的影响(见表10-13)

表10-13 算法对社会治理的影响

要点		具体内容
评分机制	类型	①个体对个体的评分； ②组织/机构对个体评分
	意义	意味着规则理性的趋势、法律及平台权力扩张和强制性执行，是对流动的社会规范维护和再生产
	个体间评分	评价主体和权力多元化，更加透明开放、量化清晰、易于比较
	机构对个人评分	评定状态、信用、能力，进行利益分配，影响个体的社会评价和形象
	弊端	①容易固化社会位置，剥夺个体向上发展的机会。 ②维持社会稳定，但也存在机构和个体权力滥用的隐患
社会治理	算法等技术与社会治理规则结合，进行识别和预测，监测风险，进行数据归类和整理，完善社会控制	

4. 算法权力及其约束(见表10-14)

表10-14 算法权力及其约束

要点		具体内容
算法权力	定义	包括算法自身的权力和数据的权力。算法作为一种权力，影响人的认知和行为，塑造、调节、控制着诸多关系
	作用方式	①数据垄断、分析和输出，将数据转化为资源、财富、商品、中介，甚至有重构社会的力量。 ②成为规范，束缚个体行为。 ③辅助法律决策，甚至代替公权力
失范产生的问题	算法偏见	算法程序失去客观中立，出于刻板成见、技术缺陷、利益干扰进行决策，影响公众对事物客观全面的认知，如大数据杀熟，就是典型的算法偏见
	算法控制	分为对对象主体的控制和对过程、结果的控制
	算法侵权	算法侵犯个体和群体的权利，如隐私权

续表

要点	具体内容	
失范产生的问题	算法黑箱	①黑箱通常是一种隐喻，指的是“为人不知的、既不能打开又不能从外部直接观察其内部状态的系统”。 ②算法黑箱是指由于算法技术本身的复杂性以及媒体机构、技术公司的排他性商业政策，算法运行的某个阶段所涉及的技术复杂且部分人无法了解或得到解释
约束的措施	①算法可解释：算法的过程和决策有理可循。 ②算法公开：透明公开，加强伦理审查，建立评估体系。 ③算法规制：对用户进行赋权，约束算法权力，场景化立法	

【考点拓展】算法黑箱与算法偏见、算法歧视的关系

算法黑箱会产生并加重算法偏见。无论是算法开发者的教育背景、社会认知水平等个体差异还是机器存在自主学习能力更或是数据错误等，都会直接或间接导致算法偏见的产生。“算法黑箱”所具有的不透明性为“算法歧视”披上了合理的技术外衣，导致歧视行为难以被其他主体发现。

5. 算法素养

(1)算法开发者的算法素养(见表10－15)

表10－15　算法开发者的算法素养

要点	具体内容
提倡	价值理性与工具理性、技术思维与人文精神的融合
误区	①技术理性＝工具理性。 ②技术以工具理性为导向
纠正	①技术理性＝工具理性＋价值理性[内在统一]。 ②避免工具理性膨胀，挤压价值理性，努力实现二者融合统一

(2)算法使用者的算法素养(见表10－16)

表10－16　算法使用者的算法素养

要点	具体内容	
算法意识、相关知识、技能	算法意识	大致理解算法作用在何处及可能产生的影响。
	算法使用	①正向利用：理解原理，掌握编程语言和工具，选定不同的使用策略。 ②反向抵抗：禁用功能，保护隐私，控制使用，清除痕迹等
算法思维	计算思维	①计算思维，指通过数据计算提供问题解决的方案。 ②从计算机领域拓展到人文社科领域，产生学科交叉
	数据思维	正确使用评价，具备批判性思维，寻找数据思维与人文思维的平衡
风险教育	三个基本方向	①协同认知算法风险，提高防范意识和抗风险能力。 ②存在隐私泄露的风险，需要我们保护隐私，防患于未然。 ③算法囚禁，信息窄化，要求我们培养反囚禁能力
	基本前提	跳出“保护”思维，为用户赋权，学会驾驭算法

考点四：元宇宙 ★★★

1. 元宇宙构想中的空间

(1)元宇宙空间对身体的召唤(见表10－17)

表10－17　元宇宙空间对身体的召唤

要点	具体内容
元宇宙中空间与身体	空间不再忽略身体，而是召唤身体，身体也积极响应
空间与对生活的向往	①身体进入空间即为达成某种生活的目标，步入理想的生活场景。 ②城市空间容易被作为元宇宙的原始场景，乡村也独具魅力
意义	①丰富体验，多维满足，带来沉浸式的、多感官的体验。 ②突破障碍，声明权利，身体的无障碍和自由抵达，象征着权利的获得。 ③承载着更为丰富的社会意义，孪生空间能否继承或重构空间意义决定着其对用户的召唤力

(2)孪生城市中空间意义的继承或重塑(见表10－18)

表10－18　孪生城市中空间意义的继承或重塑

要点	具体内容
空间研究的转向	①20世纪后期，对空间研究深化，空间与权力、政治、经济、文化的命题更加深化。 ②社会学领域的空间转向： a. 空间作为主体性存在的策略与场所； b. 空间作为社会权力关系； c. 空间作为符号体系； d. 空间作为情感体验。 ③虚拟空间与现实的关系：现实空间被淡化，虚拟互动对现实的支持有限
关于城市空间的几个问题	①孪生城市对现实空间的意义是强化、削弱还是部分移植？ ②孪生城市是否会延续原有的地缘共同体？ ③孪生城市是否会沿袭现实空间的阶层落差和层级分化？
空间中的文化	文化：难以孪生，而是重建，有两种方向： ①延续，丰富，拓展，注入新的活力。 ②倾覆，重建，改变原有的文化

【考点拓展】列斐伏尔"三位一体"的空间概念

列斐伏尔将辩证法运用于空间研究中，提出了空间生产的"三位一体"，即：

(1)空间的实践。物质性的空间实践指的是那些发生在空间中并穿越过空间的自然的与物质的流动、传输与相互作用等方式，保证着生产与社会再生产的需要。

(2)空间的表象。空间的表象指的是在任何一个社会中(或生产方式)占主导地位的空间，是知识权力的仓库。这相当于马克思的生产关系、社会结构与上层建筑。社会的精英阶层将空间的表象构想为都市的规划设计与建筑，并将其作为实现与维持其统治的手段。

(3)表象的空间。即精神的虚构物，表现为多样化的象征体系，为空间性实践提供某些具有创新意义或可能性的想象。

(3)虚拟空间中的场景与社会场景重建(见表10－19)

表 10－19　虚拟空间中的场景与社会场景重建

要点	具体内容
虚拟场景的重建	①现实的场景不能移植，而是在虚拟空间中重建再现。 ②场景要素的激活：空间、空间中的物以及人的流动能够带来新鲜的体验感和感官刺激，激活场景体验，补足真实感
社会场景的重建	①社会场景的含义［梅罗维茨］：信息系统，即人们接触他人或社会信息的某种模式，它形成了我们语言表达及行为方式框架的神秘基础。 ②虚拟空间即使存在形式上的社会意义，但并不具备完整的约束效力，原本的社会场景的意义被淡化。 ③电子媒介带来的社会场景的变化［梅罗维茨］和“脱域”［吉登斯］：原本脱域的关系重归地域化情境

（4）现实空间与虚拟信息、虚拟空间的叠加或融合（见表 10－20）

表 10－20　现实空间与虚拟信息、虚拟空间的叠加或融合

要点		具体内容
重要方向	增强、补足现实	
AR 技术	目标	虚实叠加
	场景	①交通出行、旅游、展览等，补足现实空间背景信息。 ②舞台表演，打造视觉盛宴和特殊互动效果。 ③AR 游戏，虚实融合的游戏化互动
	意义	①对用户来说，能够享受全新服务，沉浸体验，形成新的叙事和表达手段。 ②广告营销也有新的转化路径
未来趋势	①AR＋元宇宙：基于现实的空间再创造，全新体验的城市空间。 ②幻象空间：与现实空间联系弱，但仍包含了现实投射的欲求。 ③用户划分：从混沌、无门槛走向清晰、区隔，形成新的地域［即亚当斯的“赛博地方”］。 ④虚实叠加带来的冲突：可能会愈演愈烈	

（5）赛博空间的再认识（见表 10－21）

表 10－21　赛博空间的再认识

要点		具体内容
赛博空间的“空间”意义	亚当斯	强调赛博空间不限于技术现象和景观，而是一套特殊的符码、机构和使用者，与某种特定的社会、心理、符号和物质关系相联系
	列斐伏尔	赛博空间与现实空间交融，呈现出空间的三位一体性
融合的另一面	①不仅是相辅相成，也有可能是问题的叠加。 ②虚拟空间舒缓压力，但不能解决现实问题，甚至可能增加新的虚拟空间的矛盾，反向侵入现实空间。 ③虚实交融不可避免地映射、延续现实的纠葛，虚拟对现实的作用多元，有一部分并非正向。	

2. 元宇宙构想时空中的身体

（1）虚拟空间中现实身体的体验增强（见表 10－22）

表 10－22　虚拟空间中现实身体的体验增强

要点		具体内容
身体体验增强的原因		①全息技术能够还原身体，让与身体相关的元素参与交流。 ②身体本身的感官体验成为目的，技术发展增强沉浸式体验。 ③突破现实物理界限和身体局限的渴望促使人们投身虚拟体验
沉浸感	真实感（immersion）	①3D、VR、AR 模拟空间，塑造临场感。 ②可穿戴设备刺激感官体验，统一于虚拟场景
	注意力和精神状态（flow）	①“心流”[契克森米哈赖]：沉浸式的、旁若无人的活动，进入心流状态后对周围的环境及时间感知会模糊。 ②元宇宙带来的沉浸体验来自于技术支持的 immersion 和心理状态的 flow，其中 flow 受 immersion 影响[正向]
	技术发展的规律	技术终将走向无障碍、自主化、定制化，届时真实与幻象、沉迷上瘾都会成为新的问题

（2）数字分身（见表 10－23）

表 10－23　数字分身

要点	具体内容
概念	对现实存在身体整体的模仿与拟态，元宇宙概念下一种典型的身体分化
内涵	①意识与身体：目前技术虽能模拟身体，但暂时不能完全复制意识，“孪生”的概念存疑。 ②分身的使用：新奇游戏化的感受、处理多任务难题的方法、纾解压力的替身、资源获取的化身
反思	①控制权：是否存在为他人滥用操纵，脱离掌控的情况。 ②分身权利归属：个体是否对元件化身体存在归属权

（3）数字化身（见表 10－24）

表 10－24　数字化身

要点	具体内容
与“分身”的区别	①分身是复制、模拟和繁殖；化身并非完全复制，可以结合情境主动修改、选择化形。 ②分身具备逃避、纾解压力的功能；化身则是主动选择的娱乐载体，是个体内在心理的外化
游戏领域的化身	①相似化身：属于自我映射，缩短了化身与心理的距离，增加代入感。 ②性别转换：自主展现的表演策略，从不同动机出发的身份建构。 ③身体再造：外表选择未必都是美化，但也是一种认知投射
化身与自我的关系	①自我映射与呈现：化身会反映自我、自我的幻想和渴望，投射自我的心理，人们选择化身时拥有高自主权和控制权。 ②化身认同：玩家将化身的特征融入自我，在认同发生时，化身会替代个体的真实自我。 ③“普罗透斯效应”：化身影响人们的行为表现，人们会根据化身调整预期的态度和行为表现。 ④身体再造：化身成为便捷的、无须努力即可自我重构的方式，但有可能陷入被“凝视”的困境。 ⑤匿名化需求：人们由于社交倦怠等原因，并不一定会选择与真实形象接近的化身。 ⑥“具身性”：化身会如何传递现实身体的具身性。 ⑦多重化身：元宇宙发展普及带来多重化身的可能性，但也可能导致自我认同感的分裂、混乱以及身份焦虑，后果可能是弃用化身，逃避处理

续表

要点	具体内容
其他话题	化身在人们的互动交往的作用，如何影响人与社会的关系

【考点拓展】元宇宙热潮下的冷思考

①伦理迷思：个体和社会层面的双重担忧。

从个体层面看，元宇宙带来了情感伦理、人的异化和虚无主义等问题；从社会层面看，元宇宙会带来技术霸权、世界失衡、数字鸿沟、意识形态安全等问题。

②法律滞后：基于法律规制的一系列问题。

目前围绕元宇宙展开的商业行为和平台发展呈现出无序性，其中隐藏着不同程度的法律风险，如元宇宙虚拟财产归属、运营平台主体资格和运行机制、数据安全和隐私侵犯、诈骗传销、言论把控等。

③元宇宙“已死”：概念热潮下的行业泡沫。

过度的投资、盲目的炒作和资本跟风入局可能会导致市场泡沫化，元宇宙的发展不能只着眼于“虚拟”，沉迷于“空中楼阁”，而应该切实与实体经济结合，筑牢根基。

10.3 课后习题详解

1. 平台如何改变了人们的日常生活？

答：平台与现实生活的结合日益紧密，对我们日常诸多形式的实践产生潜移默化的影响。我们正步入“平台社会”，具体来说，平台从经济、政治、社会多个方面改变了人们的日常生活。

(1)经济方面。

平台经济是指以互联网平台为主要载体，以数据、算法等资源为关键生产要素，以新一代信息技术为核心驱动力、以网络信息基础设施为重要支撑的新型经济形态。平台发展延伸出以平台为支撑的新的经济模式。对于个体而言，平台提供方便、快捷、贴心的服务，也提供经济增长带来的就业机会；从市场角度出发，平台合作促进交易提升，压低成本，高效、顺畅地发展经济，多领域、大范围调度各种资源和要素。平台随着发展甚至可能走向垄断。

(2)政治方面。

福柯提到“话语即权力”，而平台中话语权的分化、权力中心的形成也是平台对政治方面的影响之一。一方面，平台的部分规则、管理模式离不开政府的规制，平台的规则映射着政治生态的变化和格局的变迁；另一方面，平台拥有得天独厚的技术资源，通过平台，原本边缘化的力量也拥有表达的权力，可以谋求相对现实中地位更优的待遇和资本；此外，在国际政治体系中，平台也是博弈的中介和载体。

(3)社会方面。

平台在经济、政治方面的地位提升也意味着平台的身份逐渐多元化发展，平台也是社会治理机构、市场管理的重要主体，参与管理社会秩序，协调经济纠纷。这要求平台内部自律和外部监督结合，发挥独特的技术、资源优势，承担社会责任。

2. 算法是否会影响人们对社会环境的感知与判断？

答：算法是指一系列解决问题的清晰指令，算法代表着用系统的方法描述、通过精密的逻辑运算、辅以数据分析、面向特定受众的策略机制。算法会影响人们对社会环境的感知与判断，表现如下：

(1)算法影响人们对社会环境的感知。

①个性化过滤。

算法通过构建界面化模型，重构人们对外部社会环境的感知。算法构建的页面具有个性化、定制化的特点，从界面出发，人获得对社会环境的独特认知，界面起到了过滤筛选的效果，能够将人们感兴趣的内容高效推送给需要的人，降低在海量信息里挖掘的成本和负担，但另一方面，也使用户的信息环境趋于窄化，对外部社会环境的认知变得片面、扁平。

②社交机器人操控社会环境。

社交机器人活跃在社交平台，充当着水军，影响信息、舆论分布。这为背后操控者服务的信息传播构建出刻意塑造的信息环境，影响人们对社会环境的感知。

③数据化思维对环境感知的负面影响。

过度依赖数据，走向盲目吹捧数据的“数据主义”，会对人们感知社会环境造成负面的影响。算法确实为认知世界带来清晰的数据、便捷的服务，但人的感性和经验性体验的直接认知也是了解外部环境的源泉，仅仅依靠算法提供的媒介认知，过度依赖数据算法，人主观感受、观察、认知、体验世界的能力就会削弱。

(2)算法影响人们对社会环境的判断。

①判断舆情和风险。

算法能够作为风险评估和探查舆情分布的工具，协助相关部门进行决策。

②生产决策。

媒介通过算法决定内容生产的方向、参与产品策划选题、借助算法分析决策。如计算广告，就是将算法和数据资源贯穿广告生产全过程。

③经济活动相关的决策。

企业的产品开发，可以利用算法进行规划、评估，对产品的定价、运营效果的评价以及运营的实时调控等，算法也有其独特的作用。

但人们在决策之际不能全然依赖算法，需要正确认识算法的局限性，平衡算法的使用和伦理、情感等因素。

3. 算法是否会影响人们的社会关系建构与社会地位？

答：算法是指基于特定精确的逻辑运算，用计算机程序实现的、基于数据分析、面向特定目标的一套指令或方案。算法会影响人们的社会关系建构与社会地位，表现如下：

(1)算法影响社会关系建构。

算法连接、建构、影响人们的社会关系。

①算法的匹配作用。

算法通过技术手段评估原有关系，建立起匹配机制，是对现有社会关系的一次延续、重复、强化，也可能是逆转。目前的算法技术更多的是重复和加强现有的社会关系，可能会加剧原有的偏见。算法为匹配关系带来足够的便利，即使算法本身是否公正、质量是否值得信任仍然存疑，人们也会对算法的匹配产生一定程度的依赖。

②算法对关系的调控。

a. 内容平台。算法起到了对平台内容、生产者、消费者的调节控制作用。算法既影响个人接触的信息环境，也会为平台内容分配流量。算法偏好某类内容并给予某类内容更大的流量，这类似于一种信号，生产者会直观地通过这样的反馈调整生产方案，了解用户的使用偏好。但这也意味着部分消费者会向流量屈服，思维为流量裹挟，丧失专业、理性、客观的判断。个体所感受的拟态环境也被局限在一定的视野中。

b. 劳动平台。算法参与调控劳动关系等。

c. 其他模式中，算法也负责调控供求关系、资源和价格等因素。

③算法构建共同体。

a. 共同体。算法能够促进共同体的形成，维系共同体的存在。通过算法对人群的划分、区隔，为不同特征的用户贴上标签，将个体框限在某一群体中，加固群体的边界；通过算法对相同兴趣爱好、特征人群的发现，促进相似人群的连接和汇聚。

b. 同温层。相似立场、态度的人更容易通过算法抱团取暖。

c. 信息区隔。强化群体、圈层之间的隔阂。

(2)算法通过对人进行评分影响社会地位。

算法为个体赋值打分，包括个体之间的评分和机构、组织对个体的评价。算法通过对已有数据进行计算，量化评估某一类主体，从而实现相应评价、考核和管理。

①个体对个体的打分。

评分这种量化手段能够使评价结果更加清晰、明朗、直观、易比较，网络时代个体之间的评价权力突破了过往组织主导的评价机制。

②组织、机构对个体的打分。

不仅局限在评价个体的品质、状态和素质能力等方面，也能以此为依据分配权益。

算法通过这种评分划分群体，传播算法背后的规则和社会价值规范，被评分、赋值的个体也因为分数被分配相应的社会地位，甚至被剥夺突破当下地位的可能性，使社会地位固化。而掌握算法权力的主体拥有赋分的权力，因此平台、组织、机构之间围绕算法权力的争夺在所难免。

4. 元宇宙构想会变成现实吗？为什么？

答：“元宇宙”一词出自科幻小说《雪崩》，维基百科将元宇宙定义为：一个集体虚拟共享空间，由虚拟增强的物理现实和物理持久的虚拟空间融合而创造，包括所有虚拟世界、增强现实和互联网的总和。随着社会的不断进步，元宇宙构想有一天会变成现实。具体原因如下：

(1)技术支持。

从技术发展的规律来看，元宇宙出现的一些技术障碍最终都会扫清，未来会出现一种可能，人们可以自由选择进入那些美好的体验，根据自己的需要定制不同的体验配方，就像赫胥黎的《美丽新世界》中那让人“飘飘欲仙的、麻醉性的、欢愉的幻觉”的“索麻”(完美的药物)，它能让人随时离开现实去度个假。

(2)心理渴求。

人们对虚拟空间中身体体验的需要，很大程度上是基于突破现实身体局限的愿望。例如，体验戏剧表演式的多重人生，到达现实中无法到达的空间，挑战现实中不敢尝试的冒险，在不同时代穿越。现实生活压力不断增大时，人们更希望通过虚拟空间的体验来逃避现实。当身体在虚拟空间中的体验达到一定程度时，用户也会产生沉浸感。

(3)经济驱动。

在元宇宙带来新的一轮数字经济发展浪潮中，基于元宇宙的空间构建、时空感知和社会应用必然催生新的空间认知模式，产生新的社会交往方式，形成新的经济运行形式。比如游戏产业，游戏玩家在虚拟环境中创建了许多不同于现实自我的化身，但他们经常使用在外表、理想自我等方面与自己相似的化身，元宇宙走向下，化身将变得更为普遍，通过化身的方式，人们可以加入各种虚拟空间。

10.4　考研真题与典型题详解

一、概念题

1. 赛博空间[北京大学 2015 年研]

答：赛博空间(cyber space)是由科幻小说家吉布森于 1984 年在《神经漫游者》提及的概念，并逐渐在信息技术和计算机领域流行，原指代和工业化的现实空间相对的新空间，后演变成网络空间或互联网的代称。在现代信息技术领域中，赛博空间是由图文、音视频、符号和关系组成的非现实空间，但人又通过计算机和数字通讯技术正确地感知到这个空间，并且能够与虚拟世界进行交互，构建新的关系。赛博空间的出现对生活方式、文化习俗、媒介形态和内容生产消费产生了深远的影响，随之而来的是以虚拟社群和虚拟身份为代表的赛博文化。

2. 网络社会[西南大学 2021 年研]

答：“网络社会”的概念由曼纽尔·卡斯特尔在《网络社会的崛起》一书中提出。相较于“互联网社会”，这一概念更广泛。网络社会是一种全新的社会形态和社会模式，拥有开放的、延伸的结构。具体表现为：①经济行为的全球化；②组织形式的网格化；③工作方式的灵活化；④职业结构的两极化。网络形塑了我们社会的新社会形态，而网络化逻辑改变了生产、经验、权力与文化过程中的操作和结果。卡斯特尔提出的网络社会概念强调的是“网络化的社会”，但由计算机网络这一电子交流的回路构成的互联网社会无疑是一种典型的网络化社会。

3. 平台型媒体[浙传 2024 年研；河北大学 2024 年研；中山大学 2023 年研]

答：平台型媒体(Platisher)是指既拥有媒体机构的专业权威性，又拥有“面向用户平台”所特有开放性的数字内容实体。此概念最早在 2014 年美国学者乔纳森·格里克发表的《平台型媒体的崛起》一文中提出，Platisher 一词由 Platform(平台商)和 Publisher(出版商)组合而成。这种媒体不仅靠自己的实力做好内容和传播，更着眼于打造良性的平台，平台提供相应的规则和服务，提供平衡的力量，并且所有内容均为内容提供者和服务提供者开放，无论机构或是个人，都能通过平台型媒体发挥各自的价值。平台型媒体以一种“开源”“协同”的方式打破单一的内容生产的基本逻辑。常见的平台型媒体有微信公众号、头条号、人民号等。

4. 行动者网络理论

答：行动者网络理论(Actor Network Theory，简称ANT)是20世纪80年代法国社会学家拉图尔等人提出的一种新的研究纲领。行动者网络理论以行动者(agency)、转译(translation)和网络(network)三个概念为核心。该理论认为科学知识是由多种异质行动者相互作用、彼此建构而形成的网络动态过程。行动者网络不是文本描述的网络形状符号，也不是实体状的技术性网络，而是时时处于转化、演变和流动的行动者痕迹。其中，行动者既包括传统社会意义上的人类行动者，如人、社会群体和组织，也包括非人，如技术、物体、观念和制度。行动者的一系列行动构成了网络。行动者促进网络整合，社会现象的诞生是行动者于网络中互动的结果。转义强调的是改编、转译、扭曲和修改原本的意义，平台也是转义者而非中介者。

5. 平台经济

答：平台经济是以互联网平台为载体，以数据、算法、服务等为核心要素，以新一代信息技术为内驱动力、以网络信息基础设施为重要支撑、在经济运行的过程中与经济中其他主体构成多样连接的新型经济形态。平台经济具有虚拟性、无限性和开放性等特征，能有效地组织互联网和用户进行价值创造、交易、增值与实现。如电商经济、网红经济就是平台经济的具体体现。平台经济能产生如下影响：①撮合交易双方，降低成本，提升效率；②调控资源，颠覆原有经济模式，甚至走向垄断；③覆盖领域广泛，产生规模效应，涉足多领域；④提供便捷服务和就业机会；⑤促进电子商务蓬勃发展。但也带来一系列问题，如对劳动者的异化和压榨。

6. 算法权力

答：算法权力是指智能算法超越原本的工具化的功能，展现出调控资源，建构、支配、影响关系的一种技术权力，算法权力概念强调的是算法对用户的技术支配关系，可以分成算法本身的权力和数据的权力。算法权力能够通过对数据的处理、资源的占有和最终呈现的结果，进行资源分配、商品匹配，甚至能够具有社会层面的建构力，影响行为规范，控制个体的行为，辅助甚至成为公权力的替代，进行有法律效力的算法决策。伴随着5G等技术的发展，算法权力逐渐膨胀，长此以往可能会导致媒介伦理困境、职业退场危机、价值坐标游移、价值导向缺失等隐患和挑战。

7. 算法推荐[厦门大学2024年研；上海大学2023年研；北京师大2020年研；南京大学2020年研]

答：算法推荐是通过追踪用户的网络行为，运用数学算法计算出个人特征、环境特征等相关信息，并由此推测出用户可能喜欢的内容。算法推荐的类型包括基于内容的推荐、协同过滤推荐、关联规则推荐、组合推荐等。算法推荐分发模式的出现，信息的分发实现了从“人找信息”到“信息找人”。就信息分发的角度而言，算法需了解并匹配三方面的特征：①用户特征，包括兴趣、年龄、职业、手机型号、阅读历史等；②环境特征，算法会根据时间、地理位置、网络情况、天气情况等环境特征，因时因地地给用户做推荐；③通过算法分析文章的内容和特征，包括关键词、主题词、标签、热度、时效性等。

8. 算法黑箱

答：算法黑箱又称“算法暴政”，是指由于算法技术木身的复杂性以及媒体机构、技术公司的排他性商业政策，算法运行的某个阶段所涉及的技术复杂且部分人无法了解或得到解释。黑箱通常是一种隐喻，指的是“为人不知的、既不能打开又不能从外部直接观察其内部状态的系统”。算法黑箱的本质在于不透明、难解释，因此破解算法黑箱就要增强算法的透明性。

9. 算法偏见、算法歧视［华东师大2024年研；浙传2024年研］

答：算法偏见也被称为算法歧视，是指在信息的生产、分发及核查的过程中对用户造成的非中立立场影响，从而导致片面、失实等信息观念的传播。大数据杀熟是典型的算法偏见，“算法偏见”是算法信息时代的重要信息伦理问题。产生算法偏见的原因有三方面，包括：①算法设计者偏见；②训练数据偏见；③人机交互偏见。

10. 算法社会［复旦大学2023年研］

答：算法社会，指的是由算法、机器人和人工智能体围绕社会和经济决策组成的社会。在算法社会中，规制的核心问题不是算法，而是使用算法的人，以及允许自己被算法支配的人。算法社会也涉及到信息权力的关系，人工智能与人处于一种信息不对称、不对等的关系，而这种不对称正是算法社会的核心特征。算法社会的梦想是对社会的无所不知的统治，这种野心带来了伤害：除了可能造成身体伤害外，还包括侵犯隐私、曝光、名誉损害、歧视、严格控制（或标准化）以及操纵。

11. 数字孪生［西安交大2023年研］

答：数字孪生（Digital Twin）是以数字化方式创建物理实体的虚拟实体，借助历史数据、实时数据以及算法模型等，来模拟实体在现实环境中行为的技术手段，即仿真生产，实体和这个数字模型犹如一对双胞胎，因而故称为“数字孪生”。“孪生”的概念起源于美国国家航空航天局的“阿波罗计划”，即构建两个相同的航天飞行器，其中一个发射到太空执行任务，另一个留在地球上用于反映太空中航天器在任务期间的工作状态，从而辅助工程师分析处理太空中出现的紧急事件，这里的两个航天器都是真实存在的物理实体。数字孪生提供数字信息以及可视化信息，帮助设计师、建筑师、工程师和其他相关利益方以前所未有的方式直观了解各种结构。数字孪生主要用在智慧城市、智慧交通、智慧能源、智慧建筑、智能制造、智慧健康领域。

12. 数字分身

答：数字分身是虚拟数字人的一种细分形式，利用深度神经网络进行图像合成，高度拟真地复制一个人的外貌、声音、动作和表情等，实现一比一的精准克隆。它是人工智能技术与数字化人类特征相结合的产物，仅需拍摄一段5分钟的视频，即可获得与真人完全一致的数字分身。数字分身的内容主要包括外貌、声音、动作和表情等，其特点在于高度逼真、个性化强、交互体验真实。数字分身可以实现实时的交互体验，机器通过学习不断演进，不再是简单的克隆体，而是具备思考能力的数字人，能够对人类的情感做出回应。数字分身可以应用于多种场景，如在线购物、社交媒体、游戏等。通过使用数字分身，用户可以在不暴露真实身份的情况下享受网络服务，并且减少被网络攻击和侵犯隐私的风险。

13. 数字化身

答：数字化身是智能化、数据化时代独有的概念，即个人在网络中留下的所有语言、行径、状态甚至人本身都将成为数据，融入整个大数据环境中。数字化身就是个人数据在物理世界的活动、在虚拟世界的镜像。数字化身最具代表性的例子，即美国作家安德鲁·卡普兰利用对话 AI 技术和数字助理设备，在云端上实现形象的“永生”。在这种意义上，数字化身实现了人的赛博格永生，将人的物理实体与数字化既结合又区分开来，在未来甚至可能实现人类大脑的真正复活。数字化身的出现，进一步缩短了人类与机器之间的物质距离，可以被视作是科技的一大进步，但同时也存在着巨大的伦理隐忧。

二、简答题

1. 阐述卡斯特网络社会理论。[复旦大学 2019 年]

答：卡斯特的网络社会理论是 20 世纪 90 年代末期出现的一种信息社会学理论，一经问世，便在世界范围内引起了广泛而深刻的学术和社会反响。

(1)主要观点。

①卡斯特“网络社会理论”的研究对象是现实具体的信息社会和现实具体的网络社会。卡斯特看到了社会信息化和社会网络化的具体过程，看到了社会信息化和社会网络化对社会的经济、政治、文化及其他各方面的具体影响。由此他提出了现实的社会理论，这是对已有理论的超越。

②卡斯特还提出了理论色彩浓重的学术概念和理论范式，如信息主义、信息主义精神、信息资本主义等概念和网络社会的信息技术范式，揭露了当代社会文明和社会变迁的信息技术逻辑及网络逻辑。他还依据马克斯·韦伯的《新教伦理与资本主义精神》的分析框架，建立了信息主义与信息主义精神、信息主义与资本主义精神的理论。

(2)局限性。

①卡斯特虽然注重概念的创新，但他所采用的某些术语有时显得比较模糊，不易理解。例如，信息主义、信息主义精神、信息资本主义、信息城市、流的空间、无时间之时间这些词语，在卡斯特那里，就不完全是一些经过明确定义的概念，在严格意义上它只是一种抽象的说法，更多的是一种意识形态意义上的表达。

②卡斯特虽然研究了信息时代或者说网络时代的社会结构和社会变迁问题，但其进行分析研究的视角有时是从政治经济学出发，而不完全是一种社会学的研究视角。正因如此，他所探讨的问题更多是信息时代或网络时代的政治经济学方面的问题。

③卡斯特虽然对当代社会的政治、经济、文化等各方面的问题进行广泛的研究，但他的主要着眼点和着力点却在城市社会。卡斯特除了是个信息主义者外，还是个城市主义者，他最为了解的是城市，最为关注的是城市，其理论中饱含“城市中心论”的思想观念，与他早年专事城市社会学研究不无关系。

④卡斯特虽然是一位新马克思主义学派的社会学家，但其思想观念与马克思主义的思想观念是有较大出入的。因此，我们在学习和研究网络社会理论时，必须对此有充分的认识。

2. 谈谈大众社会和网络社会的区别。

答：简·梵·迪克在《网络社会：新媒体的社会层面》中详细解读了大众社会和网络社会的区别，对二者的特征进行了比较。具体如下：

(1)成员的区别：模糊的大众和异质的个人。

大众社会以集体为基本单元，强调成员的集体性，成员之间相似性强，其深层结构是群体、组织或社团，群体内部的成员之间紧密连接、沟通；网络社会则是以个体作为基本单元，强调成员作为个体的独立性和主体性，成员之间各不相同，有属于自己的特质，成员与成员之间仍处在多元的关系网中，连通性高。

(2)传播的区别：大众传播、线下交流和媒体互动、线上交流。

大众社会是传统的大众媒体向不同集体进行分发，媒介相对单一，人和人之间更倾向于线下的面对面交流；网络社会除了大众传媒对有机社区、虚拟社区施加影响，人际媒体等多种窄播互动媒体都会参与传播，推动信息沿着网络传输。

(3)社区形态的区别：高密度、少中心的真实社区和低密度、多中心的虚拟社区。

大众社会的社区更多是现实的、统一的、本地的，密度高，中心化程度较高，中心成员个数较少；网络社会的社区更多的是虚拟的、多元的，全球化和本地化均存在，密度低，存在多元中心，中心化集中化程度低。

3. 分析平台化媒体和媒体平台化的区别。［华南师大 2023 年研］

答：在媒体融合的背景下，基于新兴技术、社交网络，用户通过平台化媒体进行内容生产；而专业性的媒体也通过入驻平台，融合发展。简单来说，平台化媒体是媒体融合的结果，媒体平台化是媒介融合的典型特征和趋势之一。下面将详细介绍平台化媒体和媒体平台化的区别。

(1)定义的区别。

平台化媒体是指既拥有媒体的专业编辑权威性，又拥有面向用户平台所特有的开放性的数字内容实体。

媒体平台化是媒体融合的趋势之一，是媒体对自身的一次优化改革和制度创新，媒体通过对自我产业结构的调整，改变发展方向，适应媒介融合的发展趋势。

(2)背景起源的区别。

平台化媒体是互联网发展的产物，其开放和包容聚集了一批用户，低门槛的创作也使用户自主转化成内容生产者，平台本身也负责设定规则、维持秩序，编辑筛选把关。

媒体平台化是新媒体冲击之下，传统媒体为了应对挑战的转型，是媒体融合趋势下的一种转型，这种转型改变了原本媒体的结构，提高了资源利用效率。

(3)特点的区别。

平台化媒体的特点之一是价值由用户、平台共同创造，平台提供渠道，吸引用户，共创信息和内容，共享价值。

媒体平台化的中心主体仍然是媒体，是媒体开始重视用户、改变业务、以市场为导向的一体化运营。

(4)模式的区别。

平台化媒体总体规则由平台制定，平台兼备“话事人”和“把关者”的职责，是同时具有媒体的优势和平台的开放性的新型网络生态系统。

媒体平台化的路径则不唯一：①入驻互联网平台；②打造区域化服务；③邀请内容生产者入驻。如澎湃新闻的“问政”栏目，通过邀请全国性政务机构入驻，以政务号的形式发布内容。

媒体的平台化和平台的媒体化是并行不悖但逻辑不同的实践。平台化媒体将会是传统媒体在新媒体环境下的新样态，而媒体平台化是媒体融合的新的发展趋势。我国媒体走向深度融合，从物理相加走向化学融合，媒体平台化纵深发展，有望成为具有强大传播力、引导力、影响力、公信力的平台化媒体。

4. 元宇宙的特点。［北京师大 2022 年研］

答：“元宇宙”一词出自作家尼尔·斯蒂芬森的科幻小说《雪崩》，它被定义为“一个集体虚拟的共享空间，由虚拟增强的物理现实和物理持久的虚拟空间融合而创造，包括所有虚拟世界、增强现实和互联网的总和”。元宇宙突破了人类社会实践现实空间的“亘古不变”的限制，使人类可以有选择性地自由进入不受现实因素限制的虚拟空间，为人类打开一扇透视未来的新窗口。以下将对元宇宙具备的与现实世界的同步性与高拟真度、开源开放与创新创造、永续发展、拥有闭环运行的经济系统四大特点进行论述。

(1)与现实世界的同步性与高拟真度。

元宇宙虚拟空间与现实社会保持高度同步和互通，交互效果逼近真实。与现实世界的同步性和高拟真度意味着现实社会中发生的一切事件将同步于虚拟世界，同时用户在虚拟的元宇宙中进行交互时能得到近乎真实的反馈信息。

(2)开源开放与创新创造。

开源开放是指技术开源和平台开源，元宇宙通过制定“标准”和“协议”将代码进行不同程度的封装和模块化，不同需求的用户都可以在元宇宙进行自主创新和创造，构建原创的虚拟世界，不断拓展元宇宙边界。

(3)永续发展。

元宇宙平台的建设和发展不会“暂停”或“结束”，在元宇宙中，强大的区块链系统将支持元宇宙以开源开放的方式运行并无限期地持续发展。

(4)拥有闭环运行的经济系统。

元宇宙中用户的生产和工作活动的价值将以平台统一的货币形式被确认和确权，用户可以使用这一货币在元宇宙平台内进行消费，这种虚拟货币也应与现实生活中的法定货币在一定程度上实现互换。毫无疑问，一个能闭环运行的经济系统是驱动和保障元宇宙不断变化和发展的动力引擎。

综上，元宇宙为人类绘制出了一幅关于未来社会的图景，但同样面临着诸如媒介依存症是否会愈演愈烈、隐私泄露风险是否会加剧等问题。学者斯蒂格勒曾言：“技术既是人类自身的力量，也是人类自我毁灭的力量。”唯有对技术世界保持清醒、无畏的批判精神，方能真正驾驭技术，而非受其奴役。

5. 简述赛博格的历史起源及意义。［西安交大 2021 年研］

答：(1)赛博格的历史起源。

赛博格(cyborg)起源于 20 世纪 60 年代。1960 年，美国航天医学空军学校的两位学者弗雷德·克林斯和内森·克兰在《赛博与空间》一文中首次提出赛博格这个概念，后来赛博格被定义为人的身体性能经由机器拓展而超越人体限制的新身体，也有人简称其为“电子人”。赛博格在这之后与科幻电影结合，成为影视作品中的经典形象，如《机械战警》《阿丽塔：战斗天使》的主人公。5G、元宇宙等技术的发展让人机交互成为现实，赛博格化的身体也不再仅限于科学幻想。

(2)赛博格的意义。

①出发点：技术对人的增强。

人与媒介技术正迈向主体层面的融合，即传播主体已经从掌握工具的自然人转变为技术嵌入身体的“赛博人”，这是赛博格时代一个突出的表现。当前，传感器、可穿戴设备等智能技术的使用也再一次证实了麦克卢汉所说的“媒介是人的延伸”。

②表现：智能时代的数字化生存。

在移动智能时代，人们对智能手机等设备的使用让人具有了一定的“赛博格”特点。同时人们使用媒介设备时的各种行为如点赞、浏览、购买等都会产生数据，人们的实体被数据化，数据也从不同维度映射着人的“虚拟实体”，赛博格也让人们数字化生存的趋势更加明显。

③反思：赛博格之下的人机关系。

技术的发展也带来了越来越多对人机关系的讨论，二者的矛盾也日益凸显。如脑机接口的使用给医疗领域带来利好，也带来了人脑思维控制的隐忧。因此在赛博格时代仍需要重拾作为人的主体性，让人机交互技术向着人本化、人性化方向演进，实现良性的人机协同与人机共生。

三、论述题

1. 平台社会是什么？举例说明互联网平台的特点以及对新闻与传播的影响，并谈谈如何规制。［北邮 2023 年研］

答：“平台社会”(Platform Society)由荷兰学者何塞·范·迪克等人在《平台社会：连接世界中的公共价值》一书中提出。“平台社会”指的是一种社会生活，其社会经济流动越来越多地受到由算法和数据驱动的全球化在线平台生态系统的调节。其核心观点是，在这个世界中，一些平台已经渗透到社会的核心并扰乱了市场和劳动关系，绕过传统管理制度，改变社会和公民行为，影响民主进程。当下互联网平台具有开放、多元、普适的特点，也在诸多层面上影响着新闻的传播。

(1)互联网平台的特点。

①开放性。

开放性是构筑互联网平台的基础。“开放”对应的是门槛低、出入自由、除底线的法律和道德外不加限制。包括以下四点：

a. 对人的开放，囊括最广范围的互联网用户。

b. 对信息的开放，最大限度地包容了多样化的信息。

c. 对服务的开放，容纳了各种服务在互联网上的提供。

d. 对商业模式的开放，各种盈利方式、商业模式都能百花齐放、各尽所长。

②多元性。

喻国明教授指出，平台与服务之间、服务与平台之间、平台与平台之间均可互相开放和包容，多元性也因此成立。平台集社交、购物、娱乐、咨询等多个功能为一体，形成了多元的商业模式，多元文化、多元主体的空间。

③普适性。

平台并不挑选用户，基本一视同仁，但用户会根据偏好选择平台。平台则用更周到全面的服务、更优质的用户体验、更丰富的功能和更低的门槛来扩大用户群体、提升用户黏性。不同平台会有自己的受众群体，但是相对于传统媒体时代，其面向的对象较广。且平台功能的多样化，也为其带来了更大的用户基础。如微信、淘宝都有老年版等。

(2)互联网平台对新闻传播的影响。

①平台数据化与新闻业：需求导向的生产理念。

平台以数据作为运作基础，能够对用户进行精准投放，但也影响了新闻生产的理念。中西方新闻业对平台数据的使用均呈现出一种编辑驱动与数据驱动并行的混合模式：一方面，传统新闻业的职业理念与生产常规依然发挥着重要作用；另一方面，用户指标和流量偏好也开始被逐渐融入到新闻业的日常运营之中，由此催生出一种更加注重需求导向的新闻生产理念。不少无意义的数据新闻报道并没有满足人们的追求，深度报道的缺失反而带来了舆论场的失控。

②平台商品化与新闻业：网络策略与原生策略。

西方新闻业的商品化主要体现在互联网平台对传统新闻业商业模式的冲击与改造上，其最大冲击是互联网平台在影响力和覆盖面上总体取代了专业媒体，成为了广告商投放最集中的渠道。互联网平台凭借其强大的连接属性，成为了连接广告商、用户与内容生产者的多边市场。然而新闻业的社会责任理应大于其商业价值，平台社会中对利益的追逐，导致反转新闻频发，社会信任受损。如重庆公交车司机坠江案、江西吉安少年失踪等都引发了巨大的舆论危机。

③平台选择性与新闻业：价值冲突与责任规避。

新闻选择的权力是新闻业的核心权力，它反映了专业媒体对社会、政治和文化等公共价值的判断力和引导力。互联网平台对专业媒体新闻选择的干预，主要体现在新闻选择权由新闻从业者转移到互联网平台的算法推荐上来，平台内容审核标准与专业媒体新闻价值之间的差异和冲突集中体现了这一点。比如，Facebook 就曾在 2016 年以“儿童色情”为由删除了对越战具有转折意义的照片《战火中的女孩》而引发争议。此外，互联网平台对专业媒体的干预还体现在平台算法会极大地影响专业媒体在平台上的流量分配以及所获得的注意力。人们对娱乐新闻的过度关注以及对严肃新闻的忽视也有平台的影响。

(3)规制措施。

①加强顶层制度设计。

数字经济的核心是用户流量、生态与数据。网络用户越多，影响力才越能凸显出来，垄断巨头成功的核心是无偿地占用且滥用用户的个人数据。平台价值来源于广大的互联网用户，平台所创造的收益理应由全体用户所有。首先，应当在政府的主导下，提供用户协议的标准社会格式合同。其次，既然平台具备公共商品属性，其价值是由全体用户创造的，而政府作为公众的代理人，有必要遵循自然资源税征收的惯例。此外，明晰平台数据的归属权和使用范围，禁止平台垄断等也具有较大的意义。

②主流媒体嵌入平台。

在传统社会，由于具有绝对的市场占有率，主流媒体和媒介对社会认知和舆论起到了“压舱石”和“定盘星”的支配作用，主导了人们心中的社会图景的构建，社会焦点的形成、社会议题的设置、社会舆论的发酵和走向，无不由传统主流媒体发轫和引领。但是平台社会中，平台拥有了过大的权力，主流媒体需要改变思路，重新获得传播中的话语权，在平台社会中引领人们正确的价值观。

③提高行业准入标准。

当前新闻工作中鱼龙混杂、新闻工作者的水平较低、编辑的能力下降等问题都需要得到解决。总台在新闻工作者 2022 年入职会议上提出要提高新闻作者的专业意识和责任意识，也体现了当下对新闻专业主义的呼唤。因此提高行业的准入标准，明确行业监管具有重要的意义。

互联网平台的发展改变了原有的新闻产业的格局，因此在重新面对互联网平台中的新闻业时我们需要提高警惕，明晰责任，服务于新闻的社会责任而不是利益。互联网平台在拥有巨大权力的同时，也需要承担起自身的社会责任，警惕平台资本主义。

2. 中国主流媒体如何用社交平台提高国际传播能力？［华中师大 2023 年研］

答：国际传播能力是衡量一个国家软实力的重要指标。一个国家国际话语权的大小，很大程度上来源于媒体的传播能力，包括媒体规模、实力和国际影响力。当下，社交平台是主流媒体提升国际传播能力的重要渠道。主流媒体可以利用对平台的搭建与延伸，进行平台内容模式的创新，建设平台社群生态，解决当下中国主流媒体在国际传播中面临的困境，提高国际传播能力。

(1) 中国主流媒体在国际传播中面临的挑战。

①高低语境、文化差异：难以避免的文化折扣。

不同的语境的文化之间传播难度会更高，文化差异也会加剧文化折扣效应。中国作为典型的“高语境”文化体系，传播意义更多地在语境中被塑造，这与西方的英美等“低语境”文化体系更重视符号构建的传播大不相同。

②国际传播体系不平衡：“西强我弱”的传播格局。

西方国家拥有更多传播资源，在技术、平台等方面优势明显，但是国际传播体系由西方国家主导，出于意识形态差异，西方媒体对于我国的“污名化”不断加深着国外民众对我国的刻板印象，使得我国的外宣不断遭到恶意的对抗式解读。此外以美国为首的西方国家还以保护国家安全为由，阻碍我国技术服务的海外市场开发。

③出海道阻：数字铁幕下的渠道性失灵。

以美国为首的西方国家以数字铁幕的方式封锁我国出海的道路，使得我国的国际传播出现寄人篱下、势单力薄的困境。例如，美国政府与国会就前后多次对我国华为、TikTok等企业的在美发展发出非法禁令，阻碍其在美国本土的发展。

④对外传播机构失灵语态失效："自塑"能力的缺失。

我国主流媒体更习惯于以宏大的叙事风格、官方的语态进行宣传。典型的案例如《中国国家形象·人物篇》在时代广场播出后遇冷，这种侧重政治说教式的宣传难以让观众信服，反而可能招致反效果。

(2)中国主流媒体用社交平台提高国际传播能力的策略。

①发挥多元主体作用，提升国际传播影响力。

主流媒体应该避免单打独斗，积极调动社交媒体平台的民间力量，实现官方、精英、民间多层次话语圈的同频共振、通力合作，以多元视角呈现大国风采。如"阿木爷爷"凭借展现中国传统木工手艺的短视频在海外社交平台走红，吸引了百万粉丝和上亿流量，是民间力量借助社交短视频平台的一次成功的国际传播案例。

②活用传统文化资源，发挥中华文化感召力。

可信可爱可敬的中国形象更有赖于情理并重的新媒体国际传播，我国的优秀传统文化成为独一无二的宝贵资源，作为东方美学的代表，中华文化蕴含的中国美学是塑造中国形象的独特资源，它为中国故事的国际传播赢得情感支持。如河南卫视在中国传统节日推出的文化艺术类节目，从《唐宫夜宴》到《洛神水赋》均收获了国内观众的如潮好评，也在海外社交媒体上引起了"国潮风"。

③重视网感和语态变革，展现中国形象亲和力。

主流媒体需要进行语态变革，增强亲和力，学习互联网思维，从"庙堂之高"深入"江湖之远"，避免过于严肃、说教的官方语态，了解观众真正想看的内容，用更接地气的话语讲好中国故事。如云南亚洲象迁徙事件中，轻松活泼的议题、具备人文关怀的报道、多媒体融合的宣传就成功引发国际共鸣，向国际展现了"人与自然和谐共生"的美丽中国形象。

④掌握议程设置主动权，强化媒体舆论引导力。

主流媒体应该主动设置议程，积极寻找国际共同议程、共同话题，掌握国际传播话语权、主动权，提升重大问题对外发声的能力。同时提高设置议程的能力，着力提高我国的国际传播影响力、中华文化感召力和国际舆论引导。如新华社在YouTube发布微纪录片《火神山如何在10天内建成?》观看量达245万人次，获得对"中国速度"的好评。中国抗疫方案彰显出中国制度优势，引发海外网友重新思考对中国的看法。

综上，在"人类命运共同体"的倡议之下，主流媒体更应积极利用好社交平台，讲好中国故事，提升国际传播能力。在全球化的过程中，发出中国的声音，向国外受众进行本土化的传播，才能真正在对外传播中讲好中国故事，建设大国形象。

3. 谈谈对《反垄断指南》的看法。[北京大学2021年研]

答：《反垄断指南》是指2021年2月7日发布实施的《国务院反垄断委员会关于平台经济领域的反垄断指南》，这是全球第一部由官方正式公开发布的系统性的预防和制止平台经济垄断行为的指南，为平台经济持续、规范、有序、健康地发展保驾护航，健全数字竞争规则，有效规制数字平台的垄断问题。

(1)垄断形成的原因。

①双边市场：企业和市场的双重属性。

数字平台作为双边市场，具备形成垄断的独特条件。既掌握了规则制定和运行的权力，又掌握数据、算法，无论是对消费者还是对商家，都拥有较强的掌控能力，通过对价格的掌控隐蔽地操纵交易，常见的“大数据杀熟”就是这一点的体现。

②马太效应：先手优势，强者愈强。

平台经济通过积累，资本丰厚的平台便享有更多优势，更早参与竞争的平台拥有更多资源、更多优势，于用户而言，也会受其影响形塑使用偏好，加之转移的成本更高，更容易和平台绑定，马太效应由此产生，强平台愈强，垄断也因此形成。

③网络外部性：用户效用积累。

每个用户从使用某产品中得到的效用与用户的总数量正相关。用户人数越多，每个用户得到的效用就越高，这也就意味着网络用户数量的增长，将会带动用户总所得效用的几何级数增长。平台经济获得的用户越多，越容易形成垄断，而失去精进自我的动力。

(2)平台经济为反垄断带来的挑战。

①平台经济迭代速度快，立法跟进困难。

技术作为平台发展的底层逻辑，其更新迭代速度极快，依托于技术发展更新的平台经济也因此处于动态变化中，如视频类平台，就面临着从长视频到短视频，再到直播的发展。但法制理念在这种情况下不免落入理论追随实践的境遇，且垄断类法律的约束大多局限在规章文件，相关“大法”不足，加上各个规章制度之间协调不佳，管辖范围存在重叠，因此在实际运用中存在问题。

②平台经济操作隐蔽，垄断认定困难重重。

平台的垄断行为的发生往往处于一种“黑箱”状态，平台通过隐蔽的算法分配流量，通过规则的偏向分配话语权力，而消费者要察觉往往难度较大，或是察觉了也无力改变。此外对垄断行为的界定要求直接证据和相关市场的界定，实际操作较为困难。

③平台经济跨越多领域，权责交叠，监管困难。

平台的包容开放和跨领域的特性，导致其行为涉及多方面，传统的监管部门往往有心无力，难以协调其中存在的权责交叉与重叠，前文提及的立法也有这方面的问题，需要进行整改。

(3)对《反垄断指南》的评价。

《反垄断指南》明确了关于“平台”的相关主体及概念，对相关市场进行界定，从垄断协议的制定、滥用市场支配地位以及经营者集中三个要点对平台经济进行了规范和限制，为预防和制止平台经济领域垄断行为，保护市场公平竞争，促进平台经济规范有序创新健康发展，维护消费者利益和社会公共利益提供了对应法律基准。

《反垄断指南》针对的并非垄断企业本身，而是垄断行为。前者是平台经济发展的结果，后者则是可限制、也需要主动限制的行为。《反垄断指南》是平台反垄断的一个好的开始，是顺应平台经济发展的产物，但仍然面临一系列问题。

4. 平台经济背景下，网络内容生产发展的新现象及其特征。[北京大学2021年研]

答：平台经济是以技术发展为支撑，围绕数字化平台衍生的各类经济关系的合集。平台比起生产商品，更多的是充当促成双方或多方供求之间的交易的中介，并收取一定费用或赚取差价而谋利。平台经济的背景下，网络内容生产出现了一部分新现象，展现出新的特征。

(1)平台生产者多重身份：生产、消费、分发一体。

平台经济诞生于新媒体高速发展之际，也拥有新媒体平台特有的开放、包容、互通、互联的特质，技术赋权带来多元话语，平台用户参与生产的门槛低，身份多元，PGC 和 UGC 百花齐放，充斥平台。生产者的身份也可以转换，也能够进行消费，参与分发，活跃在平台网络中；消费者的分享也能够获得流量，被平台挖掘，生产更有影响力的专业内容。如微博平台，博主能够生产优质内容，也能自主浏览其他博主生产的内容。

(2)平台用户分众化：用户画像精准化，内容领域垂直化。

平台经济背景下，多样化的平台能够满足用户需求，平台内部的用户和内容也出现了分化，内容生产的受众已经不再是传统经济模式下的大众，而是在平台中被精准定位的用户。平台通过算法、大数据等技术手段，挖掘用户特征，深挖用户痛点，为用户打上标签，从而进行有针对性的内容生产和分发。也因为平台用户的分众化，对内容生产者提出了更精细的要求，传统的综合性意见领袖向着专一型意见领袖转变，内容生产者掌握某项精通的技能，就能够满足特定受众的消费者，助推专业生产在垂直领域进行深耕甚至走向内卷化生产。

(3)平台内容多元化：从“市场”到社区。

平台经济简单来说，还是需要促成交易，但平台的内容生产、分发的特点和平台着力打造的关系网络，让平台经济的属性已经已经不仅仅局限在“交易”，而是更类似于一种社区。在这类社区内部，不同的内容适配不同的主体，平台划分区域，将关系与需求连接，将营销和分享挂钩，用一种温和的手段提供商品和服务，促进平台的社交化、泛资讯化，平台也从“市场”向“社区”模式转型。

(4)内容变现新渠道：平台提供的盈利模式。

平台提供的盈利模式不限于传统的交易本身，内容生产者能够通过不同的方式达成变现，如 B 站平台的 UP 主，可以通过视频嵌入广告、自营广告、评论区链接跳转电商、官方平台的内容流量分成、粉丝打赏等诸多手段变现。平台经济的规模不断扩大，交易的定义也不断泛化，多种变现的可能提高了内容生产者的积极性。

平台经济背景下，网络平台在内容生产方面的发展日新月异。克莱·舍基指出：“媒体是社会的缔结组织。”平台作为连接生产者与消费者的中介和纽带，在内容生产的发展中为多元主体带来利好，建立起关系网络，形成了“平台社会”。

5. 结合实例或现象，分析算法驱动信息传播潜在的社会风险和治理对策。[暨南大学 2023 年研]

答：算法驱动信息传播指的是依托互联网技术与大数据技术，对用户的阅读习惯及兴趣偏好进行数据抓取，经过计算分析后得出用户画像，针对用户特性进行个性化、智能化传播。然而，算法驱动也带来了一定的社会风险，需要及时匹配相应的治理对策进行规避。

(1)算法驱动信息传播带来的潜在风险。

①算法的歧视与规训：算法黑箱背后暗藏权力介入。

由于算法技术的复杂性和来自平台的隐瞒或干扰，用户无法了解或得到解释，因此也被称为算法黑箱，在黑箱的背后是各种权力的博弈。算法背后难免存在着对人的隐晦或公开的歧视。Twitter 照片算法被曝存在明显种族偏见，在人们的时间轴上显示脸部照片时，Twitter 的显著性检测算法似乎总是优先考虑白人的脸，该案例就是典型的含有种族意味的算法歧视。

②被隐藏的强制：不得不交付的用户隐私与自由。

一方面，参与到算法驱动实践的用户越多，其服务越全面，技术授权就越突出，从而导致个体被算法实践裹挟，不得不参与其中；另一方面，拒绝接受平台的使用条款将无法体验由技术带来的便利和普惠，算法从而建立了一套新的霸权秩序。如“不授权就退出”成了不少 App 针对用户的“霸王条款”，若用户拒绝授权，App 就会强制登出，为了便利，用户不得已付出隐私。

③工具理性取代价值理性：人的数据化、标签化与评分制。

工具理性是马克思·韦伯提出的，指个人对于目标利益的追求胜过一切方式与手段。在这个过程中，工具理性逐渐取代价值理性，人的主体性被异化，这体现在算法驱动信息下人的数据化、标签化和单一的评分制。如研究公司 IDC 的报告显示，正在兴起的“算法HR”将通过算法来招聘、解雇和培训员工，人才被量化，效率大大提升，但人的主体性被逐渐忽略。

(2)算法驱动信息传播的治理对策。

①算法运行透明化，保障公众知情权。

使用算法的主体要公开算法系统的相关信息，说明信息公开过程中相关信息的生产过程及其中是否遵守了相应的伦理原则，阐明算法透明度与其他伦理原则的关系，保障公众的知情权。

②明确平台相关责任，完善相关法律内容。

学者唐要家指出：“数字平台企业是用户隐私保护的第一责任人，个人隐私数据保护监管重在落实企业的主体责任。”对此，平台应承担对算法运行的监管责任，将隐私保护的责任意识贯穿于信息收集、传输、披露与提供的全过程，在事前遵循合法、正当、必要和诚信的原则以预防侵权，在事中与事后依法删除、屏蔽与断开链接等以及时监管救济。其主要目的在于通过对各类网络平台的行政监管、行业规制和社会监督，引导和鼓励网络平台参与隐私治理，以落实平台主体责任并推动平台自治。

③坚持以人为本，建立良好的信息价值观。

算法设计人员要具备“以人为本”的精神，铭记算法被制造被训练的目的不是为了榨取民众钱财而是应当给予民众生活便利，同时，算法设计人员还应提升自身职业素养与道德素养，在设计算法时尽可能避免将自身偏见代入算法中。受算法影响的用户应避免过分依赖智能化技术，过分信赖工具理性，从而造成价值引领的缺失。

批判学派学者马尔库塞发出警醒：“社会作为整体是非理性的，即使技术的进步扩展到整个统治和制度，也蕴藏着危险永恒化的可能。”算法为日常生活、新闻业等领域带来便利的同时，也要考虑到算法所承载的风险和弊端，在“科技向善”“算法善用”的框架下，以人为中心，以人为本，规划算法技术的未来发展方向。

6. 人工智能和算法技术对公众的媒介素养有什么新的要求？哪些是不变并且仍需坚守的？[北外2022年研]

答：1992年，美国媒介素养研究中心认为，媒介素养是指在人们面对不同媒体中各种信息时所表现出的信息的选择能力、质疑能力、理解能力、评估能力、创造和生产能力以及思辨的反应能力。

(1)新技术应用下媒介素养新要求。

①升级信息消费素养：突破信息茧房桎梏。

算法技术支持下的个性化信息推送虽然承担了部分信息筛选的职能，但也让用户更容易陷入同质化内容包围下的“信息茧房”。因此，算法时代公民的信息消费素养在具备辨识信息真伪的能力基础上，还应当包括拓宽信息获取来源、主动寻求突破信息茧房、辨别观点的能力，这样才能让信息资源更好地为公民自身发展服务。

②提高信息传播素养：理性甄别传播内容。

人工智能技术强大的信息处理功能带来了信息生产和传播中“深度造假”的隐患，即利用算法制造更加系统化、更符合用户个人信息消费习惯的虚假信息。在此背景下，公民在信息传播过程中应当具备更强的信息核实能力和分析批判能力，例如在传播相关内容之前进行多方查证或通过权威消息来源进行核实。只有公民在信息传播中态度更加理性、甄别信息的能力不断提升，才能有效防范算法技术滥用带来的隐患，营造更好的信息交流环境。

③提升信息生产素养：培养人机协同能力。

当下，人工智能技术在信息生产传播中的应用更加广泛，人类不再是信息生产过程中的唯一主体，这为公民利用新媒体进行信息生产的能力提出了更高的要求。除了对信息进行选择、评估、使用外，公民还应当适应自动化数据收集和内容生成技术下的人机协同的信息生产模式，以构建更加丰富的信息生产图景。

④增强信息安全素养：防范隐私泄露风险。

人工智能和算法技术在新闻传播领域的应用是基于大数据技术的发展。该技术使媒体平台能够随时获取、储存和处理来自用户的实时数据，同时也带来了用户隐私泄露的风险。因此，公民在使用媒介获取和传播信息时，需要增强隐私保护意识，熟悉数据泄露的可能途径与潜在风险。

(2)新技术背景下仍需要坚守的媒介素养。

①社会参与素养：积极参与公共话题。

当前大部分算法推送的逻辑是基于用户个人的兴趣偏好提供分众化的信息服务，在满足个性化信息需求的同时容易造成对公共事件的注意力和参与度下降。因此，算法时代的公民仍需坚持提高自身的社会参与素养，关注公共事务，积极参与公共话题交流，学会理性表达与讨论，促进社会的良性发展。

②社会交往素养：坚守交往理性。

公共领域的交往理性是公众通过对于公共事件的理性辩论，达成主体间的理解与共识。但算法推荐并没有助力交往理性的形成，反而阻碍了理性公共舆论的形成。一方面，算法推荐在一定程度上会助力情感传播，让公共信息被公众情绪所包裹。另一方面，算法推荐会迎合公众的信息偏好，过滤掉大量的异质观点，不断强化群体观点，可能会导致加剧群体极化现象。因此，算法时代的公众更应当坚守交往理性，培养自身对于公共事件的深刻理解和全局批判的意识，以及跨圈层理性交往的能力，共同营造理性的公共舆论空间。

彭兰教授说：“无论我们是否愿意接受算法的统治，我们已经进入了一个随时可能被算法计算与算计的社会。”算法和人工智能技术的发展是未来新闻行业的必然趋势，面对这一趋势，既要把握算法带来的机遇，也要面对算法技术带来的挑战。而随着算法技术的发展，对于媒介素养的培养也将不断带来新的变化，对全体公民进行专业性的媒介素养教育也将提出更多的要求。

7. 头条、百度、抖音的算法逻辑对于用户的传播的限制，主流媒体要运用算法推荐机制，强化对舆论的控制。

(1)分析算法推荐机制是如何对主流价值观进行冲击。

(2)主流媒体如何运用算法推荐机制，强化舆论引导力。［中山大学2023年研］

答：(1)算法推荐(recommendation algorithm)是利用机器深度学习，分析用户历史行为记录数据，提取用户兴趣偏好，从而向用户实现精准信息推荐的技术。随着5G技术、大数据技术和人工智能的发展，我们正在步入“算法时代”。当前，一些新兴媒体以算法技术为依托，依靠对数据智能化的聚合、精准分类和高效推送，不断改变媒体传播格局。算法实质上是一种新兴的特殊权力，其应用已经对主流价值观进行冲击。

①“算法话语”对我国主流价值观话语权的侵蚀。

主流价值观与平台媒体存在“话语距离”。算法为迎合受众需要，以娱乐化、轻松化、随意化的话语“取悦”受众，通过碎片化、视频化、标题化的信息传递意义价值。而主流价值观通常是客观的、严肃的，这就面临碎片化、娱乐化、去中心化和反感化冲击，遭遇认同危机。

多元社会思潮削弱主流价值观引领力。算法时代，算法赋予每个个体发声的自由，在这样多样化的价值判断和价值争论之中，不同思潮和思想削弱了主流价值观引导、政治教化功能，使思想领域话语争夺更加复杂。

②主流价值观内容推送优先级降低。

主流媒体不断被边缘化，影响力和传播力逐渐下降。平台媒体凭借技术强势、资本力量和受众优势，挤压主流媒体意识形态传播空间和受众关注度，使传统主流媒体被边缘化，影响力和传播力不断下降。

主流价值观内容推荐优先级降低，负能量弥散网络。算法型内容分发奉行“流量至上”的原则，以点赞数、转发率、关注度为评价和推送标准，不可避免地使娱乐信息、低俗信息弥散网络，带来“劣币驱逐良币”效应，致使主流价值观的内容推送优先级降低，导致过度娱乐化、虚假新闻泛滥、高质量新闻退出，严重弱化主流媒体的影响力和主导权。

③算法推荐催生主流价值观传播的“信息茧房”。

“信息茧房”带来孤岛效应，致使主流价值观导向不断分化。算法长期迎合用户，带来信息获得的窄化甚至极化现象，从而固化个体的思维，排斥异己，公众也就无法达成一致的共识，最终会导致主流价值观的价值凝聚力和影响力不断减弱，进而致使主流价值观在传播过程中导向和引领作用不断被消解、分化。

资本操纵算法、控制舆论走势，导致主流价值观的认同危机。算法背后资本和技术开发主体的意志，代表的是少数股东的诉求，而非广大公众的利益。资本操纵之下的“信息茧房”成为虚假新闻的重灾区，从而操纵舆论走向，成为某种观点推销自身和别有企图之人思想推销的工具。虚假信息、诱导信息和极端信息带来个体的极化和个体认知的偏差，主流价值观的权威被弱化，认同遭遇算法危机。

(2)《关于加快推进媒体深度融合发展的意见》明确要求，推动主力军全面挺进主战场，以先进技术引领驱动融合发展，也为主流媒体驾驭算法提供了路径指引。随着技术发展，算法本身逐渐去神秘化、公开化，主流媒体要发挥主流价值引领作用，积极运用算法推荐机制，强化舆论引导力。

①善于借助算法进行内容生产，做大做强主流舆论。在全媒体时代，主流媒体增强新闻生产能力，产出更多优质内容，是改善传播生态、做强主流舆论、实现舆论引导的重要途径。增强生产能力的重要方面，就是在新闻采集、生产等环节，更多借助算法进行人机协作的高效智慧生产，使更多体现主流价值的优质新闻信息产品注入内容池，促进算法时代传播生态的优质化。

②善于借助算法推荐平台，更好地传播主流价值观。要想适应人工智能时代的信息传播大变局，主流媒体就必须积极拥抱智能算法推荐技术，要主动和互联网头部企业进行深度合作，争取将主流媒体的优质内容生产能力与互联网平台的算法推荐优势有机整合起来，提升主流价值观传播的精准性和实效性。

③发挥约束和纠偏作用，推动以主流价值观把关智能算法推荐的信息分发。再好的传播渠道都不能没有总编辑和把关人。在弱人工智能时代，算法推荐的智能化水平还较为有限，机器算法的信息分发一刻也不能离开主流价值观的约束和纠偏。我们必须要超越先分发、后删除的事后把关模式，加强对智能算法推荐的前置把关。要将人工审核和算法审核结合起来，既发挥机器智能的技术优势，又发挥人工编辑的价值纠偏，在实现人机协同和人机互补的基础上更好地净化算法推荐的内容生态。

④在资源整合的基础上，尝试构建属于自己的党媒算法平台。打造党媒算法平台，能够在加快媒体融合的基础上，争取以更优质的平台和更丰富的内容占领舆论交锋的制高点。主流媒体在发展中要加快自身的数字化转型，建设大型数据库，加强数据储备、数据筛查、数据清洗等技术建设，因地制宜打造主流媒体算法，精准进行主流舆论传播，扩大主流价值版图。

8. 怎么解决算法推荐技术引发的传播伦理失范？［北京工商2023年研］

答：算法推荐是利用机器深度学习，分析用户历史行为记录数据，提取用户兴趣偏好，从而向用户实现精准信息推荐的技术。算法推荐不同于传统意义上的计算工具，而是一种运用人工智能让计算机“教会”自己不断进阶并寻找新数据以作出判断的“聪明技术”。它具有无需人类控制的自主能力，这种“类人”乃至“超人”的能力，使得传统以编辑为中心的把关权力部分迁移到算法创设主体身上，并带来了复杂的伦理风险。

(1)算法推荐技术引发的伦理失范。

①算法推荐技术导致的隐私侵犯。

算法推荐技术运行、匹配的基础是海量数据资源，因此不可避免地需要采集个人信息，记录用户使用行为，其中受众必须让渡一部分隐私数据使用权才能使用算法推荐技术，陷入“隐私换便利”的被动局面。

②算法推荐技术导致信息环境窄化。

算法决定个体的信息环境，即“看见什么”，是对用户信息获取自主性、偶然性和延展性的限制，可能会陷入“信息茧房”，陷入与外部真实世界脱节的危险，成为“算法囚徒”。

③算法推荐技术导致的“巴尔干化”，不利于社会整合。

算法推荐机制以兴趣为导向的逻辑和生成的个人化、定制化的信息环境容易丧失公共性，媒体难以对私人的算法环境施加主流价值观的引导，新闻业的环境监测、舆论监督、价值引领职能因此削弱。长此以往可能会导致网络“巴尔干化”。

④算法推荐技术背后的算法黑箱、算法偏见等。

算法背后资本和技术开发主体的意志，代表的是少数资本的诉求，而非广大公众的利益，会过滤掉那些不利于算法开发者的信息，编织了一个有利于资本的信息气候，破坏了舆论的公共空间，而由于算法黑箱，用户难以真正对算法进行监督。算法偏见、背后的操纵也会损害用户的权益。

(2)解决传播伦理失范的措施。

我们应当通过多维度多举措的协同风险治理，力争让智能算法推荐真正做到扬长避短，兼顾效率和社会责任，平衡商业价值与社会价值。

①技术规制算法：形塑工具理性与价值理性的算法平衡。

a. 提升算法透明度，避免算法黑箱导致用户与算法平台之间的信息不平衡。让算法平台尽可能地向用户公开算法程序、机制和算法运用的全过程，使得过滤气泡产生的过程透明化，进而减少用户与算法平台之间的权力不对等和信息不对称。

b. 扩大算法推荐的信息范围，构建个性化信息推送与多元化信息推送的动态平衡，平衡用户兴趣和偶遇性，要从技术源头上扩大算法模型的信息选择范围，扩容算法模型的信息挑选维度。在满足个性化信息需求的同时增加信息推送内容的多样性，提高优质内容的传播比重。

c. 完善人机协同的信息分发模式，构建算法效率与公共责任的动态平衡。要在算法设计和应用过程中更多加入人的参与，尤其是专业权威人士的意见。

②价值引领算法：用主流价值观驯化算法权力。

a. 要以主流价值为导向引领智能算法推荐技术创新。要将主流价值观念融入智能算法推荐的整体技术研发之中，扩大主流价值观权值在算法优先级中的比重，让算法推荐始终不偏离主流价值观的正确指向，保证算法推荐的公共性。

b. 以主流价值观把关智能算法推荐的信息分发。要超越先分发、后删除的事后把关模式，加强对智能算法推荐的前置把关。要将人工审核和算法审核结合起来，既发挥机器智能的技术优势，又发挥人工编辑的价值纠偏。

c. 主流媒体要充分利用智能算法推荐实现传播升级。主流媒体既要善于借助算法推荐平台更好地传播主流价值观，又要在资源整合的基础上尝试构建属于自己的党媒算法平台。

③法治规范算法：以完善的法律法规化解算法风险。

a. 增强智能算法监管的法治意识、树立起法治思维。要增强在监管过程中的法治自律意识和法治敬畏意识，树立起算法监管的程序思维、规则思维以及权利和义务思维。

b. 提高智能算法推荐领域的立法效率，增强立法的前瞻性和实效性。要进一步提高立法效率，调整应急式的事后立法机制，逐步强化以风险防范为主的前置立法，加强专门法与配套法的统一规划和制定，提高智能算法推荐领域法律法规的可操作性和实效性。

④主体驾驭算法：培育平台伦理自律与用户算法素养。

a. 培育和发展算法推荐平台的行业自律组织。通过鼓励和支持以引导算法平台运营商、算法技术供应商、算法内容服务商等平台企业建立各种类型的自律组织，推动算法推荐平台自律组织多样化。

b. 发挥互联网自律公约的道德引领作用。要在已有的自律规范的基础上，继续推动智能算法推荐领域自律公约的制定和推广，争取以丰富的自律规范体系带动算法推荐领域自我净化机制的形成。

c. 重视用户算法素养的培育。在掌握基本的算法知识基础上，用户需要具备一定的算法应用能力，这包括正向利用与反向抵抗两方面。积极利用算法，在理解算法原理的基础上，可以针对不同算法制定相应的应用策略。更深层地考虑，也需要掌握一定的编程语言、算法开发工具等。而当受到算法过多的限制时，需要通过一定方式来解除与减轻算法带来的制约。

9. 算法权力和算法权利的联系和区别。[北京师大2024年研]

答：算法权力是指，作为中介的算法获得了对资源进行实际调配的力量，能够支配、影响、调控各种关系，成为一种实际上的技术权力，包含算法本身的权力和数据的权力。算法权力能够调控数据资源，转化成商品、财产、行为规范，甚至能代替公权力形成法律效力的决策。掌握数据技术的企业和个人成为新的权力中心，形成了数据霸权，引发数字独裁。

算法权利是个体享有的，用于知晓、参与或改变、拒绝算法自动化决策的权利，包含算法解释权、理解权、脱离算法自动化决策权、人工干预权、技术性正当程序权利、关闭算法的权利等。目的是确保个体利益不受到算法自动化决策的侵害，以及受到侵害后能够获得救济。

算法权力和算法权利二者既存在联系，又存在区别，以下将分别论述：

(1)算法权力和算法权利的联系。

①算法权利制约算法权力。

从算法权力的视角来看，权力是用户赋予的，并且有一定经济层面的考量，算法权力能够影响人的利益，就失去了纯粹的工具属性，而是被赋予了“权力”，权力最初的考量是为了保障权利的实现，协调权利的冲突，但却在权力膨胀后成为制约权利的一方，这是权力失控和异化的表现。

算法权利的概念适时出现，一方面是对过度膨胀权力的一种抵抗，是对算法主体地位的一种平衡，希望能形成良性的制衡状态；另一方面，算法权利的兑现也意味着算法本身的可信度的提升，能够有效缓和算法控制者和用户之间的矛盾。

②算法权利是算法权力的过渡方向。

在原本的算法治理体系中，算法权力是算法治理的直接抓手，却并非最佳发力点。过于将算法风险防范与治理寄托于算法权力规制，会忽视算法权利保障同样是风险重要成因，也脱离了算法治理的最终目标——保障个体在数字时代的福祉。

以“权利”制约“权力”的方式符合国家算法综合治理的大方向，算法权力监管无法完全覆盖算法风险的预防与损害的救济，算法权利因此在学理层面出现，算法权利保障代替算法权力监管成为算法治理的首要立足点，算法权利也更贴合为个体谋求权益的初心。

(2)算法权力和算法权利的区别。

①算法权力重在限制与规范，算法权利可兼顾保障与救济。

算法权力的主体是拥有算法技术的资本和平台，因此侧重点在如何规范、限制算法权力。如 2022 年颁布的《互联网信息服务算法推荐管理规定》，就是在把握了算法的内生性风险和应用型风险的基础上，围绕算法权力的监管有针对性地设计了风险防范规则。但在算法自动化决策中，隐私保护、个人信息保护、消费者保护和平台劳工权益等多样化的权利，难以被算法权力监管制度一一周全覆盖。

算法权利的主体是被算法自动化决策的对象。在商业算法自动化决策中，个体通过用户协议与算法应用者缔结合同关系，基于合同制度而生的意思自治、信赖利益等权益生成了算法解释权、算法决策拒绝权等。算法权利本质是一组被算法自动化决策的个体所享有的请求权，兼具保障与救济个体权益的功能。

②算法权力是要求算法“不作恶”，算法权利则是要求算法“做好事”。

对算法权力的规制本质是希望算法“不作恶”，避免隐私侵犯、算法歧视、算法黑箱等一系列算法侵权的行为。避免因为算法权力膨胀剥夺其他主体的知情权，损害其利益。

算法权利则是施加于算法应用者的法律负担，目的在于分担算法决策的一部分社会风险。算法权利要求算法应用者向个体告知、解释算法决策，并提供个体参与和提出异议的机会，以及为个体提供退出算法决策的选择。算法治理的最终目标是个体的平等及其合法权益的保障，而算法权利是与最终目标更契合的治理手段。

总之，算法不仅仅是一种可以左右我们生活的力量，而且是一种可以凌驾于我们之上的超级权力，正以我们无法操控的方式改变着我们的生活，使我们不得不深思如何对其加以控制。充分认识算法权力和算法权利之间的关系，有助于我们更好地进行算法治理。

10. 元宇宙技术在新闻业的应用和创新与影响。［中国政法 2023 年研］

答：“元宇宙”的概念最早起源于 1992 年美国作家尼尔·斯蒂芬森的科幻小说《雪崩》，指平行于现实世界的人造虚拟空间，元宇宙并非指单纯的产品或技术，而是将虚拟现实技术、区块链技术、数字孪生技术等多种新兴技术整合而产生的新型互联网应用和社会形态。

(1)VR、AR、MR＋元宇宙：沉浸式新闻体验重塑新闻真实。

XR(扩展现实技术)是指通过计算机将真实与虚拟相结合，打造一个人机交互的虚拟环境，是 VR、AR、MR 等多种技术的统称。XR 技术能够不断拓展人类时空生存维度和想象空间，持续为元宇宙“住民”提供沉浸式虚拟现实体验。XR 技术作为元宇宙时代的支撑性技术，直接决定了元宇宙时代的新闻与受众的关系更多落脚于“互动”和“体验”，而非仅仅是“接受”和“观看”，受众具备“数字化分身”能够更好地进入虚拟再现的新闻叙事场景，产生极强的真实感和情感共鸣，进而带来独特的元宇宙时代的“沉浸式”体验。

(2)人工智能＋元宇宙：新闻自动化生产。

AI 技术是元宇宙产业发展的重要基础，是元宇宙产业发展竞争的必需品。在新闻领域，

AI的重点是智能化新闻生产和个性化内容推荐。AI技术能够引发新闻采编环节能力的彻底升级，能够完成新闻业中的重复性低收益工作，通过提高效率和质量来降低新闻业生产成本，提高生产效率。在信息采集层面，强大的AI搜索引擎技术及仿真采集技术能够实现信息的实时收集和高效聚合，强化新闻的全感官感知层次。在新闻编辑层面，AI强大的数据信息采集分析能力和时空多维编辑能力将赋能新闻编辑技术迭代，进行快速高效的新闻生产。在新闻分发与管理环节，媒体平台面对用户日益提升的需求，个性化内容推荐必须依靠AI技术强大的计算能力。

(3)游戏+元宇宙：更适配年轻群体的新闻分发渠道。

线上开放游戏《Second Life》被认为是元宇宙的前身，也为想要入驻元宇宙的新闻业提供了一个新的方向，考虑到游戏是元宇宙技术实践和试行的最契合的领域，游戏与元宇宙的结合也能成为更加贴合年轻群体的新闻分发渠道。元宇宙将改变用户与新闻之间的使用关系，增添新闻阅读趣味。从更实际的角度出发，元宇宙世界中的支付手段也将为新闻消费提供方便，虚拟支付体系也使新闻消费更快捷便利。

(4)区块链+元宇宙：新闻版权的可靠记录。

区块链技术又称分布式账本，是一种在分布式分类账上共享和存储信息的方法，解决了在不必相互信任的情况下就单一事实来源达成一致的问题。区块链具有去中心化、不可篡改、分布式共享、可溯源、可确权和匿名性等特点。元宇宙与区块链的结合主要集中在两方面，一方面，区块链技术充当存储库，能够为新闻信源核实和版权保护提供永久记录，实现新闻产品生产、保护、交易、存证、协作等全流程场景的应用保护；另一方面，可以支持元宇宙新闻业商业模式革新，区块链作为去中心化的分布式账单可以直接连接新闻生产者与用户，使得内容产生的价值直接在媒体行业内部流动。

“元宇宙”发展对新闻传播发展既是机遇也是挑战。新闻业应当紧跟元宇宙发展的浪潮，创新新闻发展的思路，拥抱新技术，重视用户体验，也要始终以“内容为王”安身立命，努力提升新闻媒体的影响力，利用先进技术让新闻媒体焕发新的生机和活力。

11. 元宇宙产业与技术乌托邦内涵的联系。[西安交大2023年研]

答：1992年，美国作家尼尔·斯蒂芬森在科幻小说《雪崩》中提出“元宇宙”的概念，描述了一个平行于现实世界的虚拟世界，所有现实生活中的人都有一个网络分身，现实人类通过VR设备与虚拟人共同生活在虚拟空间。作为对未来数字化前景的美好畅想，元宇宙当前的发展前景被勾勒得极为乐观，也能看到诸多资本源源不断地加入。而在实际发展过程中，是否能够真正达成乌托邦的技术构想仍然是一个值得思考的问题。

(1)技术乌托邦：元宇宙的未来生态图景。

①技术赋能下的强大传播加持。

元宇宙以高沉浸性视觉标准提供信息，为信息的接受、传递与消化提供更加高效的支点。如2023年全国两会期间，新华社推出“元宇宙看两会”栏目，中国移动咪咕比特数智人弋瑭作为新华社客户端“元宇宙看两会”特派报道记者，以生动的播报方式和温柔亲和的气质形象迅速“出圈”，向外界展现了中国移动元宇宙的更多可能。

②元宇宙建构的完美生存空间。

元宇宙是集成与融合现在和未来全部数字技术于一体的终极数字媒介，它将实现现实世界和虚拟世界连接革命，进而成为超越现实世界的、更高维度的新型世界。本质上，元宇宙描绘和构造了未来社会的愿景形态。

(2)现实桎梏：元宇宙未来发展的风险与挑战。

技术乌托邦对技术和数字化的构想是相对美好和理想化的，但技术不仅为我们带来诸多利好，打造了一个虚拟的“桃花源”，也会带来异化、泡沫和伦理的隐忧。

①尚未建设完全的“乌托邦”空间。

从 Meta 的扎克伯格到微软的纳德拉，似乎都没有能力为其特定的元宇宙的外观或感觉描绘出一个连贯的愿景，而不过是在感知到的市场机会、公开宣扬的乌托邦和旧的科幻小说套路的集合上做文章。事实上，目前的技术尚未达到能够完全实现元宇宙构想的地步，却已经能引发人们对现有场域的激烈争夺，而资本的泡沫始终面临破裂的可能，也加剧了元宇宙经济失衡的风险。

②多元主体共治局面下面临着难以监管的问题。

元宇宙是一个用户共创共治共享的平台，每个个体都可借助终端迅速制作以及传播，人们的道德规范、媒介素养存在差异，难以对信息生产问题发挥有效的约束作用，由此带来了创作自由和监管的矛盾。

综上，“技术乌托邦”的构想在现实技术的搭建框架下始终难以实现。无论数字技术发展到何种程度，都要确保技术朝着有利于人类安全和解放的方向发展，这是在进行元宇宙研究中应当始终秉持的价值关键。